Dieter Wyss
Der Kranke als Partner

Dieter Wyss

Der Kranke als Partner

Lehrbuch der anthropologisch-integrativen Psychotherapie

Unter Mitarbeit von
K.E. Bühler, H. Csef, J. Eichfelder, L. Gerich,
E. Grätz, B. Laue, B. Schmidt, H. Schmitt

Erster Band

Vandenhoeck & Ruprecht in Göttingen

CIP-Kurztitelaufnahme der Deutschen Bibliothek

Wyss, Dieter:
Der Kranke als Partner: Lehrbuch d. anthropolog.-integrativen
Psychotherapie / Dieter Wyss. Unter Mitarb. von K. E. Bühler ... –
Göttingen: Vandenhoeck und Ruprecht

Bd. 1 (1982).

ISBN 3-525-45668-9

Gesamtherstellung: Hubert & Co., Göttingen

Der Seele Grenzen kannst du
nicht ausfinden
und ob du jegliche Straße
abschrittest -
einen so tiefen Logos hat sie.

                    Heraklit

Der ist ein Arzt, der das Un-
sichtbare weiß,
das keinen Namen hat, das keine
Materie hat
und doch Wirkung

                    Paracelsus

Meinen Kollegen und Kolleginnen freundschaftlich
zugeeignet, die ohne viel Aufhebens ihrer schweren Arbeit nachgehen.

INHALT

Vorwort

Das vorliegende Lehrbuch wendet sich gleichermaßen an Nervenärzte, Psychotherapeuten und praktizierende Psychologen, an Anfänger nicht weniger wie bereits über Praxiserfahrung verfügende Therapeuten. Es bemüht sich, einen in drei Jahrzehnten erfahrenen Umgang mit dem Kranken zu vermitteln, wobei konkreteste Probleme der alltäglichen Praxis und ihres menschlich-existenziellen Hintergrundes ebenso erörtert werden, wie das eigentliche Anliegen des Verfassers und seiner Mitarbeiter durch alle Etappen des Werkes sich hindurchzieht: eine Synthese der verschiedenen psychotherapeutisch-tiefenpsychologischen Schulen und Lehrmeinungen zu bilden, die Synthese in ihrem Praxisbezug darzustellen. Die theoretische Fundierung dieser Synthese erfolgte in den vorausgegangenen, anthropologisch-existenzialontologischen Untersuchungen des Verfassers, die stets um den kranken Menschen orientiert, um die Frage nach dem "Warum" von "Krankheit" und "Gesundheit" kreisten. Dabei wurden apriori vorgegebene Grundstrukturen und Modi menschlichen Daseins herausgearbeitet, aus deren konfliktbezogener Gegensätzlichkeit krankes und gesundes Leben zu verstehen ist und eine Synthese der verschiedenen psychoanalytisch-tiefenpsychologischen Modelle erstrebt.

War dies das eine Anliegen des Verfassers, so das andere, die Intersubjektivität der Beziehung zwischen Therapeut und Patient als Schlüssel des Behandlungsprozesses - und zwar jeder Methode, d.h. Individual- oder Gruppentherapie verschiedenster Provenienz - zu verstehen und darzustellen, nicht im Sinne einer asymmetrischen Übertregungsbeziehung, sondern als symmetrische Partnerschaft.

Diese Synthese praktisch zu vermitteln, ist das Anliegen des vorliegenden Lehrbuches. In einer Situation, in der z.B. Gruppen- oder Gesprächs- oder Gestalttherapeuten kaum noch mit tiefenpsychologisch orientierten Therapeuten kooperieren, vielmehr eine beunruhigende Konkurrenz um Monopolstellungen

sich hier abzeichnet, dort die Psychotherapie in einer überwiegenden, aber sehr zersplitterten Laienbewegung sich aufzulösen droht, wird hier eine dem kranken Menschen gerecht zu
werdende Synthese versucht.

So bemüht sich dieses Lehrbuch, in die verschiedensten in
den letzten zwei Jahrzehnten entwickelten Techniken der tiefenpsychologischen Einzeltherapie, der Gesprächstherapie,
Gruppentherapie, Verhaltenstherapie, Gestalttherapie, Psychodrama usf. auf dem Hintergrund eben jener Synthese ein-
zuführen, im Bewußtsein jedoch, daß hier "Anfänger" und
"Fortgeschrittene" heute auf eine ausgedehnte Spezialliteratur und Spezialausbildung zurückgreifen müssen, um allen
Anforderungen einer adäquaten Therapie gerecht zu werden.
Die Hinweise auf Psychodrama, Gestalt- und andere Gruppentherapien bleiben Hinweise, aber eben im Hinblick auf das
Ganze des intersubjektiven Prozesses.

Nicht zuletzt knüpft das Lehrbuch an die vorausgegangenen,
klinisch-anthropologischen Untersuchungen des Verfassers
an und versteht sich auch als direkte Fortsetzung der "Tiefenpsychologischen Schulen" des Verfassers, die in nun
mehr als 25 Jahren Einführung und Vermittlung boten, die
Kenntnis wenigstens dieses Buches eine Voraussetzung der
hier dargelegten Erfahrungen sein sollte, da hier eine erneute Darstellung der verschiedenen psychotherapeutisch-tiefenpsychologischen Lehrmeinungen sinnlos wäre. Dies trifft
auch für das Problem der Katamnesen zu, auf das hier nicht
mehr eingegangen wird - durch Verweis nur auf das jüngste
Buch von G. Lehmann: "Menschsein ist Mitsein. Das Selbst
und die Phänomenologie des Zwischenmenschlichen in Psychologie und Psychotherapie" (Verlag Vandenhoeck & Ruprecht,
Göttingen, Herbst 1982), das das Problem der Katamnesen kritisch darstellt und mit dessen Bemühungen der Verfasser sich
engstens verbunden weiß, ferner auf die fundamentale Übersicht von K. Lensch: "Katamnestische Untersuchungen in der
Psychotherapie" (Zschr.f.klin.Psychol. u. Psychother. 1983).
Die Etappen, die der Leser von den Fragen seiner Praxisein-

richtung bis zu denen spezifischen Verhaltens seinen Patienten gegenüber durchläuft, gipfeln im zweiten Band, in der
Einübung, Durchführung und Auswertung des diagnostisch-the-
rapeutischen Fragenkatalogs, der Umgang mit diesem dem Therapeuten die Wege erschließt, in jeder Behandlung um die
Synthese des Unterschiedlichen im Vollzug partnerschaftlichen Umgangs zu wissen. Eine die Spezifität der sog. Krankheitserscheinungen "endgültig" klärende Untersuchung erwarte der Leser nicht. (Siehe dazu auch: Thomae, H.: Über die
Unspezifität psychosomatischer Erkrankungen etc., Psyche 7,
XXXIV, S. 589) Das Thema wird jedoch in der in Vorbereitung
befindlichen Psychosomatik des Verfassers eingehend diskutiert.

Die Literaturhinweise wurden auf wesentliche Ergänzungen,
Quellen und Anregungen beschränkt.

Nach wie vor weiß der Verfasser sich seiner Lehrer V.v.Weiz-
säcker, E.v.Gebsattel, E. Straus und J. Zutt dankbar verbunden, ohne die moralische Unterstützung seiner ihm freundschaftlich verbundenen Kollegen und Mitarbeiter wäre jedoch
das Lehrbuch nicht entstanden, dies gilt vor allem für W.
Blankenburg, K.P. Kisker, B. Pauleikhoff, P. Petersen, W.J.
Revers, H. Tellenbach.

Würzburg, im Herbst 1982   Dieter Wyss
                                                 und Mitarbeiter

I. Möglichkeiten und Grenzen partnerschaftlicher Psychotherapie

1. Definition der Psychotherapie

Psyché heißt auf Griechisch die Seele, therapeuo dienen, pflegen. Die Pflege der Seele oder das Dienen an derselben wäre die wortgetreue Wiedergabe des Wortes Psychotherapie. Die "Pflege" der Seele oder das Dienen an derselben sah zweifellos in verschiedenen Epochen der Menschheitsent- wicklung verschieden aus, je nach der Vorstellung, die sich die Menschen von der "Seele" und deren "Pflege" bil- deten - bis zu der "Psychologie ohne Seele" der Neuzeit, die in den seelischen Vorgängen lediglich die "subjektive" Wahrnehmung biochemisch-elektrophysiologischer Prozesse erblickt (sog. "Epiphänomenalismus"). Nichtsdestoweniger läßt sich eine Brücke von den "Psychotherapien" der Anti- ke oder der von Naturvölkern zu den zeitgenössischen Ver- fahren schlagen. Ob der Priester, der Medizinmann oder Psychotherapeut die "Psychotherapie" durchführt, Voraus- setzung ist in jedem Fall, daß sich hier der "Behandelte" krank, abweichend von der Gruppe oder "von Dämonen beses- sen" fühlt, dort aufgrund einer bestimmten Vorstellung der Seele Maßnahmen angewandt werden, das Individuum von kör- perlichen nicht weniger als von seelischen Gebresten oder Beschwerden zu befreien. Darüber hinaus war bei diesen therapeutischen Maßnahmen einst wie jetzt das Wort, die Sprache, der entscheidende Vermittler, denn jeder psycho- therapeutische Vorgang ist primär sprachlich, impliziert aber auch leibliche Verfahren, wird an ebenfalls schon im Altertum (China) praktizierte Behandlungsmaßnahmen gedacht, die z.B. rhythmische Musik (Töne) einsetzten, ferner Tanz, Beklopfen, Bestreichen oder Beschlagen des Körpers.

Leiden auf der einen Seite, verbunden mit "abweichendem

Verhalten" von den jeweiligen sozialen Normen der Gruppe,
Einflußnahme auf der anderen Seite zum Zwecke der Behebung
der gestörten Befindlichkeit, sind der Psychotherapie über
alle Zeiten hinweg gemeinsam. Psychotherapie wäre demnach
in einer ersten Definition: verbal-leibliche Beeinflussung
eines sich als "abweichend" oder leidend erfahrenden Individuums, um es von seinen Leiden zu befreien und ihm die
Einordnung in die jeweilige Gruppe wieder zu ermöglichen.
Die Beeinflussung erfolgt stets durch bestimmte Berufs-
gruppen, Ärzte, Priester, Medizinmänner usf. Mit analoger Beeinflussung durch die Hypnose beginnt die moderne
Psychoanalyse oder psychoanalytische Psychotherapie, um
damit an die Überlieferung seelischer Krankenbehandlung
anzuknüpfen.

Von jener historisch abgeleiteten Definition der Psychotherapie abgesehen, ereignet sich diese als nicht-ärztli-
che, nicht-fachlich qualifizierte alltäglich. Sei es, daß
der Freund seinen Liebeskummer dem anderen "ausschüttet",
eine trauernde Frau den Seelsorger aufsucht, eine Mutter
ihr Kind tröstet: die Mitteilung von beeinträchtigend,
kommunikationseinschränkend erfahrenen Erlebnissen an eine
Vertrauensperson, deren Antwort, Ratschlag oder Anweisung
sind Vorkommnisse, die sich ähnlich seit Bestehen einer
sprachlich kommunizierenden Menschheit ereignet haben dürften. In der Alltäglichkeit dieser Vorkommnisse werden jedoch die jeder psychotherapeutischen Maßnahme (Behandlung)
eigentümlichen Merkmale sichtbar: Erstens das Aussprechen
und Darlegen der erfahrenen Bedrückung und Einschränkung,
die meist mit emotionaler Äußerung wie Weinen, nachdenkli-
chem Schweigen, Anklagen oder verzweifelten Gesten und Ge-
bärden verbunden ist, mit jenen Vorgängen, die Freud als
"Katharsis" oder "Abreaktion" bezeichnete. Zweitens das Er-
fahrnis eines anteilnehmenden Zuhörers, dem Vertrauen ge-
schenkt wird, und drittens eine Antwort desselben, eine Be-
ruhigung, ein Ratschlag, eine Vermittlung in jedem Fall von
Orientierung. Diese drei Vorkommnisse sind fundamentale An-

teile jeder "modernen" wie auch vergangenen "psychotherapeutischen" Beeinflussung des Mitmenschen in einer nicht
professionellen Beziehung. Sie dürfte wahrscheinlich historisch vor der Entwicklung professioneller Spezialisten liegen und begründet eine zweite Definition der Psychotherapie; jetzt als Geschehnis, Vorgang in zeitlichem Ablauf,
der sich einmal durch Aussprechen des bedrohlich-einschrän-
kend erlebten Begebnisses mit gefühlsbestimmter Intensität
auszeichnet, zum andern durch Anhören desselben aufgrund
einer Vertrauensbeziehung und schließlich durch die Vermittlung von Orientierung und Ratschlag.

Letzteres erfolgt nicht nur in den mit Verhaltensanweisun-
gen ("directive") arbeitenden Psychotherapien, sondern
ebenso in den ausgeprägt "nicht-richtungsweisenden" (non-
directive) Therapien (s.u.), innerhalb dieser der Patient,
obwohl ihm kein direkter, unmittelbarer Ratschlag oder eine
Verhaltensanweisung erteilt wird, sich zuerst an der Person
des Therapeuten orientiert.

Die beiden Definitionen der Psychotherapie, die spezifisch
professionelle und die unspezifisch-alltägliche wiederum,
sind im übergeordneten intersubjektiven Bezug von Kommunikation überhaupt zu sehen. Kommunikation - wie andernorts
ausführlich dargestellt wurde und hier zu späterem Zeitpunkt kurz rekapituliert werden soll - ereignet sich im be-
ständigen Mit-Einander von Sich-Mitteilen, eine Mitteilung
aufnehmen und auf diese antworten. Die Antwort des professionellen Therapeuten der Jetzt-Zeit nicht weniger als die
des Seelenführers der Vergangenheit beinhaltet die professionell erworbenen, tradierten und ein bestimmtes System
einschließenden Ratschläge, das Bemühen, Leiden zu lindern
und zu helfen. Beide Definitionen zusammenfassend wäre das
Ergebnis: Psychotherapie ist professionelle präverbal-ver-
bale Beeinflussung eines Menschen zum Zwecke der Linderung
von Leiden und Beschwerden. Gleichzeitig ist diese Beeinflussung ein in der Zeit sich abspielender Vorgang, ein Prozeß.

(Es ist nicht Aufgabe des vorliegenden Lehrbuches, eine Geschichte der Vorstellungen von der "Seele" zu geben, wie diese im Abendland seit den diesbezüglichen Konzeptionen des Plato und Aristoteles bis in die Neuzeit relevant waren. Jedoch ruht jede Auffassung von der "Seele" auf einer Weltsicht, diese wiederum wird in den wissenschaftsgeprägten Jahrhunderten zu einem System, in dem empirisch Erfahrenes sich mit gedanklich Entworfenem verbindet.)

Psychotherapie ist darüber hinaus eine spezifisch/unspezifische Form des helfenden Umgangs mit Menschen, die sich subjektiv "seelisch" krank fühlen und einen Therapeuten aus eigenem Bedürfen aufsuchen, oder denen von ihrer Umgebung eine psychotherapeutische Behandlung - aus was für Gründen auch immer - nahegelegt wird. Sie kann aber auch helfender Umgang mit Menschen sein, die somatisch rezidivierende oder chronifizierende Erkrankungen und Störungen aufweisen ("körperliche Erkrankungen"), die zu den sog. "Psychosomatosen" gehören. Umgang im definierten Sinne intersubjektiver Kommunikation setzt eine von Anfang an beiderseitig-partnerschaftliche Beziehung zwischen "Arzt" und "Patient" voraus, der Therapeut ist dem Patienten lediglich aufgrund stets zu relativierender Kenntnisse und Erfahrungen über die vermutlichen Zusammenhänge seiner Erkrankung überlegen. In dieser Beziehung ist der Umgang zwischen Arzt und Patient spezifisch.

Er ist unspezifisch - s.o. "Alltäglichkeit" -, insofern das Gespräch, der Dialog zwischen Arzt und Patient, als Grundlage der Behandlung alle Schattierungen zwischenmenschlicher Beziehungen umschließen kann, mit Ausnahme des erotisch-leibhaften Kontaktes. Sollte dieser eintreten, ist eine Behandlung nicht fortzusetzen, da sich eine persönliche Beziehung, ein menschliches Schicksal bildet, die "Partnerschaftlichkeit" zwischen Arzt und Patient immer auch Distanz impliziert, die im Falle einer erotischen Beziehung dahinfällt. Damit wird bereits ein im weiteren Abschnitt aufzunehmendes Thema angeschnitten: die Doppeldeutigkeit der Arzt-Patient-Beziehung in der Psychotherapie, die auf der einen Seite Partnerschaftlichkeit impliziert, auf der anderen Seite jedoch Distanz erfordert.

Die immer wieder in Frage zu stellende Überlegenheit des
Therapeuten dem Patienten gegenüber nicht nur aufgrund professioneller Zugehörigkeit z.B. zu einer Schule, die wiederum ein bestimmtes System von Auffassungen die "Seele"
betreffend vertritt, sondern seine möglichen Kenntnisse
auch der "Aperspektive" (das sog. "Unbewußte") des Patienten, machen die Psychotherapie zu einer professionell aus-
zuübenden Dienstleistung. Damit setzt sie, allerdings jetzt
auf der Basis einer "wissenschaftlichen" Konzeption seelischer Zusammenhänge und ihrer möglichen Folgen für die Entstehung von Krankheiten - wie sie Freud erstmalig zu begründen versuchte -, die Tradition der professionellen Aus-
übung psychotherapeutischer Behandlungen, die auf Medizinmänner, Schamanen und Priester zurückgeht, fort.

Das Ziel jeder psychotherapeutischen Behandlung ist primär,
dem Kranken seinen Leidensdruck zu erleichtern, u.U. zu nehmen, ihn den Anforderungen seiner jeweiligen Gesellschaft
oder Gruppe "anzupassen", im Sinne der dann hier vorgetragenen Konzeption ihm die Kommunikation mit sich selbst wie
auch mit seiner Umgebung zu ermöglichen, diese zu entwik-
keln, bestehende Einschränkungen aufzuheben, die sie bedingenden Probleme und Konflikte zu bewältigen.

Zwischen den drei "Kategorien" von Kranken, jenen, die aus
sich abzeichnender Anmutung eigener Probleme und Leiden einen Therapeuten aufsuchen, den anderen, die fremd beeinflußt zu einem Psychotherapeuten gehen und endlich jenen,
die somatisch krank sind und meistens aus einem "letzten
Entschluß" bei zunehmender Chronifizierung ihres Zustandes
sich zu einer psychotherapeutischen Behandlung entschlie-
ßen, bestehen prognostisch erhebliche Unterschiede (s.u.).
Die Aussicht auf Heilung, dies sei ebenfalls vorwegnehmend
gesagt, hängt außer vom Alter, von den intersubjektiven Ver-
hältnissen des Patienten, von der Vorgeschichte seiner Person wie auch seiner Krankheit, vor allem von den Beweggrün-

den ab, die den Patienten bestimmen, eine Behandlung auf
sich zu nehmen. Entsprechend der Bedeutung der Beziehung
zwischen Arzt und Patient für den Heilerfolg, spielen die
Beweggründe, die den Therapeuten veranlassen, eine Behandlung aufzunehmen, eine nicht minder geringe Rolle. Eine erhebliche Selbst-Einsicht eben in diese "Beweggründe" ist
notwendig: sind sie nur z.B. materieller oder zweckgerich-
teter Art, wird der Therapeut früher oder später mit dem
Scheitern seiner Behandlung rechnen müssen.

Therapie ist ferner, und sollte es stets sein, "Existenzerhellung" im umfassenden Sinne von Jaspers, bzw. kann sie
zumindest die Voraussetzungen für "Existenzbewältigung"
(s.u.) schaffen.

Psychotherapie endlich ist emotional erlebte, gedanklich
verarbeitete Hermeneutik - Auslegung -, insofern der sich
krank Fühlende über den Therapeuten und im Gespräch mit
diesem sich selbst "auslegt", seine Kommunikation und ihre
eventuellen Einschränkungen über das Wort und die durch
dieses vermittelten Sinnzusammenhänge zu "erklären", d.h.
zu interpretieren versucht. Dabei schwingt von Anfang an
die Beziehung zum Therapeuten mit, sie ist gegenseitige
Auslegung, insofern jeder Therapeut den Patienten neu und
anders erfährt. Darüber hinaus sollte der Therapeut den
Patienten auch jedesmal neu erfahren, so daß die Therapie
eine gegenseitig vermittelte Auslegung wird. Dies impliziert, daß im Verlaufe einer langen Berufstätigkeit der
Therapeut sich vielfältigst gebrochen immer wieder anders
durch den Patienten "ausgelegt" erfährt, um sich als permanent, viele Stunden am Tag, in der Woche, im Jahr, dann
in den Jahren, sich Verändernder aber auch Andauernder
"ausgelegt" zu erleben. Er wird durch jeden Patienten nicht
weniger in Frage gestellt wie er den Patienten in Frage
stellt, nur mit dem entscheidenden Unterschied, daß die Infragestellung des Patienten durch den Therapeuten primär
eine professionelle, dann eine unspezifisch-menschliche ist,
wohingegen es für den Therapeuten von seiten des Patienten

sich umgekehrt ereignet - beides im Erlebnisvollzug nicht
zu trennen ist.

Psychotherapie ist nicht zuletzt deshalb Hermeneutik, als
bestimmte Schulen (Systeme) dem Patienten systemimmanente,
z.B. kausale Zusammenhänge erklärende Einblicke in die Entstehung seines Leidens, zum Zwecke seiner eventuellen Aufhebung, anbieten, Erklärungen, über die der Patient sich
wiederum zu verstehen versucht. Diese Art von Hermeneutik
wird in der vorliegenden Konzeption nur bedingt in das Auge gefaßt, sie bildet jedoch die Grundlage der verschiedenen psychotherapeutischen Schulen.

Im psychotherapeutischen Umgang zwischen Arzt und Patient -
wie noch spezifisch zu zeigen sein wird - stellen sich je
nach Stand und Art beider die Grundstrukturen und Modi
menschlicher Kommunikation detailliert dar, die sowohl die
jeweilige therapeutische Situation bestimmen, wie sie die
Vergangenheit des Patienten und seine mögliche Zukunft mit-
bedingten.

Auf die beiden ersten, vorgängigen Definitionen zurückkom-
mend, ist Psychotherapie sowohl spezifische Beeinflussung
eines sich krank fühlenden oder wissenden Menschen aufgrund
eines bestimmten "Systems" (spezifisch), wie diese Beeinflussung gleichzeitig dem allgemein-intersubjektiven Umgang
von Mitteilen, Aufnehmen und Antworten in allen seinen Möglichkeiten entspricht. Beides, das "spezifisch professionelle" System wie der "unspezifische Umgang", ist letztlich
ein wechselseitig sich ergänzender Vorgang - sollte es zumindest sein -, in den der Therapeut als intersubjektiver
Partner ebenso eingeht wie der Patient. Demzufolge wäre die
letzte, zusammenfassende Definition der Therapie: Wechselseitige, emotional erlebte und kognitiv verarbeitete Ver-
haltensauslegung, in der der Therapeut lediglich einen Er-
fahrungs- und theoretischen Vorsprung dem Patienten gegenüber innehat. Die Auslegung erfolgt in den Strukturen und
Modi der zwischenmenschlichen Kommunikation, wie sie von

der anthropologisch-integrativen Psychotherapie aufgezeigt
worden sind und im folgenden spezifiziert dargelegt werden
sollen.

2. Unlösbare Grundprobleme jeder Psychotherapie

Nur wenige, die den Beruf des Psychotherapeuten wählen,
verfügen über eine präzisere Vorstellung von den spezifischen, unlösbaren Problemen dieses Berufes, insbesondere
wenn sie das Schwergewicht ihrer Arbeit auf Langzeitbehandlungen legen. Während der Arzt, gleichgültig welcher Fach-
richtung, stets in der durch die Art der Behandlung gegebenen Weise außerhalb des persönlichen Lebens seiner Patientin steht - von wenigen Fällen hausärztlich-konsiliarischer
Tätigkeit abgesehen -, begibt sich der Psychotherapeut in
die persönlichsten, ja intimsten Verhältnisse seiner Patienten. Er erfährt Möglichkeiten des menschlichen Daseins,
von denen "er sich nicht träumen läßt" und die sich häufig
weder mit einigen freundlichen Worten noch mit "gezielten"
Ratschlägen verändern lassen.

Über die Lebenseinzelheiten seiner Patienten hinaus lernt
der Therapeut auch die Probleme, Nöte und Konflikte der Bezugspersonen des bei ihm Hilfe Suchenden kennen und dies
nicht nur an einem Patienten, sondern an zahlreichen, viele
Stunden seiner tagtäglichen Berufsarbeit. Eine nur mit per-
sönlichem Engagement (Einsatz) zu leistende Konfrontation
nicht allein mit Angstzuständen, Zwangsimpulsen, "Psychosomatosen" oder Depressionen steht ihm bevor, sondern das
"menschliche Elend" (Freud) schlechthin, die menschliche
"Misere" begegnet ihm in ihm vorher nicht annähernd bekannten Ausmaßen und die keine sich als "Wissenschaft" verstehende klinische Psychologie verbrämen kann. Dieses Elend
blättert sich ihm auf wie ein goyeskes, ungewöhnlich bedrückendes Bilderbuch, von wenigen glänzenden Punkten durch-

zogen. Die "Misere" zeigt sich ihm weniger in wirtschaftli-
chen Nöten als in unauflösbaren Verkettungen destruktiv
sich auswirkender Bindungen, menschenunwürdigster Begebnis-
se und Handlungen, institutioneller Hilf- und Rücksichtslo-
sigkeiten, kaum nachzuvollziehender Absurditäten und Zu-
fallsbestimmungen von Lebensläufen. Die "Vernunftwidrig-
keit" und "Vernunftlosigkeit", die "Absurdität" des menschlichen Lebens tritt ihm in seiner ganzen Nacktheit entgegen. Für dieses Elend hat die Statistik noch keine adäquate
Definition beigebracht.

Zu jener tagtäglichen Begegnung, wie sie nicht einmal ein
Seelsorger erfährt, tritt die permanente Erwartung der Patienten an den Therapeuten, "Heilung" (Hilfe) zu finden -
eine Erwartung, der er sich bei allen Patienten selbstverständlich von früh bis spät ausgesetzt sieht, der er nicht
vermittels der Verabreichung von Tabletten oder Injektionen
entrinnen kann. Diese - aus der Sicht des Patienten durchaus berechtigte - Erwartung auf Hilfe, stellt eine weitere,
nicht zu unterschätzende seelische Belastung für den Therapeuten dar. Mag dieser sich noch so oft, den Vorstellungen
seiner Ausbildung folgend, sagen, daß er kein Heilsbringer
oder Menschheitserlöser ist - die Diskrepanz zwischen an
ihn gestellter Erwartung und Möglichkeit zu helfen bleibt
offen. Sie stellt eine weitere permanente seelische Belastung dar.

Als drittes bedenkenswertes Kennzeichen ist die Tatsache zu
nennen, daß der Therapeut auch die faktischen Grenzen seiner Möglichkeiten zu helfen erfährt. Sei es, daß diese Grenzen in seiner eigenen Person liegen, sei es, daß sie sich
situativ in den Verflechtungen des Patienten mit seiner Umgebung als unlösbar darstellen, sei es, daß der Krankheitsverlauf prognostisch zunehmend ungünstig sich darstellt,
sei es, daß "existenzielle Hilfe" nur begrenzt gewährt werden kann: er bemerkt die Grenzen insbesondere auch seines
Systems, den Menschen zu verstehen, er sieht und gewahrt
die Lücken desselben und der Schatten des Scheiterns einer

auch bereits über lange Jahre sich hinziehenden tiefenpsychologischen Behandlung steht immer über seinem Tun. So
wird - hier begegnen sich das zweite und dritte der erwähnten Momente - Hoffnung und Erwartung des Patienten mit Enttäuschung immer wieder entgolten, ohne daß dies ein "neu-
rotisches Verhaltensmuster" des Kranken oder der intersubjektiven Beziehung darstellt. Das Sich-einer-Behandlung-Aus-
setzen als "unauflösbares" Bedürfnis nach negativer Bestätigung zu sehen, die der Kranke "wieder einmal" mitnehmen
will, wäre eine unpartnerschaftliche Interpretation bereits
eines Verhaltens von Patienten, die von vorneherein das Mißlingen einer Behandlung dem Patienten und dessen "Unbewußtem" unterstellt - anstatt möglicherweise dem Therapeuten.

Zwar sprechen die Erfolgsstatistiken der verschiedenen Schulen und ihrer Therapeuten eine optimistischere Sprache, jedoch bleiben diese drei Grunderfahrungen keinem Psychotherapeuten erspart.

Die Konfrontationen mit dem menschlichen Elend, seiner Tra-
gik, Erwartungsdruck, Grenzen der Möglichkeit zu helfen, erfahren viertens ihre Zuspitzung in dem unauflösbaren Mißverhältnis, das jeder psychotherapeutischen Behandlung zugrunde
liegt, das ihr treibender Motor nicht weniger ist als es
sie auch immer wieder scheitern läßt. Wenn der Patient Vertrauen gewinnt, er sich dem Therapeuten in allen Einzelheiten seines Lebensschicksals erschließt und eröffnet, bleibt
die Beziehung, von dem Ideal einer partnerschaftlichen Verbindung her gesehen, letztlich doch eine einseitige. Auch
wenn der Therapeut grundsätzlich bereit ist - und er soll
es in der hier vorgetragenen Konzeption sein -, dem Patienten alle Fragen, die z.B. sein persönliches Leben, seine
Gefühle, seine Gedanken usf. betreffen, zu beantworten, er
wird nie sich dem Hilfesuchenden in den Einzelheiten darstellen, wie dieser sich ihm. Die Selbstdarstellung des
Kranken im Verlaufe einer Therapie ist ein ganz ungewöhnli-
cher Vertrauensbeweis, wie ein solcher nur in seltensten
Freundschaften oder nächsten Beziehungen - die stets rezi-

prok sind - sich kundgibt. Die Reziprozität, die zu erwarten der Patient voll berechtigt ist, kann nicht erfüllt
werden, die Distanz, bei aller Nähe des vertrauten Umgangs,
bleibt der Leitfaden, an dem sich Therapeut und Patient
entlangseilen müssen, um nicht in ein neues Schicksal mit
wahrscheinlich ähnlichen Problemen und Konflikten abzustür-
zen. Das Behandlungsziel - mag dieses zu Beginn einer Therapie ganz anders sich darstellen als gegen Ende - muß das
"Seil" verbleiben, auf dem Arzt und Patient ihren komplizierten Balanceakt gemeinsam vollführen. Netze stehen nicht
zur Verfügung.

Diese Situation, für die z.B. die Schule Freuds Begriffe
wie den der "Übertragung" und "Gegenübertragung" geschaf-
fen hat, um die unweigerlich auf den Therapeuten einstür-
mende Emotionalität der Patienten von Anfang an zu ent-
schärfen, für "fiktiv" (infantil) oder unwirklich zu erklären, ist letztlich unlösbar. Der Therapeut bleibt den
Vertrauensbeweis seinen Patienten gegenüber immer schuldig.
Er ist und bleibt in erster Linie "dienstleistender" Therapeut, nicht nur Partner oder Freund.

Diesen Balanceakt zwischen Distanz und Nähe zu vollziehen,
der täglich in jeder Behandlungsstunde auf den Therapeuten
zukommt, bedarf erheblicher innerer Stärke.

Die Intersubjektivität der menschlichen - und einer partnerschaftlichen - Beziehung, die sich im antinomischen Kreis-
prozeß (s.u. Teil III) von Sich-Mitteilen, Aufnehmen und
Antworten bewegt, wird jedoch durch die therapeutische Aufgabe unterbrochen. Der Therapeut, bei aller Bereitschaft
z.B. persönliche Fragen des Patienten zu beantworten, muß
sich stets fragen, ob eine solche Spontaneität zur Zeit von
dem Patienten "verkraftet" oder ganz mißverstanden wird.
Wie im Abschnitt über das Erstgespräch detailliert ausgeführt wird, kann der Therapeut auf Klagen des Patienten
nicht ebenfalls mit Klagen antworten, auf Aggressivität mit
Aggressivität, auf Mißtrauen oder Ratlosigkeit mit analogem

Verhalten. Seine Grundfrage vielmehr muß stets diese sein:
Wie hilft mein Verhalten - Antworten - dem Kranken? Diese
Frage zwingt zu dem Hinterfragen seiner eigenen spontanen
Reaktionsmöglichkeiten, wenn er z.B. auf die Liebeserklä-
rung einer Patientin mit Herzklopfen antwortet, auf einen
Haßausbruch mit Zittern und Erbleichen, auf Verachtung mit
Unwertgefühlen, sie zwingt ihn immer wieder zur Einnahme einer reflektiert-zurückhaltenden Haltung, die Intersubjektivität zu vergegenständlichen, sich einerseits ihrem Fluß,
ihrem Auf und Ab zu überlassen, andererseits, geht es direkt
um seine Person, sich ihr zu entziehen. Die dadurch sich ergebende Deformation des Therapeuten, der einerseits zwar
sich auch "als Mensch" spontan zeigen soll, seine Spontaneität häufig hilfreich, dann aber auch wieder verunsichernd,
einschränkend, destruktiv wirken mag, muß dem Anfänger als
fünftes Problem bewußt sein. (Weitere Einzelheiten zu diesem
Problem s. Teil IV.)

Die genannten fünf Grundprobleme sollte sich jeder zukünftige Therapeut reiflichst vor Augen führen, er sollte die innere Kraft nicht unterschätzen, die zu ihrer Bewältigung
notwendig ist, er wird sie nur zu einem begrenzten Teil in
seinen verschiedenen didaktischen Ausbildungen, einschließlich seiner Lehr- und Kontrollanalysen, erfahren. Zwar müßte
er in einer "geglückten" Lehranalyse jenen Vollzug eines Balanceaktes von seiten seines Lehrtherapeuten wie auch an
sich selbst schmerzlichst erfahren, die Kontrollgespräche
jedoch beziehen sich auf einige, wenige Patienten - grundsätzlich anders wird die Situation in der Praxis.

3. Probleme des psychotherapeutischen Alltags

Von diesen fünf, im Prinzip unlösbaren Grundproblemen abgesehen, wird der sich in die Praxis begebende Therapeut,
gleichgültig ob er ein ausschließlich psychologisches Stu-

dium absolviert hat, ob er Arzt oder auch Facharzt für
Psychiatrie ist, sich einer Fülle diffiziler, zwar alltäglicher, aber nichtsdestoweniger heikler Probleme gegenüber
sehen, die in dieser Weise nicht dem praktizierenden Arzt
gestellt werden. Wird er z.B. die Praxis mit in seine Wohnung einbeziehen, in seine persönliche Sphäre und Umwelt,
einschließlich eventueller Familienmitglieder, die gelegentlich den Patienten die Tür öffnen? Oder wird die Praxis ab-
geschieden und isoliert von jedem persönlichen "Ambiente"
in einem zentralgelegenen Hochhaus ausgeübt - mit "automatischem Türöffner", vom Sessel des Therapeuten zu betätigen, automatischem Telefonanrufbeantworter, unpersönlich-
sachlich ausgestattet, einige moderne Graphiken an der Wand?
Hier "scheiden" sich schon die "Geister" nach ihrer Ausbildung und ihren Schulen: Der Freudianer wird das letztere bevorzugen, der objektivierend-distanzierten, "naturwissenschaftlichen" Konzeption Freuds entsprechend (obwohl bei
diesem die Praxis zum Wohnraum gehörte und das Behandlungs-
zimmer alles andere als sachlich eingerichtet war), wohingegen der Jungianer häufig die persönliche Umgebung, mit
Büchern, Kunstgegenständen, Patientenmalereien - insbesondere von Mandalas - bevorzugt. Einer partnerschaftlich-
anthropologisch orientierten Konzeption entspricht ebenfalls das letztere, nicht die Erstellung einer Klinikatmo-
sphäre in Minidimensionen. Da viele Therapeuten zur Einrichtung ihrer Praxis einen Kredit aufnehmen müssen, stehen sie
von Anfang an unter einem der Beziehung zum Patienten nicht
förderlichen ökonomischen Druck, der sich z.B. darin auswirkt, daß sie jeden zur Behandlung sich anmeldenden Patienten zu Beginn annehmen müssen. Damit stellt sich die nächste
Frage: Welche Patienten wird er annehmen, welche - nach einer eventuellen Probebehandlung von einigen Stunden - "wei-
terleiten", welche gar nicht erst zur Behandlung akzeptieren? Zwar hat ihm seine Ausbildung gewisse Richtlinien in
der Auswahl und Prognose seiner eventuell zu behandelnden
Patienten an die Hand gegeben - auf die auch hier noch eingegangen wird -, aber trotz "Lehranalyse" lassen sich ratio-

nale Entscheidungen nicht immer treffen. Nach wie vor bleiben - und so muß es auch bleiben, darf der Therapeut doch
kein gefühlloser Roboter werden - die Emotionalität, Sympathie und Antipathie, freund-feindschaftliche Verhältnisse
hier, Verpflichtungen dort mit im Spiel, die die "objektiven" Auswahlkriterien im Vorhinein problematisch erscheinen
lassen. So kann der Therapeut bald in Konflikte geraten,
wenn er einen Patienten abgewiesen oder auf die "Warteliste"
mit einer Mindestdauer von zwei Jahren "gesetzt", einen anderen bevorzugt hat, und muß sich mit "Rationalisierung"
für seine Entscheidungen behelfen.

Der zukünftige Psychotherapeut wird sich bei Kollegen nach
der Art und Weise ihres Praxisablaufes erkundigen und zu
seiner Überraschung feststellen, daß jeder seinen "Stil"
oder Modus praktiziert und er letztlich diesen, seinen eigenen Stil auch finden muß, ist der "Stil" doch ein Teil seiner Selbstdarstellung und Selbstverwirklichung.

Darüber hinaus muß der zukünftige Therapeut wissen, daß
seine Umwelt auf das Genaueste von dem Patienten beobachtet, registriert und verarbeitet wird, sie thematischer Anlaß zu vielen Behandlungsstunden werden kann und muß: wie
sich der Therapeut persönlich darstellt, wenn er sich nicht
eine künstlich-anonyme Klinikumwelt konstruiert. Aber das
bedeutet, daß er lebenslänglich und immer wieder hören muß:
"Dieses Bild an der Wand finde ich scheußlich, wie können
Sie sich nur so etwas aufhängen?" oder "Ihr Blick aus dem
Wartezimmer ist bezaubernd, warum führen Sie Ihre Behandlungen nicht dort durch?" usf.. D.h. er wird tagtäglich als
Person im Brennpunkt von Auseinandersetzung, Kritik, Schmei-
chelei, Abwertung, Überbewertung oder Mitleid ("Was Sie sich
den ganzen Tag anhören müssen!") stehen. Zu diesen Äußerungen seiner Patienten muß und wird er wiederum Stellung beziehen - lebenslänglich.

Ferner wird der Therapeut in eine primär passiv-aufmerkend,
zuhörende Rolle gedrängt. Fast unzählige Stunden eines The-
rapeutenlebens vergehen für den Therapeuten im Sessel sit-

zend, wobei er höchstens zwischen zwei Behandlungen einige
Male auf- und abschreiten kann. Das Leben seiner Mitmenschen entrollt sich ihm in Variationen zu dem Thema "menschliches Elend", wie der Film vor dem Zuschauer sich abspielt.
Andere leben für ihn: dieser Gefahr steht der Therapeut
ständig gegenüber und er sollte seinen Beruf intensiv in
Frage stellen, wenn er merkt, daß er ohne seine Patienten
nicht mehr leben kann.

Das Leben seiner Patienten erfüllt ihn von früh bis spät,
er vermag nur noch über seine Klientel zu sprechen – seine
Frau kann es schon nicht mehr mit anhören –, und er wird
darüber selbst zum extrem kommunikationseingeschränkten
Menschen, er verkrüppelt seelisch: nur noch "Schwamm" oder
"Oxydo-Redox-Potential" für die Aufarbeitung der Probleme
und Konflikte seiner Mitmenschen. Die Organisation der Praxis gerät ihm aus den Händen, die Patienten füllen das Wartezimmer, hier sieht er einen Patienten 1 1/2 Stunden, dort
30 Minuten, er verwechselt die Personen, ihre Träume, ihre
Aussagen usf.. Dies alles sind reale Vorkommnisse, die sich
tagtäglich ereignen und jedem praktizierenden Therapeuten
bekannt sind. Die mögliche berufliche Deformation des zukünftigen Therapeuten sollte sich der Anfänger deutlich vor
Augen führen.

Die Passivität des Berufes – die durchaus mit einer höch-
sten inneren Gespanntheit, Aufmerksamkeit und Anteilnahme,
mitunter aber auch mit Schläfrigkeit, Langeweile und Ermat-
tung gepaart sein kann –, dieses letztlich kontemplativen
Berufes, eignet sich nicht für Menschen mit starkem äußeren
Handlungsbezug und dem Bedürfen, ein wie auch immer gearte-
tes "Imperium" zu errichten. Das Maß der beruflichen Deformierung des Therapeuten, seiner "Nichtung" (s.u.) durch die
Patienten, ist erheblich.

Es wird ferner nicht ausbleiben, daß eine bestimmte Anzahl
von Patienten – aus was für Gründen auch immer – Rückfälle
erleiden und den Therapeuten erneut konsultieren. Im inzwischen etablierten Patientenjargon heißt das: "Ich muß wie-

der einmal ein Stück Analyse machen", "Ich habe meine Mut-
ter/Vater/Schwester-usf.-Problematik noch nicht genügend
aufgearbeitet", "Wir, meine Frau, mein Mann, die Kinder,
haben wieder Probleme bekommen" usf.. Und wenn - wie Felix
Schottlaender einmal scherzhaft in einem Seminar sagte -
der Therapeut nicht alle fünf bis zehn Jahre den Wohnort
wechseln will, kann sich ein fester, nicht "systementspre-
chend" abgelöster Stamm von Patienten bilden, die scheinbar ohne ihren Therapeuten nicht mehr leben können. Der Therapeut vermag für diese Vorkommnisse ebenso Erklärungen zu
ersinnen, wie der Patient, beide bedürfen einander wohl in
einer nicht immer aufzuschlüsselnden Weise. Aus einer Behandlung ist, wird dieses Vorkommnis positiv interpretiert,
eine lebenslängliche Beziehung, eine Freundschaft geworden,
die allerdings auch noch ein ökonomisches Substrat aufweist,
dessen sonst Freundschaft ermangelt. Der Therapeut hat hier
die Rolle des Hausarztes oder des Hausphilosophen der Antike übernommen, er wird bei Zänkereien der Kinder abends angerufen und um Rat gefragt wie auch bei dem neuesten Lie-
besverhältnis des Patienten Y oder der Patientin X. Will er
diese wie eine Lawine auf ihn zukommende Entwicklung, die
ihm kaum noch eine freie Minute für sich selbst läßt, auf-
halten, muß er Strenge walten lassen. Von der Festlegung
bestimmter Zeiten für Telefonanrufe wie auch für die Pünktlichkeit überhaupt, muß er sorgen, bis zur fundamentalen,
nie auszulernenden Bemeisterung des Grundproblems von Nähe
und Distanz. Mit dieser Strenge vermittelt er bereits Ordnung und Orientierung und gibt dem Patienten Anlaß zu Auseinandersetzung mit dieser.

"Realitätsgerecht" wird er damit in gewissen Grenzen sich
autoritär verhalten müssen, wie der "Vater" oder die "Mutter", über die in so vielen Behandlungsstunden von seiten
der Patienten geklagt wurde. Die z.B. sich so leicht anbietende Frage zu Beginn einer Behandlungsstunde "Wie geht es
Ihnen heute?" wird rasch von dem Patienten als Anlaß genommen, jede Sitzung mit einem breit angelegten Klagekonzert

einzuleiten, um dann, erleichtert und befriedigt, die The-
rapiestunde pünktlich zu verlassen.

Es wird damit eines der wesentlichsten Anliegen jeder part-
nerschaftlich orientierten Psychotherapie sein - und dies
zu vermitteln ist ganz in die Hand des Therapeuten gelegt -,
dem Patienten die volle Eigenverantwortung für das Gelingen
der Behandlung zu vermitteln und ihm z.B. die Fruchtlosig-
keit aller Klagen darzulegen, ohne diese etwa - im Hinblick
auf das mit dem Klagen verbundene kathartisch-emotionale
Moment - zu verbieten. Nur zu leicht, so dürfte aus den vorausgegangenen Darlegungen ersichtlich geworden sein, läßt
sich der Therapeut auf die Rolle eines passiven "Aufnahme-
behälters" für gesellschaftliche Mißstände ein, Manipulie-
ren, Manipuliert-Werden, Überforderung, Bedürfnis nach "Ruhe", "Gegenübertragung", bequemes Sich-gehen-Lassen, Berufs-
müdigkeit konspirieren mit dieser verhängnisvollen Tendenz.

4. Ausbildungsgang und Beweggründe der Berufswahl

Der weitere, nicht problemlose Bereich der dem Adepten der
Psychotherapie sich eröffnet - wenn er Zähigkeit mit Glück
verbindet -, ist der Ausbildungsgang. Er weiß meistens nicht,
daß verschiedene Schulen verschiedene Wege zur Ausbildung
ihres Nachwuchses entwickelt haben, Konzeption, Stundenzahl
der Lehranalyse und andere therapeutische Ausbildungsziele,
bis in die ökonomischen Bedingungen, sind erheblich unterschieden, wenn auch die derzeitige Dachorganisation der verschiedenen Schulen um eine Integrierung dieser Verschiedenheiten bemüht ist (die DGPPT). Zu berücksichtigen sind auch
die Anforderungen der Ärztekammer, die inzwischen bundes-
einheitlich zum Erwerb des Zusatztitels "Psychotherapie"
oder "Psychoanalyse" (der für Psychotherapie praktizierende Ärzte notwendig ist) gestaltet werden. Hier ist zu unterscheiden zwischen dem Zusatztitel "Psychotherapie", der
beschränkten psychotherapeutischen Methoden sich zu widmen
erlaubt, im Unterschied zu dem psychoanalytischen Zusatztitel, der insbesondere auch tiefenpsychologisch fundierte
Langzeitbehandlungen ermöglicht. Für die Psychologen sind
zur Zeit noch keine endgültigen Bestimmungen erlassen, die
ihnen die kassenärztliche Erlaubnis zubilligt, psychotherapeutische Praxis auszuüben. Die Richtlinien der Bundesärzte-

kammer für den Erwerb des Zusatztitels "Psychoanalyse" oder "Psychotherapie" für Ärzte sind zur Zeit folgende:

Bereich und Zusatzbezeichnung "Psychoanalyse"
(1) Nachzuweisen sind:
a) 3 1/2 Jahre Weiterbildung, davon 2 1/2 Jahre klinische Tätigkeit in tiefenpsychologisch fundierter und analytischer Psychotherapie.
b) 1 Jahr klinische Tätigkeit in der Psychiatrie bei einem mindestens zur zweijährigen Weiterbildung in der Psychiatrie ermächtigten Arzt.

(2) Erfolgt die Weiterbildung in der tiefenpsychologisch fundierten und analytischen Psychotherapie berufsbegleitend, so beträgt die Weiterbildungszeit hierfür fünf Jahre. Bei Ärzten mit mindestens fünfjähriger praktischer Berufstätigkeit kann die vorgeschriebene Weiterbildung in der Psychiatrie durch den Nachweis des Erwerbs entsprechender psychiatrischer Kenntnisse ersetzt werden.

Bereich und Zusatzbezeichnung "Psychotherapie"
(1) Nachzuweisen sind:
a) 2 1/2 Jahre Weiterbildung, davon 1 1/2 Jahre klinische Tätigkeit in der Psychotherapie und/oder Psychosomatischen Medizin.
b) 1 Jahr klinische Tätigkeit in der Psychiatrie bei einem mindestens zur zweijährigen Weiterbildung in der Psychiatrie ermächtigten Arzt. Auf die Weiterbildung in der Psychiatrie kann 1/2 Jahr Weiterbildung in der Kinder- und Jugendpsychiatrie oder Psychotherapie angerechnet werden.

(2) Erfolgt die Weiterbildung in der Psychotherapie und/oder Psychosomatischen Medizin berufsbegleitend, so beträgt die Weiterbildungszeit hierfür drei Jahre. Bei Ärzten mit mindestens fünfjähriger praktischer Berufstätigkeit kann die vorgeschriebene Weiterbildung in der Psychiatrie durch den Nachweis des Erwerbs entsprechender psychiatrischer Kenntnisse ersetzt werden.

Zusatzbezeichnung "Psychoanalyse"
Inhalt der Weiterbildung:

1. Theoretische Weiterbildung von mindestens 400 Stunden, davon mindestens 200 Stunden Kurse, Seminare, Gruppenarbeit u.ä.
1.1 Kenntnisse in
1.1.1 Entwicklungspsychologie und Persönlichkeitslehre
1.1.2 Lernpsychologie und Verhaltenslehre
1.1.3 Psychodynamik der Familie und der Gruppe
1.1.4 allgemeine und spezielle Neurosenlehre
1.1.5 Psychopathologie
1.1.6 Psychosomatik
1.1.7 Technik der Erstuntersuchung
1.1.8 psychodiagnostische Testverfahren und
1.1.9 Indikation und Methodik der psychotherapeutischen Verfahren einschließlich Prävention und Rehabilitation.

1.2 Eingehende Kenntnisse in
1.2.1 psychoanalytischen Entwicklungs- und Persönlichkeits-
     theorien
1.2.2 allgemeiner psychoanalytischer Krankheitslehre
1.2.3 spezieller psychoanalytischer Krankheitslehre.

1.3 Eingehende Kenntnisse und Erfahrungen in
1.3.1 der Psychoanalyse und der Tiefenpsychologie und der
     davon abgeleiteten Behandlungsverfahren (z.B. tiefen-
     psychologisch fundierte Psychotherapie, Kurztherapie-
     verfahren, Paar- und Familientherapie)
1.3.2 der psychotherapeutischen, insbesondere der psycho-
     analytischen Gesprächsführung.

2. Eingehende Kenntnisse und Erfahrungen mit dem autogenen
Training sowie Kenntnisse in einem weiteren Verfahren (z.B.
Hypnose, Verhaltenstherapie, Gesprächstherapie nach Rogers,
Psychodrama, Tagtraumtechnik).

3. Eingehende Kenntnisse sowie Erfahrungen in der Abgrenzung von Psychosen und Neurosen und von körperlich begründbaren psychischen Störungen.

4. Selbsterfahrung
Lehranalyse von mindestens 250 Stunden grundsätzlich in
mehreren Einzelsitzungen pro Woche. Die Lehranalyse soll
die Weiterbildung durch mindestens 2 1/2 Jahre begleiten.

5. Behandlung
5.1 Mindestens 400 psychoanalytische Behandlungsstunden mit
    Supervision nach etwa jeder vierten Sitzung.
5.2 Eine abgeschlossene psychoanalytische Behandlung, die
    sich mindestens über ein Jahr und mindestens 160 Stun-
    den erstrecken muß oder zwei psychoanalytische Behand-
    lungen von mindestens je 160 Stunden.
5.3 Tätigkeit als Mitbehandler in einer analytischen Grup-
    penpsychotherapie von mindestens 60 Doppelstunden. Die
    Mindestdauer verringert sich auf 30 Doppelstunden, so-
    fern 30 Doppelstunden in einer analytischen Selbster-
    fahrungsgruppe (kontinuierlich oder in Blockform) nach-
    gewiesen werden.

6. Patientenzentrierte Selbsterfahrung (Balint-Gruppe) in
   35 Doppelstunden, kontinuierlich oder in Blockform.

Zusatzbezeichnung "Psychotherapie"
Inhalt der Weiterbildung:

1. Kenntnisse in
1.1 Entwicklungspsychologie und Persönlichkeitslehre,
1.2 Lernpsychologie und Verhaltenslehre,
1.3 Psychodynamik der Familie und der Gruppe,
1.4 allgemeine und spezielle Neurosenlehre,
1.5 Psychopathologie,
1.6 Psychosomatik,
1.7 Technik der Erstuntersuchung,
1.8 psychodiagnostische Testverfahren und

1.9 Indikation und Methodik der psychotherapeutischen Verfahren einschließlich Prävention und Rehabilitation.

2. Eingehende Kenntnisse und Erfahrungen in der tiefenpsychologisch fundierten Psychotherapie und mit dem autogenen Training sowie mindestens einem weiteren Verfahren (z.B. Hypnose, Verhaltenstherapie, Gesprächstherapie nach Rogers, Psychodrama, Tagtraumtechnik).

3. Eingehende Kenntnisse sowie Erfahrungen in der Abgrenzung von Psychosen und Neurosen und von körperlich begründbaren psychischen Störungen.

4. Selbsterfahrung
4.1 70 Doppelstunden in einer Selbsterfahrungsgruppe (tiefenpsychologisch oder psychoanalytisch) kontinuierlich oder in Blockform, oder
    35 Doppelstunden Selbsterfahrungsgruppe, wenn eine selbstgewählte weiterbildende Lehranalyse von 100 Stunden vorliegt.
4.2 Patientenzentrierte Selbsterfahrung (Balint-Gruppe) in 35 Doppelstunden, kontinuierlich oder in Blockform.

5. Mindestens eine tiefenpsychologische Einzelbehandlung von mindestens 40 Stunden mit Supervision nach etwa jeder vierten Sitzung.

Wer den ärztlichen Beruf bereits gewählt hat, sollte in jedem Fall zumindest den psychiatrischen Facharzt absolviert haben. Nicht nur um der Notwendigkeit willen, mit schweren Störungen der Persönlichkeit (sog. Schizophrenie, sog. Zyklothymie), Alkoholismus, Drogenabusus, Verwahrlosungen, "Grenzfällen" und organischen Erkrankungen (Hirnschäden) einen ersten Umgang erworben zu haben, sondern um vor allem differentialdiagnostische Unterscheidungen zwischen "primär" organischen oder "primär" psychischen Krankheiten erstellen zu können. Auch wenn in der hier vorgetragenen Konzeption ein Unterschied zwischen "primär" organisch oder "primär" psychisch nicht existiert, da jede Krankheit stets eine Dekompensation der ganzen Person darstellt, so muß dieser Unterschied aus praktisch-diagnostischen Gründen als eminent wichtig aufrechterhalten bleiben; z.B. Tumoren können bekanntlich Konzentrationsstörungen, Antriebshemmungen oder leichte Verstimmungen auslösen und es gibt keine Biographie, der nicht Konfliktsituationen entnommen werden könnten, die Störungen dieser Art "psychogenetisch" verständlich erscheinen lassen. Das besagt nicht, daß jeder Kranke, der über Störungen dieser Art klagt, sofort einer neurologischen Untersuchung einschließlich Encephalogramm, Arteriographie und Liquorpunktion unterzogen werden muß, aber tunlichst soll der praktizierende, fachpsychiatrisch ausgebildete Psychotherapeut nur in Kooperation mit Internisten und Neurologen arbeiten.

Welchen Ausbildungsgang soll der zukünftige Psychotherapeut einschlagen, der meistens nicht einmal weiß, wohin und an wen er sich in dieser Angelegenheit wenden soll? Hier spielt

bereits der Zufall: Nicht alle Städte in der Bundesrepublik
Deutschland verfügen über qualifizierte Ausbildungsinstitute, die von der Ärztekammer anerkannt, dem Kandidaten den
Weg in die Praxis eröffnen. Ferner sind - wie schon erwähnt -
die Ausbildungsinstitute in ihrer Konzeption, d.h. Freud,
Jung, der Neoanalyse, Adler oder der Gestalt- und Gesprächstherapie folgend, höchst unterschiedlich ausgerichtet. Ob
der zukünftige Therapeut "Jungianer", "Freudianer" oder Anhänger der Neoanalyse (in Deutschland vor allem durch die
Nachfolge Schultz-Henckes vertreten) oder gar sich der hier
vorgetragenen Konzeption zuwendet, ist schon meistens durch
den Ort seines Aufenthaltes, seine Klinik, seine Familie,
seine familiär-ökonomischen Verpflichtungen, vorherbestimmt.
Die Mühe, sich an einen Ort und ein Institut eigener Wahl
zu begeben oder mehrere Institute kennenzulernen, ist schon
ökonomisch in den meisten Fällen nicht tragbar, ganz abgesehen davon, daß dem Kandidaten an den verschiedenen Institutionen verschiedene Instrumentalisationen der Vorwahl begegnen, die meistens mit persönlichen Interviews des Aus-
bildungsleiters verbunden die Entscheidung für seine Eignung als Kandidat treffen, er darüber hinaus, nach positiver Entscheidung, häufig noch mit 1-2 Jahren Wartezeit rechnen muß, bis ihm der Ausbildungsgang ermöglicht wird. Die
Entscheidung über die Eignung für diesen Beruf wird meistens in einem Gremium diskutiert. Hat sich ein Mediziner
oder Psychologe zu einer therapeutischen Ausbildung ent-
schlossen, so wende er sich schriftlich an eines der Institute, erbitte ein Ausbildungsprogramm. Die Ausbildung erstreckt sich im allgemeinen - neben seiner Berufsausbildung
z.B. als Facharzt - über 3 Jahre. In der Regel werden - bis
auf die C.G. Jung-Institute, die Institute für Gestalt- und
Gesprächstherapie - nur Mediziner und Psychologen mit abge-
schlossenem Studium zur Ausbildung angenommen.

Folgende Städte in der Bundesrepublik verfügen über aner-
kannte Ausbildungsinstitute: (Stand 1981)

Freie und Hansestadt Hamburg - Gesundheitsbehörde -,
Michael-Balint-Institut für Psychoanalyse und Psychotherapie
Averhoffstraße 7, 2ooo Hamburg 76

Bremer Arbeitsgruppe für Psychotherapie e.V., Lehrer Heer-
straße 76, 28oo Bremen

Lehrinstitut für Psychotherapie und Psychoanalyse, Psychotherapeutisches Institut für das Land Niedersachsen,
Geibelstraße 1o4, 3ooo Hannover

Institut für Psychoanalyse und Psychotherapie e.V. Göttingen
Hanssenstraße 13, 34oo Göttingen

Institut für analytische Psychotherapie im Rheinland e.V.
Hohenstaufenring 58, 5ooo Köln 1

Stuttgarter Akademie für Tiefenpsychologie und analytische
Psychotherapie e.V., Hohenzollernstraße 26, 7ooo Stuttgart

C.G. Jung-Institut Stuttgart e.V., Institut für analytische

Psychologie und Psychotherapie, Alexanderstraße 92, 7ooo Stuttgart 1

Akademie für Psychoanalyse und Psychotherapie e.V., Pettenkoferstraße 22/G, 8ooo München 2

Institut für Psychotherapie e.V. Berlin, Kosterstraße 8-12, 1ooo Berlin 33

Sigmund-Freud-Institut, Ausbildungs- und Forschungsinstitut für Psychoanalyse, Myliusstraße 2o, 6ooo Frankfurt/Main

Institut für Psychoanalyse und Psychotherapie Gießen e.V., Ludwigstraße 73, 63oo Gießen

Ausbildungsseminar für Psychotherapie und Psychoanalyse in der DGPPT, Thibautstraße 2, 69oo Heidelberg

Psychoanalytische Arbeitsgemeinschaft Stuttgart-Tübingen, Institut der DPV, Neckargasse 7, 74oo Tübingen

Institut für Psychoanalyse und Psychotherapie Freiburg im Breisgau der DPG e.V. und der DGPPT e.V., Kaiser-Joseph-Straße 239, 78oo Freiburg i.Br.

Berliner Psychoanalytisches Institut der DPV e.V. (Zweig der Internationalen Psychoanalytischen Vereinigung), Sulzaer Straße 3, 1ooo Berlin 33

Psychoanalytische Arbeitsgemeinschaft Ulm über die Universität Ulm, Am Hochsträss 8, 79oo Ulm/Donau

Psychoanalytisches Seminar Freiburg e.V., Institut der DPV (Zweig der IPV) e.V., Schwaighoffstraße 6, 78oo Freiburg-Kappel

Psychoanalytische Arbeitsgemeinschaft Köln-Düsseldorf e.V., (nach den Ausbildungsrichtlinien der DPV), Wüllnerstraße 125, 5ooo Köln 41

Weiterbildungsseminar für Psychotherapie, Psychosomatische Medizin und Psychoanalyse im Klinikum Charlottenburg, Fachbereich 3 der Freien Universität Berlin, Spandauer Damm 13o, 1ooo Berlin 19

Psychoanalytische Arbeitsgemeinschaft München e.V., Institut der DPV, Lindenstraße 25, 8ooo München 9o

Alfred Adler Institut für Individualpsychologie e.V. München, Weiterbildungsinstitut der DGIP, Kindermannstraße 9, 8ooo München 19

Institut für wissenschaftliche Individualpsychologie e.V., Schützenstraße 52, 4ooo Düsseldorf

C.G.-Jung-Institut Berlin e.V., Schützallee 118, 1ooo Berlin

Psychoanalytisches Lehr- und Forschungsinstitut "Stuttgarter Gruppe" (vertreten im Fachbereich I an der Stuttgarter Akademie für Tiefenpsychologie und analytische Psychotherapie) Hohenzollernstr. 26, 7ooo Stuttgart 1

Institut für Psychoanalyse und Psychotherapie der Arbeits-

gruppe Stuttgart der Deutschen Psychoanalytischen Gesellschaft e.V. (vertreten im Fachbereich II an der Stuttgarter
Akademie für Tiefenpsychologie und analytische Psychotherapie), Christian Belser Straße 81, 7ooo Stuttgart 7o

Institut für Psychoanalyse und Psychotherapie Düsseldorf e.
V., Moorenstraße 5, 4ooo Düsseldorf 1

Psychoanalytische Arbeitsgemeinschaft Kassel (nach den Ausbildungsrichtlinien der DPV), c/o Verein Ludwig Noll-Kran-
kenhaus e.V., Dennhäuser Straße 156, 35oo Kassel

Die Frage, die der Kandidat der Psychotherapie nicht nur
sich selbst stellt, sondern die ihm auch direkt oder indirekt von den Institutionen und Ausbildungsstätten vorgelegt
wird, ist die nach den Beweggründen seiner Berufswahl. Erscheinen diese überwiegend "neurotisch" oder "psychopatho-
logisch", d.h. wird dem Kandidaten die Möglichkeit unterstellt, daß er aufgrund eigener ungelöster, ihm nicht durch-
schaubarer Konflikte und Probleme diesen Beruf ergreift -
für den nichtsdestoweniger eine "psychopathische Ader" notwendig ist, ohne die das Leiden anderer gar nicht nachvollzogen werden kann -, so darf er mit Sicherheit auf Ablehnung durch die Institution rechnen, bei der er seine Ausbildung aufzunehmen gedachte. Sich selbst über die anderen
zu "helfen", wissenschaftliche Neugier, ökonomische Gründe,
bis zu einem "echten", d.h. anteilnehmenden, dem anderen
sich zuwendenden Interesse, im Bewußtsein, sich in ein le-
benslängliches Risiko dabei einzulassen, Unbehagen an der
Methode der Schulmedizin, an der naturwissenschaftlich sich
verstehenden Psychiatrie, "Missionsbedürfnis", sich für einen "Erlöser" halten, den anderen psychologisch zu manipu-
lieren - sind einige der vielen Beweggründe, die den Kandidaten mitbestimmen können, diesen Beruf zu ergreifen.

Im Verlaufe seiner didaktischen Analyse, den Kontrollgesprä-
chen und Gruppenerfahrungen als Stufen seines Ausbildungswe-
ges, wird er - falls die Lehranalyse nicht in eine ideologi-
sche "Gehirnwäsche" entartet - seine Beweggründe, den Beruf
zu ergreifen, immer wieder prüfen, in Frage stellen, um vermutlich erst am Ende seines Lebens zu wissen, ob es für ihn
die richtige oder falsche Berufswahl gewesen ist.

5. Ergänzende Anregungen zur Ausbildung des zukünftigen Psychotherapeuten

Es wurde oben (1.) aufgezeigt, daß der Therapeut mit jeder
Behandlung ein nicht abzusehendes emotionales Risiko ("Aben-
teuer") auf sich nimmt, dessen Ausgang letztlich immer unbestimmt bleibt, die Ausbildung den Zweck u.a. verfolgt,
ihn für dieses Unternehmen mit gewissen "Stützen" ("Instru-
menten", "Techniken") auszurüsten, die der gedanklich-be-
grifflichen Konzeption der jeweiligen Schule entstammen.
Der konzeptionelle Inhalt jedoch insbesondere der Schule
Freuds und innerhalb der neoanalytischen Richtungen, zeichnet, im Unterschied zu den stärker bildorientierten Bezügen
der Vorstellungen C.G. Jungs und der Gestalttherapie, sich
durch komplizierte begriffliche Hypothesen aus. Er kann mit
der Gefahr einer stärkeren Intellektualisierung auf Kosten
von Intuition, Emotionalität und Affektivität einhergehen.
Erstere zeigt sich rasch darin, daß jedes in der Behandlung
auftauchende Vorkommnis durch den Therapeuten eine psycho-
logisch-psychopathologische Kategorisierung erfährt, die
hier als oral, phallisch-ödipal, homoerotisch, als Kastra-
tionskomplex oder zu starkem Über-Ich, als Vater- oder Mut-
teridentifizierung qualifiziert, dort wiederum als expan-
siv-gehemmt, aggressionsgehemmt, überangepaßt usf. bezeichnet wird. Zu der raschen Kategorisierung und Klassifizierung neigt der Anfänger, eben um dem emotionalen Engagement
durch vorzeitige begriffliche Fixierung vorzubeugen. Auch
dies ist eine Form der "Abwehr" - von seiten des Therapeuten -, die jedoch der Patient unfehlbar als Ängstlichkeit
bemerken und dies auch wahrscheinlich dem Therapeuten vermitteln wird. Die von Freud wiederholt dargestellte "frei-
schwebende Aufmerksamkeit", mit der der Therapeut dem Patienten begegnen sollte, impliziert ein entspanntes Sich-
gehen-Lassen hier, ein nicht vorschnelles Reflektieren und
Intellektualisieren dort, zumal alle psychopathologischen
Konzeptionen nur Annäherungen an letztlich nicht Darstell-
bares, an psychisches "Sich-Ereignen", "Bewegen", "Verändern" sind.

Die Intellektualisierung hat ein Gegengewicht: das bildhafte
Geschehen, in das sich der Therapeut einläßt. Alles, was der
Patient unmittelbar-emotional erleben und in Worte fassen
kann, bezieht sich primär auf Situationen, d.h. auf bildhaft
Geprägtes, erst dann begrifflich Auszulegendes, Interpre-
tierbares. "Ich erinnere meine Großmutter am weißgedeckten
Tisch sitzen, eine Haube auf dem Kopf", "Ich träumte wieder
von dem großen schwarzen Bären", "Ich ging durch die Straße
und traf X.Y." usf.. Dies ist permanent und unmittelbar Be-
richtetes, das den Therapeuten latent auffordert, _mitzusehen_.
Erst dann mag eine Auslegung durch den Patienten erfolgen:
"Vielleicht stört mich die Haube meiner Großmutter, die war
so spitz und kantig" oder "Daß ich immer wieder von dem Bären träume, muß doch bedeuten, daß ich vor irgendetwas Angst
habe..." usf..

Um einer Überintellektualisierung und Klassifizierungsten-
denz des Therapeuten und damit einer Gefährdung sowohl seiner Entwicklung als auch der Behandlung vorzubeugen - wie
viele Analysen sind weitgehend erfolglos verlaufen, da sie
nur auslegend-intellektuelle Prozeduren waren -, sei dem
Kandidaten dieses Berufes wärmstens folgendes empfohlen:
_1_. Emotional-anteilnehmend, d.h. von Stimmung und Gefühl
wie auch von der Wahrnehmung her den Patienten auf sich wirken lassen, bevor er seinen Intellekt und seine Klassifizierung "einschaltet". Dies sei die Grundlage "kat'exochen" für
die hier vorgetragene Konzeption. _2_. Die Lektüre der "großen" Dichter und Schriftsteller des 19. und 20. Jahrhunderts,
insbesondere der Franzosen Stendhal, Balzac, Flaubert,
Proust, der Engländer Galsworthy, Conrad und Dickens, der
Russen Dostojewskij und Gontscharow. Hier erlebt der Kandidat, wie biographisch-lebensgeschichtliche Strukturen (s.u.)
sich ihm in aller atmosphärischen Verzweigtheit ihrer Ver-
wicklungen auftun, was z.B. eine "phänomenologische Psychologie" literarisch zu erfassen vermag, ohne daß jeweils und
jemals Rekurs auf eine "wissenschaftliche" Begriffsbildung
genommen wird. _3_. Er versuche sich immer wieder "meditativ",

d.h. sich innerlich ganz zurücknehmend, abwartend, "frei
von eigenen Gedanken und Gefühlen", in ein Gemälde, ein Mu-
sikstück, ein Gedicht zu versenken, stelle sich dieses innerlich vor, "gehe mit ihm um", "bewege es im Herzen", damit er vermittels eines Tuns dieser Art - nicht umsonst
seit Jahrtausenden in verschiedenen "meditativen Strömungen" unterschiedlich geprägt und überliefert - sein bild-
haft-rezeptives Aufnehmen zu formen, zu schulen und zu steigern vermag. Er sollte die Fähigkeit entwickeln, ohne Angst
sich von dem Sog dieses Geschehens ganz gefangen nehmen zu
lassen und dennoch gleichzeitig kritische Distanz zu wahren.

Ohne auf den problembeladenen Begriff der "Intuition" einzugehen, die ein gewisses "einfühlendes Vorauswissen" darstellt, von dem, was den Patienten quält, kränkt oder bedrückt, in jedes intuitive Vermögen auch die jeweilige Le-
benserfahrung mit einfließt, impliziert vielmehr die "frei-
schwebende Aufmerksamkeit" (Freud) jenes Vermögen, im primär aufmerkend-anteilnehmenden Mit- und Nacherleben in die
Bilderwelt einzusteigen, die der Patient jedesmal vor dem
Therapeuten aufblättert. Dieses "Mitgehen", "Einsteigen",
"Nacherleben" wird in den derzeitigen institutionalisierten
Zentren psychotherapeutischer Ausbildung nicht ausreichend -
wenn überhaupt - betont, von der systematischen Deformierung
und Verstümmelung der Emotionalität abgesehen, die jeder
Mensch bereits durch Schule und Studium erfährt.

Zu der "emotionalen Wiederaufrüstung" und der "Rückgewinnung
der Emotionalität" - die freilich immer wieder in verhängnisvoll romantisch-sentimentalisierender Weise von politischen Strömungen mißbraucht wurde - zählt ebenfalls das Bemühen, wo auch es immer noch möglich ist, sich der Natur
und ihrem Blühen, Fruchten oder Welken zu überlassen, dem
Strömen eines Baches "gedankenlos" sich hinzugeben, das
Spiel von Wellen zu betrachten - frei von biologisch-physi-
kalischen oder umweltschützenden Reflexionen.

Der Therapeut, tagtäglich mit kommunikationseinschränkenden,
krankmachenden Übeln des menschlichen Daseins konfrontiert,

vermag dieser kranken-unheilen Welt nur Widerstand zu leisten, wenn er über psychische Regenerationskräfte verfügt,
die er sich selber verschaffen muß. Zu diesen zählt nicht
zuletzt auch das ausübende, unmittelbar-praktische Tun: Mu-
sizieren, Malen, Schreiben, Basteln, Gartenarbeit, Sport
usw., soweit diese nicht ein ausgesprochen leistungsbezoge-
nes Gepräge erhalten.

Die Regeneration wird er nicht auf Kongressen und Vorträgen,
nicht etwa durch Flucht in die Promiskuität, in den Alkohol
usf., aus einer nicht zu bewältigenden Berufssituation als
permanenter Konfrontation mit dem menschlichen Leid finden,
er wird sie in seiner eigenen Familie, in den Partnerschafts-
beziehungen nicht immer entdecken, denn auch diese fordern
ihn, erwarten Zuwendung, Anteilnahme, Auseinandersetzung.
Partner und Familienangehörige des Therapeuten sollten sich
darüber klar sein, daß dieser, von seinem Beruf ständig eben
zu Zuwendung und Anteilnahme provoziert, in besonderer Weise
Verständnis für seinen Beruf sucht und dessen bedarf er meistens, wenn der letzte Patient die Sprechstunde verlassen
hat und er von der Psychologie nichts mehr wissen will. Der
Therapeut bedarf der Regeneration in einer annähernd span-
nungsfreien Atmosphäre: diese ihm zu schaffen, ist eine Aufgabe seines Partners, auch wenn er zweifellos Auseinandersetzung in diesem Raum nicht vermeiden kann, er sie oft zusätzlich zu den Belastungen seines Berufes noch durchstehen und austragen muß. Die eigentliche Regeneration der psychischen Kräfte ist ein "geistig-kreativer Akt", der sich
primär in der Begegnung mit dem Schöpferischen, dem Lebendigen in Kunst oder in der Natur ereignet - oder im eigenen
Inneren, aber selbstverständlich auch im Mit-Erleben und
Mit-Aufwachsen etwa an und mit den eigenen Kindern.

Um nicht seinem Beruf und dessen mit keinem anderen Beruf
vergleichbaren Belastungen restlos ausgeliefert zu sein -
z.B. durch die ökonomischen Zwänge, ein Haus abzuzahlen,
ein neues zu erwerben, den Porsche zu kaufen, das geplante
Schwimmbad zu bauen usf. -, muß nicht nur an meditativ-krea-

tive Regeneration, an Freizeitgestaltung, an die Beziehung
zur Familie erinnert, sondern auch bedacht werden, daß der
Therapeut Gelegenheit findet, die zweifellos berufsbedingte
"Aggressionsstauung" zu entlasten. Welcher Therapeut ist
nicht schon in den Ausruf verfallen: "Ich kann meine Patienten nicht mehr sehen" oder "Ich kann diesen Patienten oder
diese Patientin X.Y. nicht mehr ertragen", wobei die re-
flektierte Klärung seiner sog. "Gegenübertragung" häufig
nicht fruchtet? Wo wird er, der täglich die Affekte seiner
Klientel über sich ergehen lassen muß, seine Affekte los?
Die Familie ist zweifellos dafür nicht der geeignete Ort,
wenn schon Ehefrau, Tochter oder Sohn beim Mittagessen an
das Telefon stürzen müssen und mit der Botschaft zurückkommen: "Du, Papi, da ist wieder der Herr X.Y., der Patient,
den Dir der Professor X. geschickt hat..." und der auf-
seufzende Therapeut seine Mahlzeit unterbrechen und mit Mühe versuchen muß, eben diesem Patienten X.Y. klarzumachen,
daß er gerade beim Essen sei - jener aber schon wieder mit
dem Einnehmen von Tabletten droht, wenn er nicht heute und
sofort eine zusätzliche Behandlungsstunde bekommt... Wo kann
er einmal, wie jeder Mensch, so reden wie die Patienten bei
ihm? Dies erfordert in einem viel größeren Umfang die In-
stallation balint-ähnlicher Kollegengruppen, die jenseits
ihrer jeweiligen Schulung auf der Ebene eben des Unschulisch-
Menschlichen sich finden sollten, um die Probleme ihrer Patienten nicht ausschließlich zwecks gegenseitiger Kontrolle
zu erörtern und sich "dabei in die Karten sehen", sondern um
die Gemeinsamkeit des Tuns zu finden, das ihnen spontanes
"Abreagieren" ermöglicht.

6. Über einige prinzipielle und ethische Voraussetzungen des psychotherapeutischen Berufes

Der Psychotherapeut - gleichgültig, ob er sich als nur wissenschaftlich orientierter Agnostiker, ideologischer Atheist

oder überzeugter Katholik versteht – bedarf fester Prinzipien im Sinne der Individualnorm –, über die Konventionsnor-
men hinausgehend. Da er wiederholt vom Patienten befragt
wird, auch – wann und wie wird noch aufzuzeigen sein – Ratschläge gelegentlich erteilt, kann er es sich nicht leisten, einmal "prinzipienlos-hedonistisch" zu argumentieren,
dann wieder strikt moralisch im Sinne der Konventionalethik.
So wie er über ein optimales Gedächtnis verfügen muß, um
Träume und Verhaltensweisen seiner Patienten, geschilderte
Situationen usf. jederzeit bereit zu halten, diese nicht etwa mit denen anderer Patienten verwechseln darf, sondern ein
"Gedächtnis" des Kranken darstellt, das, nach Bedarf, ihn an
seine Kindheit nicht weniger zu erinnern vermag, als an eine
kürzlich geäußerte Meinung der Ehefrau gegenüber – so sollte
er auch eine ausgereifte Lebensüberzeugung entwickelt haben,
die die Grundlage der Vertrauensbildung für den Patienten
darstellt.

Darüber hinaus sind diese individualethischen Normen nicht
und nie als moralische Drohgebärde zu vermitteln, sondern in
der Dyade Therapeut-Patient in die Gegenseitigkeit der Kommunikation zu vermitteln, d.h. "flexibel", um dem Patienten
bei Kommunikationseinschränkungen in Strukturen und Modi
auch antagonistisch zu helfen (s.u.). Diese Art der Hilfe-
stellung sei hier schon vorweggenommen: Bei Störungen des Patienten im Verhältnis zum Leib stelle der Therapeut sich innerlich positiv zu den Beziehungen zum Leib ein – diese Einstellung Voraussetzung sein sollte – und eröffne durch diese
bewußt erlebte Einstellung dem Patienten Möglichkeiten, zu
seinem Leib und seiner Emotionalität ein positiveres Verhältnis zu gewinnen. In Fällen extremer Orientierungslosigkeit vollziehe er innerlich Orientierung, in Leistungshyper-
oder -hypotrophien nehme er die antagonistische Einstellung
jeweils ein, nicht weniger in gestörter Beziehung seiner Patienten zur Zeit, um hier schon auf die Grundstrukturen
menschlicher Kommunikation einzugehen (s.u.). Jedoch sei
dies hier in bezug auf die "Individualnorm" gesagt: der The-

rapeut muß einerseits über feste Prinzipien und Einstellungen verfügen, andererseits diese stets im Umgang mit dem
Hilfesuchenden relativieren, situationsgerecht vollziehen
und flexibel genug sein, sich im Interesse der Kommunikationserweiterung des Patienten antagonistisch zu dessen Einseitigkeiten im Lebensvollzug zu verhalten.

Darüber hinaus seien einige ethische Grundhaltungen - stets
im Sinne der Individualnorm - erinnert:

Grundlage jedes therapeutischen Gespräches, gleichgültig,
ob es eine Exploration, eine Aussprache oder die Einleitung
einer tiefenpsychologischen Behandlung ist, ist das Vermögen des Arztes, sich selbst in seinen Stimmungen, seinen Gefühlen, in seinen Gedanken und Willensimpulsen zurückzunehmen, auf die Darstellung und den Ausdruck seiner Person zu
verzichten, um sich ganz auf den Patienten einstellen zu
können. Viele Nervenärzte und Psychotherapeuten bedenken
nicht, daß ihr Beruf auf der Permanenz einer Verzichtleistung als Grundlage ruht, sich dem Patienten gegenüber in
dieser Weise zurückzunehmen, um ihm damit seine Entfaltung
und Entwicklung schon allein im Gespräch zu ermöglichen.

Wer von sich selbst die Erfahrung gemacht hat, daß er nicht
zuhören kann, ohne nach kurzer Zeit ungeduldig zu werden
und Ermüdungserscheinungen zu entwickeln, der wende sich
innerhalb der Medizin einem anderen Zweig zu. Andernfalls
wird er sich viele Jahre einem erheblichen Zwang aussetzen
müssen, seine Patienten täglich mehrere Stunden in relativ
unbewegter Körperhaltung anzuhören und dabei das Risiko
schwerer seelischer Störungen eingehen.

Zuhören lernt der Psychotherapeut nicht in der Lehranalyse,
dort darf er - je nach seinen ökonomischen Mitteln - vielmehr ungehemmt über sich selbst sprechen. Die nervenärztli-
che oder psychotherpeutische Praxis jedoch erfordert die
konstante Verzichtleistung des Nicht-über-sich-selbst-Spre-
chens.

Das Zu-Hören umschließt, außer der Bereitschaft, dem anderen

im Zu-Hören schon helfen zu wollen, das Vermögen der Konzentration in "freischwebender Aufmerksamkeit" (Freud), den Faden des Gespräches von Anfang bis zum Ende sich zu vergegen-
wärtigen, um, aus den Aussagen des Patienten selbst, die ersten diagnostischen und prognostischen Schlüsse zu ziehen.
Im Zu-Hören selbst anteilnehmend, wird der Therapeut ein zunehmend sich präziser entwickelndes Bild des Sprechenden gestalten, er wird auf die Untertöne, den emotiven Hintergrund
der Ausführungen des Hilfesuchenden achten, um die "eigentliche", dem Patienten oft noch verborgene Klage "herauszuhö-
ren". Zu-Hören heißt nicht, nach den anfänglichen 5 Minuten
des Gespräches schon eine fertige Diagnose und einen entsprechenden Therapievorschlag bereit zu haben. Es heißt
nicht, die erlernten diagnostischen und prognostischen Klischees so anzuwenden, wie der Internist sein EKG, sondern
im Zu-Hören ist der Therapeut in erster Linie offen für die
Eindrücke, die ihm der Hilfesuchende vermittelt und die er
tunlichst erst nach Abschluß eines ersten "Interviews" sichten und klären sollte. Deshalb impliziert das Zu-Hören auch
die Beobachtung dessen, wie der Patient sich im Was seiner
Mitteilung zeigt: ob zurückhaltend, spröde, unwillig, mühsam, gehemmt oder ob überquellend, "ohne Punkt und Komma",
erregt, sprudelnd, von einem Gedanken zum anderen sprin-
gend - um nur an zwei extreme Möglichkeiten der Selbstdarstellung von Patienten zu erinnern. Zu-Hören, sich auf den
anderen anteilnehmend einzustellen und ihn gleichzeitig auch
in der Distanz zu beobachten, setzen die weitgehende Zurücknahme eben der eigenen Person immer wieder voraus. Wer als
Therapeut sich in einer Ehekrise befindet, Sorgen um ein
krankes Kind hat oder von einer nicht mit dem Patienten zu-
sammenhängenden Problematik eingenommen ist, wird ein
schlechter Zuhörer und Beobachter sein, er wird darüber
hinaus sich nur schwer in den anderen einfühlen, sich auf
diesen einstimmen können.

In der fundamentalen Bereitschaft und Notwendigkeit des Zu-
Hörens, die als therapeutische Grundhaltung letztlich nur

bis zu einem gewissen Grad erlernt zu werden vermag, klingen als "Anteile" der ärztlichen Leistung eben die Beobachtungsgabe, das Konzentrations- und Kombinationsvermögen desselben an, die Notwendigkeit ferner, über eine differenzierte Intelligenz und ein geschärftes Erinnerungsvermögen zu verfügen, die Möglichkeit aber auch, die Stimmung und "Verfassung" des anderen zu erfühlen, sie atmosphärisch zu "wittern".

Das Zu-Hören umschließt nach der Seite der noetisch-intellektuellen Kommunikation die Notwendigkeit, zwischen skeptischem und naivem, zwischen kritischem und gutgläubigem Akzeptieren der Ausführungen des Patienten die Mitte zu halten; d.h. in der Skepsis wird den Darstellungen des Patienten gegenüber das faktisch berichtete Ereignis mit dem Wahrscheinlichen, mit dem Möglichen und Unmöglichen verglichen, werden die Möglichkeiten gegeneinander abgewogen, um im Zweifelsfall erst einmal dem Patienten "carte blanche" zu geben. Dabei sollte nicht übersehen werden, daß viele Kranke ihre Erlebnisse übertrieben ausschmücken, teils wieder verkleinern und abschwächen oder einfach den Therapeuten belügen. Selbst bei Berücksichtigung dieser, die Skepsis den Ausführungen des Patienten gegenüber begründenden Vorkommnisse, muß aber auch der Erlebnischarakter des Berichteten gesehen und voll gewürdigt werden: Der eine erlebt einen Unfall bekanntlich als eingreifendes Ereignis, das den Lebensweg zutiefst erschüttert, Anlaß zu einer Rentenneurose wird, wohingegen dem anderen ein analoges Geschehnis kaum als berichtenswert erscheint. Aus dieser Perspektive sind die psychiatrisch-psychoanalytischen Attribute des demonstrativ-hysterischen oder zwanghaft-gehemmten Gebarens zwar mit Vorsicht anwendbar, ihre Verabsolutierung jedoch ist falsch. Die Skepsis den Ausführungen des Patienten gegenüber wird deshalb in jedem Fall dem jeweiligen Erlebnisgehalt gerecht werden müssen, diesen erst einmal als die maßgebliche Mitteilung des Hilfesuchenden aufzunehmen.

Der Skepsis steht die Naivität als anderes Extrem einer mög-

lichen Haltung dem Patienten gegenüber, die anteilnehmend
sich in den Kranken hineinversetzt und ihn unmittelbar,
durch kein Vorurteil getrübt, zu erfassen vermag, indem sie
seine Ausführungen buchstäblich so hinnimmt, wie sie sich
darstellen. Der Patient wird sich diesem Therapeuten wahrscheinlich in den meisten Fällen, abgesehen von den extrem
Mißtrauischen, Eingesponnen-Grüblerischen, zwar rasch an-
vertrauen und sich ihm erschließen, um jedoch bald eine kri-
tisch-skeptische Distanz zu vermissen, sucht der Leidende
doch im allgemeinen nicht nur den anteilnehmenden Zuhörer,
sondern auch die ihn bestimmende Autorität. Dem Naiv-Zuhö-
renden erscheinen die Mitteilungen des Hilfesuchenden jedesmal neu und noch ganz ungehört. Diese Frische der Erleb-
nisfähigkeit zu erhalten, die der Abstumpfung zahlloser Ex-
plorationen, der Routine der Abfragung noch nicht verfallen
ist, zählt zweifellos zu den seltenen, jedoch die therapeutische Tätigkeit erfüllenden Gaben. Ihre Gefahr liegt in
der mangelnden, kritischen Verarbeitung des Gesagten, in
der unzureichenden Distanzierung gegenüber dem Kranken. Es
entsteht das Zerrbild des kindlich-erstaunt die Welt be-
trachtenden Arztes, der wie ein gutmütig-gutgläubiger Rie-
senschwamm allen Kummer, alle Leiden und Diskrepanzen der
menschlichen Existenz harmonisch aufzunehmen versucht, für
den es letztlich die Macht der Nichtung, des Negativen
nicht gibt und der damit einer schwerwiegenden Selbsttäu-
schung verfällt. Sein Gegenbild ist der skeptisch-süffisan-
te Nervenarzt, der überkritisch jedes Wort des Patienten
nach seiner Wahrscheinlichkeit, Möglichkeit oder Unmöglichkeit abwägt, immer wieder nachfragt, Differenzen und Diskrepanzen der Schilderung dem Kranken, einem Untersuchungsrich-
ter vergleichbar, anlastet, den Hilfesuchenden damit im Vorhinein erheblich verunsichert. Mangelt dem letzteren die an-
teilnehmend-sympathisierende Kommunikation, so dem ersteren
die kritische Skepsis. Der Therapeut bedarf aber beider Fähigkeiten, bzw. sollte sich beim Anhören des Patienten in
der schwebenden Mitte halten zwischen der prinzipiellen Bereitschaft,den Ausführungen des Patienten Glauben zu schen-

ken (Naivität) und abwägender, das Wahrscheinliche vom Faktischen, das Mögliche vom Unmöglichen kritisch differenzierender Skepsis.

Das dem Patienten Zu-Hören umschließt das Vermögen, ihm geduldig zuzuhören. Die meisten in der Praxis sich ereignenden, nervenärztlichen Behandlungen, insbesondere die auf
längere Zeit ausgerichteten "altmodischen" tiefenpsychologischen Therapien, benötigen bekanntlich ein erhebliches Ausmaß an Zeit. Zahlreiche Patienten können sich nur im Alltag
halten, wenn sie ihren Therapeuten regelmäßig über Jahre,
wenn auch in größeren Abständen, sehen können. Fortschritte
im Sinne der Symptombesserung werden zwar oft relativ rasch
verzeichnet, sie werden jedoch häufig von Rückfällen begleitet und die Umwandlung der sog. Persönlichkeitsstrukturen
im Rahmen des Möglichen ist ein erheblich zeitaufwendiges
Verfahren. Wer ungeduldig auf die Besserung einer Symptomatik wartet, des Erfolges ebenso bedürftig - nur aus anderen
Gründen - wie der Kranke, wer ungeduldig dem Zeitpunkt entgegenharrt, an dem der Patient sich in einer tiefenpsychologischen Behandlung endlich seinen Gedanken, Bildern, Phantasien überläßt, wer äußere Veränderungen in der Lebensweise
des Patienten verlangt, Eingriffe in dessen Beruf oder Ehe
zur Voraussetzung einer Behandlung überhaupt macht, zeigt,
daß er die eine der Grundlagen des therapeutischen Bemühens
nicht in der Lage ist zu vollziehen: die Geduld. Wer darüber
hinaus in der Behandlungsstunde oder im explorierenden Gespräch immer wieder auf die Uhr blickt, um sich vom Fortgang der Zeit zu überzeugen, wenn das Eintreten des nächsten
Patienten endlich den ersehnten Feierabend eröffnet, obwohl
der Nachmittag vielleicht gerade begonnen hat, der ist nicht
als geduldig zu bezeichnen. Geduld umschließt im explorativen Gespräch, in der ersten Kontaktaufnahme, die Fähigkeit,
den Patienten sich ausreden zu lassen, ohne ihn mit voreiligen, besserwisserischen Schlüssen zu unterbrechen, ohne ihn
mit den "Verbalisierungen" jener eindimensionalen Gesprächstherapie zu überschütten, die heute zunehmend in Schwang

kommt. Vielmehr vermag er als geduldig Zuhörender dem Hilfesuchenden das Bewußtsein vorhandener "Zeit" zu geben, die
Grundlage, daß der Patient schrittweise Vertrauen schöpft,
um sich in der Zeit, die ihm geduldig vermittelt wird, zu
entfalten.

Darüber hinaus liegt die Bedeutung der Geduld als einer
Grundhaltung und Voraussetzung des nervenärztlich-psychothe-
rapeutischen Berufes in der gelassenen Zuversicht, daß der
Kranke im Verlauf der Behandlung zu sich "selbst" kommen
wird (ohne auf die problematische Bestimmung des Begriffes
des "Selbst" jetzt näher einzugehen). So kann die Geduld zu-
warten, kommen-lassen, zu-sehen, ohne sich zu voreiligen,
vorschnellen Handlungen (z.B. Interpretationen) hinreißen
zu lassen, die das Kennzeichen der Ungeduld sind und die
mehr in Frage stellen und zerstören, als daß sie den Patienten fördern. Geduld impliziert das Vermögen, abwarten zu
können, zuzuwarten, auf daß der Patient sich selbst und damit dem Therapeuten schrittweise erschließt, um ebenso
schrittweise in die entstehende Auseinandersetzung mit sich
selbst einzutreten. Die Geduld nimmt den Hilfesuchenden in
ihre Hut, sie ist es, die ihm die Geborgenheit vermittelt,
derer er bedarf, denn um jemanden zu bergen, ist ein Raum
notwendig, in dem das Bergungsgut aufbewahrt wird. Dieser
Innen-Raum ist die Geduld, die sich wie eine große, schüt-
zende Hand um und vor den Patienten legt. Sie ist es, die
die "emotionale Wärme" spendet, ohne daß der Patient wie in
einem "mütterlichen Brutofen überwärmt" wird, da der Geduld
weniger "aktive Wärmeausschüttung" zukommt, als daß sie vielmehr Vertrauen in die Richtigkeit eines gemeinsam beschritte-
nen Weges stiftet, sie geduldig dem Patienten dieses Vertrau-
en vermittelt.

Allerdings wird das Vertrauen in die "Richtigkeit des Weges"
nicht verbal als dieses evoziert, mit suggestiver Aufforderung "Nur Mut, es klappt schon", oder "Die Behandlung wird
Ihnen gewiß helfen" und was es noch andere Scharlatanismen
mehr gibt. Die Geduld ist vielmehr als Grundhaltung im The-

rapeuten da, sie schafft als diese Haltung den Raum, in dem
sich der Patient behütet fühlt, wenn es zunehmend um die
Konfrontation und Auseinandersetzung mit seiner Existenz
geht.

Als vom Patienten erspürte und erfühlte Hut gibt diese ihm
den Mut, sich schrittweise in die Konfrontation mit sich
selbst einzulassen. Der Mut steht jedoch nicht nur in der
Hut der Geduld, sondern in der Gelassenheit, ferner eines
in der Behandlung sich immer wieder bestätigenden Vertrauens, auf dem "rechten Weg" zu sein. So vermittelt die Geduld hier dem Patienten das Erleben der Geborgenheit und
Behütung, dort das der Gelassenheit, die die "Dinge" kommen läßt. "Dinge" sind jedoch in der Behandlung nicht allein die äußeren Ereignisse und Geschehnisse im Leben und
Alltag des Patienten, sondern vor allem die Gefühle, Gedanken, Bilder, Erinnerungen, die als Bewegungen des Innen und
in ihrer Beziehung auf den Patienten selbst, seine Umwelt
oder Vergangenheit,dessen und des Therapeuten Aufmerksamkeit verlangen, um geduldig vorhandene Kommunikationseinschränkungen zu lösen und zu überwinden.

Das geduldige An- und Zuhören wird dem Therapeuten zunehmend schwerfallen, dem eigene Konflikte "auf den Nägeln
brennen" oder der überhaupt Schwierigkeiten hat, aufmerk-
sam dem Patienten zu folgen, diesem seine Unaufmerksamkeit
z.B. durch wiederholtes Fragestellen nach wichtigen Lebens-
daten kundgibt, die der Patient längst berichtet hat: "Wie
alt waren Sie noch, als Ihr Vater starb?" ... "Ach so,
stimmt ja... Sie sind ja Vollwaise..." ... "Sie sind doch
der Jüngste in der Geschwisterreihe?" ... "Der Mittlere!"
"Ach, das habe ich eben mit dem Patienten M.N. verwechselt..." - und dergleichen Beispiele mehr.

Verfolgt der aufmerksame Therapeut die Ausführungen des Patienten in jener Schwebe zwischen Naivität und Skepsis als
Grundhaltung, so impliziert Aufmerksamkeit das Vermögen,
die innere Struktur, den "roten Faden" des Berichteten zunehmend im Fühlen und im noetischen Differenzieren als sinn-

volles Ganzes zu erfassen, zu erschließen, so daß sich ein
Ereignis mit dem anderen auf dem Hintergrund der Entwicklung
des Patienten sinnvoll verknüpft. Aufmerksamkeit beinhaltet
die "innere Logik" der personalen Lebensgeschichte, deren
situative Ereignisse und mögliche Dekompensationen sie im
Blick behält.

Aufmerksames, geduldiges An- und Zuhören setzt Sammlung voraus. Sie ist die Grundeinstellung, die dem Gefäß vergleichbar ist, in das Tropfen um Tropfen fällt und in das der Therapeut im Zuhören das vom Patienten Berichtete sammelt. Das
gesammelt Aufgenommene und in einem tieferen Sinne Angenom-
mene wird nicht nur Anteil verfügbarer Erinnerung, die - zu
gegebener Zeit - den Patienten an dieses oder jenes Vorkommnis erinnert, es ihm ins Gedächtnis zurückruft, der Therapeut wird gleichsam zum "zweiten Gedächtnis" des Patienten, der aufbewahrt (sammelt), was dem Patienten vielleicht
schon wieder entronnen ist. Das im Zuhören Aufgenommene ist
"gesammelt", in einer strukturierten Weise anwesend, die
sich der verbalen Mitteilung oder dem Denkakt entzieht -
und dennoch als Extrakt, Essenz, Konzentrat der Ausführungen des Patienten dem Therapeuten in jeder Stunde, da er
ihm wiederbegegnet, präsent ist.

Das gesammelte Zuhören, das sich über Entspannung und Von-
sich-selbst-Absehen entfaltet, visiert das "Du" des Patienten, seine Person an. In dieser Intentionalität wird der
andere sowohl als Vergangener, als der er sich in seiner
Lebensgeschichte darstellte, wie auch als Gegenwärtiger,
als der er sich jetzt in der Behandlungsstunde gibt und erscheint, wie auch in seinen (idealen) Möglichkeiten als Zu-
künftiger gesehen. Dieses "Bild" kann jedoch nur aus der
sich dem Patienten schweigend öffnenden Sammlung entstehen.
Es als "Bild" zu präzisieren, verzerrt das Spezifische des
Vorganges, da es nicht ein Bild des Patienten ist, das in
der Sammlung auf ihn entsteht, sondern zahlreiche, die seine Einmaligkeit, seine Unwiederholbarkeit in dem Augenblick
bestimmen, in dem der Patient den Raum betritt.

Der Patient wird durch die innere Öffnung des Therapeuten
auf ihn hin zu einem "Anteil" der Lebensbewegung des Therapeuten selbst, seines Inneren, er ist "da" und dieses "Da"
wandelt und verändert sich im Verlaufe einer Therapie, wie
sich Patient und Therapeut unter der Behandlung wandeln.

Ist dies der eine Aspekt der Sammlung, so der andere, daß
der Therapeut in gelegentlicher, innerer Auseinandersetzung
mit seinem Patienten außerhalb der Behandlungsstunden die
Äußerungen desselben, Andeutungen, Hinweise, sein Erleben
wie auch seine Aktualität als eine innere Bewegung erfährt.
Sie werden "im Gemüt bewegt". Der Therapeut fragt sich, auf
was jene Andeutung des Patienten hinzielte, ob dieser Bericht "stimmt", was hinter jenem sporadischen Hinweis auf
eine Freundschaft, eine eheliche Situation, einen beruflichen Erfolg steht.

Er befragt sich und setzt sich im Fragen mit dem Gesagten
auseinander, das er in sich gesammelt hat. Das therapeutische Gespräch setzt sich in der Sammlung auch außerhalb der
Therapie fort. Der Therapeut wird zum vorübergehenden Le-
bensbegleiter des Patienten, der das ihm Anvertraute über
die Ebene des Gesagten hinausgehend in einem besonderen
Licht bewahrt:Es wird gesichtet, befragt, gelichtet, aufge-
hellt, es unterliegt einem Prozeß, der das Wesentliche der
Aussage vom Unwesentlichen trennt. Dies ereignet sich in der
Sammlung, die fundierender Anteil des geduldigen An- und Zuhörens sein sollte.

Sammlung wirkt ferner der Zerstreuung entgegen, in der die
meisten Menschen - nicht nur die Patienten - leben und zu
der es gehört, sich in tausend alltäglichen Dingen zu verlieren und zu vergessen, sich zwischen Verabredungen aufzu-
reiben, im "Konsum" aufzugehen, kurzum - im Bild des sich
zerstreuenden Strahles bleibend - keinen Mittelpunkt zu haben. Sich-Sammeln heißt jedoch einen Mittelpunkt bilden,
der der Zerstreuung entgegenwirkt, der dem Sammler vergleichbar ist, der die Dinge seiner Sammlung aus allerfern-
sten Gegenden in seinen Umkreis hineinbringt. Sammlung ist

aber auch dem Brennpunkt der Linse vergleichbar, der die
auseinanderstrebenden Strahlen in sich versammelt. Wenn die
Therapie zum vorübergehenden Mittelpunkt im Leben des Patienten wird, dann ist der erste Schritt für diesen in die
Sammlung als zunehmendes Inne-Werden seiner selbst getan.

Die bereits erwähnte Gelassenheit des Therapeuten präzisie-
rend, bedeutet diese den vorläufigen Verzicht auf vom Willen gelenkte Steuerung der seelischen Bewegungen, des Denkens und Fühlens, der "Triebe" oder Leidenschaften sowohl
des Therapeuten - wie auch des Patienten. Sie umschließt
die Möglichkeit des Patienten, sich den Bewegungen und Fluktuationen seines Innen zu überlassen, sie geschehen zu lassen, sie in ihrer Mitteilung an den Therapeuten auszuloten,
wobei der Patient Werfer des Senkbleis wie auch das Senk-
blei selbst ist.

Was sagt mir das Gefühl der Zuneigung zu M.N. über mich
selbst aus, was sagt es über M.N. aus? Was zeigt mir die
leidenschaftliche Verstrickung mit X.Y. - was der Gedanke
über die berufliche Situation in O..., - die Erinnerung des
... Begebnisses? Sich dieser Innen-Schau zu überlassen, impliziert wiederum Geduld und die Gelassenheit, die nicht
nur "sein" läßt, was aus dem Inneren aufsteigend dem Patienten sich darstellt, sondern die Perspektive in die Zukunft
offenhält, in die sich der Analysand hinein entwickelt. Geduldig den Patienten in die Hut zu nehmen, gelassen ihn sich
sammeln zu lassen, gemeinsam seine Entwicklung abzuwarten -
und vor allem Rückschläge und Fehlentwicklungen, Widerstände
geduldig und gelassen auszustehen, sind Anteile eben der
Grundeinstellung der Gelassenheit.

Die Standhaftigkeit im Aus-Stehen und Aus-Halten wiederum
der kommunikationsvernichtenden und infragestellenden Tendenzen des Patienten, im Ausstehen aber auch der langen Perioden, in denen die Entwicklung schweigt, der Fluß der inneren Bewegung stockt und stillsteht, zeigt sich die weitere für die Durchführung der Therapie wesentliche Haltung
des Therapeuten: seine Standhaftigkeit. Die Standhaftigkeit

auf dem Boden geduldiger Gelassenheit, die trotz Zweifel, negativer Kritik, Infragestellen von Therapie und Therapeuten nicht weniger wie den Patienten zu der Therapie stehen läßt, stellt die größte Anforderung an den Therapeuten dar und dürfte in ihrer Verschränkung mit Geduld und Gelassenheit den ausschlaggebenden Durchbruch im Hinblick auf die Bewältigung der Kommunikationseinschränkungen und Störungen herbeiführen.

Die Standhaftigkeit umschließt die Ausdauer, über lange Perioden der Ungewißheit standhaft zu dem Patienten zu stehen, besonders in den Krisen ausgedehnter tiefenpsychologischer Therapien: die hier den Patienten zum Abbruch der Bemühungen veranlassen könnten, dort dem Therapeuten nahelegen, dem Analysanden z.B. zu einer Behandlung bei einem "weiblichen" oder "männlichen" Therapeuten zu raten, die hier scheinbar "unauflösbare" Widerstände erwecken, dort "Gegenübertragungen" oder nicht zu beeinflussende Antipathien. Die Antipathie zeigt sich oft im Hintergrund von zunehmender Langeweile auf seiten des Therapeuten, Nachlassen der "freischwebenden Aufmerksamkeit", sie kann sich hinter Müdigkeit, Gereiztheit und schlechter Laune verbergen.

In der Standhaftigkeit Krisen dieser Art auszustehen, sie im Gespräch mit dem Patienten als Krisen durchzusprechen und durchzuarbeiten, zeigt sich letztlich, wie weit es um den therapeutischen Ernst, d.h. die Bereitschaft zu dienen und zu helfen, bei dem Therapeuten "steht".

Von dem An- und Zuhören zu Geduld, Gelassenheit und Standhaftigkeit als grundlegenden therapeutischen Haltungen gelangend, die einander gegenseitig bedingen und fordern - keine Geduld und Gelassenheit ohne Standhaftigkeit, keine Standhaftigkeit ohne Geduld -, sei wieder an die grundlegende Bereitschaft zur Dienstleistung überhaupt erinnert. Sie ist Voraussetzung jeder Behandlung, die eine weitere fundamentale therapeutische Haltung impliziert: die, den Patienten anzunehmen. Der Patient wird nicht nur zu der Sprechstunde, zu einer oder mehreren Konsultationen, zur

Behandlung angenommen, wie der Arzt für allgemeine Medizin
oder der Internist einen Patienten annehmen, ihn untersu-
chen und behandeln, sondern das therapeutische Engagement
visiert ja den ganzen Menschen an, der für die Therapie angenommen und den der Therapeut ein Stück seines Lebensweges
begleiten wird. Der "ganze Mensch" aber bedeutet, daß dieser
den Therapeuten in dessen Mensch-Sein provozieren, in Frage
stellen, herausfordern wird, daß der Therapeut andererseits
stets eine gefühlsbezogene, primär pathische Beziehung zu
seinen Patienten hat, deren Vorhandensein er tunlichst nicht
verdrängen oder vor sich selbst mit den Klischees der Übertragung und Gegenübertragung tarnen sollte.

Welcher Therapeut hätte z.B. nicht unter seinen Patienten
Bevorzugte und auch weniger Bevorzugte - ohne daß letztere
deshalb etwa benachteiligt sind, obwohl dies gegen die
Grundregeln der orthodoxen nicht weniger als der neoanalytischen Behandlungsmethoden verstößt? Wer freut sich nicht
spontan über das Klingelzeichen des Patienten M.N., wohingegen die herannahende Stunde des Patienten X.Y. schon als
überstanden erwünscht wird? Wer kennt nicht die Augenblicke
der Verachtung, des Abscheus, der Aggression gegen den einen
oder anderen Patienten, die ebenso mögliche Antworten des
Therapeuten auf den behandlungsbedürftigen Menschen sind,
wie Mitleid, Zuneigung oder gar Bewunderung?

Wird ein Patient zur Behandlung angenommen, so umschließt
diese Annahme die Bereitschaft, den Patienten als Menschen
anzunehmen, oder, wie das Fremdwort sagt, als den, der er
scheint und als der er sich gibt, zu akzeptieren.

Die dargelegten Haltungen der Geduld, Gelassenheit und
Standhaftigkeit, die sich aus der Dienstleistung des An-
und Zuhörens ergeben, setzen voraus, daß der Patient jetzt
nicht nur als Patient, sondern auch als "Mensch" angenommen wurde, daß der Therapeut damit im Begriff steht, sich
über die Trennung Patient/Arzt hinwegzusetzen und im Patienten den hilfesuchenden Partner wahrzunehmen beginnt. Er
ist damit im Prozeß des Annehmens begriffen, bzw. er ist im

Annehmen in einem Geschehen, dessen immanentes Ziel die Bejahung des Patienten umschließt, Bejahung als den, wie er
im Verlaufe der Behandlung oder der ersten Gespräche sich
zeigt.

Erst diese aus der Tiefe des Fühlens, der anteilnehmenden
Kommunikation aufsteigende positiv-sympathische Grundeinstellung dem Hilfesuchenden gegenüber, läßt diesen sich zunehmend als den zeigen, der er "wirklich" ist - nicht nur
als den, der er erscheint. Sich akzeptiert fühlend, wird
der Patient sich in der möglichen Vielfalt seiner Person
erschließen: In seinen Kommunikation vernichtenden und de-
struktiven Tendenzen nicht weniger als in seinen Kommunika-
tionsfähigkeiten und Möglichkeiten wird er sich dem Therapeuten öffnen und darstellen. Der Grund seines Sich-Er-
schließens entspricht seinem Wissen, vom Therapeuten als
der, der er ist, angenommen worden zu sein, um auch in diesem Angenommen-Werden eine Erfahrung zu vollziehen, die ihm
vielleicht in seinem Lebensweg noch nicht zuteil wurde.

Es ist das Annehmen des Kranken als eines hilfesuchenden,
gleichberechtigten Partners, das letztlich Zuhören, im Gefolge desselben Erkunden, Entdecken, dann Geduld, Gelassenheit und Standhaftigkeit nicht weniger ermöglicht, wie es
diese bedingt.

Bei aller Verschränktheit der therapeutischen Grundhaltungen und verschiedenen Systeme bleibt jedoch das Annehmen
des Patienten die Voraussetzung und Vorgegebenheit der anderen Einstellungen. Voraussetzung ist das Annehmen auch in
dem Sinne, daß es - wie schon beim Zuhören aufgezeigt - ein
weiteres Zurücknehmen und In-den-Hintergrund-treten der eigenen Person verlangt. Annehmen des anderen umschließt Zurücknehmen des eigenen Selbst: dieses wird zum beobachten-
den, einfühlenden, Möglichkeiten des anderen abwägenden,
sich in allererster Linie auf den anderen einstellenden.

Vermag der Patient als Angenommener erst in der Vielfalt
und den Schattierungen seiner Person, in der "Aura" seiner

Möglichkeiten sich zu zeigen, so deshalb, weil das Annehmen zu einem gegenseitigen, Vertrauen begründenden Akt wird. Ein Akt, der allerdings immer wieder der erneuten Bestätigung bedarf, der größte Labilität aufweist.

Der sich angenommen fühlende Patient vermag dem Therapeuten gelassen zu vertrauen, weil der Therapeut ihm, indem er ihn überhaupt annimmt, bereits einen außerordentlichen Vertrauensbeweis im Vorhinein erbracht hat: das Vertrauen in das Bemühen des Patienten, sich zunehmend und schrittweise zu öffnen und zu erschließen. Das Annehmen des Patienten, das sich hier als Voraussetzung der erörterten therapeutischen Grundhaltungen erweist, wird dort zur Grundlage der Vertrauensbeziehung zwischen Therapeut und Patient. Sie ist die Voraussetzung überhaupt für die Wiederherstellung des gestörten Gleichgewichtes des Patienten.

Vertrauen in der Arzt-Patient-Beziehung bedeutet, daß Patient und Arzt sich beide um Wiederherstellung der gestörten Kommunikation bemühen. Es entfällt in einer Vertrauensbeziehung die Möglichkeit der Manipulation des Patienten durch den Therapeuten - und umgekehrt, es entfällt die - noch so subtile - Indoktrination des Patienten durch den Therapeuten.

Die heute wieder einmal gängige Parole von dem Zweck, der die Mittel heiligt, entfällt in der daseinsanalytisch orientierten, integrativen Psychotherapie. Die Manipulation des Patienten, angeblich in dessen eigenem Interesse, die sich durch gezielte Deutungen des Verhaltens, der Träume, der Kommunikation überhaupt decouvriert, widerspricht einer Konzeption, die dem Menschen in der Psychotherapie die Möglichkeit der Selbstentfaltung auf der Basis einer nicht manipulativen Beziehung bedeutet.

Die Möglichkeit der Manipulation - wo diese auftritt: in einer Deutung, im Gespräch mit der Ehefrau, im ausweichenden Schweigen des Therapeuten auf eine Frage - wird in der Vertrauensbeziehung immer wieder Anlaß zur Auseinanderset-

zung: "Warum beantworten Sie mir nicht meine Frage?" ...
"Warum möchten Sie, daß ich jetzt gerade mit Ihrer Frau
spreche?" ... "Warum deuten Sie mir dieses Verhalten so...
und nicht anders?"

Bedeutet Annahme des Patienten diesen als Menschen zu bejahen und sich selbst als Therapeut, in dieser Bejahung,
auch in Frage zu stellen, im In-Frage-Stellen ein gemeinsames Mensch-Sein mit dem Patienten zu begründen, so ist
die Bejahung des Patienten auch Bestätigung seiner Person,
damit vorerst seiner "Neurose" oder Kommunikationsstörungen.
Sie impliziert ferner sympathetische Zuneigung, Zustimmung,
sog. "emotionale Wärme", sie stiftet Vertrauen als Grundlage des therapeutischen Weges überhaupt. Diese Vorgänge implizieren jedoch keineswegs, daß die Therapie als fundamen-
tales In-Frage-Stellen der gesamten Existenz des Patienten,
sich trotz seiner annehmenden Bejahung qua Therapie aufgehoben hätte. Annehmen des Patienten ist keine Anpassung an
diesen durch den Therapeuten, sondern aufgrund des Annehmens der Person des Patienten ist der Therapeut erst in der
Lage, diese in ihren verschiedensten Abschattungen im Verlauf der Behandlung sich selbst in Frage stellen zu lassen,
zu diesem In-Frage-Stellen jedoch auch beizutragen (Existenzerhellung). Hier wird der entscheidende Unterschied
zwischen der Therapie und der Freundschaft sichtbar. Umschließt Freundschaft die Gegenseitigkeit des Annehmens und
des Vertrauens, so doch nicht die Notwendigkeit des In-Frage-Stellens des Freundes, um eben über die Negation der
Existenz des Patienten dieser in ihrer Aktualität und in
ihrem Geworden-Sein zu einer Existenzerweiterung, zu einer
Kommunikationserweckung zu verhelfen.

Bedeutet Annehmen des Patienten die Voraussetzung für seine
existenzielle In-Frage-Stellung, die wiederum Voraussetzung
für seine Kommunikationserweiterung und zunehmende Genesung
ist, so umschließt das Annehmen des Patienten auch die zunehmend sich klärende Sicht des Therapeuten auf die "idealen" Möglichkeiten seines Patienten. Er beginnt diesen in

Möglichkeiten wahrzunehmen, die ihm selbst - dem Patienten - noch verschlossen sind, um aus der Wahrnehmung dieser idealen Möglichkeiten eine Norm für das in der Behandlung Erreichbare zu entwickeln, eine Norm, die auch immer wieder Korrekturen angesichts der "Realität" verlangt. D.h., daß das Annehmen nicht nur die Gegenwärtigkeit des Patienten begreift, seine Vergangenheit in der Entwicklung seiner Lebensgeschichte, sondern ihm auch den Blick auf seine zukünftigen und idealen Möglichkeiten eröffnet und ihn damit als Werdenden zu sehen vermag.

Verhängnisvoll wird es jedoch für den Therapeuten und seine Therapie, wenn er das Annehmen im Sinne eines Tauschgeschäftes versteht, daß der Patient ihm gewissermaßen für das Angenommen-Werden seine Wiederherstellung, seine Genesung schuldet. Unter diesem Aspekt die Therapie betreibend, wird der Therapeut zweifellos viele Rückschläge erfahren und erleiden. Es zählt zum Wesen des Annehmens, dieses nicht als Tauschgeschäft, sondern als "Überschuß-Gabe" zu verstehen, die eben die vorausgegangenen Grundhaltungen des Therapeuten dem Patienten gegenüber von Stufe zu Stufe erschließt und ermöglicht. Die Sicht auf die idealen Möglichkeiten des Patienten als eines Zukünftigen, die damit sich anbietende Prognose,darf ebenfalls bei dem Therapeuten nicht in eine spezifische Erwartungshaltung umschlagen, die auf Leistung des Patienten abzielt, seine "idealen" Möglichkeiten zu verwirklichen. Sobald dies der Fall ist, darf er mit der größten Sicherheit annehmen, daß die Therapie scheitert oder mißglückt.

Das Annehmen des Patienten wird zum An- und Übernehmen der Verantwortung für diesen. Auch wenn die Verantwortung des Therapeuten für den Patienten nie mit der eines Elternteils für das Kind, eines Vormundes für den Unmündigen zu vergleichen ist, wenn diese Übernahme von Verantwortung keine Abnahme der Eigenverantwortung des Patienten für seine Mitarbeit z.B. in der Behandlung bedeutet, so umschließt sie doch, daß der Therapeut zunehmend in die Selbstdarstellung

des Patienten, in seine Wünsche, Phantasien und Handlungen
mit einbezogen wird. Er ist mit einbezogen, als Zuhörer und
Zuschauer, u.U. auch als Anreger und Erwecker, Provokateur
von Phantasien, bis zu der Phantasie der Ermordung z.B. einer bekannten Person. Er ist im Handeln mit einbezogen,
wenn der Patient z.B. mißverständlich glaubte, der Therapeut habe ihm gegenüber eine bestimmte Erwartung entwickelt,
er habe sich beeilt, diese zu erfüllen: seinem Vorgesetzten
"die Meinung gesagt", sich gegen alle Gewohnheit ein teures
Mittagessen geleistet, den Beruf gewechselt, eine Scheidung
beabsichtigt usf. - kein Schritt, den der Patient außerhalb
seiner Behandlung tut, der nicht andere Menschen treffen
und betreffen könnte und in den der Therapeut letztlich
nicht mit hineinverstrickt ist - gleichgültig, ob aus Mißverständnis, im geheimen oder offenen Einvernehmen. Verantwortung für einen Patienten übernehmen impliziert deshalb
ein Vorwissen, wieweit der Therapeut in mögliche und faktische Handlungen des Patienten mit einbezogen wird, auch bei
größter Zurückhaltung des Therapeuten. Die Rolle des sog.
"Katalysators", der durch Zuhören, Kommen- und Geschehenlas-
sen, lawinenartige Entwicklungen beim Patienten auszulösen
vermag, ist hinreichend bekannt, um das Ausmaß an Verantwortung zu erahnen, das auf den Therapeuten mit jedem Patienten zukommt. Denn Verantwortung heißt jetzt: Kann der Therapeut es sich selbst und dem Patienten gegenüber verantworten, daß eine bestimmte Entwicklung einsetzt: dort der
Patient z.B. eine Beziehung anknüpft, deren verhängnisvolle
Folgen vorauszusehen sind, hier Kinder gezeugt werden, dort
eine Schlafzimmertrennung durchgeführt wird... Vorgänge, die
alle schon abzusehende Konsequenzen haben? Zurückhaltung und
Passivität werden in diesem Zusammenhang häufig vom Therapeuten als "die-Hände-in-Unschuld-waschen" und "Vogel-
Strauß-Politik" betrieben, während der Patient die mit ihm
in Beziehung stehenden Personen erheblichen Leiden aussetzt.

Die Unmöglichkeit, die Behandlung in einem "sterilen Raum" -
wie es sich Freud vorstellte und wünschte - durchzuführen,

läßt das Ausmaß der Verantwortung des Therapeuten erkennen.
Selbst von den soeben angeführten, stärkeren Beispielen der
Einwirkung der Therapie auf die Umwelt des Patienten abgesehen, weiß jeder erfahrene Therapeut, wie sein Schweigen,
sein Räuspern, seine Stellungnahme, sein In-Frage-Stellen,
seine Kritik, seine Deutung von dem Patienten aufgefaßt,
übernommen und "verarbeitet" werden. Das Ausmaß dieser Beeinflussung des Patienten selbst bei der extremen "non-directive" Behandlung vermag der Therapeut letztlich nur zu übernehmen, wenn er sich durch jeden Patienten immer wieder
selbst in Frage gestellt sieht und erlebt.

Aus dem Spektrum möglicher ethischer Haltungen des Arztes
dem Patienten gegenüber wurden nur einige ausgewählt. Die
Grundvoraussetzung ist die Annahme des Patienten im oben
aufgezeigten Sinne, aus der sich in innerer Folge die anderen erwähnten Haltungen des Zu- und Anhörens, der Gelassenheit, der Standhaftigkeit und der Möglichkeit, Verantwortung zu übernehmen, ergeben.

Inwieweit die Lehranalyse ein Einüben dieser Haltungen be-
günstigt, erscheint äußerst problematisch, wenn die Lehranalyse als monologisches Selbst-Experiment gehandhabt wird,
das leider in zahlreichen Fällen nicht zu einer gereiften
Persönlichkeit führt, sondern einen Anhänger eines bestimmten Systems, einer Schule hervorbringt. Die Lehranalyse impliziert die Gefahr einer weltanschaulichen, subtilen Indoktrination zwecks Erzeugung von Anhängern eines Systems,
so daß die Persönlichkeit des demnächst tausend Stunden zu
analysierenden zukünftigen Therapeuten erhebliche ideologi-
sche Deformierungen aufweist, die ihm nicht mehr erlauben,
die genannten ethischen-ärztlichen Grundhaltungen seinem
Patienten gegenüber einzunehmen. Dies sei jedoch lediglich
als Frage im Hinblick auf mögliche Gefahren aufgeworfen,
ohne an der grundsätzlichen Notwendigkeit der "Lehranalyse"
zu zweifeln, die erst über eine Selbst- und Existenzaufhel-
lung des Therapeuten die Grundlage schaffen kann, dem Kranken zu helfen.

II. Grundzüge der anthropologisch-integrativen Psychotherapie

1. Die Krise der Psychotherapie und die Notwendigkeit einer metaphysisch-anthropologischen Neubegründung von Psychologie und Psychotherapie

Die Krise der Psychologie manifestiert sich seit dem ausgehenden 19. Jahrhundert im Zusammenhang des Zusammenbruchs insbesondere der idealistischen Philosophie, verbunden mit dem Aufstieg des Positivismus und der Naturwissenschaften. Bis zu Herbart und Lotze verstand sich die Psychologie im Sinne einer Lehre von der menschlichen "Seele", den Leidenschaften (Affekten; vgl. Descartes: Traité des passions...), den Gefühlen oder Willensimpulsen, stets auf einen metaphysischen Hintergrund bezogen, als Teil der Ästhetik wird sie in Kants "Kritik der Urteilskraft" dargestellt. Die Konzeption eines Unbewußten begegnet in der Romantik ebenfalls im Gesamt einer metaphysischen Auffassung des Menschen, seiner Bestimmung (Ethik), seiner Verbindung mit der Natur: "Anthropologie". Im Zuge der Verselbständigung der Wissenschaften standen die Bemühungen im Vordergrund, die Psychologie nach naturwissenschaftlichen Modellen zu entwerfen bzw. den Menschen nach Prinzipien der Mechanik (Freud, z.B. Assoziationslehre), der Elektrodynamik (Neurophysiologie, Behaviorismus) oder der Feldtheorie (Lewin, Gestaltpsychologie) zu verstehen. Unabhängig und antagonistisch zu diesen Bestrebungen legten Kierkegaard und Nietzsche die Grundlagen einer existenziellen Psychologie, die dann maßgeblich die Daseinsanalyse aber auch die hier vertretene Konzeption beeinflußten.

Die mechanistisch-materialistische Konzeption bildet den Rahmen u.a. der Vorstellungen Freuds, die ohne jeden Zweifel und trotz seiner letztlich gegenteiligen Entdeckungen epiphänomenalistisch und biologistisch sich darbietet.

Die heutige Situation der Psychopathologie und Psychoanalyse, der Psychotherapie, ist durch eine Vielfalt verwirren-
der Meinungen gekennzeichnet, die von materialistisch-me-
chanistischen Konzeptionen bis zu religiös-esoterischen reichen und als diese auch die verschiedenen psychoanalytisch-
psychotherapeutischen Schulen mitbestimmt haben. Die Vielfalt derzeitiger Anschauungen und Konzeptionen - Hypothesen - wurde eingehend in den "Tiefenpsychologischen Schulen" des Verf. dargestellt , und es sei nur erinnert, daß
der Psychologie eine ontologische, auf das "Sein" bezogene
Sicht weitgehend verloren gegangen ist, wird von der Daseinsanalyse abgesehen, die jedoch den Husserl-Heidegger-
schen Subjektivismus nicht zu überwinden vermochte, dementsprechend auch zu keiner Konkretisierung eines Krankheitsbegriffes gelangt ist. Mit dem Verlust des ontologischen Bezugs verstanden sich die Psychopathologie und Psychotherapie zunehmend als wertfrei - womit eine weitgehende Relativierung aller Normen und Ziele z.B. psychotherapeutischer
Behandlungen verbunden ist (s.u.: "Zielsetzung").

Die Heterogenität der derzeitigen psychoanalytisch-psycho-
therapeutischen, psychologischen Hypothesenbildungen bedingen letztlich die Unverbindlichkeit aller und damit die
eigentliche Krise der Psychologie und Psychopathologie, der
Psychotherapie, ihr zunehmendes Abwandern in Subkulturen
aller Art. Sie ist Krise, da der ontologisch auf ein wie
auch immer zu interpretierendes absolutes Sein bezogene Aus-
blick im Zuge dieser Entwicklung sich verstellt hat bzw. er
nicht einmal für diskussionsfähig gehalten wird. Der "Kri-
senpunkt" wird durch die eben erwähnte, auffallende Diver-
genz in den therapeutischen Zielen der verschiedenen Schulen manifest. Sie erstrecken sich von Freuds - viel mißin-
terpretierter - "Arbeits- und Genußfähigkeit" bis zu C.G.
Jungs Individuation, O. Ranks, E. Fromms und K. Horneys
"Selbstverwirklichung", "Enthemmung" des "gehemmten Menschen" bei Schultz-Hencke, bis zur Anpassung an die jeweilige gesellschaftliche Realität mit allen daraus sich - mit

Recht kritisierten - ergebenden Konsequenzen auch politischer Natur. Dem Mangel einer verbindlichen therapeutischen Zielsetzung versucht die anthropologisch-integrative Psychotherapie durch den Begriff der Kommunikationserweiterung zu begegnen, den sie ontologisch-intersubjektiv begründet und der im weiteren als therapeutisches Ziel dargelegt wird.

Die Bemühungen des Verfassers in seinen vorausgegangenen Werken, insbesondere in "Zwischen Logos und Antilogos", zielten auf eine den neuzeitlichen Subjektivismus und wertfreien Psychologismus überwindende Rück- und Vorwärtsbegründung und -bindung der Psychologie in einer metaphysisch-anthropologischen Konzeption. Diese bemüht sich, sowohl die antik-scholastische Philosophie (universalia ante rem), die Erkenntniskritik der Aufklärung (Kant) als auch den phänomenologischen Subjektivismus und die Existenzialontologie zu einer neuen "Einheit" zu integrieren und damit der Psychologie und Psychoanalyse (Tiefenpsychologie) ihren Ort im Verhältnis zu dem "Sein" oder der "Transzendenz" zu vermitteln, d.h. sie werden als Wissenschaft vom Menschen neu fundiert und konstituiert.

Diese in den vorausgegangenen Werken detailliert dargestellten Probleme einer anthropologisch-ontologischen Fundierung von Psychologie und Psychopathologie können im Rahmen eines auf die Praxis bezogenen Lehrbuches nicht wiederholt werden, der interessierte Leser möge sich in den entsprechenden Veröffentlichungen instruieren. Deshalb können die dort entwickelten und ausführlich begründeten Thesen hier nur summarisch als Grundkonzeption wiedergegeben werden, wobei ausdrücklich - unter Verweisung auf jene früheren Untersuchungen - die Grenze und Relativität auch dieser Konzeption betont wird. Der Umgang mit dem Menschen ist in sich bereits und vorgegeben ein unauflösbares, nicht zu durchschauendes "Mißverhältnis". Der Mensch ist und bleibt letztlich "nicht feststellbar" - wie v.Gebsattel sagte.

2. Die primäre Konfliktbezogenheit des Menschen und die Strukturen und Modi von Kommunikation

Die metaphysische Frage, warum überhaupt etwas ist und nicht Nichts ist (Leibniz), wurde im Rahmen der anthropologisch-intersubjektiv zentrierten Ontologie des Verfassers dahingehend (als Möglichkeit) beantwortet, daß allem lebendig Erscheinenden, dem Menschen und der Vielfalt seiner Entwürfe nicht weniger als dem Tier- und Pflanzenreich, ein ontologisch fundierter Mangel zugrunde liegt. Dieser nicht aufhebbare Mangel dokumentiert sich im grundlegenden auf den oder das andere und die Welt überhaupt bezogene Bedürfen zu kommunizieren, mit dem Anderen überhaupt in Austausch zu treten. Die Vielfalt möglicher Weisen und Arten zu kommunizieren stellen eine erste Aufhebung oder Kompensation des primären Mangelbedürfens dar. Welt ist, so würde die Antwort im Rahmen der hier vorgetragenen Konzeption, wesentlich vereinfacht, auf die obige Frage lauten: weil ihr ein Mangel in dem Sinne zugrunde liegt, daß sie nicht, noch nicht, vielleicht nie das zu sein vermag, zu dem sie sich hinentwerfen möchte, z.B. zu dem "Vollkommenen". Dem der Welt zugrunde liegenden "Sein" oder "Wesen" wird ein Mangelleiden unterstellt, ein "an seinem Nicht-das-sein-zu-können was es zu sein vermöchte leiden", das sich in der unübersehbaren Vielfalt lebendiger Erscheinungen äußert, sich in und mit diesen aufzuheben versucht, jedoch die Aufhebung immer nur kurzfristiger Art ist, um neues Mangelerleben und damit neue Notwendigkeit zu kommunizieren zu erzeugen. Das Mangelleiden als letztlich unaufhebbares bleibt "unbefriedigt", immer wieder neue Geschöpfe läßt es evolutiv entstehen, in immer komplexeren Gebilden und Gestalten, bis hin zum Menschen - um mit diesem jedoch in keiner Weise Entwicklung und Werden als Kompensation von Mangel abzuschließen. Die Bedeutung dieser "Mangeltheorie" - nicht mit der Auffassung Gehlens vom Menschen als eines "biologischen Mangelwesens" zu verwechseln - für die Psychologie und Tiefenpsychologie liegt in der Begründung der Möglichkeit überhaupt von "Ge-

trieben- oder Gedrängt-Werden", ohne daß jedoch hier der
problematische Begriff des "Triebes" zur Diskussion gestellt sei. Es wird lediglich an dem Erleben des "Getrieben-Werdens" festgehalten, über dieses hinaus jedoch werden die noetischen nicht weniger als die Willens- und anderen Prozesse zur "Aufhebung" des Mangel-Leidens herangezo-
gen. Seelischen Vorgängen ist - von den oben ausgeführten
abgesehen - ferner ihre Intentionalität (Brentano, Husserl)
als nicht aufhebbares Gerichtet-Sein auf anderes immanent:
d.h. ein Mangel, auf etwas, das nicht in ihnen selbst ist,
sich richten müssen.

Über diese Integrierung des für die Psychoanalyse verschiedenster Richtungen so wichtigen aber extrem problematischen
Triebbegriffes in der vorliegenden Konzeption hinausgehend,
liegt die weitere Bedeutung der "Mangeltheorie" in dem Begriff der Kompensation des Mangels, der primär vom Säugling
als Trennung (s.u. Erstgespräch) erlebt wird. Der Begriff
der Kompensation ist vor allem in der Auffassung C.G. Jungs
wie auch bei Adler von Bedeutung, er zieht sich hier durch
alle Formen des gelebten-erlebten Lebens, Kompensation erfolgt jeweils im Handeln. Die "primäre Frustration" (Trennung gleich Nichtung) des Menschen wird als im Mangel lie-
gend angesehen, sie wird durch jeden Versuch kommunikativen
Umgangs mit sich selbst wie auch mit der Welt zeitweise aufgehoben, kompensiert. Im Vollzug der Kompensation, der Befriedigung eines Bedürfens durch Handeln, stellt sich ein
vorübergehendes Gleichgewicht dar, das jedoch von dem nicht
und nie zu erfüllenden Mangelbedürfen wieder aufgehoben,
"umgestoßen" wird.

Das Kind schreit, da es - vermutlich - Hunger hat. Der Hunger kann gestillt werden, er wird sich wieder einstellen.
Warum? Nicht nur um einen biochemischen Energiehaushalt ab-
zusättigen, sondern weil sich im Verbrauch eben sog. Ener-
gien der fundamentale Mangel des Daseins dokumentiert. Dieses einfache Beispiel läßt sich auf alle Handlungsbezüge
des Menschen, auf sein erotisches Verhalten nicht weniger

als auf seine Lernprozesse anwenden. Warum "lernt" der
Mensch? Nicht nur, um mit der Welt umgehen zu können, auf
daß er nicht von ihr "vernichtet" werde, sondern aus der
Notwendigkeit heraus, lernen zu müssen, sich aufzurichten,
zu laufen, zu sprechen - bis zu den Anforderungen des späteren Lebensweges kommt ja bereits ein Mangel, ein "Nicht-
Können", eine "Unwissenheit" zum Vorschein, die permanent
weitere Kompensation, weiteres Lernen mit sich bringen muß.
Mag der Mensch kommunikativ-noetisch oder emotional noch so
eingeschränkt sein, immer wieder wird er in Verlegenheit
kommen, Neues lernen zu müssen, der "Könnens-" und "Wis-
sens-Erwerb" ist nicht abzuschließender Versuch, Mangel zu
kompensieren. Das Gelernte stellt eine erste Kompensation
von Bedürfnissen und Notwendigkeiten, lernen zu müssen,
dar, aber aus sich heraus verlangt das Gelernte nach "mehr",
es muß immer wieder gelernt werden: der Prozeß ist "unendlich". Hier bricht ein fundamentaler anthropologischer Unterschied zum Tier auf, dessen Lernprozesse fraglos frühzei-
tig zu einem Ende kommen, m.a.W., der Mangel drückt sich in
seiner ontologischen Radikalität eindeutig erst im Menschen
aus.

Umfaßt demnach die Konzeption des fundamentalen Mangels einerseits die Trieb- und andere Vorstellungen der Tiefenpsychologie, so andererseits die mögliche Verdrängung von Bedürfen nach Kommunikation, Unterdrückung oder Hemmung als
einer Form von Kompensation des primären Mangelleidens, das
aber letztlich nie zu kompensieren ist und deshalb die Symptome - oder krankheitserzeugenden Momente - vorgegeben,
aprioristisch in sich birgt. Wird ein elementares Bedürfen
nach "Liebe" erfüllt, gegenüber dem primären Mangel, der
eine Erfüllung aller Möglichkeiten "Liebe" zu empfangen anvisiert - vergleichsweise einer Tafel mit allen Speisen der
Welt bedeckt, von denen aber schon aus physiologischen Gründen nur ein eng begrenzter Teil verzehrt werden kann -,
bleibt diese eine oder selbst mehrere Möglichkeiten, "Liebe
zu erfüllen", nur einschränkende Kompensation gegenüber dem

absoluten Mangelerleben. Auf dieser Stufe wird der Unterschied zwischen Verdrängung, Unterdrückung, Hemmung von
"Getrieben-Werden" und Befriedigung aufgehoben - das eine
wie das andere bleiben dem "Absolutheitsanspruch" des Mangelerlebens gegenüber nur relative Kompensationen eines
letztlich nicht zu Kompensierenden. Der Akt der "Verdrängung" eines Bedürfnisses auf Grund moralischer Erwägungen,
der Akt der Aufmerksamkeit, der auswählt - oder die Erfüllung eines Bedürfens, der faktische Wahrnehmungsvollzug,
sind gegenüber der "Totalität" des Mangelerlebens nur relativ unterschieden. Der Mensch - jedes Lebewesen - ist auf
Grund der Begrenztheit von Erfüllung seines "Gedrängt-Werdens" "primär frustriert" - im Verhältnis zu dem Totali-
täts- oder Absolutheitsanspruch seines "Gedrängt-Werdens
zur Kommunikation". Kommunikation jeder Art ist auch eine
Ein- und Beschränkung der Möglichkeiten zu kommunizieren.
Freuds Bild der "Triebe als eigentlich mythischer Mächte" -
im Gegensatz zu seiner biochemischen Auslegung derselben -
sieht das "absolute" (ontologisch fundierte) Mangelleiden.

Der Mensch, an dem sich der Mangel als primäre, nicht aufhebbare Frustration zeigt, ist apriori bereits im "Ungleichgewicht" oder gestört, da alle Versuche, dieses Mangelleiden aufzuheben, nur vorübergehender Art sind und z.B. die
sog. Abwehrmechanismen - auf die noch eingegangen wird -
nur unspezifische Möglichkeiten, Auswege darstellen, dem
primären Mangelleiden Abhilfe zu schaffen.

Der Mensch bewegt sich damit - von dem Augenblick seiner
Geburt an - in einem bereits unlösbaren Konflikt: Mangel zu
leiden, diesen aufheben zu müssen, an der Aufhebung zu
scheitern, neue Wege der Kompensation seines primären Mangelleidens zu suchen. Diese primäre, ontologisch-anthropologisch bedingte Konfliktsituation ist mit einer weiteren,
ebenfalls ontologisch-anthropologischen, unaufhebbar verbunden: das Wesen intersubjektiver Kommunikation ist, wie
auch immer diese sich darstellt, konfliktzentriert, der
Konflikt ist ihr antinomisch immanent.

In Anknüpfung an die oben ausgeführten, ersten Hinweise auf das Wesen von Kommunikation sei diese jetzt in ihrer unspezifischen Darstellung wie auch in ihrer Spezifität definiert:

Unspezifisch: Kommunikation wäre Austausch zwischen Subjekt und Welt auf Grund eines Bedürfnisses nach Austausch, eines Mangelerlebens. Das Mangelerleben wird jedoch in keiner Kommunikation "ganz" aufgehoben, da immer wieder eine Diskrepanz zwischen faktisch-realer Kommunikation und den Möglichkeiten derselben aufbricht. Dieser Grundmangel führt wiederum zu erneuter Kommunikation. Denn ich hätte die Möglichkeit, in einem Gespräch auf eine Frage "hundert" Antworten zu geben - kann aber schon durch die Bedingungen der Sprache nur eine, vielleicht zwei geben. Ich habe Hunger - ich könnte "hundert" Speisen essen -, muß mich aber auf eine oder zwei beschränken. Die faktische Kommunikation beschränkt die mögliche - damit wird der Mangel wieder erweckt: es entsteht neue Kommunikation.

Spezifisch definiert sich Kommunikation als Sich-Mitteilen, Aufnahme der Mitteilung, Antworten auf dieselbe. Die Aufnahme vermittelt zwischen Mitteilung und Antwort. "Mitteilung" wäre jede lebendige Darstellung eines Anliegens, Wunsches, Verhaltens, Gedankens, jede Äußerung - von der physiognomischen Gestik, wie sie bei Tieren aber auch bei Kleinkindern beobachtbar ist, bis zu abstrakt-semantischen Zeichen. Alle Mitteilung ist insofern thematisch, als sie einen Sinn umschließt oder zumindest einen Sinn anvisiert, das Verhalten eines Lebewesens auf "Sinnvolles" nicht weniger verweist - wie ein gesprochener Satz. Sich an den Anderen mitteilen impliziert bereits die Aufnahme des Mitgeteilten durch den, an den sich die Mitteilung richtet. Damit jedoch entsteht eine erste Veränderung der Mitteilung schon durch die aufnehmende Wahrnehmung, etwa des Gehörs, durch den Wahrnehmungsvorgang selbst (vgl. "social perception") - bis zur Veränderung der Mitteilung durch die Stimmung des Anderen, sein Auffassungsvermögen, seine Beziehung zu mir -, kurz, durch eine Fülle nicht voraussetzbarer Im-

ponderabilien. Diese machen eine "adaequatio", eine Gleichsetzung von Mitteilung und Aufnahme unmöglich, diese gibt
es nur im maschinellen Programmierverfahren. Durch die Veränderung der Mitteilung wird diese bereits in Frage gestellt wie auch derjenige, der sich dem Anderen mitteilt.

In der Mitteilung wird ein Thema gegeben oder gesetzt. Dieses Thema erfährt eine Veränderung in seiner Aufnahme. In
der Antwort wird dann ein "Gegenthema" sichtbar, eine Gegensetzung, die die Veränderung meiner Mitteilung umschließt,
so daß ich, der sich mitteilte, durch die Veränderung, die
meine Mitteilung schon in der Aufnahme erfuhr, jetzt in der
Antwort des Anderen ein "Gegensetzen" erfahre, das mich in
Frage stellt. Unter Umständen - bei abschlägiger oder ab-
weisender, mich verurteilender Antwort - ich "genichtet"
werde.

Kommunikation definierte sich spezifisch als Kontinuität
von Sich-Mitteilen, Aufnehmen und Antworten, sie umschließt
auch und stets außer möglicher Bestätigung durch den Anderen in der Antwort in zahlreichen Abschattungen die latente oder manifeste Infragestellung, die gegenseitige
"Nichtung" der miteinander Kommunizierenden. Diese liegt
"vorgegeben" schon in der "Ur-Differenz" zwischen der Mitteilung und der stets modifizierten Art ihrer Aufnahme.
Kommunikation ist deshalb latent oder manifest Konflikt
im Sinne des Aufeinandertreffens thematischer Setzung und
Gegensetzung. Die thematische Setzung und Gegensetzung
entspringt - von der stets Differenz bedingenden Aufnahme
abgesehen - letztlich dem Für-sich-Sein des Einen und dem
Für-sich-Sein des Anderen. Denn auch im scheinbaren Bejahen der Kommunikation findet Nichtung statt. Die sich dem
Kind liebevoll zuwendende Mutter bindet das Kind durch die
Liebe an sich, damit unterbindet sie aber möglicherweise
auch dessen eigenständige Entwicklung. - Denn inzwischen
hat sich die Psychologie von der Ansicht distanziert, daß
nur die autoritäre sog. repressive Erziehung schädlich ist.
Repressive wie tolerant-gewährende Erziehung beruhen auf in

jedem Fall auch den Anderen in Frage stellenden Prozessen.
Ein anderes, ebenso alltägliches Beispiel wäre folgendes:
Ich gehe auf der Straße und treffe einen Bekannten. "Schönes Wetter heute, nicht?" fragt er mich. Ich antworte "Ja",
und scheinbar hat sich Zustimmung ereignet, denn ich sage
"Ja" zu der Mitteilung des Anderen. Aber gleichzeitig hat
sich der Andere in seiner Mitteilung bereits als Anderer
und damit als potentiell mich in Frage Stellender signali-
siert. Er kann mit seiner Frage mich und meine Antwort be-
zweifeln und erwartet möglicherweise von mir, daß ich das
Wetter nicht "gut" sondern "schlecht" erlebe. Darüber hinaus kann in der einvernehmenden oder übereinstimmenden Kommunikation die Zurücknahme der eigenen Meinung, der eigenen
Person, der eigenen Darstellungsmöglichkeit dem Anderen gegenüber erfahren werden. Damit entsteht selbst in der Bejahung der Mitteilung des Anderen durch eine bestätigende
Antwort auch ein In-Frage-Stellen des Für-sich-Seins dessen, der sich zum Beispiel zweifelnd oder fragend mitgeteilt hat.

Diese Konzeption der Kommunikation ist für die Praxis der
Psychotherapie von erheblicher Bedeutung: Vom Erstgespräch
und der Behandlungsaufnahme bis zum Ende derselben bewegen
sich der Arzt und sein Patient in einem konfliktbezogenen
Feld, wie in jeder Kommunikation. Kommunikation ist ihrem
Wesen nach Konflikt, der zu "Einschränkungen" oder "Erwei-
terungen" führen kann. Die Selbstbestätigung - Bewältigung -,
die der Patient zu gegebenen Augenblicken seiner Therapie
erfährt, impliziert meistens ein In-Frage-Stellen auch des
Therapeuten. Eine positiv-aufmunternde, ermutigende Bestätigung durch den Therapeuten kann die situativ eo ipso bereits vorhandene Abhängigkeit des Patienten von seinem Therapeuten verstärken, ihn damit "schwächen", die Position
des Therapeuten stärken. Das "gutgemeinte", hilfreiche Wort
schlägt in sein Gegenteil um, wohingegen eine den Patienten
treffende Kritik, die ihn möglicherweise "nichtet", seine
Abwehr, Aggressivität, Selbstbehauptung zu erwecken vermag:

Jedes jedoch zu gegebener Zeit, je nach dem Stand im Ablauf
der Therapie (s.u.).

Die Therapie unter dem Aspekt der jeder Kommunikation inhä-
renten, antinomischen Spannung, der unauflösbaren Verschränkung von eigener Bestätigung und In-Frage-Stellen des anderen wie umgekehrt, muß dem Therapeuten als solche bewußt
sein. Er gibt sich in jeder Therapie "um ein Stück auf",
zugunsten des Patienten. Seine "Nichtung" ist die Bestätigung oder Genesung des Patienten. Gilt dies im Prinzip
für jede Form von Psychotherapie, so impliziert jedoch das
Anvisieren einer partnerschaftlichen Beziehung in der Therapie die Notwendigkeit - die von dem Patienten allmählich
zu erlernen ist -, daß der Patient für den Therapeuten und
sein "Wohl und Wehe" letztlich ebenso verantwortlich ist
wie für seine Genesung. Erst unter diesem Aspekt bietet
sich der kommunikative Kompromiß: Beide, Arzt und Patient,
haben voneinander gelernt und ihre Kommunikation erweitert.
Damit ist die Frage zu präzisieren: Da jede Kommunikation
implizit antinomisch ist, wie stellt sich die Kommunikationserweiterung dar? Ist diese nicht für den Therapeuten
nicht weniger als für den Patienten das schon einmal erwähnte, eigentliche Ziel von Behandlung? Zweifellos ja. Je
differenzierter sich der Umgang vom emotional-anteilnehmen-
den Kommunizieren bis zum noetischen, gegenseitigen Sich-
Auslegen entwickelt, je reicher die Entfaltung des Patienten sich zeigt in der Fülle von Erinnerungen, Träumen, Einfällen, der Prozeß des Erkundens, der Auseinandersetzung
bis zum Bewältigen (s.u.) sich immer vielfältiger gliedert,
umso umfassender wird der gemeinsam-gegenseitige Horizont
der Kommunikation. Aus Kompensation wird personaler Entwurf
des Menschen, aus dem "Nur" von Kompensation - vom primären
Mangelerleben abgesehen - erwächst die personal-intersubjek-
tive Kommunikation, der zwischenmenschliche Dialog. Dies zu
erreichen liegt jedoch nicht nur an der Flexibilität des
Therapeuten, in der von Jahr zu Jahr sich steigernden und
bereichernden beruflichen Erfahrung, er damit auch durchaus

der Nehmende ist, sondern zweifellos an den Vorbedingungen
des Patienten, dessen dispositionellen und Lebensraum-ab-
hängigen Erweiterungsmöglichkeiten wie Grenzen. Der Dialog
zwischen dem Arzt und seinem Patienten kann demnach von der
Möglichkeit her zu einem unendlichen werden, wenn diesem
gegenüber auch immer wieder die realen, konstitutionell bedingten wie auch gesellschaftlichen Grenzen überwiegen.

Zu der primären Konfliktbezogenheit des Menschen zurückkeh-
rend, die bis jetzt sich zweifach gestuft darstellte: 1. aus
der "nicht aufhebbaren" Frustrierung durch Mangel und sich
wiederholende Kompensation des Mangels; 2. aus der antinomischen Struktur von Mitteilung, Aufnehmen und Antworten, ergibt sich eine dritte Stufe menschlich-intersubjektiver Konfliktbezogenheit, die sich aus den jetzt zu erörternden
Strukturen und Modi darbietet, in denen sich menschlich-ge-
sellschaftliches Dasein überhaupt darstellt. Diese Grundstrukturen sind die des Raumes, der Zeit, der Leistung und
des Leibes. Für die psychotherapeutische Behandlung ist jeweils die Beziehung des Individuums zu diesen Grundstrukturen wesentlich. Sie wird Bestandteil der Diagnose, Prognose und Therapie und sei - obwohl andernorts ausführlich dargestellt - noch einmal resümiert:

RAUM (Lebensraum, Ordnung, Orientierung):
Dieser wird nicht im Sinne des euklidisch-geometrischen,
dreidimensionalen Raumes verstanden, sondern als lebendiges
Beziehungs-Bedeutungsgefüge, als Wirkzusammenhang, wie er
sich intersubjektiv, interpersonal ergibt. Es ist in erster
Linie der Lebensraum sowohl der Vergangenheit als auch der
Gegenwart, dessen Atmosphäre, gesellschaftlicher Hintergrund; er ist das Milieu "schlechthin". Der Lebensraum gliedert sich ferner in die Beziehung des Menschen zu seiner
Orientierung, d.h. inwieweit Orientierung im Sinne von ethi-
schen Normen, Religion, Weltanschauung, ideologischen Ansichten usf. überhaupt im Lebensraum vermittelt wurde, in
welcher Weise und insbesondere durch welche Personen. Orientierung über Leit- und Vorbilder als auf den Lebensraum be-

zogene, impliziert auch Orientierung im Lebensprozeß
schlechthin, ob das Individuum z.B. in diesem einen Sinn
sieht oder nicht. Orientierung bestimmt darüber hinaus das
Verhalten des Individuums zu seiner Umgebung (Normen), das
Verhalten ist jedoch stets immer auch Antwort auf schon erfahrenes, anderes Verhalten. Darüber hinaus gliedert sich
die Beziehung zum Raum noch in den Begriff der Ordnung: Ob
der Umraum, in dem das Individuum sich z.B. zu Behandlungsbeginn aufhält oder in dem es früher gelebt hat, ein "or-
dentlicher" im Sinne von Geordnet-Sein der äußeren Lebens-
verhältnisse bis hin zu der Einrichtung der Wohnung war
oder ob es sich um ein verwahrlostes Milieu handelte. Ordnung bezieht sich ebenfalls auf die Kleidung nicht weniger
als auf andere Momente, die von der jeweiligen gesellschaftlichen Schicht als "ordentlich" bezeichnet werden. Die Ordnung stellt die Veräußerlichung der Orientierung dar.

ZEIT:

In der Zeit wird die Beziehung des Menschen zu seiner Vergangenheit, zu seiner Geschichte, zu der Geschichte aber
auch seiner Angehörigen, seines Volkes, die Beziehung zu
seiner Zukunft gesehen, darüber hinaus aber auch die Beziehung des Menschen zu der Verantwortung, zu Verantwortung
und Zeitlichkeit - wie andernorts belegt - engstens verschränkt sind. Wird überhaupt von dem Individuum Zeitlichkeit im Sinne von Veränderung wahrgenommen, entwirft er
sich noch in der Zeit? Identifiziert er sich mit seinem Tun
verantwortungsvoll oder ist ihm der Begriff der Verantwortung, damit der Rückbezug der Zeitlichkeit auf sich selbst
gestört? Dies sind Fragen, die dann für die Psychopathologie von Bedeutung sind, nicht weniger als für die Diagnose
und Prognose einer Therapie.

LEISTUNG:

Unter diesem Aspekt wird sowohl die Arbeit des Menschen verstanden, die Beziehung, die er zu ihr hat, die Bedeutung,
die sie für ihn darstellt, die Berufsentwicklung nicht weniger als seine Selbst-Darstellung über die Leistung oder

die Arbeit. Diese Selbstdarstellung kann geglückt oder mißglückt sein, die Leistung z.B. weitgehend anstelle von Orientierung und auch Zeitlichkeit treten, auch die Beziehung
zur Leiblichkeit verbergen, d.h. zum hypertrophisch-kompen-
sierenden Faktor (s.u.) werden oder sich im Rahmen der anderen Strukturen relativ gleichgewichtig verhalten.

LEIB:
Der Leib und die Beziehung zu diesem impliziert nicht nur
die Körperlichkeit von Wahrnehmen und Sich-Bewegen, sondern
darüber hinaus die Beziehung überhaupt zum Leib in dessen
Drängen, Trieben, Stimmungen, in seiner Emotionalität und
nicht zuletzt auch in seiner Sinnlichkeit (Sexualität); die
Sexualität wird ausdrücklich im Zusammenhang der Beziehung
zum Leib gesehen, sie ist von diesem nicht zu trennen.

Der heranwachsende Mensch differenziert sich über, in und
durch diese vier "Grundstrukturen". Er ist ihnen dispositionell, hereditär "ausgeliefert", wie auch wiederum jedes
Milieu eine Selektion innerhalb der Strukturen bewirkt und
sich damit zahlreiche Konfliktmöglichkeiten innerhalb der
Kommunikation abzeichnen: ein durch die Vererbung besonders
künstlerisch begabtes Kind wird in einer handwerklich-lei-
stungsbezogenen Umwelt nicht weniger Konflikten ausgesetzt
sein, wie ein manuell begabter Junge in einem religiös-con-
templativen Milieu Gefahr läuft, durch Konflikte weit hinter den Möglichkeiten seiner praktischen Begabung zurückzu-
bleiben. Damit wird bereits zweierlei deutlich: der Entwurf
des Menschen über seinen Leib (Vererbung, Disposition), über
seine Orientierung in seiner Umwelt, sein Verhältnis zu dieser und zu sich selbst in der Zeit wie in der Leistung, bleiben als seine Selbstdarstellung bestenfalls eine (ideale)
Möglichkeit. In der faktischen Kommunikation findet vom Eintritt des Menschen durch seine Geburt in die Welt bereits
eine hereditäre und umweltbedingte Selektion des Entwurfs
zu Gunsten der einen, zu Ungunsten der anderen Strukturen
statt. Damit wird die Grundthese des Mangels und die der Bedeutung von Kommunikation weiter erhärtet: die Möglichkei-

ten, sich in allen Grundstrukturen "harmonisch" zu entwerfen, sind von Anfang an eingeschränkt. Die Kommunikation
bleibt einerseits hinter ihren Möglichkeiten zurück, andererseits bewegt sie sich durch diese sich auch antinomisch
auswirkenden "Strukturen" (s.u.) sogleich in einem Konflikt-
feld - das letztlich ihrem antinomischen Charakter ent-
stammt.

Die Grundstrukturen wiederum werden durch lebensweltlich
vorgegebene Kommunikationsweisen oder Modi zueinander vermittelt, so daß diese "Strukturen" in hohem Maße oszillieren, ineinander übergehen, vermittels der "Modi" entstehen
oder vergehen. Die sog. Modi reichen vom Erkunden, Entdecken,
Erschließen, Sich-Auseinandersetzen, vom Lösen und Binden
bis zum Bewältigen; sie "schlagen" sich jeweils in den
Grundstrukturen "nieder", materialisieren sich in diesen,
wie sie diese aber auch wieder aufheben oder auflösen. Dies
kann z.B. an der Entwicklung des Kindes beobachtet werden,
wenn es anfänglich als ein Erkundendes die Welt oder seinen
Leib, sein "Selbst" peripher, undeutlich und undifferenziert wahrnimmt, im Erkunden aber Leistung vollbringt, Orientierung gewinnt, sich schrittweise damit konstituiert.
Im Entdecken (ebenfalls auf das Verhältnis zum Leib, zur
Leistung, zu Raum und Zeit bezogen, die sich damit strukturieren) beginnt sich die Gegensätzlichkeit der Welt darzustellen, wie z.B. die Gegensätzlichkeit von Bekanntem und
von Neuem. Im Sich-Erschließen richtet das Kind sein Augen-
merk auf die Eigenschaften der Welt, auf die "Washeit" derselben, auf die Qualitäten der Dinge wie der Personen, die
es umgeben. In der Auseinandersetzung dagegen tritt es zunehmend aktiv in die Welt ein, es beginnt Standpunkt zu beziehen, tritt damit in die eigentliche Eröffnung von Welt
ein, antwortet möglicherweise mit Abwendung oder verstärkter Zuwendung. In der Auseinandersetzung wird der Konflikt-
bezug von Kommunikation gegenüber dem Leib, im Entwerfen
und Verwerfen von Leistung oder Vorbildern und Normen mit
der Aufforderung, sich zum Beispiel in der Reflexion zu be-

sinnen, besonders sichtbar. Zuwendung oder Abwendung als
Folge von Auseinandersetzung implizieren Binden und Lösen,
über die das Kind erste Entscheidungen "für" (binden) oder
"gegen" (lösen) zu tätigen beginnt. So entscheidet sich das
Kind in der Zuneigung für eine Person, es bindet sich mit
der Entscheidung, sei es an einen Lehrer oder eine Aufgabe - gleichzeitig löst es sich von anderen Möglichkeiten.
Auch in den noetischen Prozessen und den logischen Denkak-
ten sind Binden und Lösen von wesentlicher Bedeutung. Im
Bewältigen endlich nicht nur einer Aufgabe, die zum Abschluß gebracht wird, einer menschlichen Beziehung, eines
emanzipativen Aktes, sondern in der Bewältigung der eigenen
Existenz im umfassenden Sinne, fügen sich diese fundamentalen Kommunikationsmodi zu einem jeweils auf den Akt der Kommunikation bezogenen Ganzen.

Die Modi sind "Trieben", "Stimmungen", "Gefühlen", "noetischen und Willensprozessen" vorgegeben, sie integrieren
diese, womit jene Konzeptionen, insbesondere des Triebes,
nur zu sekundärer Unterscheidung angewandt werden. Alles
Erkunden, Sich-Auseinandersetzen oder Bewältigen ist sowohl
"triebhaft" als auch noetisch. Die Einheit und Ganzheit der
Person wird mit den Modi in ihrer Intersubjektivität gefaßt.

Das Erkunden:
Im Erkunden beginnt der Patient sich erstmalig fragend von
seiner Umwelt, in der er vorher problemlos aufging, zu differenzieren und zu unterscheiden. Er beginnt in schwebend-
verhaltener, abtastend-wahrnehmender Weise Vorgänge voneinander zu trennen, den Vordergrund seines Handelns von dessen möglichem Hintergrund zu unterscheiden und abzusondern.
Er gewinnt erste Überblicke über Situationen, gleichsam
noch aus der Vogelperspektive - er erlebt Gefühle, Stimmungen und Antriebe, oft erstmalig, als Mitteilungen über etwas, das ihm noch verschlossen ist (später "erschließt" es
sich). So fällt ein erheblicher Teil der in der Therapie
auftauchenden Schilderungen aktueller oder vergangener Begebenheiten, Zustände, Situationen und der diese vermit-

telnden Menschen dem Erkunden zu, über die Schilderung jedoch hinausgehend werden Vorder- und Hintergrund des Erlebten in der beginnenden Verschiedenheit bemerkt. Die Übergänge vom Erkunden zum Entdecken und zum Erschließen sind
selbstverständlich fließende und es wird später aufgezeigt,
wie in einer fortlaufenden Therapie die kontinuierliche
Fluktuation und Oszillation zwischen den einzelnen Kommunikationsmodi zu beobachten ist.

Das Entdecken:
Der im Erkunden sich zunehmend aus der unreflektiert gelebten Einheit mit seiner Umwelt und sich selbst herauslösen-
de Mensch beginnt die Widersprüchlichkeit und Gegensätzlichkeit seines Selbst in seiner Umwelt zu entdecken. Diese Widersprüchlichkeit und Gegensätzlichkeit zeichnet sich vorerst nur durch das "Anders-Sein" dessen aus, in dem er vorher in selbstverständlich-unreflektierter Einstellung gelebt
hat. (Wobei jedoch diese letztere Einstellung schon zur Dekompensation führte oder sich in einem Mißverhältnis befand,
da sonst der Mensch nicht zum Hilfesuchenden geworden wäre.)
Dem Entdecken kommt wiederum das Überraschende, Unerwartete,
Blitzartige, aber auch das emotionale Entsetzen und Erstar-
ren zu; das "Nein...so etwas" faßt als Ausruf das Entdecken
wie auch gleichzeitig seine Abwehr, sein Nicht-wahrhaben-
Wollen zusammen.

Beziehungen zum Anderen nicht weniger als zu den Grundstrukturen der Orientierung oder Verantwortlichkeit werden als
andere - gegensätzliche - entdeckt, als die, in denen der
Mensch vordergründig verwurzelt zu sein glaubte. Aber es
werden auch erfahrene Fakten erstmalig festgestellt, mit ihren möglichen, pathogenen Konsequenzen: das Entdecken des
Herzschlags, von dem der Patient nicht mehr loskommt, das
Entdecken des eigenen Geschlechtes als eines im Verhältnis
anderen zum anderen Geschlecht, das Entdecken der "Blind-
heit" gegenüber eigenen Erwartungshaltungen, das Entdecken
der Gegensätze zwischen dem, was man sein möchte oder wie
man sich sah im Verhältnis zu der Wirklichkeit. (Entdecken

des Selbstbildes, beginnende Abwertung desselben.) Im Entdecken setzt die Konfrontation mit sich selbst, die Existenzerhellung ein, die dann im Erschließen und Sich-Auseinandersetzen fortgesetzt wird.

Das Erschließen:
Im Erschließen zeigen sich dem Patienten, über Erkunden und
Entdecken hinausgehend, Sinnzusammenhänge übergeordneter
Art, die sein Verhältnis zur Umwelt, seine Entwicklung,
seine Beziehung zu sich selbst,in den verschiedensten Strukturen und Kommunikationsmodi erhellen, eröffnen, durchsich-
tig machen. Das Erschließen läßt den Patienten innerhalb
größerer Zusammenhänge - z.B. Erlebnisse seiner Lebensgeschichte - die emotionalen Erfahrungen nachvollziehen. Der
Patient erschließt seine Gefühle, Stimmungen, Leidenschaften, diese erschließen sich ihm und dem Therapeuten. Das
Erschließen wird zur weiteren Existenzerhellung, als Gang
durch die Möglichkeiten der eigenen Person, ihrer Entwürfe
und der Antwort des Lebensraumes auf diese. Das Erschließen
hat jedoch häufig nur rationalen Charakter - auf Kosten der
Emotionalität. Dies ist besonders in der Gesamtbeurteilung
(s.u. "Fragenkatalog") zu sehen und zu berücksichtigen.

Das Auseinandersetzen:
In der Auseinandersetzung tritt der Patient in die eigentliche Krise seines Daseins. Er stellt nicht nur sein Werden, seine Gegenwart und mögliche Zukunft in den Grundstrukturen des Raumes, der Zeit, der Leistung und des Leibes in
Frage, sondern die Kommunikationsmodi selbst werden in ihrer Einseitigkeit und in ihren Auswirkungen ebenso "problematisiert" wie der Patient sich vom Erleben her bemüht -
und das ist entscheidend für den Heilungsprozeß als Kommunikationserweiterung -, in den aufgebrochenen Widersprüchlichkeiten seiner Existenz ein neues Gleichgewicht zu finden, zu einem Gleichgewicht mit sich selbst und seiner Umwelt (Binden, Lösen, Bewältigen) zu kommen.

In der Auseinandersetzung selbst bleibt - außer dem Sich-
Auseinandersetzen - die Existenz des Patienten jedoch noch

"in der Schwebe", im unentschlossenen Hin- und Hergerissen-
Werden, erfährt er sich zutiefst als pathisch ausgeliefer-
tes, zerrissenes Wesen. Die Abgründigkeit seines Daseins,
aber auch seine Unauslotbarkeit wird ihm zunehmend, insbesondere auch in der Konfrontation mit dem Traum zum Erlebnis - die Vergangenheit entzieht sich ihm im ständigen
Wechsel und Verschwimmen der Konturen, die Gegenwart ist
nicht greifbar, die Zukunft noch ganz verborgen. Der einzige Bezugspunkt, der ihm in dieser Zeit einen gewissen
Halt bietet, ist der Therapeut - der als "Halt" und "Orientierung" Vermittelnder letztere dem Patienten vor allem
durch Konstanz der Zuwendung, durch Standhaftigkeit, durch
Bereitschaft, die Auseinandersetzung mit ihm zu tragen, na-
hebringt.

Das Binden-Lösen:
Sich-Binden oder Sich-Lösen implizieren immer Entscheidung,
der jedoch Auseinandersetzung, auch Erschließen, Entdecken
und Erkunden vorausgegangen sind. Diesem aktiven Binden und
Lösen ist jedoch ein passives Gebunden-Sein oder Gelöst-
Werden gegenüberzustellen: Gebunden-Sein an den Lebensraum,
Normen, Personen - Gelöst-Werden durch Umzug, des Vertrauten, Gewohnten. Diese Unterscheidung ist für den Fragenkatalog wichtig. Im Sich-Binden oder Sich-Lösen findet eine
fundamentale Neu- und Um-Orientierung des Menschen in seinem gesamten Verhältnis zu sich selbst wie auch zu seiner
Umwelt statt. Die hier zur Darstellung gelangten Ausführungen verschiedenster Patienten zeigen diese im Prozeß des
Aufgebens von Bindungen oder Lösungen von passivem Gebunden-Sein. Sie erleben den Konflikt zwischen Bindungen und
Sich-Lösen, wie dieser Konflikt sich z.B. auf die Sinnlichkeit (Sexualität) auswirkt, wie Kompromisse (Abwehrverhal-
ten) entstehen und wie wiederum die Fähigkeit, eine Beziehung aufzugeben, sich zu lösen oder zu binden mit der Fähigkeit zur Entscheidung, damit auch zur Orientierungsbil-
dung und neuer Beziehung zur Ordnung verbunden ist. Im Binden und Lösen werden insbesondere der mögliche Abwehrcha-

rakter derselben im Sinne auch einseitiger Kommunikationsmodi sichtbar. Der Mensch, der nur in Bindungen an die eine
oder andere Struktur und in wenigen Modi zu leben vermag,
ist kommunikationseingeschränkter als der, der das Vermögen zur Lösung hat. Nicht weniger kommunikationsgestört ist
jedoch der, der zu keinerlei Bindungen in der Lage ist,
oder der, der nur selten in Beziehungen sich zu binden vermag - der wieder ausbricht, neue Bindungen eingeht, diese
löst und dem mit diesem Verhalten die Struktur der Zeitigung und Verantwortlichkeit verschlossen ist. Auch hier
liegt die "gesunde" Kommunikation in dem letztlich nur individuell - im Zusammenhang der jeweiligen Umwelt - zu bestehenden Maß zwischen Sich-Binden und Sich-Lösen, ohne daß
das eine oder andere zum überwiegenden, damit einseitig ein-
schränkenden Kommunikationsmodus wird.

Das Bewältigen:
In der Bewältigung gelingt es dem Patienten, seine Beziehung zu sich selbst wie auch zu seiner Umwelt in ein auf
erweiterter Kommunikation beruhendes (relatives) Gleichgewicht zu bringen. Das Moment des Ausgeliefert-Seins an...
geht in die Möglichkeit des Verfügen-Könnens über, ohne daß
das erstere - als anthropologische Konstante oder Conditio
humana - dadurch aufgehoben würde. Die individuelle Beziehung des einzelnen zur Wahrheit und Verantwortung, seine
Existenz als eine in verschiedenen Möglichkeiten sich zeigende und wieder verschließende, dennoch als eine faktische,
erweitert sich schrittweise in der Bewältigung der Beziehung zu sich selbst, zur Umwelt, zu den Grundstrukturen des
Raumes, der Zeit (Verantwortung), des Leibes und der Leistung. Damit wird "Wahrheit" zu einer existenziell erlebten
Evidenz des "So ist es" - die die gesamte Persönlichkeit
durchgreift, der die Konfrontation (Auseinandersetzung),
der das Binden und Lösen (Entscheidung) vorausging, die
aber nicht identisch ist etwa mit der Wahrheit einer mathematischen Formel. Aus den Normen vorausgegangener Konventionalethik, wird die der Individualethik. Die bewältigte

"Wahrheit" in der Kommunikationserweiterung läßt den Menschen über sich hinauswachsen, insbesondere über die "kleinen Leidenschaften", die den Besitz, die Eifersucht, den Neid, die Selbstverblendung, den "Egoismus" angehen. Bewältigung impliziert auch stets die Möglichkeit des Verzichtes, des Annehmens unlösbarer Situationen, damit der Reifung im Sinne der Verinnerlichung, die gleichzeitig eine innere Horizonterweiterung ist. Bewältigung ist nichtsdestoweniger "labil", sie kann immer wieder in Frage gestellt, in Krisen gestürzt werden - sie bedarf immer wieder der erneuten Bestätigung: der erneuten Bewältigung. In ihr - in der Individualnorm - wird aus konventioneller Ordnung Orientierung. Sie ist Anteil eines nicht abzusehenden Prozesses, nicht Statik, sondern Dynamik, die sich selbst immer wieder bestätigen muß. Bewältigen ist das Finden des eigenen Maßes im Vergleich zur Umwelt, zum Therapeuten, im Durchgang durch die Möglichkeiten der Therapie. Im Bewältigen wird das personale Moment menschlicher Beziehung sichtbar: die Person.

Georg Picht hat in folgendem Diagramm sowohl das Zusammenspiel der Strukturen und Modi als auch ihre Konfliktbezogenheit dargestellt (aus Eisenbart, C.: Humanökologie und Frieden, Stuttgart 1979):

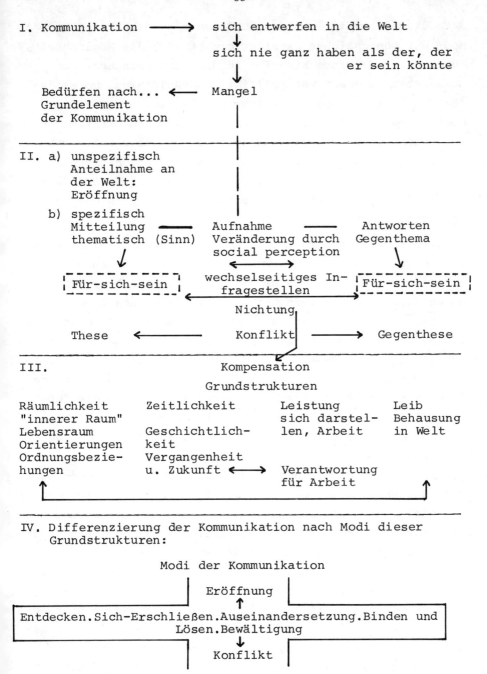

I. Kommunikation ⟶ sich entwerfen in die Welt

sich nie ganz haben als der, der
er sein könnte

Bedürfen nach... ⟵ Mangel
Grundelement
der Kommunikation

II. a) unspezifisch
Anteilnahme an
der Welt:
Eröffnung

b) spezifisch
Mitteilung ⸺ Aufnahme ⸺ Antworten
thematisch (Sinn) Veränderung durch Gegenthema
social perception

⌐ ─ ─ ─ ─ ─ ─ ┐ wechselseitiges In- ⌐ ─ ─ ─ ─ ─ ─ ┐
¦ Für-sich-sein ¦ fragestellen ¦ Für-sich-sein ¦
└ ─ ─ ─ ─ ─ ─ ┘ └ ─ ─ ─ ─ ─ ─ ┘

Nichtung

These ⟵ Konflikt ⟶ Gegenthese

III. Kompensation

Grundstrukturen

Räumlichkeit   Zeitlichkeit   Leistung   Leib
"innerer Raum"   sich darstel-   Behausung
Lebensraum   Geschichtlich-   len, Arbeit   in Welt
Orientierungen keit
Ordnungsbezie- Vergangenheit
hungen   u. Zukunft ⟷   Verantwortung
                                 für Arbeit

IV. Differenzierung der Kommunikation nach Modi dieser
Grundstrukturen:

Modi der Kommunikation

Eröffnung

Entdecken.Sich-Erschließen.Auseinandersetzung.Binden und
Lösen.Bewältigung

Konflikt

Nach dieser Darstellung der fundamentalen Strukturen und
Modi der menschlichen Existenz ergibt sich die Möglichkeit,
den Begriff der Kommunikation in drei untereinander ver-
schränkten "Ebenen" von Konflikt zu präzisieren, wobei jeder Konflikt zur Angsterfahrung sich steigern kann; das
Überwiegen einseitiger Strukturen und Modi in der Kommunikation in ihrer pathogenen Bedeutung ist stets Folge von
Angsterleben, Kompensationen stets Kompensationen von Angst
sind. Dieses Angsterleben wird im widerständigen Auflösen
und Verändern einseitiger Strukturen und Modi in der Behandlung wieder nachvollzogen (s.u.).

Es wurde ein Grundkonflikt zwischen dem Mangel, sich nicht
in den Grundstrukturen entwerfen zu können und dem Bedürfnis, durch Kommunikation diesen Mangel aufzuheben, vorausgesetzt. Der Mensch versucht im Verlaufe seines Lebens - es
ist der Lebensablauf selbst - diesen Grundmangel, dieses un-
ruhige Ungleichgewicht immer wieder auszugleichen, durch Befriedigung nicht weniger als durch Verdrängung. In diesem
Zusammenhang werden die dargelegten Strukturen und Modi des
Daseins sichtbar und als kompensatorische, schon die "Möglichkeiten" einschränkende, destruktive aber unaufhebbare
Formen, mit dem Grundmangel"zu leben", ihn relativ zu bewältigen, entwickelt. Der Lebensvorgang entspräche dem Erleben, daß der Grundmangel und eine existenziale Grundangst
nie zu beheben sind, daß alle Erfüllung nur vorübergehend
"ausgleichend" ist, auch wenn sie Strukturen bildet und
Strukturen auflöst. Dieses Grunderleben weist auf eine zentrale "Unruhe" im Leben des Menschen, die leidvoll und konflikthaft erfahren wird, die der letzte Grund jeder Art von
Angst ist, die der nicht aufhebbaren "Existenzangst" Kierke-
gaards und Heideggers entspricht, deren zentrale Bedeutung
in der Ätiologie von Krankheiten zwar analog zur Psychoanalyse Freuds, der Komplexpsychologie und der Neoanalyse gesehen wird ("integrativ"), die Bedingungen ihrer Entstehung
jedoch existenzial-ontologisch, unaufhebbar sind. Angst,
aus Leiden am Konflikt - z.B. primäre Trennungserfahrungen -,

ist in der primären Mangel- und Kompensationserfahrung nicht
nur nicht aufzulösen, sondern "Motor" des Lebens. Erst in
der personalen Bewältigung ergibt sich die relative Möglichkeit der Angstfreiheit.

Eine weitere "Konfliktebene" in der Kommunikation wäre die
von Sich-Mitteilen, Aufnahme der Mitteilung und Antwort auf
diese. Sie impliziert stets manifeste oder latente Nichtung
des Anderen - auch in der Bestätigung, die Abhängigkeiten
und damit "Nichtung" schafft.

Eine dritte fundamentale "Ebene" der Kommunikation würde
durch die Konflikte - und entsprechend aus diesen entstehende Ängste - gebildet, die intersubjektiv-kommunikativ zwischen den einzelnen Strukturen und Modi aufbrechen können
und wie diese, stets durch Personen vermittelt, Bestandteil
des "Konflikt-Repertoires" der verschiedenen psycho-neoana-
lytischen Schulen und der Komplexpsychologie geworden sind.
Frühkindliche und Konflikte der Pubertät oder des Erwachse-
nenalters sind stets als für die Therapie relevant anzusehen, sofern sie vom Patienten entdeckt werden, Auseinandersetzung mit ihnen und graduelle Bewältigung stattfindet,
d.h. sie Anteil des Erlebens und der Intersubjektivität
aber nicht möglicher konstruierter Unterstellungen sind.
Im letzteren Fall ist der Fächer von möglichen Konflikten,
wie sie dann vor allem auch die Neoanalyse aufgezeigt hat
(Horney, Schultz-Hencke, Sullivan, Fromm aber auch F. Alexander und Adler), für die vorliegende Konzeption durchaus
verbindlich.

Einige - stark vereinfachte - Beispiele seien zum Verständnis dieser dritten Konfliktmöglichkeiten genannt, aber es
sei ausdrücklich erinnert, daß die "Unterteilung" derselben
in drei "Ebenen" artifiziell ist.

Ein Ehepaar, das sich z.B. im erotisch-leibhaften Bezirk
nicht mehr versteht, sich hier auseinandergelebt hat, vermag dieses Auseinanderleben durch Zunahme von Leistung, etwa in Gestalt gesteigerter gemeinsamer Berufstätigkeit oder
durch Zuwendung auch zu einer Orientierung, einer Religion,
einer Weltanschauung zu kompensieren. Ein solcher Kompensa-
tionsvorgang in einer intersubjektiven Konfliktsituation

vollzieht sich durch "Hypertrophie" in einer der Grundstrukturen, hier der Orientierung (innere Räumlichkeit), als
Standortbeziehung, Sinnstiftung des Lebens, damit Gestaltung eines "inneren Raumes" bestimmter Ordnungen. Ein anderes Beispiel wäre das einer Person - die aber natürlich
stets in ihrem sozialen Umfeld gesehen werden muß -, die
sich "in der Welt nicht zurechtfinden kann", keine Maßstäbe
entwickelt und die diesen Orientierungsmangel durch verstärkte Aktivität im leibhaften Bereich kompensiert: sei es
durch verstärkte erotische Zuwendung bis zur extremen Promiskuität, sei es durch dekompensierendes pathologisches
Verhalten bis zu Alkoholismus und Verwahrlosung. Die Kompensation durch nur eine Grundstruktur, hier durch den Leib,
führt zur pathologischen Dekompensation. Darüber hinaus ist
jede einseitige, konfliktbedingte Kommunikation über nur
eine oder zwei Grundstrukturen extrem gefährdend. Einseitige Kommunikation hat bereits krankhaften Charakter, da sie
kurz vor der Dekompensation steht. (Einseitigkeit der sich
lebensgeschichtlich wiederholenden Konflikte oder einseitige Konfliktstrategien.)

Die drei "Strukturen" oder "Ebenen" der Kommunikation und
damit des Konfliktes sind unauflösbar miteinander verschränkt. Es ist wesentlich für die hier vorgetragene Konzeption der Relativität aller Feststellungen und der Unmöglichkeit, das Festgestellte als "absolut verbindlich" "hin-
zustellen", daß Kommunikation aus "Strukturen" entsteht,
wie umgekehrt Strukturen Kommunikation bedingen, die einen
mit den anderen ebenfalls unauflösbar verschränkt sind, der
Begriff der Struktur nicht im Sinne der Substanz, sondern
nur dynamisch aufgefaßt werden kann. Die "Feststellung" einer Struktur oder eines Modus zum Zwecke der Diagnose, Prognose und Therapie ist stets ein im Therapeuten sich abspielender, reflektierter Beobachtungsvorgang, der bereits
aus der Vielfalt sich ihm anbietender Zusammenhänge einen
bestimmten "herausholt" und damit scheinbar objektiviert.
Darüber hinaus sind die letzten Ausführungen bereits in die
Problematik des Krankheitsbegriffes eingetreten, dem der
übernächste Abschnitt gewidmet ist.

3. Grundthesen der anthropologisch-integrativen Psychotherapie

Die Grundthesen der anthropologisch-integrativen Psychotherapie werden wie folgt dargestellt:

a) Die intersubjektiv bedingte Relativität aller psychopathologisch-psychologisch-psychotherapeutischen Aussagen (Urteile) ist relativ im Verhältnis zum Prozeß der antinomischen Darstellung eines ontologisch Absoluten in der Kommunikation von Therapeut und Patient zu sehen.

b) Daraus folgt der Wahrscheinlichkeits- und Möglichkeitscharakter aller Aussagen über seelisches Erleben (Plausibilitätsprinzip);

c) ferner das alogisch-akausale So-Sein des psychischen Erlebens, sein Indeterminismus des permanenten Wechsels von Beziehungen und Bedeutungen, seine Antinomik und die Ablehnung psychischer Kausalität ("Psychodynamik") im mechanistischen Sinne.

d) Psychodynamik ist darüber hinaus Darstellung der permanenten Konfliktbezogenheit innerseelischer Vorgänge, jedoch stets in der antinomischen, gleichzeitigen Beziehung auf das Subjekt und die Welt. Diese Beziehung ist die "Wirklichkeit".

e) Das Erleben ist monadisch strukturiert, in seiner Qualität letztlich nicht zu vermitteln, wird aber wechselseitig und antinomisch in dyadischen u.a. Beziehungen sichtbar.

Zu a)

Zu den fundamentalen, für die Praxis der Psychotherapie entscheidenden Thesen zählt die "Einführung des allgemeinen Relativitätsprinzips" in die Psychologie. In einer Zeit, in der sowohl durch die Einsteinsche spezielle Relativitätstheorie als auch durch die Quantenphysik die entscheidende Rolle des Bezugssystems des Beobachters bewiesen wurde, damit jede Aussage als relativ auf den Beobachter gesehen werden muß - im Unterschied zur Psychologie allerdings mathe-

matisch darstellbar -, erscheint der von einigen Psychologen und Psychoanalytikern erhobene Anspruch auf die natur-
wissenschaftliche Objektivität ihrer "Beobachtungen" oder
Formulierungen erstaunlich. Denn der Psychologe verfügt
über keinerlei unmittelbare Beobachtungen dessen, was er
an der "Psyche" "wahrnimmt", da er nichts "wahrnimmt", sondern nur Aussagen registriert (Sprache, Gestik, Mimik).
Diese lassen ihn Rückschlüsse auf ein Nicht-Beobachtbares
ziehen, bzw. das Erlebte nie unmittelbar Erfahrungsgegen-
stand werden, es ist intersubjektiver Prozeß. Die Psychologie hat keinen "Gegenstand" der Beobachtung, aber sie ist
eben "beobachtende" oder "behandelnde" und deshalb bereits
aufgrund einer aprioristisch vorgegebenen, kommunikativen
Struktur des lebendigen Daseins mit dem Menschen (dem Anderen) verbunden. Alle "psychologischen" Aussagen sind vom Anderen mitbestimmt, auf diesen bezogen, damit relativ. Diese
fundamentale Relativität jeder psychologischen Aussage, d.h.
jeden Urteils - ständig werden in Psychologie, Psychopathologie und Psychoanalyse Urteile gefällt - impliziert, daß
der Absolutheitsanspruch psychologischer Urteile ein Relikt
aus der überholten Übertragung klassisch physikalischer Vorstellungen - Newtons - auf die Psychologie darstellt. Jede
psychologische Urteilsbildung ist ein "Produkt" aus der subjektiven Erfahrungswelt des "Beobachters" und seines "Ge-
genübers", damit nie "objektiv".

Die Psychoanalyse Freuds nicht weniger als die Komplexpsychologie Jungs sind primär über und mit dem Anderen gewonnene Selbstdarstellungen der subjektiven Meinungen und Hypothesen ihrer Begründer - auf dem Hintergrund z.B. eines
positivistischen Materialismus bei Freud, bei C.G. Jung einer gnostisch getönten Heilslehre. Auf diese "Philosophie"
wird seelisches Geschehen hin interpretiert, unter Verstel-
lung der schlichten phänomenalen Erfahrung, deren intersubjektive Kategorien (Parameter, Strukturen) im Hinblick auf
ihren allgemeinen Erfahrungswert nicht einfach genug gefaßt
werden können. "Absolute" und "objektive" Psychologie ist

nicht möglich, Psychologie ist stets intersubjektiver Prozeß. Die hier vorgetragene Konzeption unterscheidet sich jedoch von jenen Tiefenpsychologien grundsätzlich durch a) Relativierung ihrer Aussagen im Vorhinein, b) Anwendung ein-
facher,aber umfassender ontologisch fundierter, aprioristi-
scher Strukturen und Modi, sog. "Parameter", die einerseits
die Unschärfe der Aussage erhöhen, andererseits damit der
Vielfältigkeit des Menschen in seiner Widersprüchlichkeit
gerecht werden. Dieses Verfahren impliziert die These, daß
jede "schärfere" Feststellung oder Beurteilung in der Psychologie und Psychopathologie ungenauer wird, da sie den Umraum mitbestimmender Determinanten reduziert, wohingegen
ihre Aussagekraft bezüglich "wahrer" Befunde oder Feststellungen gewinnt, je unschärfer sie die Vieldeutigkeit des
Menschen, sein Handeln, Entwerfen, seines Sich-Inne-Seins
und Kommunizierens wahrnimmt. Die phänomenologische Reduktion in der Methodik Husserls führt auf einige wenige "Parameter" zurück, die allerdings ihren Wahrheits- und Absolutheitsanspruch in der Gleichsetzung von "Sein" und "Ich"
(Ego, Descartes) finden. Die hier vorgetragene und durchgehend angewandte Methode der "amplifikatorischen Phänomenologie" (s. "Zwischen Logos und Antilogos") arbeitet im
Bewußtsein permanenter Fluktuation zwischen der empirischen
Vielfalt, ihrer "Feststellung" und jeweiligen Schärfe hier,
der Weite und Unschärfe, aber Wahrheitsnähe ihrer einfachen
"Parameter" dort ("Parameter"der weiter unten ausgeführten
Modi und Strukturen). In dieser nur antinomisch zu fassenden intersubjektiven Oszillation zwischen Schärfe - z.B.
der emotionalen Beteiligung - und Unschärfe der Aussage
(Urteil), "Wahrheitsferne" und "Wahrheitsnähe", liegt die
zentrale Rolle des Beobachters - des Therapeuten - begründet. Der Vollzug der Erfahrung und Erkenntnis ist diese Oszillation selbst, in der die ontologisch "absoluten" Parameter ständig in Frage gestellt als auch wiederum bestätigt
werden.

Der diagnostisch-therapeutische Fragenkatalog des vorliegen-

den Lehrbuches ist die Konsequenz dieser Konzeption, in der
in der Anwendung der Parameter die empirische Schärfe abnimmt, dafür die Aussagekraft auf mögliche Wahrheit verstärkt wird - umgekehrt diese Aussagekraft wiederum durch
den Erkenntnisvollzug und die Konfrontation mit den empirischen Aussagen relativiert und präzisiert wird (Amplifikation, s. Band II).

Darüber hinaus bedeutet diese fundamentale, im Wesen der
Antinomik von Kommunikation und Intersubjektivität (s.u.)
begründete Relativierung aller psychopathologisch-psycholo-
gischen Ansichten für die Praxis der Psychotherapie folgendes: Es ist letztlich gleichgültig und irrelevant, ob eine
Psychotherapie bei einem "Freudianer", "Jungianer", "Gesprächstherapeuten", "Neoanalytiker", "Gestalttherapeuten"
usf. durchgeführt wird, solange eine wie auch immer erziel-
te Veränderung als Kommunikationserweiterung beider Teilnehmer im Prozeß der Therapie erfolgt. Eine Veränderung positiver Art im Sinne einer Kommunikationserweiterung in den
eingeschränkten Modi und Strukturen, wird sie emotional erfahren, unterliegt dann einer stets zu relativierenden Auslegung und Verbalisierung in der reflektierenden Verarbeitung. Das wesentliche "Erfolgsmoment" der Psychotherapie
ist das Ereignis einer kommunikativen Veränderung, der Patient ist nach jeder Behandlung "ein Stück ein anderer" geworden - aber auch der Therapeut. Tritt diese Fluktuation
nicht ein, entwickelt sich kein kommunikativer, sondern nur
ein destruktiver oder indifferenter Prozeß, es findet bestenfalls eine "negative" Veränderung im Sinne weiterer
Kommunikationseinschränkung statt. Aus dieser Perspektive
verweisen die so heterogenen katamnestischen Kriterien der
verschiedenen Schulen auf das Gemeinsame einer Veränderung,
die hier zu verringerten Klinikaufenthalten (Dührssen u.a.),
dort zur Besserung eines so problematischen Begriffes wie
der Genuß- und Arbeitsfähigkeit (Freud) geführt hat, zur
Behebung einer Angstsymptomatik oder zu vermehrter "Selbstbehauptung". Es wird auch verständlich, daß verschiedene

Systeme,trotz unterschiedlicher Konzeption und Methoden,ka-
tamnestisch analoge "Erfolge" ihrer Behandlungen aufweisen,
sogar von Studenten durchgeführte - wie Lehmann zusammen-
stellte - Laienbehandlungen nach amerikanischen Statistiken
u.U. "erfolgreicher" waren als Behandlungen durch ausgebildete Fachkräfte. Auch wird ersichtlich, daß eine bei einem
Jungianer oder Daseinsanalytiker mißglückte Behandlung bei
einem Gesprächstherapeuten in 15 Sitzungen erfolgreich abgeschlossen wird - und umgekehrt, Fälle, die jedem praktizierenden Therapeuten bekannt sind und die verdeutlichen,
daß ausschließlich und weitgehendst die Imponderabilien der
gegenseitigen Beziehung für einen "Erfolg" - im Sinne der
Kommunikationserweiterung - maßgeblich sind.

Ausschlaggebend für eine "erfolgreich" durchgeführte psychotherapeutische Behandlung ist jedoch der Eintritt von
Veränderung im Sinne einer Kommunikationserweiterung. Ob
diese hier als "Über-Ich-Abbau" vermerkt wird, als "Ablö-
sung einer Mutter/Vater-Bindung", dort als Wahrnehmen des
Animus, Erreichen der Individuation, hier wiederum als si-
tuations-abklärendes, erhellendes Gespräch, dann als "Enthemmung" eines "expansiven Antriebes", als Appell an die
Eigenverantwortung in der Gestalttherapie oder einfaches
"Abreagieren": es sind dies nur die prinzipiell zu relativierenden Aussagen über den Tatbestand einer stattgefunde-
nen Veränderung im intersubjektiven Prozeß der Therapie,
dessen Voraussetzung kommunikative Erweiterung in den vorgegebenen Strukturen und Modi impliziert. Diese Erweiterung
visiert die anthropologisch-integrative Psychotherapie an -
mit dem phänomenal Vorgegebenen arbeitend, integriert sie
im Vorhinein das, was von den anderen Methoden und Schulen
intersubjektiv erfahrbar gemacht wurde.

Die jeweiligen Vokabulare, Erklärungen, Chiffren oder angewandten Symbole gedanklich-sprachlicher Art der Schulen und
Systeme sind jedoch die prinzipiell zu relativierenden Versuche des denkend-reflektierenden Ich (des ego cogito des
Descartes), die emotionale Erfahrung der Intersubjektivität

zu formulieren, deren Vorgegebenes Inhalt der hier vertretenen Konzeption ist, deren Thesen und Aussagen, für sich
als "wahr" genommen, jedoch falsch sind.

Beweise im klassisch-physikalischen Sinne gibt es nicht in
der Psychologie und Tiefenpsychologie. Es gibt selbstausle-
gende Systeme, die den Anderen, der stets vorgegeben ist,
sekundär miteinbeziehen, die ihre stets auch historisch-ge-
sellschaftliche Relativität nicht genügend reflektieren und
ihr durch den Anderen bedingtes System als "objektiv" im
naturwissenschaftlichen Sinne ansehen. Der "Andere" in der
Konzeption Freuds ist auch die ihm durch "Andere" vermittelte naturwissenschaftlich-mechanistische Konzeption, seiner
historisch relativiert sich darstellenden Epoche. Der "Andere" in dem System C.G. Jungs entspricht den Mythen, Dichtun-
gen und Kunstwerken, mit denen C.G. Jung sich eingehend beschäftigt hat, diese dann - als seine verabsolutierte,
scheinbar "objektive" Selbstdarstellung - im Anderen wieder-
entdeckte. Der Andere in seiner historischen Realität bedingt zwar, ist aber nie das System, dieses entwirft sich
im intersubjektiven Prozeß "über" ihn, wie es auch stets
durch ihn in Frage gestellt und aufgehoben wird, damit nie
"objektiv", wohl aber intersubjektiv fundiert ist.

Je simplifizierter das System sich verbalisiert, umso vereinfachter die Selbstdarstellung, umso vereinfachter die
Begegnung mit dem Anderen aufgrund dieser Selbstdarstellung,
die aber zu dieser auch wiederum durch den Anderen geworden
ist.

Dem Prinzip einer nicht radikal genug zu konzipierenden Relativität der intersubjektiven Ereignisse seien folgende
weitere Thesen zur Seite gestellt:

Zu b)
Alle über eine psychotherapeutische Behandlung sich anbietenden Äußerungen oder Urteile haben den Charakter überwiegend von "Momentaufnahmen" einer sich zwischen Therapeut
und Patient ergebenden Situation, sie haben nie endgültigen

Urteilscharakter des "es ist" - der permanenten Veränderung
analog jeder "Sekunde" des erlebt-gelebten Lebens. Entsprechend darf ihnen nur ein Möglichkeits- bzw. Wahrscheinlich-
keitscharakter zugesprochen werden. Der Patient "hat" keinen Ödipuskomplex wie jemand ein Bein oder Haare auf dem
Kopf hat, sondern bestenfalls taucht in der Therapie eine
Vaterproblematik auf, die "ödipale" oder "inzestuöse" Züge
aufweist, sich konstelliert, wieder verblaßt, sich auflöst,
um sehr viel später in weiteren Auseinandersetzungen mit
dem Vater sich wahrscheinlich ganz anders darzustellen. Wie
ist es möglich, in diesem Zusammenhang noch gültige, verbindliche Aussagen zu machen? Das ist nur begrenzt zu verwirklichen, wenn die Aussage eines Patienten durch weitere
immer wieder relativiert wird, der Prozeß als permanente
Relativierung vorausgegangener Urteile sichtbar wird, aus
dem sich jedoch dann graduell, von Stufe zu Stufe und im Umgang mit dem Therapeuten, der Patient sich als ein "Selbst"
herausbildet, er Möglichkeiten personalen Bewältigens erschließt. Diesen Vorgang, der sich in der tiefenpsychologischen Einzeltherapie über einen längeren Zeitraum erstreckt,
vermag keine Krankengeschichte darzustellen. Eine adäquate
Deskription eines Behandlungsverlaufes ist deshalb, der empirischen Unschärfe entsprechend, zwar in bestimmten ontologisch zu fundierenden Parametern möglich (Strukturen und
Modi, s.u.), das Verfahren geht jedoch auf Kosten des unmittelbaren Erlebens. Wesentlich ist jedoch der emotional-
kognitive Durchgang des Therapeuten und seines Patienten
durch die (intersubjektive!) "Empirie" des Erlebten, in den
Strukturen von Raum, Zeit, Leistung und Leib, vermittels
der Modi des Erkundens, Entdeckens, Erschließens, Auseinandersetzens, Bindens und Lösens und der Bewältigung. Diesen
Durchgang zu beschreiben impliziert "strukturale Reduktion",
wird aber den vorgegebenen Seinsweisen damit relativ gerecht (s.u.).

Darüber hinaus sind alle Beurteilungen - auch die in diesem
Rahmen später dargebotenen - zeitlich zu relativieren: Es

ist unwahrscheinlich, daß es z.B. andauernde, lebenslängliche "Persönlichkeitsstrukturen" und entsprechende Störungen gibt, die nicht einem Wechsel anheim fallen; schon das Problem der eigenen Identität impliziert auch den ständigen Wechsel innerhalb dieser. Die "Identität" des Patienten wird im Zusammenhang der hier vorgetragenen Konzeption in seiner Auseinandersetzung mit den Grundstrukturen und Modi des Daseins sichtbar, sie konstituiert sich als ein Selbst eben in der Bewältigung von Dekompensationen, in einem Lebensmodus, der nicht nur kompensiert, sondern "existiert".

Zu c)

Aus der Relativität der intersubjektiven Prozesse als auch aus dem bestenfalls Wahrscheinlichkeit implizierenden Charakter der Patienten- und Therapeutenaussagen ergibt sich, daß die hier vorgetragene Konzeption - im entscheidenden Unterschied etwa zu Freud - den Menschen indeterministisch sieht. Sie hält ihn nicht mit dem 3. Lebensjahr in allen wesentlichen Charakterzügen für abgeschlossen, wie dies Freud postulierte. (Der Begriff der Charakterzüge oder Charaktereigenschaften, einmal hinterfragt, ist ebenso problematisch wie die Instanzentheorie.) Vielmehr vertritt die hier vorgetragene Auffassung die Ansicht, daß sog. in der frühen Kindheit sich manifestierende "Charakterzüge" jederzeit situativ, intersubjektiv und "innerpsychisch" weitgehend verwandelbar, veränderlich und stets relativierbar und unbestimmbar sind. Je geringer die Veränderbarkeit eines Menschen, je "geprägter" seine Festlegung erscheint, umso eher läßt sich eine Kommunikationseinschränkung "feststellen".

Indeterminiert ist der Mensch jedoch noch in einem viel umfassenderen Sinne - ohne hier auf das Problem der Willensfreiheit einzugehen -: zwischen "Bewußtem" (perspektivische Orientierung) und "Unbewußtem" (Aperspektive) oszillierend, ist das Seelenleben durch die Erfahrung permanenter Veränderung, permanenten Wechsels gekennzeichnet, die sich z.B. in der sog. "freien Assoziation" phänomenologisch-deskriptiv dokumentiert. Dieser Wechsel ist alogisch, er folgt der ontologischen Grundstruktur des Möglichen, Wahrscheinlichen oder Unwahrscheinlichen, er ist weder voraussagbar noch in der Vergangenheit festzulegen.

"Seele" ist stets auf den Anderen wie gleichzeitig auf sich selbst bezogener "Bilderstrom", permanentes, irrationales Aufsteigen von Bildern, Gedanken, Erinnerungen usf., die in den Mittelpunkt der Aufmerksamkeit treten und diesem Mittelpunkt wieder entschwinden. Über Bilderleben hinaus werden Gefühle empfunden, Willensimpulse, die ebenfalls kommen und gehen, wird ein sich in die Zukunft Entwerfen oder ein Zurückblicken in die Vergangenheit realisiert, treten "Dränge" oder "Triebe" auf, nicht weniger als Gestimmtheiten, Verstimmungen, Stimmungen, Prozesse, deren Determinierung aus ihrer alogischen, akausalen Seinsweise her nicht möglich ist.

Mit der These des indeterministischen "Wesens" des Menschen entfällt auch das Prinzip der kausalen Verknüpfung, das in der Psychoanalyse - insbesondere in der Auffassung Freuds aber auch der Neoanalyse - von so tragweiter Bedeutung für die Ätiologie der sog. Neurosen und anderen Krankheitserscheinungen geworden ist (s. auch Teil II!). Beruht doch das Prinzip der "klassisch"-freudianischen Analyse in der Aufdeckung, damit "Bewußtmachung" möglicher Ursachen, in den anfänglichen Vorstellungen Freuds eben der Traumata - die zu bestimmten Symptomen oder Verhaltensweisen geführt haben. Die Bewußtwerdung dieser meistens unbewußten "Ursache" einer Störung impliziert u.a. auch deren Heilung, insbesondere wenn diese Bewußtwerdung mit einer emotional-kathartischen Reaktion verbunden ist. Das gesamte System der Psychoanalyse Freuds - vereinfacht in der Neoanalyse - beruht auf einer Verknüpfung kausal-deterministischer Zusammenhänge, die die Symptome nicht weniger als den Menschen überhaupt bestimmen. Wenn auch Freud gezwungen war, zwecks Aufrechterhaltung des deterministisch-kausalen Prinzips, eine kompliziertere Hypothesenbildung an die andere anzuschließen (s.o. zur Ätiologie von Angst- oder Zwangskrankheiten usf.), so unterlief er doch selbst wieder dieses Prinzip, indem er bereits deutlich die Alogizität, damit Akausalität und Irrationalität des sog. Unbewußten postulierte.

Die kausalistische "Psychodynamik" Freuds bewegt sich noch in den mechanistischen Gedankengängen einer nicht relativistischen Newtonschen Physik. Das Verdrängen, Unterdrücken, Abwehren sog. peinlich-unlustbetonter Vorstellungen durch das Über-Ich hier, das Realitätsprinzip dort, erfolgt letztlich nach hydraulischen Modellvorstellungen, und das Konzept der Dampfmaschine, einschließlich der Sublimation, darf als der Hermeneutik Freuds u.a. zugrundeliegend angesehen werden. (Das System C.G. Jungs ist in seiner Weise ebenfalls deterministisch bestimmt, wenn auch "bildhaft", insofern der Mensch von den archetypisch-hereditär übernommenen Inhalten seines kollektiven Unbewußten eigentlich gesteuert, "manipuliert" wird.)

Die nicht zu leugnende Leistung und Bedeutung Freuds liegt - wie sie von zahlreichen anderen, nicht freudianisch orientierten Forschern wie z.B. C.G. Jung, Binswanger, v.Gebsattel, E. Fromm, H. Schultz-Hencke usf. stets anerkannt wurde - in der Möglichkeit, dem Menschen ein diesen kausal verstehbares und ihn "erklärendes" System vermittelt zu haben, damit Orientierung. Der Kranke glaubt jetzt zu wissen, daß bestimmte Verhaltensstörungen, Charaktereigentümlichkeiten, "Wesenszüge", Handlungen, durch entsprechende Ursachen in der Kindheit bewirkt wurden, diese das Bewirkte über Jahrzehnte hinweg "wirken lassen können". (Das Rätsel der "anhaltenden" unbewußten Wirkung von Traumen, die eine Konservierung an räumlich vorgestelltes Unbewußtes verlangen, gehört zu den zahlreichen ungeklärten Fragen in der Konzeption Freuds.) Aber diese "Leistung" Freuds ist auf dem Hintergrund seines mechanistischen Kausalitätsbegriffs als ebenso verhängnisvoll anzusehen, wurde sie doch wiederum "Ursache" der zahllosen Erklärungen psychischen Erlebens, seiner Verstel-

lung und Verfälschung, seiner absurden monokausalen Reduk-
tionen und seiner fatalen Popularisierungen.

Das "kausal" Bewirkte - die "Fehlhaltung", das "Symptom" -
ist die "Reaktion" (in unserer Konzeption die "Antwort")
auf..., die jedoch nicht mit der kausal bedingten Wirkung
gleichgesetzt werden darf, geht ihr doch die Aufnahme der
Mitteilung voraus. Reaktion impliziert stets Gegenwirkung,
sie ist Antwort auf Mitteilung über die indeterministische
Aufnahme durch das Subjekt. Der Mensch ist aus diesem Grunde in keinem Fall ein kausalistisch (deterministisch) nach
dem Prinzip Ursache/Wirkung zu verstehendes Wesen, sondern
"Ursache" oder "Mitteilung" umschließen schon apriori den
Zyklus zur Antwort oder Wirkung. In der kausalistischen -
wenn auch falschen - Interpretation der Vergangenheit und
ihrer Einwirkungen auf das Subjekt, vermag der Mensch sich
in ein ihm verständliches Bezugssystem zu setzen, er emp-
fängt Orientierung. Diese vermittelt ihm die Psychoanalyse,
die konstitutionelle, organisch orientierte Psychiatrie vermochte es nicht - und diese Leistung, ein "verständliches"
Bezugssystem - (gleichgültig nach welchen "psychodynamischen"
Gesichtspunkten) - erstellt zu haben, wird mit jenen oben erwähnten Autoren Freud voll zugebilligt, auch wenn das System
"falsch" ist.

Die fundamentalen Einwände jedoch gegen das Prinzip kausa-
ler Erklärung, ohne die Diskussionen von Dilthey und Jaspers
zu dem Thema "Erklären" und "Verstehen" zu wiederholen, sind
über das in c) Gesagte hinausgehend folgende: (Einzelheiten
möge der interessierte Leser ebenfalls in den aufgeführten
Untersuchungen des Verfassers nachschlagen.)

Von Geburt an begibt sich der Mensch in ein vorgegebenes,
aprioristisch-kommunikatives (Mitteilung - Antwort) Netz
wechselnder Beziehungen und Bedeutungen, werden aufgrund
von Bedeutungen Beziehungen gestiftet, bilden Beziehungen
Bedeutungen. Was heißt das konkret? Der eine Säugling trinkt
nicht oder schlecht an der Mutterbrust, jedoch ohne weite-

res aus der Milchflasche. Die Mutterbrust - folgen wir der
analogen Auffassung der Psychoanalyse, jedoch im Bewußtsein
rein spekulativ-hypothetischer Vermutungen - hat für den
Säugling keine oder eine "negative" Bedeutung bzw. entwik-
kelt er zu der Mutterbrust keine Beziehung. Mögliche "Ursachen" dafür können unübersehbar viele angegeben werden:
dem in Teil II ausgeführten dreifachen Entwurf des Menschen
in seine Welt entsprechend (leibhaft-dispositionell), von
Geruchsempfindlichkeiten oder organischen Hirnstörungen bis
zu mangelnder Zuneigung (Antwort/Subjekt-"kreativ", keine
auch mögliche "Anpassung" und Trinken trotz "gehetzter Mutter") infolge der Konfrontation mit einer gehetzt-lieblosen
Mutter. Es gelingt aber nicht, auch nur einen dieser Gründe
- die noch vielfältigst differenziert werden könnten - für
kausalverbindlich anzugeben, insbesondere, wenn ein zweites
Kind dann problemlos an der Mutterbrust trinkt, obwohl sich
situativ - etwa im Berufsleben der Mutter - nichts geändert
hätte. Die Beziehungs-Bedeutungsstiftung Ernährung-Brust
scheitert, unterbleibt im ersten Fall, dafür wird jedoch
eine zu der Milchflasche entwickelt, möglicherweise weil
diese ganz einfach "leichter" abzusaugen ist, das Kind damit als "trinkfaul" klassifiziert wird. Mit der Konzeption
der extremen Variabilität von Bedeutungs-Beziehungsstiftun-
gen wird einerseits ein fundamental-aprioristischer, kommunikativer Akt angesprochen, andererseits wird möglichen
Spekulationen, weshalb hier die Brust "abgelehnt" wird,
dort angenommen - im Sinne einer kausalistischen Verabsolutierung dieser Hypothesen -, im Vorhinein vorgebeugt. Alle
aufgeführten Gründe und noch viele mehr könnten zutreffen,
damit keiner von diesen spezifisch, da der kommunikativ-
vorgegebene Austausch Mutter/Kind ein permanent sich verändernder, sich relativierender ist, der intersubjektiv den
Säugling und seine "Gründe zur Ablehnung der Mutterbrust"
ebenso umfaßt wie die mögliche Ablehnung des Kindes durch
die Mutter. Die Bedeutungs-Beziehungsstiftung ist ein stets
gegenseitiges, nie einseitig, damit kausalistisch festzule-
gendes Ereignis. Die urteilende Feststellung,"die Beziehungs-

Bedeutung Mutterbrust/Kind scheiterte",bezieht sich auf den
beobachteten, vermittels der Wahrnehmung dargebotenen Prozeß, der apriori-kommunikativ zweiseitig ist, dreiseitig jedoch, wenn die dispositionelle Leibbezogenheit als weiteres
Imponderabil mit einbezogen wird (s.o.).

Damit muß sich der Therapeut und Forscher einstweilen zu-
friedengeben. Die möglichen Gründe - "Ursachen" - für eine
Ablehnung der Mutterbrust liegen im Bereich des Wahrschein-
lich-Möglichen und sind indeterminierbare, was aber nicht
ausschließt, daß sie entsprechend als Möglichkeiten in der
Arzt/Patient-Beziehung erörtert werden können, um damit im
Verlaufe einer solchen Erörterung den Horizont der Möglichkeiten einer Mutter/Kind-Beziehung abzuschreiten, zu erkunden, Erlebnisse und Erinnerungen anklingen zu lassen und
"durchzuarbeiten".

In diesem "Abschreiten" von Einfall zu Einfall, von Erinnerung zu Erlebnis, wandelt sich wiederum die Bedeutung der
Mutter, wie auch die Beziehung zu dieser. Die von Freud
schon an der Ätiologie der Hysterie wahrgenommene "Überdeterminierung" des Symptoms visiert im Grunde genommen
diesen Sachverhalt an, obwohl ihn das Ausschlaggebende der
die kausalistische Erklärung unmöglich machenden Intersubjektivität erst fundiert. Jedoch entfällt die monokausale
Ableitung bereits in der Überdeterminierung vieler Faktoren,
alle "Ursachen" sind gleichermaßen und gleichberechtigt an
einem sog. Symptom oder Charakterzug beteiligt. Es gibt keine ausschließliche "Ursache" für die Ablehnung der Mutterbrust, wie es mechanische Ursachen bei Stoß und Impuls in
einem raum-zeitlichen Kontinuum gibt, schon - dies sei an
die Anschrift des"Newtonismus" in der Konzeption Freuds gerichtet - in der Elektrodynamik, in der Feldphysik werden
Oszillatoren, Wellen, Schwingungen, Kräfte angetroffen, die
bedauerlicherweise Freud nicht als verbindliche Modelle
wählte. Wieviel gerechter wäre Freud der Intersubjektivität
geworden, wenn er von "Schwingungen", "Mitschwingen", "Über-
lagerungen", "Interferenzen", "Brechungen" in bezug auf mit-

menschlichen Umgang gesprochen hätte, die als Modelle den
sich in jedem Fall entziehenden "psychischen Gegebenheiten"
eher anbieten als eine mißverstandene Quantenmechanik im
Sinne von "Libidobesetzung" oder "Libidoentzug".

Der Säugling "schwang" nicht mit der Mutter im Einklang,
wäre eine Metapher, die mangelnde Beziehungssetzung - die
Mutterbrust betreffend - aber nicht die Mutter als Person
zu kennzeichnen. Säugling und Mutter "überlappten" sich
nicht, es kam zu "Brechungen".

Die Ausführungen seien zusammengefaßt: Jede menschliche Beziehung - und mit diesen hat es der Therapeut zu tun - ereignet sich in einem vorgegebenen Feld wechselseitig sich
permanent relativierender, situativ und gemäß den inneren
Gestimmtheiten sich verändernder Beziehungs-Bedeutungen.
Der Therapeut kann den Mangel oder das Vorhandensein von
Beziehungen und Bedeutungen feststellen. Bei weiterer "kau-
saler" Befragung muß er sich jedoch darüber klar sein, daß
er aus einer indeterministischen Fülle von Möglichkeiten
eine oder einige kausalistisch "herauskonstruiert" und sie
zu einer ätiologischen, d.h, krankmachenden Ursache, seinem
Konzept entsprechend, "aufzäumt". Wird die eine oder andere Möglichkeit eines wie auch immer sich darstellenden Erlebnisses vom Patienten aufgeworfen, so kann der Therapeut
ebenso die eine oder andere Möglichkeit der Auslegung "in
den Raum stellen". Es ereignet sich dann die kommunikative,
therapeutisch zu erstrebende, intersubjektive Veränderung
beider Partner. Die Evidenz, der Wahrheitscharakter eines
Erlebnisses: "dies ist so... und so... gewesen", ist zweifellos, aber nur in dem Augenblick der Aussage verbindlich,
und der Therapeut sollte möglichst nicht - seiner Voraus-
Kenntnis entsprechend - den Patienten auf ein erneutes Hinterfragen dieses Erlebnisses hinweisen, da die Hinterfragung und die Relativierung der gewonnenen Evidenz sich von
selbst im Laufe des therapeutischen Prozesses ergibt. Der
in dieser Weise gekennzeichnete Vorgang ist Hermeneutik:
Psychotherapie, wechselseitige Auslegung, In-den-Raum-Stel-

len von Möglichkeiten, Evidenzerlebnisse (Bewältigung!), spätere Relativierung derselben, erneutes Bewältigen und Finden der eigenen Identität in Widerspruch zu aber auch in
Übereinstimmung mit den sich darbietenden Beziehungs-Bedeutungen der Gegenwart nicht weniger als der Vergangenheit,
ihrer Entwürfe nicht zuletzt in die Zukunft. Daraus folgt,
daß der Therapeut, sollte er einer bestimmten Denkkonzep-
tion oder Schule verpflichtet sein, diese jederzeit weitgehendst fallen und von den Patienten sich belehren lassen
kann: hier beginnt die partnerschaftliche Beziehung.

Kausale "Erklärungen" sind Konstrukte des objektivierenden
ego cogito, die aus dem nicht auflösbaren In-Einander intersubjektiver Vorgänge den einen oder anderen aus systemimmanenten Gründen bevorzugen und als ausschlaggebend-verbind-
lich für diese oder jene Erscheinung hinstellen. Damit wird
aber stets grundsätzlich die Einheit des intersubjektiven
In-Einanders verfälscht: zugunsten eben einer kausalen "Erklärung", die bestenfalls dem Patienten eine Orientierungshilfe vermittelt. Er "weiß" jetzt, dieses eine Symptom, eine "Fehlhaltung" kommt von jenem, z.B. eine "narzißtische
Struktur" von einer Störung der Mutter-Kind-Beziehung, aber
mehr auch nicht - und helfen, d.h. zu Veränderung führen,
können intellektuelle Hypothesen dieser Art nicht. Sie können jedoch zu Veränderung Anlaß geben, wenn das Arzt/Pa-
tient-Verhältnis kommunikativ anregend ist, oder entwickelt
der Patient eine sog. "positive Übertragung", dann ist ihm
jede auch kausalistische Deutung zuzumuten, sie wird ihre
verändernde Wirkung nicht verfehlen. Damit wird das soeben
Gesagte in keiner Weise aufgehoben, vielmehr erfährt die
Bedeutung der Intersubjektivität eine weitere Vertiefung,
innerhalb dieser auch kausalistische Erklärungen, mögen sie
von der "Sache" her noch so falsch sein und dem Indeterminismus widersprechen, dennoch "wirken", erfolgen sie zur
"richtigen Zeit", d.h. in der Verfassung einer positiven
Vertrauens-Zuwendung des Patienten zum Therapeuten. Nicht
"was" interpretiert wird ist entscheidend für das Gelingen

einer Behandlung, sondern das "Wie" des intersubjektiven
Prozesses, das zu Deutungen führt.

Die interpretiert-kausalistische Erklärung nach dem Modus:
das kommt von jenem... ist, so sei noch einmal im Hinblick
auf den Relativismus und das Mögliche der Intersubjektivität betont und zusammengefaßt, als "objektive" immer falsch
(sog. "wissenschaftliche Aussage"). Sie wirkt aber in einem
kommunikativen Prozeß "heilend" oder kommunikationsfördernd,
wie jede andere Interpretation einer anderen Schule den
gleichen Erfolg haben kann und auch zweifellos hat, da sie
Orientierung vermittelt. Damit "wirkt" das Kausalitätsprin-
zip zwecks Verstehens einzelner wie auch größerer Zusammenhänge in einer Lebensgeschichte - z.B. der Atmosphäre in
einem Lebensraum - nur auf dem Hintergrund einer positiv-
emotionalen Zuwendung "aufhellend" oder "heilend", aber
nicht an und für sich, d.h. außerhalb eines emotional-kom-
munikativen Zusammenhangs ist es nicht unverbindlich-unspe-
zifisch, "objektiv", sondern als theoretisches Prinzip
falsch. Seine Wirkung in einem emotionalen Kontext beweist
ebenfalls seine Relativität, denn jede andere kausalistische Interpretation in einem kommunikativen Kontext vermag
analoge Wirkungen zu erzeugen. Mit der Relativität seiner
Aussagen, die in einem ebenso relativen System der Auslegung menschlichen Daseins entstanden sind, ist der Anspruch
der Richtigkeit des kausalen Prinzips erloschen.

Wie jedoch eine - bei entsprechend "positiver Übertragung" -
Interpretation wirkt, sei an einem Beispiel von Greenson
gezeigt, das entsprechend der hier vorgetragenen Konzeption
für eine systemimmanente Suggestion gehalten wird, die eben
unter Ausnutzung der positiven Zuwendung des Patienten ihm
eine kausale Erklärung zumutet, die in ihrer Kombination von
vorhandener Zuwendung und Orientierungsvermittlung "wirkt":
"Ein Beispiel: Ich habe Professor X. schon erwähnt, der an
einer Form von Lampenfieber leidet. Das Alltagsvokabular
dieses Mannes war gewöhnlich auf einem hohen Bildungs- und
Kulturniveau. In einer bestimmten Stunde zeigten mir seine
Traumassoziationen, daß er mit Gefühlen der Demütigung

kämpfte, die ihn gequält hatten, als er ein Junge von vier
bis sieben Jahren war. In der Analysestunde drehten sich
seine Gedanken hauptsächlich um ein Gefühl der Scham und
Verlegenheit, die er empfunden hatte, als er bei einer Party vor kurzem vorgestellt wurde, als er eine kurze Ansprache halten sollte und als seine Frau ihn ansah, als er
nackt im Badezimmer stand. Ich wollte ihm eine spezifische
Art von Scham bewußtmachen, die ihn in allen drei Situationen überfallen hatte. Ich sagte zu ihm: "Als Sie bei der
Party vorgestellt wurden, als Sie die Rede hielten und als
Sie nackt vor Ihrer Frau im Badezimmer standen, waren Sie
nicht mehr Professor X., nicht einmal John X., sondern Sie
wurden ein Pischer." Ich gebrauchte das jiddische Wort, das
seine Mutter gewohnheitsmäßig verwendet hatte, wenn sie ihre Verachtung zum Ausdruck brachte, weil er als kleiner
Junge die Hosen naßgemacht hatte.
Diese Einsicht traf ins Schwarze; er war zunächst etwas be-
stürzt, erinnerte sich dann lebhaft an mehrere Fälle, in denen man ihm das Gefühl gegeben hatte, er sei ein Pischer.
Das war keine intellektuelle Übung oder oberflächliche Ge-
fügigkeit. Der Patient erlebte noch einmal die schreckliche
Beschämung, ein Pischer zu sein, ebenso seine Wut auf seine
Mutter, weil sie ihm diese Demütigung antat. In jener Stunde empfand der Patient mir gegenüber keinerlei Feindseligkeit, zum Teil auf Grund der Tatsache, daß mein Stimmklang,
als ich die Deutung machte, besonders sanft war. Dieser war
so, weil ich spürte, daß das Wort Pischer für ihn äußerst
schmerzlich war. In späteren Stunden, wenn er sich an meine
Deutung erinnerte, löschte er meinen vorsichtigen Tonfall
aus und wurde wütend auf mich." (Greenson, R.R.: Technik
und Praxis der Psychoanalyse, Bd. 1, Stuttgart 1973, S. 394)

Diesen - für die vorliegende Konzeption - entscheidenden Zusammenhang aufzuweisen, sei noch ein weiteres Beispiel aus
der Alltäglichkeit tiefenpsychologischer Aussagen genommen:
Der "schwache" oder "autoritäre" Vater, die "dominierende"
oder "unterwürfige" Mutter, die "gewährende" oder "strenge"
Erziehung sollen entsprechende Verhaltensäußerungen prägen.
Ein ängstlich gehemmtes, unterwürfiges, unselbständiges Verhalten eines Patienten wird "ursächlich" auf den autoritären
Vater zurückgeführt, ein Frauen vermeidendes, latent homo-
erotisches Verhalten auf eine dominierende Mutter usf.. Nicht
nur sei erinnert, daß in der psychoanalytischen Literatur
ebenso zahlreiche Fälle ängstlich-unterwürfigen Verhaltens
auf einen "schwachen" Vater oder Homophilie auf eine "schwache", "unterwürfige", "angepaßte" Mutter, mit der sich der
Patient "natürlich" identifizierte, zurückgeführt werden,

damit aber bereits die Kausalität, die methodenkritisch
stets nur ein und dieselbe bei einer bestimmten Erscheinung sein darf, aufgehoben. Sondern darüber hinaus wird
auf Grund der heute bereits zum Alltagsjargon gewordenen
Ausführungen bestenfalls nichts anderes sichtbar, als daß
ein Vater "autoritär", eine Mutter "dominierend" erlebt wurde, wenn der Patient Erfahrungen aus jenem Bereich wiederholt darstellte, und es nicht nur eine Aussage-Annahme eo
ipso des Therapeuten zum Zwecke einer plausiblen Falldar-
stellung ist. Der kausale Zusammenhang jedoch z.B. einer
möglichen Homophilie, von den ausgeführten prinzipiellen
Einwänden abgesehen, ist absolut hypothetisch, weitgehendst
- aus Prinzip - unbeweisbar und vor allem weitgehendst un-
vermittelt. Es sei nur an Freuds Deutungen der Homosexualität erinnert, die erheblichen Wandlungen unterlagen.

Sollte das Erleben der Eltern zu jenen Verhaltensstörungen
im Sinne eines kausalen Zusammenhanges geführt haben, impliziert es ferner die Existenz einer raum-zeitlichen Kontinuität, indem - analog zur klassischen Physik - eine Ursache
eine bestimmte Wirkung in einer zu messenden Zeit hat. Dieses Kontinuum gibt es jedoch weder im physisch-materiellen
Sinne noch im psychisch-leibhaften, in dem das "Gesetz" oder
die "Seinsordnung" permanenter Fluktuation und Veränderung
waltet. Die leibhaft-psychische "Ordnung" ist - nicht anders
als die physikalische - "diskret", nicht kontinuierlich. Die
änstliche Gehemmtheit oder die Unterwürfigkeit des Patienten,
von diesem selber in der Therapie auf den "schwachen" Vater
oder u.U. auf die "dominierende" Mutter "kausal" bezogen, indem er z.B. beschreibt, daß er vor diesen sich gefürchtet
habe, sich jetzt vor seinen Mitmenschen fürchte, insbesondere vor seinem Vorgesetzten usf., stellt nur die erlebte Be-
ziehungs-Bedeutung: Vater/Mutter/Patient aus der Sicht des
letzteren "kausalistisch" dar. Er fragt nach dem Grund -
hier sowohl im Sinne von causa efficiens als auch von
"Schuld" gemeint - und beantwortet die Frage aus dem hier
nicht weiter zu verfolgenden Hang des ego cogito, einem an-

thropologischen Grundzug des Menschen, nach dem Warum zu
fragen. Er findet einen Grund: das Verhalten seiner Eltern,
eines Onkels, eines Großvaters usf., damit eine Erklärung
und gibt sich "zufrieden": die Anderen sind schuld! Aber
aus der Konzeption der Intersubjektivität sind ängstliches
Verhalten hier, autoritäres dort - wobei sowohl "autoritäres", "dominierendes", "schwaches" usf. Verhalten Jargon-
ausdrücke psychoanalytischer Krankengeschichten sind, die
ihrer Hinterfragung bedürfen - in einer vorgegebenen
(aprioristisch-unauflösbaren) Weise miteinander verschränkt:
der Autoritäre ist selber ängstlich, der Ängstliche autoritär, antinomisch kann eines das andere bedingen, dem Wesen
der Kommunikation entsprechend. Der Autoritäre konstelliert
einen ebenso autoritären wie ängstlichen Umraum in seinen
Beziehungs-Bedeutungen. Das eine - die Angst - ist ebenso
Folge des Autoritären, wie das Autoritäre die Folge von
Angst ist - wobei jetzt die mögliche leibhaft-dispositionel-
le Ausgangslage gemäß dem dreifachen Entwurf des Menschen
nicht einmal berücksichtigt wurde.

Es gibt hier keine primäre Ursache, sondern nur intersubjektiv einander bedingendes, miteinander verschränktes Geschehen, das sowohl die Einzelperson und ihr "Innen" als auch
den Anderen betrifft. Ein "autoritärer" Vater wird - dies
ist durchaus auch von der Psychoanalyse beobachtet worden -
von seiner Umgebung ebenso zu diesem "gemacht", wie er seine entsprechende Umgebung erzeugt. Die Verantwortung des
Patienten - die nicht früh genug anzusetzen ist, auch in
seiner Lebensgeschichte - ist im kommunikativen Prozeß Antwort auf die Angst-autoritäre Haltung des jeweiligen Elternteils. Relevant ist therapeutisch in erster Linie die Frage,
warum der Patient nicht anders auf diese Verhalten geantwor-
tet hat, da er meistens unter zahlreichen anderen Verhaltensmöglichkeiten, die ihm zur Nachahmung zur Verfügung standen,
hätte auswählen können.

Alle psychoanalytischen Systeme sehen darüber hinaus den
Menschen - insbesondere in seiner Kindheit - als primär pas-

siv geprägtes Objekt an, ob durch die unausweichliche In-
zestproblematik, ob "archetypisch" oder "gehemmt". Im entscheidenden Unterschied zu dieser Auffassung wird hier von
Anfang an auch das Kind als bereits in gewissem Grade eigen-
verantwortlich in seinen möglichen Antworten und damit der
wiederum seiner "Provokation" entsprechenden Mitteilungen
und Antworten seiner Umgebung angesehen. Es dürfte zu dem
Ziel der Therapie gehören, das Fragen bezüglich des Versagens in der eigenen Verantwortung, auch in der Vergangenheit - die einen erheblichen Einfluß auf die Genese der gestörten Befindlichkeit gehabt haben dürfte -, zu erwecken.

Wie aber sind die "kausalen" Erklärungen des Patienten zu
verstehen? Die "kausale" Erklärung des Patienten ist grundsätzlich nie anders zu bewerten, als einen Beziehungs-Be-
deutungs-Zusammenhang zu Beginn der Therapie, im Stadium
des Erkundens (s.u.) herzustellen, indem der Patient sich
als passives Objekt sieht, von einer Ursache ("Vater") "geprägt" ("gehemmt"). Er sieht weder die Möglichkeit leibhaft-
dispositioneller Bedingungen noch sich als kreativ anders
Verhalten-Könnender, der nicht ängstlich, nicht autoritär
antwortet - sondern z.B. gewaltsam. In der kausalistischen
Erklärung des intersubjektiven Prozesses zugunsten einerseits einer mangelnden Eigenverantwortlichkeit (Kreativität, Subjektheit), andererseits im Sinne jedoch der ersten
erkundenden Abklärung einer Beziehung, wird aber diese als
antinomisch-intersubjektiver Prozeß verfälscht. Das Ursache-
Wirkung konstituierende, denkende Ich - ego cogito - entwirft eine kausale Beziehung, um mit dieser jedoch auch
praktisch-technologisch umgehen zu können. Die Beziehung
ist aber nicht real, sondern fiktiv und es ist die Aufgabe
des Therapeuten, diese Fiktion in der Intersubjektivität
aufzulösen, die Eigenverantwortung (Kreativität) des Patienten herauszuarbeiten und ihren Mangel nicht etwa noch
kausalistisch zu unterstützen, d.h. er sollte die Antinomien der Kommunikation, die Kreativität und Subjektheit
seiner Patienten fördern und stützen, ihre Defizienz befragen und gemeinsam erarbeiten.

Zu jenem immer wieder zu betonenden, intersubjektiv vorgegebenen Beziehungs- und Bedeutungsgeflecht- oder -feld -,
in dem sich der Mensch von frühester Kindheit an bewegt,
aufhält und vergeht, kommt stets die Therapeuten/Patien-
ten-Beziehung hinzu. Noch einmal sei erinnert: Aus der
Sicht eines anderen Therapeuten wie auch in der damit gegebenen anderen Patient/Therapeuten-Beziehung hätte sich
die Beziehung des Patienten zu seinen Eltern möglicherweise anders dargestellt: bei einem Jungianer anders als bei
einem Freudianer oder wiederum anders als bei einem Neoanalytiker. Von "Ängstlichkeit" oder "Gehemmtheit" wäre möglicherweise bei dem letzteren, nicht aber bei dem Jungianer
oder Freudianer die Rede gewesen. Es sei hiermit die Thematik "Kausalität" - und damit auch ergänzend die der Ätiologie - abgeschlossen.

Zu d) (Psychodynamik) sei abschließend noch folgendes gesagt:

Das mit der Kausalität engstens verknüpfte Problem der sog.
"Psychodynamik" kann aus der Sicht der vorliegenden Konzeption nie "hydraulisch" gesehen werden, indem z.B. ein
"peinlicher" oder "unlustbetonter Affekt" unterdrückt und
verdrängt, im sog. Unbewußten dann dissoziiert und an andere, weniger peinliche Vorstellungen (Phobie des kleinen
Hans, Verschiebung der Angst von dem Vater auf das Pferd
usf.) angeknüpft wird. Diese "Dynamik" des sog. "Inner-psy-
chischen", stets intersubjektiv auf andere Bedeutungen bezogen, wird primär als permanente Veränderung, Fluktuation,
Kommen und Gehen, Entstehen und Vergehen, Auftauchen und
Verschwinden erlebt, wobei das wache, aufmerkende Bewußtsein das Erlebte perspektivisch ordnet, um es aber sofort
wieder "aus dem Griff" (Be-Griff!) zu verlieren, der Inhalt
verliert sich wiederum im Aperspektivischen. Dies ist die
eigentlich beobachtbare und im Erleben ständig präsente
"Dynamik" des Psychischen, der Erlebnisstrom im umfassenden Sinne.

Die Reduzierung der Psychodynamik auf physikalische Modelle,
verbunden mit einer entsprechend sprachlichen Verödung,
wird im Gegensatz dazu hier als ein ständiges Erzeugen und
Vergehen von Inhalten gesehen, deren "Regulation" keines-
falls dem Lust/Unlust-Prinzip folgt, sondern als ein irra-
tional-unauslotbarer Vorgang, seelisches Geschehen wesen-
haft-ontologisch kreativ, entwerfend, gestaltend, aber
ebenso wieder verwerfend und entstaltend gesehen wird (s.
o. c)). Daß diese Vorgänge sich zu einem gewissen Grad in
Strukturierungen - Strukturen und Modi - jedoch zeigen, wurde oben ausgeführt: Strukturen entstehen und vergehen durch
Kommunikation. Sie sind aber - je nach ihrer intersubjektiven Bedeutung - konfliktbezogen-antinomisch und damit weitere, entscheidende Bedingungen der "Psychodynamik".

Psychodynamik ist ferner Zeitigung im Sinne des fortwähren-
den Entstehens und Vergehens, Erzeugens und Vernichtens von
Bildern, Gedanken, Erinnerungen - stets primär bildbezogen -
und ist entsprechend deskriptiv darzustellen.

Stellt sich damit der eine "antihydraulische" Aspekt innerseelischer Prozesse dar, so ist der andere der, daß zweifellos - wie auch immer zu interpretieren - seelische Vorgänge
in ihren wesenseigentümlichen "Strukturen" sich gegenseitig
ausschließen, "nichten", "verdrängen" oder verstärken, steigern, anregen, integrieren. Ein begrifflicher Prozeß - die
Lösung einer mathematischen Aufgabe, die Ersinnung eines
logischen Gedankengebildes - richtet sich gegen jede Art
von Emotionalität, schließt diese z.B. weitgehend aus. Andererseits gibt es "Mischformen" des Gefühl-Denkens, in der
ein Gedanke an ... ein bestimmtes Gefühl erweckt, ein Gefühl von ... einen Gedanken an ... anregt, was auch von Gestimmtheiten und Willensimpulsen ausgeführt werden kann und
ebenso von noetischen (begrifflichen) Prozessen jeder Art.
In der gedrückt-depressiven Stimmung ist das Denken schwer
zu vollziehen, in der euphorisch-manischen bietet es sich
an, um möglicherweise zu "zerflattern". Willensimpulse,
Handlungsentwürfe sind zielgerichtet, sie unterdrücken ei-

nerseits Emotionales, wie andererseits Emotionales - Leidenschaft - Anlaß zu Handlungsabläufen zu werden vermag,
der Akt der Handlung von stärkster Emotionalität begleitet
sein kann,aber auch in sachlicher Distanzierung und Kühle
sich vollzieht: Voraussetzung jedes ökonomisch-leistungsbe-
zogenen, technischen Entwurfs und Vollzugs. Eine Orientierung z.B. im Sinne einer ethisch-weltanschaulich-ideologi-
schen Ausrichtung, wird sie befolgt, beschränkt, "verdrängt", nichtet und "entzeugt" bestimmte Gefühle oder Emotionen, andere wiederum stimuliert und erfüllt sie. Man
führe - dazu bieten sich zahlreiche Gelegenheiten an und
ebenso an diesen Gelegenheiten interessierte Wissenschaftler - eine Befragung durch, was dem einen oder dem anderen
zu dem Stichwort z.B. "Marxismus" oder "Katholizismus" ein-
fällt! - Eine weltanschauliche Orientierung kann hier eine
"christliche" Zuwendung aus Überzeugung forcieren, dort ein
Erleben der Macht und Bemächtigung fördern, hier einen Gel-
tungsanspruch aufgrund einer politischen Überzeugung durchsetzen, dort die emotionale Zuwendung zu einer Gruppe steigern oder unterbinden. Das Festhalten ferner an einer bestimmten Ordnung, sei es im Tagesrhythmus, in der Arbeit,
in der Beziehung zum Mitmenschen, wendet sich hier nicht
weniger gegen anteilnehmend-kommunikative Bedürfnisse (emo-
tiver Art), befriedigt dort das nach Sicherheit, Abgrenzung,
Abschließung. Die wesensbedingte "Multipolarisierung" jeder
im Verlauf einer Auslegung innerseelischer, durch Selbsterleben zu konstatierender "Strukturen" macht eine substantiell hypostasierte Instanzentheorie von Über-Ich, Ich und
Es unmöglich.Das Wesen der innerpsychischen "Psychodynamik"
läßt "feste" (substantiell gedachte) Strukturen grundsätzlich nicht zu.

Die soeben aufgewiesenen Antagonismen etwa zwischen noetischen Prozessen und emotionalen hier, zwischen einer Orientierung und der Beziehung zum Leib dort, müssen jedoch keineswegs antagonistisch negativ ("unlustbetont") erlebt werden, sondern durchaus sind für entgegengesetzte Bereiche

positiv-polare Erlebnismöglichkeiten gegeben. Ein dem sog.
Über-Ich zuzusprechendes "Machtstreben" (u.U. "sadistische
Impulse") verträgt sich selbst mit einem entsprechenden se-
xuell-erotisch betonten Lusterleben, um damit wiederum die
Vieldeutigkeit psychischer Prozesse und die Notwendigkeit
ihrer permanenten Relativierung, auch bei sich abzeichnender Profilierung von Antagonismen, Polaritäten, Strukturen
im Blick zu behalten.

Wurde oben in der vorliegenden Konzeption der Orientierungs-
und Ordnungsbezug des Menschen, sein Verhältnis zur Leistung,
zum Leib, zu Zeit und zum Raum als ontologisch fundierter
Grundstrukturen des menschlichen Sich-Entwerfens dargelegt,
so geschieht das stets und grundsätzlich im Hinblick eben
auf die "Multipolarisierung" dieser sog. Strukturen, die
sowohl das eine bewirken - z.B. die Unterdrückung eines Ag-
gressionsimpulses infolge einer bestimmten Orientierung -,
die aber andererseits wiederum verschränkt ist mit der Erfüllung und Steigerung eines antinomischen Erlebens. Daß es
z.B. einen innerseelisch-strukturalen Antagonismus zwischen
Denken und Wollen hier, Fühlen und Erleben dort gibt, dieser erlebt wird, aber gleichzeitig sich selbst durch seine
"Auch-Erfüllung" anderer emotionaler Tendenzen multipolari-
siert und relativiert, sich ferner auch synergistisch erweitert, muß immer wieder betont werden.

Nichtsdestoweniger wird der Begriff der Psychodynamik aus
der anthropologisch-integrativen Sicht umfassend als permanent in Konflikt befindlicher wie auch in Konflikt treten-
könnender Strukturen und Modi (s.u.) definiert. Psychodyna-
misch ist der Mensch generell, d.h. aus Widersprüchen, "Gegensätzen", entworfen, von denen diese überwiegen, jene ver-
schüttet sind, Kompensationen und Dekompensationen als fundamentale Begriffe für Krankheit und "Gesundheit" nur aus
dieser Definition von Psychodynamik zu verstehen sind. Von
dieser antinomischen Strukturierung des Menschen abgesehen,
seien noch weitere Antinomien in das Auge gefaßt: Der Mensch
ist und erlebt sich z.B. gleichzeitig als Einheit ("Selbst")

wie auch als Vielfalt, als undifferenziert, z.B. in der Müdigkeit oder in einem Affekt, als differenziert in einem
komplexen kommunikativen Akt. Er erlebt sich kreativ - im
Traum -, aber auch stereotyp in alltäglichen Handlungen, als
sich erneuernd, aber auch verfallend, als vielfältig gebrochen sich selbst gegenüber, einheitlich der Umwelt ge-
gegenüber z.B. in einer Rolle, die Fülle der Antinomien
scheint unerschöpflich. Je weniger antinomisch jedoch der
Mensch sich entwirft, umso geringer ist seine Kompensa-
tions- und Ausgleichsmöglichkeit, umso gefährdeter ist er.
Labilität impliziert antinomisch Stabilität - je "stabiler"
eine Person gefügt ist, umso rascher wird sie in schwer zu
restituierende Labilität verfallen. Dies sei vorwegnehmend
schon für den hier vertretenen Krankheitsbegriff gesagt:
Krankheit ist Unvermögen, sich in seinen Antinomien zu bewegen.

Der soeben dargelegten Konzeption psychodynamischen Geschehens sei als letzter Grundthese der anthropologisch-integrativen Psychotherapie noch die "monadische Strukturierung"
des seelischen Erlebens hinzugefügt.

Zu e) (Monadische Strukturierung)
Dieser - ebenfalls andernorts ausführlich belegte - Zusammenhang besagt nichts anderes, als daß jedes seelische Erleben, jede psychische Zustandsänderung, jedes Gefühl, ob
"Hunger", "Haß", "Liebe", "Abneigung", "Geschmack" usf., in
seiner jeweiligen einmaligen Qualität als diese nicht zu
vermitteln sind. Der Hunger, den X.Y. erlebt, ist nur sein
einmaliger und ganz persönlicher Hunger, den er auch - der
Veränderbarkeit alles Seelischen entsprechend - jedesmal
anders "gestimmt" erlebt. Er kann diesen Hunger artikulieren, zur Schau stellen, Abhilfe schaffen - aber es wird nie
einer anderen Person möglich sein, den Hunger des X.Y. so
mitzuerleben, wie ihn X.Y. erlebt. Die andere Person kann
zwar aufgrund eigener Hungererfahrungen und Erlebnisse den
Hunger des anderen "nachvollziehen", "nachfühlen", aber
dieses Nachvollziehen und Nachfühlen, bei aller sich mit

X.Y. "identifizierenden" Sympathie, ist nie der gleiche
Hunger des X.Y.

Daß alle Menschen die gleichen Gefühle, Regungen, Triebe
usf. haben sollen, "mein Hunger" oder "meine Liebe" gleich
sei mit der des Herrn X.Y. oder V.Z., ist eine nicht zu be-
weisende Hypothese, die schon aus Gründen der konstitutio-
nell-leibhaften wie der unendlichen Variabilität der Umwelt-
einflüsse auf eine Person nicht zu beweisen ist, d.h. an der
individuellen, unendlichen Unterschiedlichkeit eines jeden
scheitert. Alle Theorien der "Einfühlung" oder "Sympathie",
des therapeutisch einfühlenden Verstehens,beruhen auf der
Erfahrung der Ähnlichkeit des Erlebens, aber ein "gleiches"
Erleben ist nicht möglich. Diese "monadische" Struktur der
Person, ihres Erlebnisbereiches,setzt jeder Therapie und
aller therapeutischen Bemühung eine fundamentale Grenze:
Ich kann mich in den Patienten "einfühlen", ich kann "intuitiv" ihm seine Probleme anmerken, mich anmuten lassen
und nachvollziehen, aber mein Erleben im Nachvollzug des
seinen ist immer nur mein Erleben, durch meine Biographie
vielfach geprägtes und verwandeltes. Das Nachvollziehen
folgt der Ähnlichkeit der verbal oder präverbal vermittelten Erfahrung und stellt nichts anderes als eine Ausdehnung
meiner "Subjektsphäre" über den Anderen dar. Die Grenze des
therapeutischen Umgangs wird durch das nicht ausbleibende
Mißverständnis bedingt - zu dem der "intuitiv-eidetisch"
tendierende Therapeut neigt -, daß der Psychotherapeut das
"selbe" zu fühlen glaubt wie sein Patient. Die Täuschung
der Identitätssuche - Identität, die es mit dem Anderen
nicht gibt - wird in dem Augenblick offenkundig, in dem der
Patient erkennen muß, daß er, nur er seine jeweiligen Gefühle und Empfindungen hat, die außer ihm kein anderer in dieser spezifischen Weise zu erleben vermag.

Dieser in der Behandlung sich herauskristallisierende Augenblick ist nicht nur mit erheblicher Leiderfahrung von seiten des Patienten im allgemeinen verbunden, er stellt jedoch
in der hier vorgelegten Konzeption einen wesentlichen Durch-

bruch zu der "Selbstverwirklichung" oder Realisierung der
Monadizität der eigenen Existenz dar. Die Monadizität ist
die Grenze der eigenen Existenz, die letztlich die nicht zu
kompensierende Einsamkeit des Erlebens jedes Menschen beinhaltet - über das manche Therapie, insbesondere auch die
Gruppenveranstaltungen, illusorisch hinwegzutäuschen vermag.

4. Der Krankheitsbegriff der anthropologisch-integrativen Psychotherapie und die Ätiologie von Dekompensationen

Aus der dreifachen Bedeutung des Konfliktes in der hier vorgetragenen Konzeption und seiner Möglichkeit, ihn zu kompensieren, liegt der Schluß nahe, daß Krankheiten ganz allgemein:
a) chronisch und langsam sich anbahnende Mißverhältnisse
(Dekompensationen) nicht bewältigter Konflikte darstellen,
die zur akuten Dekompensation führen oder sich, je nach
Kompensationsmöglichkeit, lebenslänglich chronisch erhalten
können (stereotype Konfliktwiederholung ohne Entwicklung);
b) Krankheiten Exazerbationen eines akuten oder chronischen
Konfliktes verkörpern;
c) der Mensch "dreifach gestuft" konfliktbezogen ist, es
den Begriff der Gesundheit - psychisch wie somatisch - nicht
gibt, sondern jedes menschliche Dasein sich als Konflikt
kompensierendes oder bereits dekompensiertes ausweist, in
seiner ganzheitlichen, leib-seelisch-geistigen Einheit, diese "Seinsstufen" von Mangel, Konflikt, Kompensation und Dekompensation nicht zu trennen sind. Der "Gesunde" jedoch kompensiert nicht nur, sondern bewältigt (s.o.) personal, er
kann diese personale Bewältigung auch in einer Dekompensation verwirklichen (z.B. der personaler Zuwendung fähige tu-
berkulös Kranke);
d) die Norm jedoch eines ausgeglichenen Aufeinander-Abge-
stimmt-Seins der einzelnen Strukturen und Modi nur eine ide-

ale Norm darstellt, die als mögliches Maß zu diagnostisch-
therapeutischen Zwecken verwandt werden kann, wie dies auch
im weiteren Verfolg des Lehrbuches auseinandergesetzt wird;
e) Krankheitsverläufe selbst bei irreversibler Somatisierung
große Fluktuationen aufweisen, Spontanremissionen immer wieder und häufig zu beobachten sind, die ebenso intersubjektiv-
personal zu "verstehen" sind wie "intersubjektiv organisch"
(z.B. Stoffwechsel Umwelt-Austausch ist), das Somatische wie
das Psychische wiederum stellvertretend einander kompensieren können.
f) In der Ganzheit - als Ordnung des Antinomischen und dem
dreifachen Entwurf des Menschen entsprechend - vermag ferner
"psychische Gesundheit" leibliche Krankheit ausgleichen
(kompensieren) (z.B. der kommunikationsfähige an Tuberkulo-
se Erkrankte, der sich psychisch "bewältigt"), umgekehrt
leibliche Gesundheit psychische Erkrankung (z.B. der an sog.
Schizophrenie Erkrankte) kompensieren, oder, wie häufigst zu
beobachten, die Person als Ganze in Befindlichkeit und Befund gleichzeitig dekompensieren (s.u.);
g) der umstrittene Begriff der "Neurose" in der anthropologisch-integrativen Psychotherapie entfällt - analog zur amerikanischen Psychiatrie (Gossop, s.u.). Ferner die "Mißge-
burt" des freudianischen Dualismus, die "Konversionshysterie". Der Begriff der "Hysterie" darf bestenfalls in jener
Vereinigung von extremer,aber "oberflächlicher" Affektivität und Emotionalität, bei gleichzeitigem Orientierungsmangel, Mangel im Leistungsbereich und einer "verwahrlosten"
Beziehung zur Leiblichkeit gesehen werden;
h) Krankheit sich letztlich in der Unmöglichkeit darstellt,
antinomisch zu existieren, die einen Antinomien: Stabilität,
Einheit, Undifferenziertheit zu Gunsten der anderen oder umgekehrt überwiegen.

Darüber hinaus muß grundsätzlich die Frage aufgeworfen werden, wieweit die "relative Gesundheit" des einen auf Kosten
seiner Umgebung, des Anderen, geht, andererseits ob der eine
"gesund" wäre, wenn seine Umgebung eine andere ist, oder

wenn der eine "gesund" ist, ob dann seine Umgebung krank
wäre (s.u.). Der häufig geübten Gesellschaftskritik, daß in
einer technisch-ökonomischen Leistungsgesellschaft "Gesundheit" nicht möglich ist, sondern bestenfalls Anpassung,
wird im Prinzip zugestimmt, mit dem allerdings wiederum
entscheidenden Gegensatz zu dieser These, daß eine "gesunde Gesellschaft" anthropologisch nicht möglich ist. (Das weniger leistungsbezogene, aber stark orientierungsbewußte
Mittelalter hatte z.B. nicht weniger Krankheiten als die moderne Leistungsgesellschaft oder als die positiv leib-bezo-
gene Antike.)

Für die hier vorgetragene Konzeption gibt es ferner die Begriffe "primär" oder "sekundär" "psychisch" oder "organisch"
erkrankt nicht mehr, da diese Deutungen stets eine Folge
der angewandten Methode sind. Die Ubiquität des Konflikter-
lebens als "Motor" menschlicher Existenz ist in jeder scheinbar "primär" somatisch erscheinenden Erkrankung als möglicher Auslöser derselben in Betracht zu ziehen, wird dieses
Konfliktgeschehen vom Beobachter primär wahrgenommen, wird
der psychische Zusammenhang nicht beachtet und nur das somatische Geschehen perzipiert, erscheint die Erkrankung "primär" somatisch und umgekehrt. Das gilt insbesondere für die
sog. "Neurosen", die zum größten Teil mit körperlichen Beschwerden, auch funktionellen Befunden einhergehen, umgekehrt
"organische" Erkrankungen über ein vorgegebenes Konfliktgeschehen hinaus - sekundär - psychische Veränderungen aufzeigen. "Diagnose", so darf gesagt werden, ist Folge der jeweiligen Beziehung. Der Mensch ist stets als "Ganzer" krank, es
gibt lediglich einander u.U. ausgleichende (s.u.) Akzentver-
schiebungen, die hier die Befindlichkeit als überwiegend gestört erscheinen lassen, dort den Befund. Antagonismen und
Regulation (Kompensation!) antagonistischer Beziehungen bestimmen darüber hinaus z.B. das organismische Geschehen weitgehendst. Der Begriff des Antagonismus, der Hemmung und Auslösung, wie dieser z.B. auch in der Biochemie verwandt wird,
nicht weniger als der der Regulation des Fließgleichgewichts,

wird analog (aber nicht identisch!) zum Konfliktgeschehen
gesehen, wie auch a.a.O. die Bedeutung der Strukturen und
Modi für das organismische Geschehen eingehend aufgewiesen
wurde. Dysregulation, Aufbrechen der Antagonismen, Dekompensation zeichnen biologisch-biochemische Vorgänge ebenso aus
wie primär "psychisch" erscheinende Störungen, in denen die
Strukturen und Modi nicht mehr oder nur "teilweise" kompensiert werden. Krankheit ist deshalb im Organismisch-Somati-
schen nicht weniger als im Psychischen stets Dekompensation
von ganzheitlich auf die Erhaltung der Gestalt bezogenen
"Regulationsvorgängen", die die antagonistisch-gegensätzli-
chen Funktionen (Strukturen, Modi) ausgleichen. Die inner-
organismischen Vorgänge sind ebenso umweltbezogen wie das
menschliche, erlebende Subjekt stets auf sich und gleichzeitig auf den Anderen bezogen ist. In diesem Bezogen-Sein auf
sich und auf den Anderen oder das andere können die Konfliktmöglichkeiten sowohl zu "psychischen" als auch zu "somatischen" Dekompensationen führen. (Dazu siehe ausführlich: Mitteilung und Antwort, Zwischen Logos und Antilogos d. Verf.)

Krankheitsgeschehen allgemein und damit Anzeichen zunehmend
unterbleibender Konfliktbewältigung stellen sich bekanntlich
und meistens durch eine Vielfalt der Störungen der Befindlichkeit dar, dann auch des "objektiven" Befundes, die vom
"vegetativen Syndrom", Kopfschmerzen, anhaltender Verstimmt-
heit, zunehmender Reizbarkeit, nachlassender Konzentration,
Kreislaufstörungen (hyperkinetisches Herz-Kreislauf-Syndrom),
bis zu Magen-, Darm-, Galle- usf. Beschwerden reichen, von
manifesten Angstzuständen, Phobien, Zwangssymptomen bis zu
Depressionen. Diese Störungen der subjektiven Befindlichkeit sind klinisch häufig erst spät "objektivierbare" (Befund). "Objektivierbar" sind jedoch auch Auffälligkeiten,
die der Kranke selber nicht bemerkt, da er intersubjektiv,
auf Kosten seiner Umgebung, kompensiert ist, die Umgebung
jedoch unter ihm zu dekompensieren droht. Dazu gehören z.B.
nicht nur der "autoritäre", "reizbare", "stimmungslabile"
Chef, der jedoch in dieser Weise sich darstellend und lebend

kein subjektives Krankheitsempfinden hat, wohl aber seine
Umgebung unter sich leiden läßt, als auch die duldend-pas-
sive Mutter, die mit der Tendenz, ihr Leben als Martyrium
für andere zu demonstrieren, sich "subjektiv" wohlfühlt, ihre Umgebung jedoch zunehmend belastet. "Befund" sei deshalb
im Sinne nicht nur einer klinischen "Objektivierung" gemeint,
sondern auch im Sinne dessen, was der Lebensraum - die Bezugspersonen - über den zu sagen hat, der sich selbst nicht
"krank" fühlt, aber andere "krank macht" - wobei jedoch auch
hier die Frage aufgeworfen werden muß: "Wer ist" wirklich
"krank"? Wo ist der "Beginn", wo die "Auslösung"?

Aus diesen Gründen entfällt in der vorliegenden Konzeption
die herkömmliche Einteilung der Krankheiten in Neurosen, Psychosomatosen, Somatosen, Psychosen, insbesondere in ihrer
Relativierung durch den Beobachter und die Methode. Diese
Einteilung bietet sich jedoch insofern wiederum an, als
Krankheitsgeschehen - Dekompensation, stets sowohl psychisch
als auch somatisch gemeint - sich z.B. in der Konzeption des
Adaptationssyndroms durch Selye als einheitliches ("Stress")
wie auch gleichzeitig verschieden akzentuiertes darstellt.
Das Adaptationssyndrom durchläuft drei Phasen: die Alarmphase, die Abwehrphase und die Erschöpfungsphase. Es ist hier
nicht der Ort, auf den Stress-Begriff und seine Problematik
näher einzugehen, jedoch erlauben diese drei Phasen, unterschiedlich akzentuierte Krankheitsbilder zu beobachten, die
hier erst durch Störungen der Befindlichkeit, durch Angst-
und Depressionszustände aber auch Zwangskrankheiten, Nervo-
sität, Psycholabilität mit vegetativ-funktionellen Symptomen
auffallen und die aus dieser Perspektive der Alarmphase zuzuschreiben wären, d.h. die sog. "Neurosen", die aber - je
nach Beobachter - in den meisten Fällen auch funktionell-so-
matische Veränderungen aufweisen, die Psychosomatosen dagegen die Abwehrphase und endlich die organischen Krankheiten
mit infauster Prognose der Erschöpfungsphase zuzuschreiben
sind. Diese Unterscheidung wird jedoch durch den Beobachter
sofort relativiert, insbesondere ihre Ätiologie betreffend.

Die Ätiologie der Mißverhältnisse und Dekompensationen aus
der hier vorgetragenen Sicht, insbesondere ihre sog. "Diagnose", wird im nächsten Abschnitt (Teil III) weiter ausführlich diskutiert werden. Bei der weitgehend unspezifisch
postulierten Ätiologie können dennoch in Dekompensationen
ähnliche Syndrome überwiegen: das Zwangssyndrom, das depressive Syndrom, das Angstsyndrom, das funktionell multiple,
unterschiedliche psychosomatische Symptome darstellende Syndrom, die Drogenabhängigkeit, der Alkoholismus, die Partner-
schaftsstörungen mit Dekompensationen im erotischen Bereich.

Dem Anliegen der anthropologisch-integrativen Psychotherapie entsprechend, werden (s.o. Teil II) die überwiegend be-
einträchtigte, "hypotrophe" und die kompensatorische "hypertrophe" Struktur ebenso wie die hypo- und hypertrophen Modi
als phänomenaler Zusammenhang - jedoch nicht etwa als nosologische Einheit - erfaßt und beschrieben, wobei Ähnlichkeiten in den Zusammenhängen der dekompensierten Struktur/
Modus und der geklagten Beschwerden, des Syndroms sich ergeben können. Die Ätiologie bleibt jedoch aus den oben dargelegten Gründen unspezifisch, d.h. eine "Zwangskrankheit"
oder eine "Depression", eine "Psychosomatose" wie eine Phobie können unter extrem unterschiedlichen wie auch ähnlichen Bedingungen, stets als letztlich nicht voraussagbare,
entweder leibhaft dispositionelle, monadisch-subjektive oder
überwiegend umweltabhängige Antworten entstehen, unter deren
Konfliktbelastung die einen Strukturen und Modi dekompensieren, die anderen diese kompensieren.

1. In dem depressiven Syndrom überwiegt die Störung in der
Struktur der Zeit als gelebte Geschichtlichkeit und Veränderung (Werdensstörung, E.Straus, Minkowski, v.Gebsattel,
Tellenbach) - die meisten von uns gesehenen Kranken erfahren sich z.B. nicht als veränderbar, weder in der Vergangenheit noch in der Zukunft -, verbunden mit einem defizitären
Umgang mit dem Leib, das kaum über das Erkunden desselben
hinausgeht. Die Kompensationen der mangelnden Zeiterfahrung und der defizitären Beziehung zum Leib erfolgen über

Leistung, skrupulös-hypertrophes Verantwortungsbewußtsein, in der Orientierung über Binden/Lösen und Bewältigen nach festgefügten, tradierten Vorstellungen der Konventional- ethik (Ordnung, Orientierung hypertroph), wie sie Tellen- bach auch feststellte.

2. Das Zwangssyndrom zeichnet sich sowohl durch seine Ver- schränkung von Zweifel und Auslieferung an die unfreiwilli- ge, als Zwang erlebte Wiederherstellung von Ordnung gegen die vermeintliche Unordnung (z.B. Schmutz) aus, als auch durch destruktives Verändern einer bestehenden Ordnung im Lebensraum in Zwangsgedanken aggressiver Art (z.B. Tötungs- impulsen). Die Kontinuität der Zeiterfahrung - Zweifel, ob etwas geschehen ist, Kontrollen usf. - ist analog zum de- pressiven Syndrom gestört, vor allem aber die der Ordnung im Lebensraum und seiner Bezugspersonen, die nicht mehr selbstverständlich gelebt, sondern ständig in Frage gestellt und aufgehoben wird, jedoch nicht neu begründet werden kann. Die Kompensationen erfolgen über hypertrophe Orientierung, skrupulöse Pseudoverantwortung und über Leistung, letztere im Zusammenhang der Krankheit zunehmend dekompensiert. Fast sämtliche Strukturen und Modi sind in Mitleidenschaft gezo- gen, das Verhältnis zum Leib ist ebenfalls häufig defizitär, der Kranke sich diesem gegenüber unspezifisch im Erkunden bewegt.

3. Im Angstsyndrom - gleichgültig ob "freie Angst" oder auf Situationen (Raum!) oder den Leib (Herz!) bezogen - ist die Orientierungskrise (Raum!) deutlich, sei es als manifeste Orientierungslosigkeit oder als Versuch, vorhandene Orien- tierungen "über Bord zu werfen" und neue zu finden (Puber- tätskrisen, Krisen der Leibhaftigkeit, auch Menopause). Der zentralen Bedeutung der Angst überhaupt in der Ätiologie der Mißverhältnisse und Dekompensationen entsprechend wird darüber hinaus die Orientierungskrise oder Labilität von Orientierung in zahlreichen anderen Syndromen sichtbar, ins- besondere in den funktionell-subjektiven Störungen des Vege- tativums und seiner Verbindung zu der Befindlichkeit, die

in enger Beziehung zur Angstkrankheit stehen.

Der Angstkranke kompensiert mit veräußerlichten Ordnungs-
und Orientierungsbezügen, die ihm Sicherheit vermitteln sollen: Anlehnung an bestimmte Begleitpersonen, Sicherheit,
daß überall ein Arzt erreichbar ist - Vermeidung der angst-
erzeugenden Situation durch eben räumliche "Umordnung" seines Lebens, ferner durch Leistung (wenn noch möglich) und
leibhaft induziertes Wohlbefinden (Alkohol, Genußmittel).
Die Struktur der Zeit als hauptsächliche noch erhaltene Kom-
pensationsstruktur vermittelt ihm noch Kontinuität des Sich-
Verändernden, Aussicht auf Zukunft bei gleichzeitigem Erleben der totalen, möglichen Vernichtung in der Angst, d.h.
des Todes als "Bevorstand" und der Zeit als extreme Vergäng-
lichkeit. Der Angstkranke wird durch seine Begegnung mit
der möglichen Vernichtung in die Zeitlichkeit und die Vernichtung "geworfen", um damit seine Orientierungskrise auszugleichen.

4. In den Psychosomatosen - ganz allgemein - ist das Verhältnis zum Leib, zur Emotionalität und Befindlichkeit überwiegend gestört, es wird durch starken Leistungsbezug, durch
Ordnung, "normales Zeitbewußtsein" und Orientierung in der
Konventionalethik kompensiert. Die Patienten erschließen
sich nur schwierig, da ihre entsprechenden Möglichkeiten,
kaum erweckt, überwiegend im Erkunden sich bewegen. Binden
und Lösen in überlieferten Normen ersetzen die defizitären
Modi, bewältigt wird vermittels der Leistung.

5. Drogen- und Genußmittelabhängigkeit zeichnet sich nach
den bisherigen Kenntnissen durch Überwiegen der Struktur
der Leiblichkeit, bei mangelnder Kompensation durch Orientierung oder Leistung aus - wobei dieses Überwiegen der
Leibbeziehung sich ebenfalls fast ausschließlich im Modus
des Erkundens bewegt, weder Auseinandersetzung noch Binden/
Lösen oder Bewältigen ausreichend kompensatorisch wirken.
Auch ist das Verhältnis zur Zeitstruktur ähnlich wie bei
dem depressiven Syndrom gestört. Die Drogenabhängigkeit

steht polar zu den Psychosomatosen und deren relative Leib-
feindlichkeit.

5. Die Aperspektive oder das Unbewußte. Vom Umgang mit dem Traum

Das Unbewußte in der Konzeption Freuds weist eine eigentüm-
liche Doppeldeutigkeit auf: Einerseits ist es das Residual
autochthon-irrationaler Wünsche und Ängste, wie z.B. des In-
zestbedürfnisses oder der Kastrationsangst, andererseits jedoch auch die "zweite Intelligenz", die sich, schlauer als
jedes Bewußtsein, z.B. in Fehlleistungen, Symptomen oder
Verhaltensweisen durchzusetzen versteht. Die Zensur - engstens mit dem sog. Über-Ich verbunden - läßt die irrationa-
le Begierde nur zerstückelt und unkenntlich sich darstellen.
Die Kunst des Therapeuten besteht darin, aus den zerstückel-
ten Nachrichten des Unbewußten und Vorbewußten, die eigentliche Botschaft - die stets zielgerichtet ist, damit auch
wiederum rational erscheint, z.B. mit der Mutter geschlecht-
lich verkehren zu wollen - zu rekonstruieren und dem Patienten bewußt zu machen. Dies bezieht sich nicht nur auf den
Traum und seine Auslegung, sondern auch auf zahlreiche andere Handlungen des Patienten, die durchweg als symbolbezo-
gen auf die Sexualität aufgefaßt werden: so z.B. Freud, der
im Bericht über eine Patientin, die mit ihrem Ring spielte,
diesen über den Finger schob und wieder abnahm, dies als
eine sexuelle (onanistische) Phantasie auslegte.

In der Konzeption C.G. Jungs wiederum wird zwischen dem kol-
lektiv-universalen Unbewußten und dessen archetypischem, den
Menschen und sein Handeln bestimmenden Bilderschatz einerseits, dem personalen Unbewußten andererseits unterschieden,
letzteres stellt den Niederschlag der persönlichen Erfahrungen und Erlebnisse des Individuums dar. Die Beziehung zwischen dem Bewußten und dem Unbewußten ist in beiden Konzep-

tionen durchaus problematisch geblieben. Bewußtsein wird
nach dem Bild des Fernrohrs gesehen, das sich oben verjüngt:
Bewußtsein, und nach unten, in das Unbewußte sich verbrei-
tert, ohne daß die fundamentalen und erkenntnistheoretisch
wichtigen Fragen etwa der Konstitution des Bewußtseins und
der Bedeutung der Begriffsbildung annähernd befriedigend in
Angriff genommen oder gar "gelöst" worden wären.

Der Begriff des Unbewußten in der anthropologisch-integrativen Psychotherapie wurde durch den Gegensatz zwischen perspektivischer Ortung und Aperspektive sowohl erweitert als
auch neu bestimmt. Perspektivische Wahrnehmung und Orientierung hier, logisch-begriffliches Denken, in Zeit und Raum
orientiert, Verhalten auch nach moralischen Normen dort,
wurden im Zusammenhang der Aufrichtung des menschlichen Leibes phylo- und ontogenetisch gesehen. Jeder Erkenntnisakt,
der ein Ding oder ein Geschehen als dieses "feststellt" und
benennt, bedarf der Perspektivität, die jedoch im Tagtraum,
im Schlaf und Traumzustand, in Psychose und psychoseähnli-
chen Befindlichkeiten schwindet und der Aperspektive Raum
gewährt. In der Aperspektive werden die im Erkenntnisakt
als bestimmt bezeichneten und festgestellten Geschehnisse
oder Dinge: dies ist mein Vater, er starb dann und dann an
jenem Leiden, dies ist meine Schwester, sie hatte stets
Streit mit meiner Mutter, das Haus ist größer als jenes
usf., unbestimmt und vieldeutig. Die Vieldeutigkeit bzw.
die Möglichkeit vieler Beziehungen zu Menschen, ihrer Umgebung, dem Lebensraum oder Dingen, die Bestandteil des gelebten Erlebens sind, jedoch im kennzeichnenden Urteil einer einzigen Feststellung weichen, wird in der Aperspektive wieder manifest. Der in der Aufmerksamkeit sich ereig-
nende Erkenntnisakt ist aus dieser Konzeption das eigentlich Perspektivität her- und erstellende Moment, das aber
gleichzeitig die Fülle möglicher Beziehungen und Bedeutungen zwischen dem Individuum und seiner Umwelt "verdrängt".
Die Verdrängung in der vorliegenden Konzeption ist - wie
andernorts ausführlich dargestellt - eine primäre Folge

menschlichen Erkenntnisvermögens und dessen Einschränkungen
gegenüber der Fülle aperspektivischer Bezüge, die auftauchen
und sich darstellen, sobald das denkende Ich "seinen Fuß vom
Boden nimmt" bzw. es in der intentionalen Gerichtetheit seiner Akte nachläßt. Dieses Nachlassen ist Bestandteil des
biologisch-organischen Wechsels von Zuwendung und Abwendung
in Tag- und Nachtrhythmen, es ist aber auch Folge ebenso von
Erschöpfung, Ermüdung, von Arzneimitteln nicht weniger als
von Erlebnissen, die zur Abwendung von der Umwelt führen
können.

Die ursprünglich in der Kindheit sich entwickelnde - entsprechend der Aperspektivität des kindlichen Bewußtseins,
aber auch der Phylo- und Ontogenese folgend - perspektivische Orientierung im logischen Denken nicht weniger als im
Verhalten zu sich selbst und zur Umwelt, entsteht aus der
Vieldeutigkeit der kindlichen Beziehungen, die ontogenetisch noch die des Erwachsenen um Vieles übertrifft, ist
doch bei dem Kind im allgemeinen die kreative Phantasietä-
tigkeit noch lebhafter, die die Beziehungs-Bedeutungswelt
seines Umraumes farbiger erscheinen läßt. Verdrängung wäre
in weiterer Folge des oben Ausgeführten nicht nur aus dem
Erkenntnisvorgang abzuleiten, sondern steht auch in den le-
bensgeschichtlichen-gesellschaftlichen Bezügen des Individuums: Je einschränkender seine kommunikativen Beziehungen
im Lebensraum der Kindheit oder der Jugend sind, je weniger
Möglichkeiten ihm gewährt werden, die Fülle möglicher Beziehungen und Bedeutungen seiner Umwelt wahrzunehmen, umso "perspektivischer" wird das Kind bzw. der aufwachsende
Mensch geprägt, umso stärker treten Orientierungs- und Leistungsbezüge in den Vordergrund, umso rascher bildet sich
hier die Möglichkeit einer hypertrophen, dann zu Dekompensation und Krankheit führenden Entwicklung. Dieser zweite
"Anteil" des Verdrängungsgeschehens ist jedoch auch ein
nicht zu umgehender Bestandteil jeder menschlichen Existenz
(bei aller Abhängigkeit von individuell-gesellschaftlichen
Momenten), sie ist eine "anthropologische Konstante". Jede

Entwicklung richtet sich auf die zunehmende Perspektivie-
rung des Daseins hin aus, insbesondere im Verlaufe der Geschichte auch der westlichen Welt und ihrer im Vordergrund
stehenden Rationalität. Die Perspektivität ist so ein über
Jahrhunderte sich ereignendes konstitutives Moment menschlichen Daseins geworden. Die Vieldeutigkeit der Welt, der
"Lebenswelt" im Sinne der Phänomenologie, wird in der Aperspektive lebendig, aber gleichzeitig entzieht sie sich dem
rationalen Griff, die Aperspektive erscheint irrational, jede Traumauslegung ist letztlich ein Artefakt, es gibt keine
verbindliche Traumdeutung.

Das Erfahren der irrationalen Vieldeutigkeit und des Bezie-
hungsreichtums, in dem der Mensch ursprünglich sich entwickelt, ist Anliegen jeder tiefenpsychologisch orientierten Therapie, nur geht es hier nicht um das Aufheben oder
Aufdecken verborgener sexueller oder kriminell-aggressiver
Tendenzen, sondern um die Rekonstituierung der Aperspektivität im Antagonismus zu der perspektivischen Ortung des Patienten. Welt wieder in ihrer Vieldeutigkeit nachzuerleben
und noch einmal zu vollziehen, ist der Sinn der Auseinandersetzung mit dem Traum, die zu dem Traum sich ergebenden
"Einfälle" des Patienten stellen u.U. Bindeglieder zu der
Vieldeutigkeit des Traumgeschehens dar, jedoch zweifellos
keine verbindlichen Assoziationsketten, wie sie sich Freud
und seine Schule, der mechanistischen Assoziationstheorie
folgend, vorstellten.

Der Umgang mit der Aperspektive zeichnet sich ebenfalls in
den verschiedenen Modi der Kommunikation ab: vom Erkunden
eines Traumes bis zu der Auseinandersetzung mit diesem, bis
zur "Bewältigung", d.h. bis zum Akzeptieren des möglicherweise von dem Traum dem Patienten aus seiner Aperspektivität sich darstellenden Sinngehaltes. Nie wird es möglich
sein, die Vieldeutigkeit und Beziehungsfülle der Aperspektivität hermeneutisch auf eine bestimmte Aussage festzulegen. Die Kunst des Therapeuten besteht lediglich in der Eröffnung - durch gelegentlich anregende Fragen - neuer Hori-

zonte, durch Erschließen neuer Wege eben zu dieser ursprünglichen Vieldeutigkeit und Beziehungsfülle der Aperspektivität. In dieser ist - ein Grundanliegen der anthropologisch-
integrativen Psychotherapie - alles "möglich", die Aperspektivität ist der Kategorie des Möglichen zuzuordnen, das jedem Notwendigen und faktisch Vorhandenen vorausgeht. So
wird die Psychotherapie Durchgang durch die Möglichkeiten
des Patienten, im Durchgang durch Träume, Phantasien, Bilder, freie Einfälle, wie sie sich in seiner Aperspektivität
darstellen, diese Möglichkeiten erscheinen unbegrenzt, der
originären Kreativität des Möglichen in seinen aperspektivischen Bildern entsprechend. Die Aperspektivität ist letztlich ein Wahrnehmungs- und Erlebnisvorgang - auch wenn der
Patient die Augen verschlossen hat und schläft -, in dem
sich die Welt in ihrer permanent nicht aufzuhebenden Sub-
jektbezogenheit vermittelt. Subjekt und Objekt werden erst
in der Perspektivität getrennt, in der Aperspektivität befinden sie sich in permanenter, ineinander übergehender Fluktuation. Ein der Aperspektivität vorgegebener Symbolgehalt
im Sinne der Archetypik C.G. Jungs oder der Sexualsymbolik
Freuds wird allerdings nicht von der anthropologisch-integrativen Psychotherapie angenommen. Wie andernorts eingehend
dargestellt wurde (Zwischen Logos und Antilogos), ist das
Phänomen des Traumes erkenntnistheoretisch und ontologisch
ein Anteil der Konstituierung der Welt durch das Subjekt,
das von frühester Kindheit an diffus mögliche Bilder von
Welt entwirft - bis diese im Umgang mit der Welt vermittels
Wahrnehmen und Handeln sich graduell strukturieren und Vorstellungen werden. Dieses Bildentwerfen ist Schein im Gegensatz zur erscheinenden "realen" Welt, der Traum gehört der
Scheinwelt an. Sie ist jedoch stets auf Welt real bezogen
und träumt der eine von einem Fluß, der andere vom Sturz in
das Meer, der dritte vom Gefängnis usf., so ist für die Deutung des Traumgeschehens ausschließlich die individuell va-
riierte aber welthaft (allgemein!) entworfene, gegebene Sze-
nerie maßgeblich. D.h. was Fluß, Meer oder Gefängnis spezifisch - über den sog. "freien Einfall", Ausphantasieren-Las-

sen, anregendes Mit-Einsteigen des Therapeuten in den Traum
nach der Methode von Desoilles gelenktem Traum - für den Patienten bedeuten, ist die individuelle "Wahrheit" des Traumes, sein Erkenntnisgehalt, den er dem Patienten vermittelt.
Über diesen hinaus besteht die individuell und situativ zu
bestimmende Möglichkeit, "Fluß", "Meer" oder "Gefängnis"
deskriptiv-phänomenologisch von seiten des Therapeuten auf
ihren welthaft allgemein-verbindlichen Gehalt mit dem Patienten "anzusehen", im Fluß das Fließend-Strömende, die Bewegung, im Meer das "Majestätische" oder "Bedrohliche", im
Gefängnis das "Eingesperrt-Sein", "Isolation", "Einsamkeit"
usf., d.h. den Bildgehalt als unspezifisch-welthaften aufzuweisen. Die "Objektstufe" wäre die Welt der Erscheinung,
die allgemein-verbindliche, die "Subjektstufe" die des
Scheins, des individuellen Erlebens. Der Deutungsvorgang
ereignet sich analog zu den Modi zwischen Erkunden des
Traumes bis zur Auseinandersetzung mit diesem, Bewältigung,
wenn individueller "Schein" und allgemeine "Erscheinung"
korrespondieren. Jedoch wird die anthropologisch-integrative Psychotherapie nie ausschließlich oder überwiegend am
"Seil" des Traumes sich entwickeln, wie in der Komplexpsychologie oder auch in der Psychoanalyse Freuds. Der Traum
bleibt nur ein Weg - nicht der ausschließlich "königliche"
(Freud) - zur Erfahrung der Aperspektive, dem Möglichen,
zu dem "ungelebten Leben" der Entwürfe - ihrer Konfrontation mit der Wirklichkeit des Lebens. Der Umgang mit diesen Entwürfen ist nur ein Lot, mit dem Patient und Therapeut sich "ausloten". Zu diesem Umgang seien noch einige
praktisch-praxisbezogene Winke erteilt:

1. Der Therapeut verfalle nicht in die Gewohnheit, dem Patienten eine Traumdeutung abschließend nach der Behandlungsstunde "auf den Weg" zu geben. Alle Deutungen sind Orientie-
rungshilfen, die das individuelle Traumerleben einschränken
und suggestiven Charakter haben. Wie unzählige Male sind Patienten Traumdeutungen unterstellt worden, die dem vom Patienten Erlebten nicht entsprachen!

2. Verbindlich für die Therapie ist nur das individuelle Erleben des Patienten im Traum und in dem Versuch desselben, mit dem Traum umzugehen - wobei es sich empfiehlt, Traumszene für Traumszene genauestens zu erinnern, die Details sich beschreiben, den Traum atmosphärisch auferstehen zu lassen.

3. Es empfiehlt sich ferner, den Traum "auszuphantasieren", seine "Angebote" an die Phantasie anregend-erschütternd aufzunehmen, anstatt einer intellektuellen Deutung durch den Patienten oder Therapeuten (vgl. Desoille und Leuners katathymes Bilderleben).

4. Gelegentlich frage der Therapeut nach Träumen - falls der Patient diese nicht spontan erzählt - aber beginne nicht die Behandlung ritualisiert mit der stereotypen Frage nach dem letzten Traum.

5. Der Therapeut befreunde sich mit dem Gedanken, daß ein großer, wahrscheinlich der größte Teil aller Träume, nicht zu entschlüsseln ist. Er lerne erlebend mit dem Patienten gemeinsam den Umgang mit dem Traum - ohne den zu deuten oder deuten zu wollen.

Mit diesen Ausführungen über die Aperspektivität läßt sich der von Freud geprägte Begriff der Regression seiner pathologischen Bestimmung entheben. "Regression" visiert die Behaustheit des Menschen in der spontanen Bildhaftigkeit der Aperspektive an. Perspektivität muß immer - durch erste Akte der Aufmerksamkeit - errungen werden, sie ist Bewältigung. Der nicht weiter auflösbaren Fluktuation des Psychischen entsprechend, oszilliert sie jedoch ständig. In der Regression überwiegt diese Oszillation hin zur Aperspektive, bis zum Verlust der Perspektivität in Traum, Delir oder in der Psychose. Die Graduierung, Abstufung des Prozesses jedoch macht die Regression als normales, alltäglich beobachtbares Absinken der perspektivischen Aufmerksamkeit aus. "Pathologisch" ist Regressionsmangel, Unfähigkeit, den Griff konzentrierter Aufmerksamkeit sich selbst und der Welt gegenüber zu lockern - umgekehrt als die herkömmliche Psychoanalyse dies interpretiert.

6. Warum anthropologisch-integrative Psychotherapie?

Jede psychoanalytisch-tiefen-komplex-psychologische, neoana-
lytische, gesprächs- und gestalttherapeutische Konzeption
setzt a) den Begriff der Kommunikation voraus, befaßt sie
sich b) mit Kommunikationseinschränkungen. Wenn die verschiedenen Systeme diesen Tatbestand auch implizieren, so
sehen sie dennoch die Kommunikation und ihre antinomischen
Verschränkungen in der Doppelbödigkeit von Nichtung und Erzeugung (Bestätigung) nicht als vorgegeben-aprioristische
Strukturen des Daseins an, wie dies in der vorliegenden Auffassung vertreten wird. Integrativ heißt deshalb die Rück-
besinnung der verschiedenen psychoanalytischen Schulen auf
ihren vorgegebenen-kommunikativen Bezug - die Aufgliederung
desselben in Modi und Strukturen. Die Kommunikation von
Sich-Mitteilen, die Mitteilung-Aufnehmen und Antworten ist
die grundlegende Integration aller psychoanalytisch-tiefenpsychologischen Aussagen, da sie diesen wesensgemäß, d.h.
ontologisch vorausgeht - und die erfahrbar wird in den erwähnten Modi und Strukturen.

Der Therapeut begegnet Menschen mit Krankheitserscheinungen
verschiedenster Art, diese Erscheinungen als Einschränkungen der Kommunikationsmöglichkeiten wahrzunehmen, dürfte
keine Schwierigkeit darstellen - ob "Gehemmtheit", "Angstkrankheit", "Zwangsneurose", "Hysterie", "Depression", "Psychosomatosen" "diagnostiziert werden -, die an diesen Zu-
ständen leidenden Menschen sind manifest in ihrer Kommunikation mit der Umwelt reduziert, eingeschränkt. In diesem
Sinne ist der Begriff "anthropologisch-integrativ", als auf
Kommunikation und Kommunikationseinschränkung bezogen, angemessen.

Die anthropologisch-integrative Psychotherapie ist ferner
"integrativ", da sie, wie die anderen Systeme c) psychodyna-
misch den Menschen zu verstehen sucht, allerdings nicht mechanistischen Modellen folgend, sondern nach ebenfalls im
Entwurf des Menschen ontologisch vorgegebenen, antagonisti-

schen oder synergistisch wirkenden Strukturen und Modi,
über die sich Kommunikation in ihrer dreifachen Konfliktbezogenheit manifestiert. Der Konflikt wird als im Entwurf -
im Wesen - des Menschen von vornherein wirkend gesehen, eben
weil der Mensch sich nur konfliktbezogen in seinen Strukturen und Modi darstellen kann. Konflikt wird - im Unterschied zu den herrschenden psychoanalytisch-tiefenpsychologischen Lehrmeinungen - nicht als Ursache von Krankheit,
sondern als Bedingung von Leben und Dasein überhaupt angesehen. Krankheit entsteht aus der Art und Weise, wie der
Mensch mit diesen Vorgegebenheiten seiner Existenz umzugehen gelernt hat. d) Die Konzeption der hier vertretenen,
auf den Konflikt bezogenen Psychodynamik, ist darüber hinaus "integrativ" - da sie den (höchst problematischen)
Triebbegriff, der in der Psychoanalyse Freuds nicht weniger
als in den neoanalytischen Schulen als "verdrängter" oder
"gehemmter" ausschlaggebend für die Entstehung von Gestörtheiten angesehen wird, impliziert, ohne jedoch speziell auf
ihn als einen letztmöglichen Begriff rekurrieren zu müssen.
In den vorgegebenen Modi des Erkundens, Entdeckens, Auseinandersetzens, Bewältigens usf. des Menschen können die verschiedenen, in Gebrauch befindlichen Trieb- und Affektkon-
zeptionen durchaus angewandt werden, wenn der Patient bestimmte "Zustände" schildert (Erkunden - Erschließen), als
ob er sich z.B. von diesen "getrieben" oder an sie ausgeliefert fühlt. Erlebt der Patient das "Getriebensein", dann
besteht eine Berechtigung, von einem "Trieb" zu sprechen -
ohne jedoch die Konsequenzen daraus zu ziehen, die bestimmte psychoanalytische Systeme aus der Darstellung eines Erlebnisses des "Getrieben-Werdens" gezogen haben. Die Schilderung des Erlebens des "Getrieben-Werdens" bis zu der Auseinandersetzung mit ihm, der Erfahrung von Unfreiheit, Auslieferung, Zwangshaftigkeit, sind Bestandteile der Auseinandersetzung mit dem "Trieb", wobei dieser als Erlebnis bereits relativiert wird, sich auflöst. In der Bewältigung
der Problematik wird der Spielraum an Freiheit erarbeitet,
der zwischen "Trieben" - "Sich-Entwerfen" und "Getrieben-

Werden" erfahrbar ist.

In tiefenpsychologisch orientierten Einzelbehandlungen werden Prozesse dieser Art häufig beobachtet, in denen der Patient das "Getrieben-Sein" eben in jener Weise schildert,
sich mit ihm auseinandersetzt und dem Therapeuten sich als
jemand eröffnet, bei dem das "Getrieben-Werden", sei es von
Ehrgeiz, von Habgier, von erotischen Bedürfnissen usf.,
sichtbar wird (sich erschließt).

In Auseinandersetzungen dieser Art geht es letztlich um den
Leib des Patienten, seine Leiblichkeit, seinen leibhaften
Umgang mit seinem Lebensraum und innerhalb der ihm verfüg-
baren kommunikativen Bezüge - ein Umgang, der jedoch im Hinblick auf die anderen Strukturen, eventuelle Orientierung,
Leistung oder Zeit und Verantwortung, nur einen Anteil der
gesamten Behandlung darstellt. Der entscheidende Unterschied
zu den genannten anderen Systemen und Schulen liegt in der
Relativierung des Triebbegriffes zugunsten der vorgegebenen
Modi des Erkundens bis zu dem des Bewältigens, die dem gesamten emotionalen Bereich des Fühlens, des Gestimmt-Seins
und des "Getrieben-Seins" vorausgehen. Eine atomistische
Triebspekulation, wie sie der Psychoanalyse Freuds zugrunde
liegt, entfällt. Die anthropologisch-integrative Psychotherapie ist damit wesentlich empirischer - stets im intersubjektiven Sinn - als etwa die metapsychologischen Untersuchungen Freuds, andererseits ontologisch-aprioristisch bestimmt. e) Psychodynamik im anthropologisch-integrativen
Sinne visiert jedoch darüber hinaus eben nicht nur überwiegend Antriebe, Unbewußtes, seine Verdrängungen und die Widerstände gegen dasselbe an, sondern Psychodynamik wird in
einem umfassenden, ebenfalls vorgegeben-anthropologischen
Sinne gesehen. Alle Formen möglicher Antinomien, Antagonismen und Synergismen innerpsychischer Art zwischen Strukturen
und Modi wie auch in ihrem permanenten Bezogensein auf den
Anderen und den Lebensraum, ihre Intersubjektivität, sind
von Bedeutung, wie dies bereits oben dargestellt wurde.
f) Das für die Psychoanalyse Freuds neben der Verdrängung

der Aggression im Vordergrund stehende Modell der Verdrängung der Sexualität wird in der Konzeption der Struktur des
Leibes, seiner Emotionalität und "Triebhaftigkeit" einerseits, der Orientierung, der Ordnung, der Verantwortung
(Zeit) und insbesondere der Leistung antagonistisch gesehen. Damit ist diese zentrale Thematik der Psychoanalyse
Freuds integriert, ohne daß allerdings die metapsychologischen Spekulationen ihres Autors mitvollzogen werden. Die
Antagonismen zwischen dem Leib und den anderen Strukturen
sind darüber hinaus nicht nur aprioristisch vorgegeben, sondern auch stets intersubjektiv-situativ bedingt, "gesell-
schaftsbezogen" und historisch zu sehen: die "Hypertrophie"
etwa der Beziehung zum Leib bei mangelnder Orientierung,
mangelndem Verhältnis zur Ordnung, zur Leistung oder zur
Verantwortung,ist ein ebenso gestörter Kommunikationsbezug
wie die Einschränkung der Beziehung zum Leib. In der Neurosenlehre Freuds und seiner Schüler wäre jedoch für dieses
letztere Vorkommnis der "Hypertrophie" der Zuwendung zum eigenen Leib und seinen Bedürfnissen keine adäquate Konzeption außer dem "regressiv-oralen Verhalten" aufzuweisen, da
es nicht in den Rahmen der üblichen Verdrängungs-Vorstellun-
gen sich fügt, evtl. würde es in dem problematischen Begriff
"Narzißmus" gefaßt werden.

g) Damit erscheint es notwendig, das Problem der Instanzen-
thoerie - Es, Ich, Über-Ich - Freuds aus der vorliegenden
Sicht zu diskutieren. Wie ebenfalls schon in früheren Untersuchungen dargestellt, kann der eine Substanz und Struktur
verlangende Instanzenbegriff nicht mit der permanenten Fluktuation psychischer Prozesse vereint werden, noch mit ihrer
intersubjektiven Relation, noch mit dem Anspruch auf Objekti-
vierbarkeit: Er hat ein "starkes", "schwaches" Ich oder
Über-Ich, wie es immer wieder in psychoanalytischen Publika-
tionen begegnet. Alles menschliche Verhalten ist in seiner
Intersubjektivität ferner extrem situativ bedingt, Orientierungen im Sinne moralischer Normen und dem Über-Ich entsprechend sind stets relativ auf die Situation, den "feststellen-

den" Beobachter (Therapeut) und die Wandlung der Person im
Laufe ihres Lebens zu sehen. Das Über-Ich - als Beispiel
herausgegriffen - im Sinne tradierter moralischer Orientierung - ist ferner bei Freud weder dem Gewissen gegenüber
abgegrenzt (s. dazu Fromm, E.: Man for himself. An enquiry
into the psychology of ethics. London 1960 und Wyss, D.:
Strukturen der Moral. Untersuchungen zur Anthropologie und
Genealogie moralischer Verhaltensweisen. Göttingen, 2. Aufl.
1970) noch den sog. "Tugenden", wie sie im Abschnitt I als
"Haltungen" (Eigenschaften) charakterisiert wurden: Geduld,
Sammlung, Zähigkeit, Standfestigkeit, Mut usf.. Diese - ebenfalls stets aus obigen Gründen zu relativierenden Eigenschaften - entsprechen der gelebten Individualnorm, die ebenso
anteilig der Beziehung zum Lebensraum, zu Orientierung und
Vorbild,als auch zur Ordnung entsprechen, aber nicht ausschließliche "moralische Normen" des Gesetzes, Verbots- und
Gebotsmoral sind. Die Kluft zwischen dieser letzten "Moral"
und der Tugend - Vorbildethik - wird in der Instanzentheorie,
nur das Über-Ich betreffend, nicht wahrgenommen. Welchen Instanzen sind die sog. "Tugenden" zuzusprechen, die menschliches Dasein viel umfassender bestimmen als tradierte Normen?
Was das "Ich" in der Psychoanalyse seiner "Position" nach
seit Freuds "Das Ich und das Es" - trotz zahlreicher neuer
Hypothesen der "New Yorker Gruppe", der Narzißmustheorie
usf. - anbetrifft, ist dieses weder seiner Genese nach, noch
innerhalb der "Instanzen" auch nur halbwegs befriedigend ab-
geklärt, sondern Mittelpunkt heterogenster Meinungen, die
hier nicht rekapituliert werden können (s. "Die tiefenpsychologischen Schulen"). Der Instanzentheorie wird das Konzept der permanent aus Modi entstehenden und vergehenden
Grundstrukturen gegenübergestellt, die ebenso dispositioneller wie subjekthafter Entwurf - aprioristisch vorgegeben - wie auch extrem situativ-intersubjektiv bedingt sind.
Das Personenzentrum - das "Ich" - wird als die Welt mitkon-
stituierendes wie auch entkonstituierendes (s. "Zwischen
Logos und Antilogos") transzendentales Ego gesehen, das die

perspektivische Ortung als Voraussetzung von Orientierung
(Raum), Zeit, Leistung und der Beziehung zum Leib ist. Mit
der Instanzentheorie wird jedoch die antinomische, konflikt-
bezogene Spannung der Strukturen und Modi unter- und gegeneinander gesehen - vergleichbar dem Konflikt (u.a.) Über-Ich/
Es, Es/Ich usf..

h) Integrative Psychotherapie umfaßt aufgrund ihres ebenso
spezifischen als auch fundamental erweiterten, konfliktbezogenen Kommunikationsbegriffes die Krankheitsvorstellungen
der anderen Schulen und Systeme, soweit diese überhaupt noch
auf Konflikterleben Bezug nehmen. Es gibt für die anthropologisch-integrative Psychotherapie nur das kompensierte oder
dekompensierte Mißverhältnis und die Chance der "Freiheit"
eines personalen Bezugs. Das "Mißverhältnis" ist letztlich
ontologisch-anthropologisch fundiert, ihm folgen Kompensationen, die dann als "Bewältigen" im personalen Bereich ihren "kompensatorischen" Charakter aufgeben. Das "letzte" Bewältigen vollzieht sich im existenziellen Bereich, ist auf
die Transzendenz bezogen und rührt an die verborgensten und
intimsten Leiderfahrungen des Menschen, sie dürfte auch in
der Therapie sich nur in den seltensten Augenblicken kundtun: sie ist einzig und allein Angelegenheit des einzelnen,
der Therapeut vermag und darf in jedem Fall nur anregend
auf diese Möglichkeit hinweisen.

i) Der Begriff des Unbewußten ist nicht nur durch ein anderes Wort, die "Aperspektive" ersetzt, sondern die Aperspektive wird im Hinblick auf die perspektivisch-anthropologi-
sche Ortung und Orientierung des Menschen als Prozeß von
den ersten Anfängen der Aufrichtung ontogenetisch nicht weniger als phylogenetisch bis zu jeweiligen moralisch-ethi-
schen und logisch-rationalen Orientierungs- und Perspekti-
vierungsbezügen gesehen. Die Aperspektive ist kein "Ver-
drängungs"- oder Abfallprodukt des Bewußten, das wie mit
einer Schere (Zensur!) die sinnlichen Eindrücke zerstückelt,
in das Unbewußte "stopft", bis die Interpretationskunst des
Psychoanalytikers das Zerstückelte wieder zum Ganzen ver-

fugt. Sondern die Aperspektive ist der bildhaft-unvermittel-
te Beziehungs- und Bedeutungsbezug des Menschen zu seinem
Lebensraum, zu seiner gesamten Intersubjektivität, zu sich
selbst, der jeder Reflexion vorausgeht. Die Aperspektive
ist areflexiv und alogisch, jedoch in ständig oszillieren-
dem Austausch, mit der perspektivischen Ortung des Menschen
verbunden. Entscheidend ist, daß die Beziehung zwischen "Bewußtem" und "Unbewußtem" graduiert, prozessual gesehen wird -
die entsprechend erkenntnistheoretisch-ontologische Fundierung dieser Auffassung würde andernorts gegeben. Der Begriff der "Aperspektive" integriert damit sowohl die Konzeption Freuds des Unbewußten als eines zeitlosen und jenseits der Logik - des Satzes vom Widerspruch - sich "befindenden" "Es", wie auch die vorreflexiv-sinngebende, bildhafte Bedeutung des kollektiven Unbewußten C.G. Jungs. Die
Integration ereignet sich jedoch jeweils durch den Akt der
perspektivischen Ortung, die eben engstens in der Beziehung
zu der Aufrichtung des Leibes gesehen wird und sich bis zu
der Orientierung im faktischen Lebensraum, bis zu der Orientierung in moralischen u.a. Normen erstreckt.

k) Es sei an die oben ausgeführte Bedeutung der Relativität,
die jeder Therapie und jedes Anspruches auf "Wahrheit" einer Schule oder eines Systems - einschließlich des vorliegenden - erinnert, die hier vertretene Auffassung impliziert
die Relativität jedoch eo ipso. Die kommunikativ in vorgegebenen Modi und Strukturen erfolgte Veränderung des Patienten ist das Ziel jeder Therapie - in diesem Sinne ist die
vorliegende Konzeption ebenfalls als "integrierend" anzusehen. Wie diese Veränderung erreicht wird, nach welchem "System", kann nie Gegenstand der "objektiv-wissenschaftlich"
"besseren" oder "falschen" Aussage sein, sondern nur in der
Intersubjektivität des Umgangs selbst.

III. Richtlinien für die Diagnosestellung und Probleme der Ätiologie von für die psychotherapeutische Praxis relevanten Erkrankungen

1. Allgemeine Richtlinien für die Diagnosestellung

Wie auch in der allgemeinärztlichen Praxis erfolgt die Diagnosestellung in der psychotherapeutischen über das Gespräch mit dem Patienten. Dieses sog. "Erstgespräch" mit dem Rat- und Hilfesuchenden bedarf jedoch des Erlernens und der Übung spezifischer Umgangsformen, die es vermögen, sich auf den Kranken einzustellen und mit ihm den Sinn des therapeutischen Erstgesprächs: eine Diagnose, einen Therapievorschlag und eine Prognose zu ermitteln. Über die allgemeinärztliche Praxis hinausgehend kommt jedoch dem sog. Erstgespräch in der psychotherapeutischen Praxis eine besondere Bedeutung zu, die sich wesentlich von der Untersuchung und dem gesprochenen Wort in der allgemeinärztlichen Praxis unterscheidet. Aus diesem Grunde ist dem psychotherapeutischen Erstgespräch ein besonderer Abschnitt gewidmet, der vorliegende Teil dient in erster Linie der theoretischen Abklärung des Begriffes der Diagnose und ihrer Ätiologie für die psychotherapeutische Praxis.

Die psychotherapeutische Anamneseerhebung und die aus ihr sich ergebende Diagnose zielt weniger auf die spezielle Geschichte der Erkrankung - der Symptome oder des Syndroms - als auf die gesamte Biographie des Patienten ab. Denn nur anhand dieser lassen sich die Zusammenhänge der individuellen Erkrankung mit lebensgeschichtlich für den Patienten bedeutsamen Gegebenheiten und Ereignissen erkennen. Dabei kommt es weniger auf das Erfassen von Fakten und Daten an, als auf das Erschließen des damit verbundenen subjektiven Erlebnisgehaltes. Die "Diagnose" wird dann auf dem lebens-

geschichtlichen Hintergrund erst sichtbar, dadurch aber relativiert und problematisiert.

Während die Erstellung einer annähernd adäquaten Diagnose
in der Medizin von entscheidender Bedeutung ist, eine falsche Diagnose und daraus resultierende Indikation zu falscher Behandlung, insbesondere falscher Medikation, zu
nicht übersehbaren Folgen führen kann, erscheint die Bedeutung der Diagnoseerstellung in der Psychotherapie, zumindest in der kassenärztlich vorgeschriebenen Form, nach der
die Erkrankung durch einen Begriff wie z.B. Zwangsneurose
oder Claustrophobie kenntlich zu machen ist, wie ein Relikt
aus der klassifizierenden Psychiatrie. Die Komplexität und
subjektive Bedeutsamkeit einer individuellen, oft über viele Jahre sich erstreckenden Symptomatik auf einen Begriff,
den der Diagnose, zu bringen, beinhaltet die Ausklammerung
zahlreicher Gegebenheiten, dessen, was psychotherapeutisch
wichtig wäre und Reduktion auf einen abstrakten "Aufhänger".
Diagnosen dienen der Kategorisierung und Klassifizierung
nach problematisch konventionell aber nicht ätiologisch
verbindlichen Gesichtspunkten - wie noch erwiesen wird.
Keine Erkrankung, nicht einmal deren Symptomatik, eines
Patienten läßt sich darüber hinaus mit der anderer Patienten zu einer Kategorie zusammenfassen. Das z.B. mit der
Diagnose "Claustrophobie" belegte Angsterleben des einen
Patienten kann sich nicht mit dem Angsterleben eines anderen mit derselben Diagnose vergleichen, geschweige denn
mit den individuell-biographischen, für das Angsterleben
bedeutsamen Zusammenhängen.

Die mit der Diagnosestellung erfolgende Einordnung eines
Patienten in eine Kategorie erscheint aus dieser Perspektive höchst problematisch. Das heißt jedoch nicht, daß im
psychotherapeutischen Erstgespräch der Diagnostik keinerlei Bedeutung beizumessen sei. Im Gegenteil; auch hier können "Fehldiagnosen" u.U. für den Patienten tödliche Folgen
haben, wenn z.B. der Therapeut nicht erkennt, daß ein Patient schwer suizidal gefährdet ist und ihn auf die "Warte-

liste setzt", wenn er ferner einen an Drogenabhängigkeit
leidenden Patienten für eine ambulante Behandlung vormerkt,
weil er die Suchtproblematik nicht wahrnimmt und seine Symptomatik für eine Depression hält, oder aber wenn er einen
Patienten mit florider Psychose einer Gruppentherapie zu-
weist, weil er die Wahnsymptome lediglich als Ausdruck einer "neurotischen" Kommunikationsstörung ansieht - von neu-
rologisch-organisch bedingten Erkrankungen (Tumoren) und
ihrer Fehldiagnose ganz abgesehen, die sich anfangs z.B.
nur in Konzentrationsstörungen bemerkbar machen können.

Diese Beispiele stammen aus dem Extrembereich jenseits der
Grenzen psychotherapeutischer Möglichkeiten. Hier ist die
Erstellung einer richtigen Diagnose unerläßlich, um eine
Entscheidung über die Weiterversorgung des Patienten, gegebenenfalls in anderen Institutionen, treffen zu können;
der suizidal gefährdete Patient muß tunlichst in einer stationären Einrichtung untergebracht, der Drogenabhängige in
eine Suchtklinik überwiesen, der an einer floriden Psychose
Leidende stationär psychiatrisch behandelt werden. Bei solcher Art Kooperation einer psychotherapeutischen Ambulanz
mit anderen medizinischen Institutionen dienen Diagnosen
der ersten rudimentären Information über einen Patienten,
die durch einen Arztbrief mit ausführlicher Anamnese in der
Regel zu ergänzen ist.

Bei Patienten mit Erkrankungen, deren Behandlung nicht in
den Bereich der Kompetenz ambulanter Psychotherapie fällt
und die zwecks weiterer Behandlung an eine andere Institution überwiesen werden müssen, ist die Formulierung einer
"Diagnose" notwendig. Bei den Kranken aber, deren Störungen im Bereich ambulanter psychotherapeutischer Behandlungsmöglichkeiten liegen, bieten sich die im folgenden aufgeführten Kriterien an. Diese sind - bei aller Relativierung -
für die Indikation zu einer bestimmten Behandlungsform notwendig, wie auch für die Prognosestellung, auf beides wird
in Teil VI ausführlich eingegangen. Indikation und Prognose sind jedoch dem - oder den - Erstgespräch(en) immanente

Zielsetzungen. Der Psychotherapeut sollte im Verlauf eines Erstgespräches zumindest in der Lage sein festzustellen, ob der Kranke überhaupt für eine der psychotherapeutischen Behandlungsformen geeignet ist, d.h. die "Diagnose" ausschließen, die eine solche Behandlung unmöglich macht oder nur in Kooperation mit einer Klinik erlaubt. Ferner, sollte es diesbezüglich zu einer differentialdiagnostischen Klärung gekommen sein, muß er sich die Fragen vorlegen

a) wie weit der Patient überhaupt zu einer Behandlung bereit ist;

b) welche Behandlungsart die wirkungsvollste zu sein verspricht;

c) ob er - selbst bei Eignung für eine psychotherapeutische Behandlung - die Kriterien (s. Teil VI) einigermaßen erfüllt, die die Prognose günstig erscheinen lassen.

Dieses sind die Voraussetzungen, die einem auch der Diagnose dienenden Erstgespräch zugrundeliegen, sie werden in Teil IV eingehend erörtert. Das psychotherapeutische Erstgespräch ist - im wesentlichen Unterschied zu der ärztlich-organischen Praxis - meistens bereits Behandlungsbeginn.

Wie sich die Praxis der "Diagnosestellung" dem Psychotherapeuten häufig ergibt, wird aus folgendem Beispiel ersichtlich: (Dr. Eichfelder)

Der Patient wurde durch eine Internistin überwiesen. Auf dem Überweisungsschein stand die Diagnose "Depression". Mit dem Patienten war verabredet worden, er solle sich zu einem Gespräch in einem "Psychosomatischen Institut" vorstellen, um eventuell an einem Kurs für Autogenes Training (!) teilzunehmen.

Das Äußere des Patienten wirkt unauffällig - ein schlanker junger Mann, der nach Aufforderung Platz nimmt und beinahe beiläufig zu sprechen beginnt, während er am Gesprächspartner vorbeisieht. Es folgt die im wesentlichen wörtliche Mitschrift:

Pat.: "Ich bin übernervös - wenn bei mir jemand hinten dran steht, dann brennt bei mir ehrlich etwas durch... Im Januar habe ich eine Herzmuskelentzündung gehabt."
Th.: "Was war denn da?"
Pat.: "Ich habe mich nicht wohl gefühlt, es ist mir so vorgekommen, als ob jemand plötzlich neben mir laut redet."
Th.: "Können Sie das näher beschreiben!"

Pat.: "Mir war nebelig vor den Augen, ich war unsicher, habe immer damit gerechnet es kommt etwas auf mich zu, es passiert etwas. Daraus hat sie (Internistin) einen Kalziummangel und Herzmuskelentzündung geschlossen. Ich bin auch mit der Schilddrüse vorbelastet und habe einen Kropf ohne Über- oder Unterfunktion. Ich kriege jede Woche eine Imap-Spritze (kurzes Schweigen). Ein Arbeitskollege von mir ist Anfang Dezember an Herzinfarkt gestorben. Am selben Tag gingen meine Herzbeschwerden an. Dr. B. (Hausarzt) meinte, das ist ein Virus, dann bin ich von mir aus zum Internisten gegangen. Ich war insgesamt 7 Wochen daheim (krank geschrieben)."

Th.: "Haben Sie auch Medikamente eingenommen?"

Pat.: "Crataegutt, Magnesium und Persumbran speziell fürs Herz (kurzes Schweigen). Mein Vater ist mit 49 Jahren an Herzinfarkt gestorben. So richtig überwunden habe ich das nicht. Seit einem Jahr baue ich selber in M. (Kleinstadt). Ich hab' gedacht, daß ich das leichter verkraft', daß ich fit bin. Früher habe ich viel Tennis gespielt und jetzt alles fürs Bauen zurückgestellt. Seitdem war ich öfter erkältet und habe mich schlapp gefühlt. Ich bin halt ein Mensch, der sehr sensibel ist. Seit 2 Jahren nehme ich Probleme, die auf mich zukommen, ziemlich schwer."

Th.: "Was war denn vor 2 Jahren?"

Pat.: "Nichts Besonderes. Vielleicht schon das mit dem Bauen, das habe ich immer wieder verschoben und dann habe ich gedacht, entweder jetzt oder nie. Seit ich wieder arbeite hatte ich alle 4 Wochen Schwierigkeiten und habe gedacht, daß ich alles vergessen habe als könnte ich gar nichts mehr. Seit 14 Tagen fällt es mir wieder alles leichter (kurze Pause). Vor 5 Jahren ist mein Vater im Urlaub an einem Herzinfarkt gestorben. Da habe ich ziemlich lange daran gekaut. Vielleicht hat es schon da angefangen, daß ich über mich mehr nachgedacht habe, über mein ganzes Leben, was das für einen Sinn hat. Ich habe mich aus dem Bekanntenkreis mehr zurückgezogen, dann ist es wieder besser geworden. Ich bin in einen Tennis-Verein eingetreten und habe mich wieder besser gefühlt. Sonst habe ich wenig Kontakte."

Th.: "Im Januar, hatten Sie da auch Angstgefühle?"

Pat.: "Ja, auch - das habe ich vergessen zu sagen. Seit Januar/Februar hatte ich ein Stechen und Ziehen über der linken Schulter und Brust, ich hatte Angst, wenn mir etwas passiert, wie geht's dann weiter. Das war, als ich allein war. Mit Menschen zusammen war ich mehr abgelenkt."

Th.: "Woher kommt die Angst?"

Pat.: "Vor 3 Wochen ist ein guter Freund von mir auch an einem Herzinfarkt gestorben, der hatte Zucker und er hat geraucht. Ein Bein war ihm schon abgenommen worden wegen Durchblutungsstörungen. Wie ich das erfahren habe, war ich ziemlich gefaßt."

Th.: "Das ist ja ein ziemlicher Unterschied, da hat es Ihnen weniger ausgemacht."

Pat.: "Ja, das ist ganz anders."

Th.: "Könnte es sein, daß Sie zu dem Freund eine andere Be-

ziehung hatten als zu Ihrem Vater und den Arbeitskollegen?"
Pat.: "Das wäre schon möglich."
Th.: "Welche Beziehung hatten Sie denn zu Ihrem Vater?"
Pat.: "Eine gute - mit Problemen bin ich immer zur Mutter ge-
gangen."
Th.: "Eine weniger vertrauensvolle Beziehung?"
Pat.: "Das kann man sagen. Ich muß dann noch sagen, mein Va-
ter hatte 2 Jahre zuvor ein Haus gekauft, 2 Jahre später
ist es passiert (Herzinfarkt). Er war für mich immer ein
Vorbild - also in jeder Beziehung."
Th.: "Sie leben also in der Angst, es könnte Ihnen so gehen
wie Ihrem Vater - als ob Sie sich selbst nicht ganz trauen?"
Pat.: "Ja, genauso ist es. Wenn was nicht klappt, tue ich
mich als halben Versager hinstellen. Ich traue mir auch
kaum etwas zu. Ich bin auch der Typ, der keine eigene Meinung hat, der immer den leichteren Weg geht, das ist auch
zu Hause so."
Th.: (Nach kurzem Schweigen) - "Wir haben nun viel von Ihnen
gesprochen und ich frage mich, mit welcher Erwartung Sie
eigentlich hierher gekommen sind?"
Pat.: "Die Frau Dr. W. sagte, das Autogene Training könne
mir helfen."
Th.: (Nach einer kurzen Erklärung des Autogenen Trainings
und der Möglichkeit der Selbsterfahrung in einer Gruppentherapie) - "Glauben Sie, daß Ihnen ein solcher Konsensus
helfen kann oder eine solche Selbsterfahrung? Sie sind ja
in einer großen Belastungssituation durch das Bauen und
möglicherweise auch in der Familie."
Pat.: "Ich glaub', ich werd' das schon schaffen, das Bauen
dauert ja auch nicht ewig."
Th.: "Vielleicht sollten Sie etwas mehr für sich tun. Sie
haben ja alle Interessen für das Bauen zurückgestellt!"
Pat.: "Ja, das kann sein."

Zahlreiche Erstgespräche verlaufen in dieser Weise und der
Therapeut wird - z.B. durch die Krankenkasse - gezwungen,
eine Diagnose zu stellen. Es bieten sich analoge Vorkommnisse an, in denen Patienten nach Auftreten von Todesfällen
durch Herzinfarkte im Bekannten- oder Familienkreis eine
sog. "Herzphobie" entwickeln. Dennoch kann in diesem Fall
von einer "Herzphobie" nicht die Rede sein, noch von einer
"Depression", vielmehr bietet sich - auf dem lebensgeschichtlichen Hintergrund z.B. des Todes des Vaters im Zusammenhang eines Hausbaus - die "Feststellung" einer situativ bedingten Überlastung des Kranken an, die am ehesten mit dem
diffusen Begriff der "nervösen Erschöpfung mit Angstgefüh-
len" zu beschreiben wäre. Darüber hinaus ist der Patient -
durch die Internistin - bereits iatrogen an Medikamente

fixiert und entsprechend zusätzlich geschädigt worden. Die Problematik des Begriffs der "Diagnose" sei ferner an drei weiteren Beispielen aufgezeigt:

Patientin R.K., geb. 9.3.1949 (Dr. Csef):

Erscheinung:
Die Patientin macht auf den Referenten einen naiven und relativ hilflosen Eindruck. Sie wirkte etwas unreif in ihrem Realitätsbezug und für ihr Lebensalter relativ undifferenziert in der Art ihrer Darstellung. Im Gespräch war sie sehr gefühlsbetont und trat dem Ref. hilfesuchend bis anklammernd gegenüber. Schon in der ersten Begegnung machte sie deutlich, daß sie sich im geistigen Bereich sehr unterlegen und minderwertig fühle. Die Patientin erschien gepflegt hinsichtlich Kleidung und Frisur, allerdings auch hier etwas unreif und nicht ihrer Lebenssituation (Geschäftsinhaberin) entsprechend. Das Gesicht der Patientin wirkte etwas aufgeschwemmt (hormonelle Störung? Alkoholismus?).

Anlaß der Untersuchung/Symptomatik:
Die Patientin gab an, sie leide unter Zwangsgedanken, Angstzuständen, Depressionen und befürchte manchmal, vom Teufel besessen zu sein. Früher sei sie ferner alkoholabhängig und später tablettenabhängig gewesen. Sie glaube, ihre Suchtproblematik durch verschiedene Klinikaufenthalte bewältigt zu haben. Im Vordergrund stünde derzeit ihre Zwangskrankheit. Auch in ihrer Ehe gebe es viele Probleme und Konflikte. Sie fühle sich ihrem Mann gegenüber intelligenzmäßig sehr unterlegen und habe ihm gegenüber Minderwertigkeitsgefühle. Es gäbe oft Streit mit ihm, er sei ein Verstandesmensch, sehr wenig zärtlich und würde immer an ihr herumkritisieren. Auch mit ihrer Tochter (erstes Kind) habe sie Schwierigkeiten.

Entwicklung der Symptomatik:
Ihre Alkoholabhängigkeit habe sich "schleichend" entwickelt. Sie habe vorwiegend Apfelwein, kurz vor ihrem Entzug etwa 2 Liter pro Tag, getrunken. In ihrem Elternhaus sei schon als Kind Apfelwein das Hausgetränk gewesen. Sie habe bereits am Beginn ihrer Ehe zunehmend Alkohol getrunken, weil ihr Mann abends immer weg gewesen sei, sie alleine zu Hause und einsam gewesen sei. Sie habe sich in dieser Zeit auch überlastet gefühlt und es habe Streit zwischen ihrem Vater und dem Ehemann wegen des Geschäftes gegeben. 1971 schließlich sei ihr Alkoholkonsum so hoch gewesen, daß sie ein halbes Jahr lang jeden Morgen erbrochen habe. Sie sei daraufhin auf eigenen Entschluß in die innere Abteilung des Krankenhauses Erlenbach gegangen. Dort habe sie in 3-4 Wochen einen körperlichen Entzug hinter sich gebracht. Seit dieser Entzugsbehandlung sei sie 8 Jahre lang "trocken" gewesen.

Im Jahre 1969 habe sie Kreislaufstörungen und mehrmals einen Kreislaufkollaps gehabt. Als damals ein EKG abgeleitet

worden sei, habe die MTA zu ihr gesagt: "Ihr Herz hat eben einen Moment ausgesetzt". Seit dieser Zeit habe die Patientin ständig Herzangst. Sie habe Angst, ihr Herz könne stehen bleiben oder aussetzen. Als Kind sei sie nie ängstlich gewesen. - In der Zeit von 1976-1979 habe die Patientin schwere Depressionen, Kopfschmerzen, Schlafstörungen und Angstzustände gehabt. Auch der Geschlechtsverkehr, der in der Zeit vorher für sie etwas sehr Schönes gewesen sei, habe ihr keinen Spaß mehr gemacht. In dieser Zeit sei sie dann zunehmend von Tabletten abhängig geworden. Anfangs habe sie Valium (maximal 5 Tabletten pro Tag), anschließend Spalt-Tabletten wegen der Kopfschmerzen und Lexotanil genommen. Die Spalt-Tabletten habe sie gegen Ende als Aufputschmittel genommen. Nach zunehmender Dosissteigerung habe sie gegen Ende 1978 pro Tag maximal 10-20 Tabletten Spalt und 6-8 Tabletten Lexotanil eingenommen. Nach einer Entzugsbehandlung in der Psychosomatischen Klinik Waldleiningen im März 1979 sei sie weitgehend von den Tabletten losgekommen, seither habe sie auch keine Kopfschmerzen mehr. Ihre Depressionen und Kopfschmerzen, sowie die Schlafstörungen und die Anorgasmie hätten 1975 nach der Geburt ihres zweiten Kindes begonnen, es sei eine Risikoschwangerschaft gewesen und wegen einer Rhesusunverträglichkeit habe beim Kind ein Blutaustausch vorgenommen werden müssen. Nach der Geburt sei es ihr sehr schlecht gegangen. In dieser Zeit hätte sie auch das Geschäft ihres Vaters übernommen. - 1976 schließlich sei bei ihr wegen eines Myoms eine Uterustotalexstirpation mit teilweiser Entfernung der Eierstöcke vorgenommen worden. Nach dieser Operation habe sie sich als Frau sehr minderwertig und weniger wertvoll gefühlt. In dieser Zeit sei ihr auch alles gleichgültig gewesen. Sie sei stundenlang untätig herumgesessen und wäre am liebsten nicht mehr am Leben gewesen.
Nach dem Aufenthalt in der Psychosomatischen Klinik sei zu ihren vielfältigen Symptomen noch etwas für sie ganz Unangenehmes hinzugekommen. Seit dieser Zeit habe sie nämlich Zwangsgedanken. Das erste Wort, das ihr immer wieder durch den Kopf gegangen sei, sei das Wort "blöd" gewesen. Sie verbinde damit, daß während ihres Klinikaufenthaltes die Einwohner des Ortes immer gesagt hätten: "Das sind die Blöden von Waldleiningen". Sie habe in dieser Zeit auch immer gedacht, daß sie selber blöd sei, weil sie sich so lange habe von ihren Eltern und ihrem Ehemann unterdrücken lassen. Schließlich seien ihr immer 4 Worte durch den Kopf gegangen. Es waren die Worte: "blöd - Depp - Idiot - Selbstmord". In der Folgezeit hätten die Inhalte ihrer Zwangsgedanken immer gewechselt, z.B. habe sie lange Zeit Zwangsgedanken gehabt, die das Weggehen von zu Hause zum Inhalt hatten, z.B.: "Ich will raus aus dem verfluchten Haus"; "Ich reiß' aus, ich hau' ab, ich bring' mich um". In letzter Zeit seien ihre Zwangsgedanken zunehmend ordinärer geworden. Sie würde jetzt immer denken: "Ich will Dich bumsen. Ich bin geil nach Dir, ich will Dich beglücken, ich dringe ganz tief in Dich ein". Die Zwangsgedanken würden

sie in letzter Zeit ganz besonders stark belasten, insbesondere deshalb, weil sie Angst habe, sie könne diese Gedanken im Geschäft laut äußern, während sie Kunden bediene.

1979 habe sie erstmals auch das Gefühl gehabt, vom Teufel besessen zu sein. Sie habe dann oft in den Spiegel geschaut und sei sich fremd vorgekommen. Sie habe das Gefühl gehabt, sie hätte einen "bösen Blick".Sie habe sich dann oft nachts hingekniet und habe gebetet und gehofft, dadurch von den Gedanken befreit zu werden. Insbesondere seit dem stationären Aufenthalt in der Universitäts-Nervenklinik Würzburg hätten diese Teufelsgedanken zugenommen. Sie habe sich von sich selbst entfremdet gefühlt. Sie habe immer gedacht: "Es ist etwas Böses in mir"; "Es ist der Teufel, der Satan in mir"; "Der Teufel zieht mich hinab in die Hölle und lacht sich eins ins Fäustchen". Seit ihrem stationären Aufenthalt in der Psychosomatischen Klinik Bad Neustadt seien ihre Befürchtungen, vom Teufel besessen zu sein, vorüber.

Bei der Patientin liegt eine Vielfalt heterogener Symptome vor, die - wie der ausführlicheren Darstellung der Genese derselben entnommen werden kann - in unterschiedlichen Zeiträumen im Verlauf von 12 Jahren auftraten. Zwangsgedanken, "Besessenheitserlebnisse", Tabletten- und Alkoholabusus, Angst und sog. herzneurotische Symptome wechseln mit Kopfschmerzen und Schlafstörungen. In früheren Klinikaufenthalten wurde ihr gegenüber bereits der Begriff des "borderline" angewandt. Es ist unmöglich, diese Vielfalt der Symptome ätiologisch oder diagnostisch "auf einen Nenner" zu bringen. Wie kann der praktizierende Therapeut damit umgehen? Indem er kurz die wesentlichen Symptome erwähnt, den Hintergrund der möglichen, "eigentlichen" Störung wie folgt in das Auge faßt: Zwangs- und Angstsymptomatik bei Alkohol- und Tablettenabhängigkeit, multiple vegetative Symptome, in ca. 12 Jahren zu verschiedenen Zeitintervallen aufgetreten. Möglicher chronischer Partnerschaftskonflikt, Kompensation erfolgt nur noch durch den Leistungsbereich, Dekompensation in den weiteren Strukturen (Lebensraum, Orientierung, Zeit/Verantwortung, Leib, s.o. II.).

Der folgende Arztbrief aus einer Psychosomatischen Klinik ergänze die Problematik der Diagnosestellung:

Schilderung der Beschwerden:
Die Patientin schildert ihre Beschwerden mit weinerlicher

Stimme, roten Flecken im Gesicht mit deutlichem Appell,
doch mit der Fragerei aufzuhören.
Von der Patientin genannte äußere auslösende Situationen
für obengenannte Beschwerden:
1. Hyperventilation, erstmalig aufgetreten 1967 nach einer
Abtreibung.
2. Umzug in eine andere Stadt und Wohnung 1976/77.
3. Die notwendig gewordene neue Sinnfindung und neue Le-
bensaufgabe als Frau, nachdem die bis dahin ausschließlich gelebte Rolle der versorgenden Mutter ihrer beiden
Töchter - 17 und 18 Jahre alt - langsam nicht mehr nötig
ist.

Innere auslösende Situationen für obengenannte Beschwerden:
Die Hyperventilation hat unseres Erachtens die Funktion einer Abwehr von Schuldgefühlen und eine unbewußte Sühne für
ihre Todeswünsche gegenüber dem ungeborenen Kind. Die übrigen Beschwerden haben unseres Erachtens die Funktion einer
unbewußten Machtausübung auf die Familienmitglieder: sie
hindern sie daran, aus dem Hause zu gehen und die Patientin alleine zu lassen. Die Patientin erfährt als Kranke
Schonung und Zuwendung. Unbewußt verhindert sie so die
obengenannte notwendig neue Sinnfindung und Veränderung
ihres Status quo durch Eigenanstrengung. Sie lebt, wobei
sie sich passiv zurücknimmt und Aktivität an ihre nähere
Umgebung delegiert. Gleichzeitig bindet sie sie an sich
durch ihre Hilfsbedürftigkeit und verhindert aggressive
Gegenwehr. Der unbewußte Wunsch nach einer symbiotischen
Verschmelzung mit mütterlich zugewandten Objekten erfüllt
sich auf diese Weise. Auf das drohende Verlassenwerden
durch ihre heranwachsenden Kinder reagiert die Patientin -
so wie mit 18 Jahren, als ihre Mutter sie verlassen hat -
mit heimlichen Suizidwünschen.

Diagnose:
1. Konversionssymptomatik mit Angstinhalten und oralen
Abwehrmechanismen; ausgelöst nach mehrfachen familiären
Belastungen vor dem Hintergrund einer symbiotischen Partnerbeziehung.
2. Tablettenabusus.

Die Interpretation der Hyperventilation als Abwehr von
Schuldgefühlen, Todeswünsche gegenüber dem ungeborenen
Kind, unbewußte Machtausübung, sekundärer Krankheitsge-
winn, stellen eine Fülle problematischer Hypothesen dar,
die nicht Bestandteil einer Diagnosestellung sein sollten.

Ein 23-jähriger, junger Mann, den die Vorstellung eines
drohenden Haarausfalles quälte und zu zwanghaften Kontrollen seines Haarwuchses vor dem Spiegel führte, dann in der
Wange Sensationen schmerzhaften Anschwellens erlebte - ohne
organischen Anhalt -, wurde in einer Psychiatrischen Universitätsklinik medikamentös behandelt und als "borderline"

eingestuft, nachdem er zunehmend auch über depressiv gefärbte Unruhezustände klagte. Im Abschlußbericht war er bereits
als "juvenile Psychose" eingestuft worden. Anschließend in
eine Psychotherapeutische Klinik überwiesen, wurde dort die
Diagnose "Konversionshysterie auf narzißtischer Grundlage"
gestellt. Die Behandlung durch einen Jungianer wiederum führte in seinem Krankenbericht zu dem Begriff einer "unvollstän-
digen Regression im mütterlichen Archetypus". Weitere Diagnosen bei verschiedenen Therapeuten und in unterschiedlichen
Kliniken rangierten von "schizoidem Narzißmus" bis zu "oraler Depression", von "postpubertärer Reifungskrise" bis zu
"latenter Homosexualität bei extremer Vaterabhängigkeit".
Die in dieser Institution gestellte Diagnose lautet: Seit
5 Jahren bestehende ängstlich gefärbte Depression bei hoch
differenzierter, sensibler Persönlichkeit, Dekompensation
im Leib- und Leistungsbereich, Kompensation durch Orientierung und Zeitlichkeit

Die Beispiele dürften erwiesen haben, daß die Diagnosen in
der psychotherapeutischen Praxis - je nach Schule - alle
Schattierungen aufweisen, vom psychologischen Umgangsjar-
gon bis zu fachspezifischen Formulierungen vorkommen, von
"Selbstwertproblematik" und "Inferioritätsgefühlen" bis zu
"Affektlabilität", "Homosexualität" oder "fetischistisch-
exhibitionistische Fixierungen bei leistungsbegabter Persönlichkeit" von "Gehemmtheit oraler-expansiver Antriebe"
bis zu "extravertiert-überrationaler Anpassung", wobei ständig ätiologische, hypothetische Momente mit geklagten Symptomen vermengt werden. Eine kritische Übersicht der Diagnosen, wie sie von der freudianisch-orthodoxen Schule bis zur
Gesprächs- und Gestalttherapie gestellt werden, würde die
in diesem Sektor der Psychotherapie herrschenden Meinungsverschiedenheiten - präziser gesagt, das Wirrwarr - noch
deutlicher unter Beweis stellen.

Um diesem "Meinungswirrwarr" vorzubeugen und dem Therapeuten einige relativ verbindliche Richtlinien zu vermitteln,
werden in der vorliegenden Konzeption folgende Gesichtspunkte zur Erstellung einer Diagnose berücksichtigt:
1. In die Diagnose gehe der subjektive Eindruck des Therapeuten vom Patienten ein, der seine Umgangsformen nicht
weniger wie seine Kleidung, seine Sprache und Mimik umfaßt (s. Teil IV).

2. Auf dem Hintergrund einer solchen Beschreibung seien die geklagten Beschwerden, Symptome, Nöte, Konflikte beschrieben und zusammengefaßt.

3. Die hauptsächlichen Einschränkungen der Kommunikation in Strukturen und Modi (s. Teil II), ihre Hypo- und Hypertrophien, ihre Dekompensation seien vorläufig kurz skizziert. Dieser ersten Deskription folgt eine detaillierte an Hand des Fragenkatalogs, falls der Patient für eine spezifische psychotherapeutische Behandlung vorgesehen ist.

Diese Diagnosestellung sei an folgenden Beispielen gegeben:

43-jährige, verheiratete, etwas nachlässig gekleidete, korpulente, lebhafte Frau mit starkem Aussprachebedürfnis. Sie klagt über seit Jahren bestehende Kopfschmerzen, Konzentrationsstörungen, Schweißausbrüche, gelegentliche Angstgefühle vor dem Einschlafen und rasch wechselnde Stimmungen, weder ausgesprochen leistungsorientiert, noch weltanschaulich gebunden, eher überemotional, affektiv und positiv leibbezogen (Hintergrund: möglicherweise Eheproblematik).

26-jähriger, junger, gut gekleideter Mann mit höflichen Umgangsformen. In sich gekehrt, nur mühsam im Gespräch zu bewegen. "Konventionelles Verhalten". Klagt über sich häufende Potenzstörungen, Ejaculatio praecox und mangelnde Erektion bei zahlreichen Beziehungen. Stellt sich als extrem pflichtbewußt (Verantwortung, Zeit!) und weltanschaulich gebunden (Bahai-Mitglied) dar, Leibbezug erscheint untergeordnet.(Hintergrund: Möglicherweise "Selbstfindungskrise" (Orientierung) in bezug auf das Verhältnis zum Partner und Leib).

38-jährige, verheiratete Frau, modisch gekleidete, gepflegte Erscheinung mit angenehm-anziehenden Umgangsformen. Leidet seit 1 1/2 Jahren an einer Krebsangst, seitdem ihre Mutter daran gestorben. Entwickelte übertriebene Selbstbeobachtung, war aber immer schon sehr gewissenhaft gewesen. Hartnäckige Schlafstörungen, Schlafmittelabusus. Wenig emotional ("oberflächlich"?), sehr leistungsbezogene, etwas rigide Frau mit zahlreichen zwanghaften Zügen. Verhältnis zum Leib gestört bei Überwiegen von Leistung und Verantwortung. Keine spezifische Orientierung. (Hintergrund: Chronisches Mißverhältnis zum Leib, Konflikt Mutter/ Partnerbeziehung.)

48-jähriger, verheirateter Mann, auffallend groß gewachsen. Unauffällig gekleidet, lebhaft "blubbernd", klagsam. Magenanamnese: Seit 10 Jahren rezidivierende Gastritiden,

vier Ulcera duodeni, "trinkt gerne einen zuviel": Verdacht
auf Alkoholismus. Leibbezug positiv, bei mangelnder Orientierung, durchschnittliches Leistungs- und Verantwortungs-
gefühl. Klagt über Sinnlosigkeit des Lebens - seit Jahren.
"Depressive" Tendenz. (Hintergrund: Anhaltende Störung der
Weltzuwendung bei zahlreichen intersubjektiven Konflikten
in Ehe und Beruf.)

Die Lebensgeschichte dagegen des Patienten sollte nicht
Bestandteil der Diagnose sein, auch wenn sie selbstverständlich im Verlaufe der ersten Gespräche sich ergibt. Sie ist
dann Anteil der gesamten Anamnese (s. Teil IV).

Die hauptsächlichen in der psychotherapeutischen Praxis
sich stellenden Diagnosen auf Grund der geklagten Symptomatik (1 und 2) sind folgende:

a) Sog. "Problematiken". Situativ-intersubjektiv bedingte,
mit "Leidensdruck" und dem Bewußtsein einer nicht ohne weiteres lösbaren Problematik in Beruf, Ehe, Familie usf. (erlebte Konflikte) verbundene Gestörtheiten der Befindlichkeit
im Bereich des Leibhaft-Emotionalen, Erotischen, im Leistungsbereich (Beruf, Studium), im Bereich der Orientierung (Weltanschauung usf.), des Lebensraumes (Konflikte mit
Bezugspersonen) oder der reflektierten Verantwortlichkeit
z.B. zwischen Anspruch an sich selbst und dem eigentlichen
Können.

b) Angst- (unbestimmte-diffuse Angst oder umschriebene Phobien, Herzphobien, Claustrophobie, auch mit unbestimmter
Angst meistens verbunden) und Zwangskrankheiten, Hypochondrien und depressive Verstimmungszustände, soweit letztere
nicht einen ausgesprochen "endogenen" Verlauf aufweisen.
Ferner nicht-organisch bedingte Störungen der Motorik und
Sensorik, die sog. "Konversionshysterie".

c) Psychosomatische Erkrankungen - einschließlich funktio-
neller Störungen -, soweit diese nicht durch vorgerücktes
Alter (Altersulcus, altersbedingte Hypertonie usf.) gekennzeichnet sind. (Colitis ulcerosa, Ulcus duodeni et ventriculi, Asthma bronchiale, Polyarthritis, Anorexia nervosa,
hyperkinetisches Herzsyndrom, Thyreotoxikose, Migräne, Lum-

balgien, Urticaria usf.) (Zu deren besondere Behandlung siehe die entsprechende Literatur im Anhang.)

d) Der Bereich der "Grenzfälle" zwischen psychotischen Über-
wältigungserlebnissen, extremer Affektlabilität,Neigung zu
sensitiven Beziehungsideen, extremen Kommunikationsstörungen im Sinne des sog. "Autismus", hartnäckigen Mißverhält-
nissen im intersubjektiven Bereich.

e) Suchten und andere Formen der Abhängigkeit von Intoxikan-
tien. Letztere lassen sich jedoch nur in Gemeinsamkeit mit
einer klinischen Institution behandeln.

f) Spezifische Störungen der "Sexualität" (Sinnlichkeit),
wie sie sich in Potenzstörungen, Frigiditäten, u.U. auch
in sog. Perversionen darstellen. In den meisten Fällen jedoch liegt Störungen dieser Art eine personal-kommunikative
Problematik in partnerschaftlichen Verbindungen zugrunde,
so daß die Festlegung auf Störungen im sexuell-leibhaften
Bereich rein symptomatisch ist.

2. Die weitere Relativierung der Diagnose durch den therapeutischen Prozeß

Die Richtlinien der Diagnosestellung nach den Gesichtspunkten der organischen Medizin erfahren bereits in ersten abklärenden Gesprächen mit dem Patienten eine Relativierung,
die dann als "Diagnose" durch die aufzunehmende Behandlung
häufig noch weiter in Frage gestellt wird. Eine Zwangskran-
ke zeigt zunehmend depressive Züge oder Alkoholismus, ja
entpuppt sich als Suchtkranke. Die Zwangsgedanken unterlie-
gen periodischen Schwankungen - vergleichbar einer zykli-
schen Depression. Sie verstärken sich unter einem banalen
Infekt, klingen nach einer beruflichen Veränderung defini-
tiv ab. Ein scheinbar depressiv sich darstellendes Zustandsbild weicht zunehmender Ängstlichkeit mit vegetativ-
funktionellen Symptomen, Entfremdungserlebnissen, es er-

scheint eine Herzphobie, die wiederum diffusen vegetativ-
dystonen Beschwerden weicht. Eine relativ "harmlos" sich
darstellende "Selbstwertproblematik" entpuppt sich als
schwere, mit Suizidalität einhergehende Depression, verbunden mit funktionellen Störungen im Bereich der Sensomoto-
rik - Erscheinungen, die sich in den abklärenden Erstgesprächen nicht zeigten und damit die Problematik der "Diagnose" verdeutlichen.

Eine allgemein-unspezifische Kontakt- und Kommunikationsstörung enthüllt sich als Psychosomatose, umgekehrt verwandelt
sich ein scheinbar verifiziertes psychosomatisches Krank-
heitsbild bei näherer Exploration und entgegengesetzt der
vom Patienten geklagten Symptome in eine überwiegend sexuelle Problematik mit Potenzströungen. Eine Eheproblematik,
die sich wiederum mit überwiegend depressiver Symptomatik
darstellt, verbirgt ein organisch bedingtes Sexualleiden
des einen Partners, das von mehreren Psychologen und Psychotherapeuten übersehen wurde. Ein dramatisiert berichte-
tes, angsterfülltes Zustandsbild wiederum zeigt sich als
Alkoholismus oder Drogenabhängigkeit, bei extrem selten
aufgetretenen Angstanfällen. Ein mit seinen Eltern und der
Schule unzufriedener, "zorniger" junger Abiturient, der vor
Plänen und Kreativität "platzt", zeigt sich in weiteren Gesprächen als apathisch, uninteressiert, ohne Zukunftsper-
spektive, es entsteht der Verdacht einer chronischen sog.
Hebephrenie. Zustände und Bilder dieser Art sind jeder psychotherapeutischen Praxis geläufig, sie bilden das "tägliche Krankengut".

Die erheblich fluktuierende Problematik jeder "Diagnosestellung", die sich auch in der organisch orientierten (inneren) Medizin abzeichnet, in der Psychiatrie deutlich ist,
wird ferner über die Intersubjektivität der Arzt-Patient-
Beziehung wesentlich erhöht. Nicht nur, daß die Erstgespräche als einmalige Begegnung zwischen Arzt und Patient
die weitere Behandlung von Anfang an mitkonstellieren und
damit die Diagnosestellung als ein stets zweiseitig anzuse-

hendes Ergebnis erscheinen lassen, sondern die Person des
Therapeuten wirkt auf den einen Patienten anregend, er vermag ihm gegenüber seine Beschwerden zu artikulieren und
auch "schichtunabhängig" darzustellen, einem anderen Patienten gegenüber wirkt der gleiche Therapeut als diesen
hemmend, der Patient vermag sich nicht zu artikulieren, anstatt einer Diagnose "Psychosomatose" kommt möglicherweise die einer "Depression" zustande.

Zusammenhänge dieser Art werden durch die sehr unterschiedlichen Ergebnisse der Exploration eines und desselben Patienten bei verschiedenen Therapeuten bestätigt. Ein und
derselbe Patient vermag sich hier differenziert zu artikulieren und darzustellen, dort jedoch weicht er aus, schildert seine Beschwerden unspezifisch und weiß am Ende gar
nicht, warum er überhaupt den Therapeuten aufgesucht hat.
Diese durch die Intersubjektivität der Beziehung bedingte
Relativierung der Diagnose muß ebenfalls im Auge behalten
werden.

Sie wird nicht zuletzt durch die Befindlichkeit des Therapeuten mitbestimmt, von dem nicht erwartet werden kann,
daß er von morgens früh bis abends spät in gleichmäßig-aus-
geglichener "Verfassung" sich befindet - die Stimmung, wie
"experimentell" erwiesen wurde, zu erheblichen Unterschieden auch in der Diagnosestellung psychischer Störungen führen kann.

Darüber hinaus muß sich der Therapeut die Frage vorlegen,
ob eine "Homosexualität" eine Diagnose ist? Eine "Selbstwertproblematik"? Eine "Charakterneurose"? Eine "Reifungs-
störung bei hochgradigem Infantilismus"? Es sind zweifellos keine Diagnosen im medizinischen Sinne, sondern aus der
jeweiligen Konzeption des Therapeuten, seiner schulischen
Abkunft her gesehene Einzelheiten im Gesamt des Patienten,
die eine nicht nur zu relativierende, sondern auch eine u.
U. extrem einseitige Ausleuchtung eines einzelnen Beschwer-
dekomplexes darstellen.

Demgegenüber sei zusammengefaßt:

Diagnose ist ein wechselseitiges Ereignis im Sinne des Ge-
dacht-Ausgesprochenen hier, der Feststellung, Abklärung,
Aufhellung des Erlebten dort. Sie schreitet im Erstgespräch
vom gegenseitigen Erkunden der Person des Patienten, seines
Ausdrucksverhaltens, seiner Sprache, Mimik und Artikulation - ein stets ebenfalls gegenseitiger Prozeß, da der Patient sich den Arzt in den meisten Fällen analog kritisch
ansieht - zum ebenfalls gegenseitigen Entdecken von Auffälligkeiten oder Widersprüchlichkeiten, zum Erschließen erster situativer und lebensgeschichtlich bedingter Zusammenhänge. Diagnose ist darüber hinaus nicht nur Erkunden, Entdecken und Erschließen von Zusammenhängen, sondern Auseinandersetzung, die die Frage der Behandlung impliziert, wieweit der Patient zu dieser "motiviert" ist oder ihr noch
schwankend gegenübersteht. Es kommt bei einer Diagnosestellung bereits auch zu einer bindend/lösenden Entscheidung,
einer ersten Bewältigung der sich darbietenden Problematik
im Gang der weiter unten ausgeführten, aprioristisch vorgegebenen Modi der Intersubjektivität. Die "Bewältigung" der
Erstgespräche wird mit einer "Diagnose" im oben ausgeführten Sinne verbunden, die - um dies noch einmal zu wiederholen - die hauptsächlichen Beschwerden des Patienten phäno-
menologisch darstellt, erste Störungen in Strukturen und
Modi wahrnimmt und endlich sich als allgemeine Richtlinie
in den bekannten Wegen von Psychosomatosen, Angst- und
Zwangskrankheiten, Depressionen oder Suchten bewegt. Die
Ätiologie jedoch gehört nur als vermuteter Hintergrund -
Möglichkeit - in die Diagnose, sie ist nicht geforderter
Bestandteil derselben.

Über die Diagnose - im Erstgespräch jedoch nicht von dieser
zu trennen - geht bereits die Anamnese heraus, die die situativen und lebensgeschichtlichen Umstände des Patienten
zu erfassen sich bemüht, seine hauptsächlichen Konflikte
als im Hintergrund der Symptomatik stehend wahrnimmt und
diese Vorgänge jedoch auch wiederum jederzeit zu relativieren bereit ist.

3. Die Problematik der Ätiologie psychischer Störungen
innerhalb der verschiedenen psychotherapeutischen
Schulen

Der für die anthropologisch-integrative Konzeption nicht
mehr verbindliche, darüber hinaus extrem problematisierte
und belastete Begriff der "Neurose" (s.o.), erfuhr in seiner ätiologischen Aufschlüsselung im Verlaufe der acht Jahrzehnte seit seiner Einführung im "psychologischen" (im Gegensatz zum neurologischen) Sinne durch Freud größte Abwand-
lungen innerhalb der verschiedenen individualpsychologischen,
psychoanalytischen, komplexpsychologischen, neoanalytischen
u.a. Schulen und Systeme. Das Wesentliche dieser Meinungsdifferenzen führte dazu, daß die vom Patienten erlebten Nöte und Leiden zunehmend in der Diagnose in den Hintergrund
traten, statt ihrer bereits die hypothetisch-unterstellte
Ätiologie zum Gegenstand der Diagnose selbst wurde, einer
Ätiologie, über die eben innerhalb der verschiedenen psychotherapeutischen Schulen kaum eine verbindliche Meinung vorliegt. Darüber hinaus wurde - vor allem von der "orthodoxen" Psychoanalyse - die Meinung entwickelt, Freuds Konzept
ausbauend, daß es sich bei sog. Zwangsneurosen, Depressionen,
Angstkrankheiten usf. um nosologische Einheiten handelt -
vergleichbar einer Infektions- oder einer Systemerkrankung -,
die jeweils auf spezifische Entstehungen und Bedingungen zurückzuführen wären, denen entsprechende "Fixierungen" in der
frühkindlichen Entwicklung, unbewußte Affektverschiebungen
usf. zugrunde lägen. Diese Konzeption sei an dem Beispiel
der Ätiologie des Depressiven aus der Neurosenlehre Nunbergs
wiedergegeben:

"In der Trauer sowohl wie in der Melancholie ist ein mit Libido besetztes Objekt verlorengegangen. Während es in der
normalen Trauerarbeit gelingt, die Libido vom Objekte abzu-
ziehen und anderweitig ohne Triebentmischung zu verarbeiten
(z.B. durch Verschiebung auf andere Objekte), gelingt dies
bei dem zur Melancholie Disponierten nicht, weil er von Haus
aus ein übertrieben strenges Über-Ich hat. Die Krankheit
bricht nach einer Liebesenttäuschung im weitesten Sinne des
Wortes aus, die ihn zwingt, die Libido vom Objekt abzuzie-
hen. Er ist nämlich sehr narzißtisch und fühlt sich infolge-

dessen leicht gekränkt. Mit dem Libidoentzug geht, wie wir
wissen, bei starker Ambivalenz - und der Melancholiker ist
sehr ambivalent - Triebentmischung einher: die Destruktions-
triebe werden frei. Er gibt zwar in seiner Ambivalenz als
Reaktion auf die Enttäuschung das Objekt auf, identifiziert
sich aber mit ihm. Dadurch, daß das Objekt im Ich aufgeht,
wird die Distanz zwischen dem Abbilde des Objektes und dem
Über-Ich selbstverständlich aufgehoben, und es wird dessen
Aggressionen zugänglicher. Gegen die früher geliebte Person,
die durch Identifizierung zur eigenen geworden ist, richtet
sich nun der ganze Sadismus des überstrengen Über-Ich."
(Aus: Nunberg, H., Allgemeine Neurosenlehre. Zweite, ver-
mehrte und verbesserte Auflage, Bern 1959, S. 170)

P. Kutter erklärt die Depression gegenüber Nunberg bereits

differenzierter:

"1. Fixierungsstelle in der frühen Entwicklung des Ich-
Ideals mit dem Ich-Einfluß entzogenen Größenphantasien.
2. Fixierungsstelle in der Entwicklung der frühen Objekt-
Imago, vorzeitige massive Internalisierungen, die vom Ich
abgespalten und leicht externalisiert werden können.
3. Fixierungsstelle in der frühen Über-Ich-Entwicklung,
charakterisiert durch mit archaischer Aggressivität besetz-
te Über-Ich-Kerne.
4. Fixierung der Libido auf der oralen Entwicklungsstufe
(K. Abraham, 1924, S. 47).
5. Nach Externalisierung der idealisierten Eltern-Imago eine ähnliche Abhängigkeit von einem Ideal-Objekt wie bei der
zu Schizophrenie prädisponierten Persönlichkeit." (Aus: Loch,
W. (Hrsg.), Die Krankheitslehre der Psychoanalyse, 3. Auflage, Stuttgart 1977, S. 208)

Ohne hier auf die erheblichen Differenzen der Erklärung der

Ätiologie der Depression wiederum zwischen den Anhängern

Melanie Kleins, H. Kohuts und O. Kernbergs im Vergleich zu

anderen Psychoanalytikern einzugehen, sei folgendes befragt:

1. Die Annahme einer Libido, die hier "fixiert" wird, dort

besetzt, gegenbesetzt und der physikalische Vorstellungen

aus der Elektrophysik zugrundeliegen, entspricht nicht dem

erfahrbar-phänomenalen Bestand von Kommunikation, wie er

oben ausgeführt wurde und der für zwischenmenschliche Be-

ziehungen und ihre möglichen Störungen verbindlich ist. Es

gibt eine "unendlich" große Skala intersubjektiver Bezie-

hungsmöglichkeiten (s.o. Teil II), aber keine "Libido", die

hier wie "Klebstoff" fixiert, dort abgeheftet und anderswo

wieder angeheftet werden kann. Das intersubjektive Ereignis

"Kommunikation" wird in der Libidotheorie mechanistisch reduziert, damit zerstört.

2. Der Begriff der Fixierung, der biologischen Drei-Phasen-
Lehre der Sexualität nach Freud entnommen, stellt letztlich
eine fast unerfüllbare Zumutung an die "Phantasie" des Beobachters dar: Was soll sich und wie in der durch permanente
Fluktuation gekennzeichneten "Psyche" fixieren, stehenblei-
ben und "haften"? Wenn diese Vorstellungen Freuds auch vom
Verfasser schon andernorts ("Schulen", "Beziehung und Gestalt", "Mitteilung und Antwort") einer ausführlichen Kritik
unterzogen worden sind und hier nur darauf verwiesen sei,
so impliziert darüber hinaus die Hypothese von den Fixierungen (und entsprechenden Regressionen) in bestimmten Rei-
festadien die Vorstellung einer gesunden Norm, in der der
Reifungsvorgang des Individuums bis zur phallischen Phase
durchlaufen wird, krank vielmehr das "Stecken-" oder "Kle-
ben-Bleiben" der Libido anzusehen ist. Wer aber und was bestimmt die "Norm" einer Entwicklung, die einerseits eine
unbewiesene biologische Phasenlehre verlangt, andererseits
bei ihrer Bestimmung schon auf größte Widersprüche und
Meinungsverschiedenheiten innerhalb der Psychoanalyse ge-
stoßen ist? Wie stellt sich ferner die Realität, der phänomenale Erfahrungsbestand der Erkrankung "Zwangsneurose"
oder "Depression" dar? Die Depression ist von ihrer Symptomatik her ein überaus komplexes Krankheitsgeschehen, bei
der keineswegs - wie die orthodoxen Psychoanalytiker annehmen - die Schuld im Vordergrund steht und die gewiß keine
nosologische Einheit darstellt, sondern sie ist bestenfalls
ein Syndrom. Darüber hinaus neigen Syndrome zu phasischen
Schwankungen, die die Vorstellung einer "Fixierung" - von
der Fluktuation der Psyche überhaupt abgesehen - ganz unwahrscheinlich machen. Ferner ist die depressive Verstim-
mung ein so allgemeines Vorkommnis in der westlichen Zivi-
lisation, daß Annahmen wie die oben dargelegten Hypothesen -
einschließlich der "depressivogenen" Mutter - über die der
Depression zugrundeliegende "Struktur" sich als weitgehend

absurd erweisen, müßten sie doch eben, was ihre allgemeine Verbreitung anbetrifft, unspezifisch sein, sie sollen jedoch eine spezifische "Struktur" aufweisen!

3. Ich-Abspaltung, frühe Über-Ich-Entwicklung, Fixierung der Libido auf der oralen Entwicklungsstufe, Externalisierung der idealisierten Eltern-Imago sind darüberhinaus Hypothesen, von denen nicht nur innerhalb der psychoanalytischen Theorie keine unwidersprochen geblieben sind, sondern - und das ist das Entscheidende - sie machen die Vielfalt der depressiven Symptomatik (s.o.), ihre Heterogenität und ihre Schwankungen in keiner Weise verständlich. Erschöpfung, Mißgefühle im Leib, larvierte, vegetative Depressionen, die Tellenbachsche Melancholie, die Steigerungen von Leistungs- und Verantwortungsbewußtsein bei gleichzeitigem Versagen diesen gegenüber, Apathie, Abwendung von der Welt, insbesondere die Trauer um Verlust usf. stellen schon als Syndrom eine ungewöhnliche phänomenale Vielfalt dar, so daß ihre kausalistische Reduktion auf die hier genannten Hypothesen mangels entsprechender Vermittlung die Beweiskraft fehlen läßt. Es handelt sich bei diesen Ätiologien um reine Konstruktionen, bar jeder phänomenal-intersubjektiven-empirischen Zusammenhänge und ihrer Vermittlung zum Erleben des Kranken. Es fragt sich, was diese Hypothesen überhaupt "erklären" sollen - wenn nicht sich selbst. (Die Vorstellung der "Regression" z.B. setzt voraus, was realitätsangepaßt und nicht regressiv ist, damit die Lösung eines Problems, das, unter vielen anderen Momenten, auch extrem gesellschafts und kulturabhängig und gewöhnlich schwer aufzuschlüsseln ist.)

4. Nicht anders als die Depression, wird auch die Zwangskrankheit innerhalb der Psychoanalyse (s. Nunberg, Fenichel a.a.O.) - analog zur Angstkrankheit und von der Hysterie ausdrücklich unterschieden - als nosologische, strukturale Einheit angesehen, obwohl sie das ebensowenig ist wie die Depression. Warum z.B. bei der "Regression" des Zwangskranken die magisch-animistische Welt der Kindheit

wieder in Erscheinung tritt, nicht aber bei analoger Regression in der Depression, dürfte ein anregendes Feld weiterer final-kausalistischer Hypothesen und Konstruktionen bieten. Wie reduktiv jedoch und nach dem Motto "quod erat demonstrandum" wird die Symptomatik auf den Ödipuskomplex und das Auftreten "anal-sadistischer" Triebimpulse z.B.auch bei Nunberg und Fenichel zurückgeführt!

Die Bemühungen der verschiedenen psychotherapeutischen Systeme, verbindliche Ätiologien sog. "Neurosen" zu erstellen, dürfen als gescheitert angesehen werden, und es seien noch einmal die wesentlichen Gründe zusammengefaßt, weshalb es keine spezifischen Ätiologien oder "Ursachen" von chronischen oder akuten Dekompensationen (s.o. II.) gibt:

1. Lebensgeschichtliche Zusammenhänge im Auftreten von Symptomen oder Syndromen werden auch in der vorliegenden Konzeption im Hinblick auf die Geschichtlichkeit des Menschen, die sich nicht in biologischen Phasenabläufen erschöpft, prinzipiell bejaht. Freuds Verdienst gegenüber der herkömmlichen Psychiatrie seiner Zeit lag eben in der Aufdeckung dieser geschichtlichen Zusammenhänge - obwohl er sie wiederum biologistisch-mechanistisch interpretierte. Die "unendliche" Variabilität jedoch der individuellen Lebensgeschichte - jeder Mensch hat seine je einmalige, unwiederholbare Lebensgeschichte -, die Variabilität der hereditären Disposition und die der subjektiven Antwortmöglichkeiten des Individuums auf lebensgeschichtliche Ereignisse nicht weniger wie seine "subjektiven" Phantasien und Entwürfe, lassen eine spezifische Zuordnung von Erlebnissen ("Vorkommnissen"), ihre Verarbeitung in Phantasie und ihre subjektive Beantwortung im Entwurf in die Realität und damit möglicherweise verbundenem Auftreten von Syndromen nicht zu. (Es sind die drei Grundbedingungen menschlicher Existenz: Heredität, (Leib), Lebensraum und Phantasie, die der Strukturierung der Person in die vier Grundstrukturen und Modi noch vorgegeben ist, die ebenfalls konflikthaft aufeinander bezogen sind (Leib z.B. gegen Phantasie, Lebensraum gegen Leib

usf.), die die Ganzheit und Personenhaftigkeit der Strukturen und Modi ausmachen.) Jeder lebensgeschichtliche Zusammenhang, der einen Sinn zwischen der Geschichte eines "Verhaltens" und einer "Störung" zu erschließen scheint, entwirft diesen "Sinn" stets als Deutung (Hermeneutik!) im
Nachhinein. Es werden nie Notwendigkeiten festgestellt,
sondern Möglichkeiten. Man werde endlich frei von der Vorstellung, die Tiefenpsychologie sei eine Notwendigkeiten
oder notwendige Bedingungen "feststellende" Wissenschaft.
Alle ihre Schlüsse und Urteile sind lediglich Plausibili-
täten. Dieses methodisch nach Maßgabe naturwissenschaftli-
cher Kriterien problematische Verfahren liegt jedoch im Wesen des Menschen begründet, es ist die "anthropologische
Konstante" der Diskrepanz zwischen Möglichem, dessen Verstehen plausibel ist, und dem Notwendigen der kompakt-
materiellen Wirklichkeit. Mögliche Entwürfe des Individuums,
seine ontologisch-anthropologische Verwurzelung im "Möglichen" überhaupt (s. "Beziehung und Gestalt", Teil I, Das
Mögliche), stellen sich in ständiger Fluktuation im diagno-
stisch-therapeutischen Gespräch dar. Das Erfassen des "Möglichen" ist die Grundlage des Verstehens und der Bildung
von Schlußfolgerungen, die sinnvoll "einleuchten", aber
nicht und nie notwendig sind, da ihr Bereich, das Innen
oder die Psyche, nicht der des Materiellen ist und seiner
Notwendigkeiten. Diese Grunddiskrepanz nicht wahrgenommen
zu haben, führte zu der Thesenbildung, Psychisch-Mögliches
nach Gesetzen des Materiell-Wirklichen erfassen zu wollen,
an denen die kausalistische Interpretation der verschiedenen psychoanalytischen Systeme krankt. Das Auftreten einer
bestimmten Symptomatik ("Dekompensation") in einem lebensgeschichtlichen Zusammenhang, im diagnostischen Gespräch
oder in der Anamneseerhebung "plausibel" geworden, kann im
nächsten Gespräch schon wieder aufgehoben oder weitgehendst
relativiert worden sein: es ist keine Notwendigkeit, sondern
Möglichkeit, möglicher Anteil intersubjektiven Geschehens.
Die lebensgeschichtliche Bedeutung des Auftretens z.B. eines "krankhaften Syndroms", einer Dekompensation (einer

sog. "Depression"), ist innerhalb der Lebensgeschichte bereits "überdeterminiert", sie erfährt jedoch eine weitere
"Überdeterminierung" und Relativierung nicht nur durch die
Entwürfe und Phantasien des Patienten, sondern durch den
intersubjektiven, permanent menschliches Dasein überhaupt
ermöglichenden Umgang mit dem Anderen, der dann in der
Arzt-Patient-Beziehung - zur "Diagnosestellung" und Anamneseerhebung - eine weitere Spezifizierung und Deutung durch
die Frage nach dem "Warum" und "Wieso" der Ermöglichung
z.B. einer ersten Dekompensation erfährt. Die Dekompensation erfährt in der Arzt-Patient-Beziehung ihre vielfältige
Interpretation, in die diese Beziehung wechselseitig mit
eingeht. Alle diese Prozesse und ihre Interpretation bewegen sich jedoch im "Möglichen", nicht im "Notwendigen".

2. Kausale Zusammenhänge im Sinne der Psychoanalyse lassen
sich nicht mit der hier vertretenen Konzeption vereinen,
insbesondere weil - wie oben ausgeführt - die Vermittlung
zwischen der Komplexität des Syndroms und einer bestimmten
psychoanalytisch hypostasierten Struktur fehlt. Die vorgegebene, stets nur intersubjektiv zu verstehende und entsprechend fluktuierende Kommunikation, ist in ihrer Antinomik und in ihrer Konfliktbezogenheit aller Kausalität voraus (s.o. II.).

Das Wesen des Psychischen ist u.a. permanente Veränderung,
durchgehende, antinomische Konstituierung desselben, wie
bereits aufgezeigt wurde. Diese Antinomien wiederum sind
im intersubjektiven Zusammenhang zu sehen, sie bestimmen
sich intersubjektiv, heben sich auf, erzeugen sich neu und
lassen strukturale "Libidofixierungen", Instanzen, Abspaltung usf. nicht zu: Hypothesen, mit denen die Psychoanalyse
Freuds ständig arbeitet.

4. Dekompensationen umfassen heterogenste Symptome und Syndrome, z.B. Zwangskrankheit und Sucht finden sich ebenso
zusammen wie "reaktive" Depressionen und Psychosomatosen.

5. Diagnose und Therapie sind aus dem Wesen der Intersubjek-

tivität größter Fluktuation unterworfen - s.o. -, so daß
alle getroffenen "Feststellungen" der permanenten, erneuten Relativierung bedürfen.

6. Die Ermittlung von z.B."oraler Identifikation", "Ich-
Spaltung", "früher Über-Ich-Entwicklung" usf. lassen sich
je nach Anwendung "hermeneutischer Raster" im Gang durch
eine "große Therapie" ubiquitär feststellen. Der Narzißmus
im Sinne von Kohut, der heute die Stelle des Ödipus-Komple-
xes einzunehmen beginnt (obwohl der erstere auch innerhalb
der psychoanalytischen "Orthodoxie" nicht unwidersprochen
blieb), ist ebenso allgemein und unspezifisch im Verlaufe
fast jeder Behandlung aufzuweisen wie die sog. Homosexualität oder die "orale Fixierung an die Mutterbrust". Damit entfällt weiterhin die Hypothese der Annahme spezifischer Ätiologien für spezifische, konstruierte, nosologische Krank-
heitseinheiten.

7. Krankheit und Gesundheit als Norm sind nur im Sinne kompensierter und dekompensierter, aber in der Konfliktbezogenheit menschlicher Existenz vorgegebener Mißverhältnisse zu
sehen (s.o. II.). Entgegengesetzt seiner Bemühung, für die
"Neurosen" spezifische Ursachen zu ermitteln, mußte Freud -
im Unterschied zu seinen Schülern - in den (letzten) Vorle-
sungen zur Einführung in die Psychoanalyse resignierend
feststellen, daß es keine eindeutigen Grenzen zwischen "gesund" und "krank" gäbe.

8. Ätiologie und Diagnose gehen regellos in den publizierten
psychoanalytischen Krankengeschichten verschiedenster Schulen ineinander über. Der oben zitierte Arztbrief steht anstelle zahlloser analoger Schreiben und entsprechender Krankengeschichten. Die Gleichsetzung von Diagnose und Ätiologie
ist tautologisch: die vorgefaßte Interpretation wird nur sekundär empirisch belegt.

9. Der psychoanalytische Reduktionismus - das Zurückführen
komplexer Syndrome auf wenige Ursachen in der Krankheit,
selbst auf Traumen, deren Wirkung auf sog. Neurosen schon

von Freud im Verlaufe seiner Entwicklung in Frage gestellt
wurde - ist auch heute nach wie vor maßgeblich.

(Gross berichtet, daß er bei der Durchsicht einer größeren
Anzahl von Jahrgängen des International Journal of Psychoanalysis in über 40 Krankengeschichten sexuelle Traumen als
ausschließlich ein Symptom oder eine Symptomatik bedingend
aufgefunden hat - ab 1975.)

10. Die extremen Meinungsverschiedenheiten unter den Schülern Freuds - z.B. Melanie Klein gegen Anna Freud - über
die Entwicklung bestimmter Symptome oder Syndrome läßt auch
nicht zuletzt aus diesem Grunde eindeutige ätiologische Aussagen nicht zu. Die Meinungsverschiedenheiten spiegeln ferner Freuds unterschiedliche Stellungnahmen zu der Bedeutung
des Traumas, seine wechselnde Interpretation der Zwangskrankheit, insbesondere dann der Angstkrankheit usf. wider.

11. Abschließend sei gefragt: Die Psychoanalyse Freuds war
dem Prinzip verbunden "Heilung durch Bewußtwerdung". Glaubt
ein Psychoanalytiker freudianischer Abkunft, eine Depression zu "heilen", wenn dem Patienten die obengenannten strukturalen Problematiken bewußt geworden sind? Was nützen diese Hypothesen nicht zuletzt dem Patienten?

Diese aus einer - zweifellos fragmentarischen - kritischen
Sichtung der Psychoanalyse Freuds und seiner Schüler sich
ergebende Problematik in bezug auf die Ätiologie und Diagnosestellung psychischer Störungen erfährt in ihrer kausalistischen Reduktion oder Ätiologie von Krankheitssyn-
dromen auf bestimmte strukturale, frühkindlich geprägte,
intrapsychische Verhältnisse eine außerordentliche Steigerung, werden die anderen Schulen und Systeme auf ihre Konzeption hinsichtlich der Ätiologie sog. Neurosen befragt.
Es ist hier nicht der Ort, die Unterschiedlichkeit dieser
ätiologischen Interpretationen der verschiedenen Schulen
zu wiederholen, dies ist ausführlich an anderer Stelle
("Schulen") geschehen. Deshalb sei nur erinnert, daß die
Ätiologie etwa der sog. Angstkrankheit, des Zwangssyndroms,

der Depression, der Sucht oder der Psychose von der Komplexpsychologie C.G. Jungs bis zu Adlers Individualpsychologie, von Horney bis Schultz-Hencke, von Radó bis Sullivan
oder Fromm, höchst heterogene Interpretationen erfahren haben, die aus ihrer Position selbst nicht zu vereinen sind,
sieht man darüber hinaus von den Konzepten der Gestalt- und
Gesprächstherapie ab. Das gemeinsame Merkmal, das bestenfalls in der Ätiologie sog. Neurosen und anderer Krankheits-
formen aufgefunden werden kann, ist die Angst, deren Wirkung
auf spätere, lebensgeschichtlich sich darstellende Störungen
der Person oder Krankheitssyndrome immer wieder betont wird.
Allerdings stehen in den Deutungen der Angst die stärker auf
das soziale Umfeld bezogenen Ansichten der Neoanalyse,z.B.
mit den sog. archetypischen Vorgegebenheiten C.G. Jungs,in
nicht zu übersehendem Widerspruch zueinander. Es befinden
sich überwiegend Triebkonflikte anvisierende Konzeptionen
wiederum in Widerspruch zu jenen, die das soziale Milieu
als ausschließlich pathogen ansehen. Hier sind es die sozialen Ängste, die nicht "triebdynamisch" interpretiert werden,
dann wiederum ist es die Kastrationsangst oder die Angst
vor Überwältigung durch die Inhalte des Unbewußten, die
als pathogen angesehen werden, dann wiederum die Angst, die
aus Gehemmtheiten von Antrieben sich darstellt usf.. D.h.
die Ätiologie der Angst wird, sieht man von den Interpretationen der Schule Freuds ab, auch wiederum zwar allgemein
als bedeutungsvoll für die Entstehung von psychischen Störungen anerkannt, aber in ihrem Schwerpunkt für die Entwicklung der Persönlichkeit höchst unterschiedlich gesehen.
Nichtsdestoweniger wird ihr eine zentrale Bedeutung für die
Entstehung von psychischen Gestörtheiten zugebilligt. Dieser Zusammenhang wird ebenfalls von der hier vertretenen
Konzeption wahrgenommen: die Angst liegt bereits jeder Kompensation, d.h. letztlich auch dem fundamentalen Mangel und
seiner Kompensation (s.o. Teil II) zugrunde, sie ist nicht
wegzudenkender Bestandteil des menschlichen Entwurfes in
die Welt. D.h. der Angst wird in der vorliegenden Auffas-

sung eine existenzielle, nicht wegzuleugnende Bedeutung zugebilligt, sie ist weder "triebdynamisch" oder "sozial" bedingt, sie geht diesen möglichen Bedingungen als Mensch-
Sein überhaupt begründend voraus.

Davon abgesehen sei jedoch zusammengefaßt, daß es eine verbindliche Ätiologie der psychischen Störungen und Psychosomatosen weder innerhalb der Psychoanalyse Freuds und seiner
Schüler, noch innerhalb der anderen Systeme gibt. Vielmehr
stehen hier widersprüchliche Meinungen gegeneinander. Dies
bedenke jeder zukünftige Psychotherapeut, der Gefahr läuft,
die Konzeptionen und Systeme seines Lehranalytikers zu übernehmen.

4. Folgen der ätiologischen Meinungsverschiedenheiten für die anthropologisch-integrative Psychotherapie

Schon die von Freud anläßlich der sog. "Hysterie" früh er-
kannte Überdeterminierung ihrer Symptome und Entstehung
hätte den Zwang zur kausalen Reduzierung von Krankheitsab-
läufen nach den Vorstellungen der organisch-naturwissen-
schaftlichen Medizin und klassischen Physik einschränken
sollen. Dies erfolgt jedoch nicht. Vielmehr verdichtet sich
die Tendenz zu "strukturalen" Ätiologien, die sich der empirischen Nachprüfbarkeit weitgehendst entzogen. Der praktizierende Therapeut, der sein Verfahren durch den Patienten
selbst immer wieder in Frage stellt und sich nicht durch
das Aufsuchen spezifischer "Ursachen" und ihrer Bewußt-Ma-
chung als für die Heilung ausschlaggebend düpieren läßt,
wird bemerken, daß der Gang der Behandlung selbst einen permanenten Wechsel von möglichen "krankheitsauslösenden" Momenten impliziert und im Anfang einer Therapie, die Konstel-
lation der lebensgeschichtlich relevanten Personen z.B. des
frühkindlichen Schauplatzes (Lebensraumes), sich anders darstellt als zu einem späteren Zeitpunkt oder gar gegen Ab-

schluß der Behandlung. Diese Tatsache - auf die bereits oben verwiesen wurde - macht jede kausalistische Strukturierung von Syndromen unmöglich.

Wie der Verfasser in "Beziehung und Gestalt" ausführlich darlegte, ist die psychoanalytisch-tiefenpsychologische Langzeitbehandlung ein Gang des Patienten durch die vielfach wechselnden - "überdeterminierten" - Möglichkeiten seines Innen, wie diese insbesondere auch der Traum widerspiegelt. Der therapeutische Prozeß schwankt zwischen der Konfrontation des "Möglichen" (der sog. "Aperspektive") mit dem "Wirklichen", von dieser Konfrontation kann graduelle Bewältigung, personale Selbstfindung ("Selbstverwirklichung") als Konstituierung eben eines "Selbst" sich ereignen. Der Patient erfährt seine Grenzen ("Wirklichkeit") wie auch seine Möglichkeiten (Entwürfe). Er vollzieht den immer wieder neu zu leistenden Balanceakt zwischen beiden. In dieser Orientierungsgewinnung, stets mit und über den Therapeuten, wandelt sich vieles was vorher gegeben und stabil schien: die Beziehung zu den Eltern nicht weniger wie zu der "Sexualität", zum Beruf oder zu seiner Geschichtlichkeit überhaupt. Aus seelischer "Stagnation" wird fluktuierender, intersubjektiver Prozeß, der in der vorliegenden Konzeption aus der Erfahrung der Wandlung des Patienten im Verhältnis zu den fundamentalen, ontologischen Strukturen des Raumes (s.o. Teil II), der Zeitlichkeit, der Leistungswelt und der Leiblichkeit innerhalb der vorgegebenen Modi wahrgenommen wird. Dieser kommunikative Vorgang ereignet sich stets über den anderen - den Therapeuten und die Bezugspersonen des jeweiligen Lebensraumes -, wie auch im Umgang gleichzeitig und stets mit sich selbst, der sich in den weiter unten dargestellten Modi des Erkundens, der Auseinandersetzung, des Bewältigens usf. vollzieht.

Krankengeschichte in der hier vorgetragenen Konzeption ist stets die Erfahrung von Einschränkungen in kommunikativen, intersubjektiven Bezügen, Kompensation und Dekompensation derselben in hyper- oder hypotrophen Strukturen und Modi -

und, im wesentlichen Unterschied zu den oben vorgetragenen
Ansichten der verschiedenen psychotherapeutischen Schulen
und Systeme, nicht kausal zu spezifizieren. D.h. eine Einschränkung im Verhältnis eines Menschen zu seiner Leiblichkeit, zu seiner Orientierung, zu seiner Verantwortung oder
zu seinen Ordnungsbezügen wie auch zu seiner Leistung, eine
Einschränkung auch in mehreren Bereichen, der Verlust der
perspektivischen Ortung überhaupt in der Psychose, kann
durch extrem verschiedene Bedingungen ausgelöst werden, denen eine Ähnlichkeit untereinander nicht ohne weiteres zugebilligt werden kann. Der dreifache Entwurf des Menschen
in seine Welt: über seine Leiblichkeit, d.h. über seine
Konstitution und hereditären Möglichkeiten und Bedingungen, ferner über sein Vermögen zu Mitteilung, Aufnahme und
Antwort in zwischenmenschlichen Beziehungen (Kommunikation), seines Lebensraumes ("Milieu") und nicht zuletzt
in seinem Vermögen zu Phantasie und kreativem Entwurf,
stellen der hier vorgetragenen Konzeption entsprechend jede Annahme von Spezifität prinzipiell in Frage.

Dieser dreifache Entwurf wird durch jene Strukturen und
Modi aufgefächert und wieder zur Ganzheit verbunden: in jeder "Struktur" (die als diese nur abstrakt, durch den Beobachter, von den anderen zu trennen ist) "schwingt" Leib,
Umwelt und Kreativität (Phantasie) mit.

Dekompensationen und ihre für die psychotherapeutische Praxis relevanten Syndrome (s.o.) sind menschlichem Dasein auf
Grund seines Mangels und seiner Angst von Anbeginn als Möglichkeit inhärent, sie werden lebensgeschichtlich ausgelöst -
wobei, wie ausgeführt, diese Auslösung stets relativiert
wird - durch das Nicht-Bewältigen von Konfliktspannungen auf
Grund defizitärer Strukturen und Modi gegen hypertrophe.

Kommunikationseinschränkung entsteht bereits als Kompensation von Konflikterleiden allgemein, die Einschränkung
nimmt bei leibhafter, umweltbedingter (Lebensraum) oder
überwiegend innerpsychischer (Phantasie - z.B. Konflikte
nur im Orientierungsbereich!) Belastung zu. Diese "Bela-

stung" wird nicht nur in den von der Neoanalyse besonders
bearbeiteten Versuchungs- und Versagungssituationen manifest, sondern ebenfalls bei Mangel jeder Versuchung oder
Versagung, auf Grund einer der eingeschränkten Kommunikation entsprechenden Tendenz, die Kommunikation progredient
zu reduzieren, daß gerade bei Angebot von Kommunikation
(z.B. einer Liebesbeziehung) die Dekompensation eintritt,
nicht nur bei progredienter äußerer oder leibhafter Versagung (z.B. psychische Dekompensation auch bei leibhafter Erkrankung). Was kompensiert - kann zu Dekompensation umschlagen.

Der "unendlichen" Variabilität des Grundentwurfes des Menschen in seine Welt, der Strukturen und Modi in permanenter
selbst- und umweltbezogener Kommunikation entsprechend, sind
"Auslösung" und "Belastung" in hohem Ausmaß zu relativierende Faktoren. Daß eine Belastung im Sinne nicht zu bewälti-
gender, "unerträglicher" Konfliktspannung zu dieser und zu
einer Dekompensation wurde, kann nur im Nachhinein festgestellt werden, impliziert aber keine allgemein verbindlichen
Aussagen für andere Menschen. Chronische Dekompensationen
(sog. "Charakterneurosen", "Fehlhaltungen", "Psychopathien")
können Jahre, Jahrzehnte für den Menschen unbemerkt bleiben, solange er in seinem Lebensraum kompensiert ist - z.B.
extremer Leistungsbezug in leistungsbezogener Gesellschaft.
Eine Veränderung seiner leibhaften Konstitution - Infarkt! -
oder in seiner Umwelt läßt eine chronische Dekompensation
manifest werden. Erst in der Diskussion derselben, im Nachhinein, wird die extreme Kommunikationseinschränkung des
jetzt Erkrankten sichtbar, seine durch den Umweltbezug -
s.o. II. - "kompensierte Dekompensation". Aus dieser Sicht
lebt letztlich jeder Mensch - schon in bezug auf den Grund-
Mangel - am Rande akuter Dekompensation, beziehungsweise
existiert er in "kompensierter Dekompensation" ("kompensier-
tes Mißverhältnis", s. "Beziehung und Gestalt") - um hier
im Gefolge eines Infektes oder von Kaffee- und Nikotinabusus
eine Angstkrankheit zu entwickeln, dort in Vorwegnahme einer Prüfung, dann im Verlust einer nahen Bezugsperson, dann

wiederum im erfolgreichen Erreichen einer beruflich hoch-
qualifizierten Position, dann in der Folge seiner Pensio-
nierung. Der "unendlichen" Variabilität des menschlichen
Entwurfes entsprechend gibt es "unendlich" viele intersubjektive Situationen, die zu extremer Konfliktbelastung
und Dekompensation führen können. Deshalb gibt es keine
spezifischen Ätiologien, sondern nur Ähnlichkeiten der
Krankheitssyndrome in bezug auf die Hyper- oder Hypotrophie
von Strukturen und Modi. Das Anliegen der hier vorgetragenen Konzeption begnügt sich, hinsichtlich ihres "wissenschaftlichen Anspruches", damit, diese Ähnlichkeiten als
Syndrome der dekompensierten Beziehung in den Modi oder
im Verhältnis zu den Strukturen aufzuzeigen (s.o. II.).

So wird im Verlauf des vorliegenden Konzeptes der Wechsel-
haftigkeit und Fluktuation der "Symptomatik", des Entstehens und wiederum auch des spontanen Vergehens von "Syndromen", Rechnung getragen, ihrem lebensgeschichtlichen Zusammenhang und nicht zuletzt ihrer möglichen Korrelation
zu einer Kompensation, Dekompensation, zu Hyper- oder Hypotrophien von Strukturen und Modi der intersubjektiven Kommunikation. Grundsätzlich gemeinsam wird jedoch - von der
prinzipiellen Bedeutung der Angst für die Entstehung von
Kompensation überhaupt abgesehen - eben die lebensgeschichtlich bedingte Entstehung von Hyper- oder Hypotrophien, von
Kompensationen und Dekompensationen mit den anderen psychotherapeutischen Systemen und Schulen gesehen.

Der für die verschiedenen tiefenpsychologischen Schulen in
den Vordergrund gerückten Bedeutung der frühen Kindheit darüber hinaus für die Entstehung sog. "Neurosen" wird hier
nur bedingt zugestimmt, der Auffassung Freuds, daß die Entwicklung des Menschen im wesentlichen im dritten Lebensjahr
abgeschlossen sei, in keinem Fall. Die Kindheit ereignet
sich nicht weniger wie der Lebensablauf auch in jenen drei
Möglichkeiten und Eingrenzungen des menschlichen Entwurfes:
das Kind kann hereditär wie von seinem Lebensraum beeinflußt,
"geprägt" werden, aber es kann ebenso bereits "gegenprägen",

wie sogleich noch ausgeführt wird. Damit wirkt die Kindheit zwar vorwegnehmend dispositionell, sowohl leibhaft-
hereditär wie auch "umweltbestimmt". Aber diese Prozesse
sind weitgehendst reversibel, variabel, fluktuierend - die
tiefgehenden Verwandlungen, die ein Mensch im Verlaufe seines Lebens erfährt, bei gleichzeitiger Erhaltung seiner
sog. "Identität", werden von der hier vorgetragenen Konzeption in den Vordergrund gestellt, nicht aber die Meinung,
daß etwa der "Ödipuskomplex" oder der "Narzißmus", im zweiten oder dritten Lebensjahr erworben, zu der hauptsächlichen und überwiegenden "Motivation" des menschlichen Le-
benslaufes werden. Tendenzen dieser Art werden nicht be-
stritten, jedoch ihre kausalistische Verabsolutierung abgelehnt. "Die Kindheit" bleibt in der Therapie eine ständig
sich wandelnde "Konstruktion" zwischen Patient und Therapeut, um aktuales Verhalten und Situationen in einen größeren, aber gewiß nicht "objektiven" Zusammenhang zu stellen.

Dem dreifachen Entwurf des Menschen in seine jeweilige
"Welt" (leibhaft-dispositionell, kommunikativ-antinomisch
in seinem Lebensraum und kreativ beide übersteigend) entsprechend, seiner Auffächerung in Strukturen und Modi, kann
z.B. ein extrem leibfeindlicher, auf Bewältigung von Le-
bensproblemen durch Leistung oder Orientierung eingegrenz-
ter Lebensraum ein Individuum dahingehend beeinflussen, daß
es sich analog verhält, d.h. auch in seinem späteren Lebensweg die ihm begegnenden Probleme, seine Konflikte über Leistung und Arbeit zu bewältigen sucht. Es kann auf Grund dieser hypertrophen Strukturen in seiner Beziehung vor allem
zum Leib, zu Emotionalität und Affektivität defizitär sich
entwickeln, in der Struktur der Zeit dekompensieren und ein
depressives oder anankastisches Syndrom entwickeln. Oder -
den Antinomien seiner Kommunikation (s. o. II.) nicht weniger wie seiner entwerfenden Kreativität entsprechend - es
verhält sich gegensätzlich zu diesem orientierungs- und leistungsbezogenen Lebensraum, die Beziehung zum Leib wird

überstark, es "verwahrlost", bildet "hysterische" oder "narzißtische" Tendenzen, Arbeitsstörungen und wird möglicherweise suchtgefährdet. Nicht zuletzt besteht die Möglichkeit,
daß es leibhaft-dispositionell eben den Anforderungen seines Lebensraumes, seiner Bezugspersonen nicht gewachsen ist
und aus diesem Versagen dekompensiert und Kompensationen
z.B. angsthafter Absicherung suchen muß - oder sich zum
Hochstapler und Pseudologen entwickelt. Ähnlich kann das
Individuum in einem leibfreundlich-offenen, toleranten, wenig leistungs- aber in zwischenmenschlichen Beziehungen
verantwortungsbezogenen Lebensraum sich antinomisch heranbilden und einen leibfeindlichen, leistungsbetonten Lebensweg beschreiten, oder kreativ-imaginativ eben aus innerem Widerspruch zu seinem toleranten Lebensraum und der Einstellung seiner Bezugspersonen einseitige Orientierungen, an
Fanatismus grenzend, entwickeln oder ein "autoritärer" Mensch
von ausgeprägter Weltanschauung werden. Nicht zuletzt vermag
in einem analogen Milieu derjenige, der in seinen leiblichen
Beziehungen z.B. den Geschwistern gegenüber stark überlegen
ist, dann auch anderen Bezugspersonen, aufgrund dieses dispositionellen Entwurfes andere Entwicklungsmöglichkeiten
einschlagen, als sie ihm durch die Vorbilder seines Lebensraumes mitgegeben waren.

D.h. dem Einfluß der Bezugspersonen früher Kindheit, Jugend
und der jetzigen Lebenssituation des Patienten nicht entsprechende (antinomische) oder korrespondierende Entwicklungen des Individuums bieten sich stets als Möglichkeiten dar,
die einerseits das kausalistische Konzept der psychotherapeutischen Schulen in Frage stellen, andererseits das antinomisch-kreative Verhalten des Menschen als eben Subjekt
und nicht Objekt seiner Umwelt wahrnehmen lassen, um damit
dem Menschen - dem Kranken - in umfassenderer Weise gerecht
zu werden.

IV. Das psychotherapeutische Erstgespräch (von B. Laue)

1. Das psychotherapeutische Erstgespräch als
   Therapiebeginn

Ein grundsätzlicher Unterschied zwischen der herkömmlichen
medizinischen Diagnostik und dem psychotherapeutischem Erstgespräch liegt in der Bedeutung des therapeutischen Moments
im letzteren, das mit der Diagnostik unauflösbar verbunden
ist. Das Erstgespräch, das der Anamneseerhebung und sog.
"Diagnose" dient (s. Teil II),ist immer bereits Behandlungsbeginn, ganz gleich, ob danach der Patient vom Untersucher
oder einem Kollegen weiterbehandelt oder auf eine Warteliste gesetzt oder einer stationären psychotherapeutischen
Einrichtung zugeführt wird. Es stellt einen wichtigen, wenn
nicht überhaupt den wichtigsten Teil einer psychotherapeutischen Behandlung dar. Dies soll im folgenden näher ausgeführt und begründet werden.

Die Patienten, die in eine psychotherapeutische Ambulanz
kommen wegen z.B. depressiver Verstimmungen, Angstzuständen,
Zwangsgedanken und -impulsen, Leistungsproblemen, Bezie-
hungs- und sexuellen Schwierigkeiten, psychosomatischen
Störungen oder Schmerzzuständen, unterscheiden sich nicht
nur hinsichtlich ihrer Symptomatik und des unterschiedlich
langen Weges durch medizinische Institutionen - der eine
kommt aufgrund eigener Überlegungen oder Besprechung mit
Freunden, der andere wird vom Hausarzt geschickt, der dritte
erst nachdem er zuvor in einigen Fachkliniken erfolglos un-
tersucht und oft auch behandelt worden ist - von Patienten
medizinischer Praxen. Sondern diese Kranken haben eine unterschiedliche Auffassung von und Einstellung zu ihrer Krankheit, insbesondere zu deren Psychogenese, die in anderen
Praxen gar nicht befragt wird, hier aber von Bedeutung ist.
Patienten mit psychosomatischen Störungen z.B., bei denen

aus der Sicht der Haus- und Fachärzte die Psychotherapie
meistens als "ultima ratio" angewandt wird, können häufig
weder eine Psychogenese erkennen noch akzeptieren. Da ohne
das emotionale Annehmen der Psychogenese jedoch keine Psychotherapie durchführbar ist, hat hier bereits der therapeutische Ansatz zu beginnen. Ein Patient, dem im Verlaufe
des Erstgesprächs (dieses durchaus mehrere Sitzungen in Anspruch nehmen kann) nicht ein erschließendes Auseinandersetzen mit seiner Störung gelingt und z.B. nicht die Psychogenese seiner Erkrankung sieht, wird einer psychotherapeutischen Behandlung ablehnend gegenüberstehen und Gefahr laufen, sie erst gar nicht in Anspruch nehmen zu wollen oder
sie bei den ersten auftretenden Schwierigkeiten abzubrechen.
Häufig wird von Therapeutenseite der Standpunkt vertreten,
daß ein Patient, der zu einer Psychotherapie nicht motiviert ist, eben auch nicht psychotherapeutisch behandelt werden könne und letzten Endes seinem Schicksal überlassen werden müsse. Diese Auffassung ist jedoch unvereinbar mit der
ärztlichen Pflicht, dem Patienten optimale Versorgung zukommen zu lassen, zu der im psychotherapeutischen Bereich eben
auch die schwierige Aufgabe gehört, den Patienten erst für
eine Behandlung zu erwecken.

Daß zahlreiche Patienten der Psychotherapie gegenüber von
Anfang an eine ablehnende Haltung einnehmen, hängt nur zum
Teil mit dem immer noch verbreiteten sozialen Stigma des
"psychisch Kranken" zusammen, das wiederum auf mangelnder
Information über "Psychogenese" und Psychotherapie beruht.
Vielmehr liegt es im Wesen der "psychogenen" Erkrankung
selbst, daß jeder Patient einer psychotherapeutischen Behandlung zumindest ambivalent gegenübersteht. Um dies zu
begründen, muß von anderem Aspekt aus noch einmal auf den
Zusammenhang einer Erkrankung oder einer Symptomatik mit deren Psychogenese eingegangen werden:

2. Exkurs: Symptomatik und "eigentliches" Leiden

Wird vorausgesetzt, daß eine Erkrankung "psychogen" ist -
obwohl es, wie in Teil III ausgeführt, diesen Begriff nicht
mehr in der vorliegenden Konzeption gibt -, impliziert er
jetzt die subjektive Beziehung des Kranken zu seiner Störung. Das aber heißt, sie muß mit subjektiv - vom Patienten -
als beeinträchtigend erlebten biographischen Gegebenheiten
oder Ereignissen zusammenhängen. An diesen muß der Patient
gelitten haben und noch leiden (indem er immer wieder die
gleichen Beeinträchtigungen erwartet und auch erfährt, s.u.),
wenn er darüber erkrankt und eine Symptomatik ausgebildet
hat. Das Leiden an den ursprünglichen Beeinträchtigungen -
den primären und sekundären Kommunikationseinschränkungen
und ihrer Konflikte - ist das primäre, das "eigentliche",
das Leiden an den Symptomen der Störung das sekundäre, das
er, unter verschiedensten Vorstellungen von Weghypnotisie-
ren bis zur Anleitung zur Eigenbewältigung, durch eine psychotherapeutische Behandlung beseitigen (lassen) will. Das
"eigentliche" Leiden ist ihm jedoch meistens verborgen, wie
es gerade der Sinn jeder Erkrankung und Symptomatik ist,
vom "eigentlichen" Leiden abzulenken, es zu kompensieren
und damit zu verbergen. Das "eigentliche" Leiden, so subjektiv es in seiner individuellen Ausprägung auch ist, ist
letzten Endes auf die Ur-Leiderfahrung des Menschen, auf
den Verlust der Einheit mit der Welt, den Mangel (s.o. Teil
III), zurückführbar. Diese Ur-Leiderfahrung ist ein Existen-
zial des Menschen, bedeutet Nichtung und ist engstens mit
der Erfahrung von Trennung und Tod verbunden. (Auf diese Zusammenhänge kann jedoch hier nicht näher eingegangen werden,
es sei verwiesen auf Wyss "Zwischen Logos und Antilogos")
Der Sinn des psychotherapeutischen Gespräches jedoch ist,
den Patienten behutsam-einfühlend an dieses Leiden heranzu-
führen, es ist deshalb ein existenzielles Gespräch. Nun gibt
es biographische Situationen, in denen die Ur-Leiderfahrung
wieder spezifisch durch die Umwelt aktiviert wird, als da

sind: Trennung, Zurückweisung, Ablehnung, Mißachtung, ihre Komplementäre sind leibhaft-dispositionelles Versagen und die Imagination solcher Erlebnisse, dem dreifachen Entwurf des Menschen (s. Teil II) entsprechend. Sie bedeuten jeweils für das davon betroffene Individuum die Erfahrung seines individuellen, seines eigentlichen Leidens. Je gravierender es dieses einmal, zu welchem Zeitpunkt auch immer, in seiner Biographie erfahren hat, desto empfänglicher wird es für Situationen sein, die den beeinträchtigenden ähnlich sind. Es wird die bekannte Leiderfahrung erwarten und auch immer wieder neu erleben - und entsprechend zu kompensieren versuchen.

Andererseits gehört es zu den primären Antrieben des Menschen, wie aller empfindenden Lebewesen, Schmerz und Angst zu vermeiden, und Leiderfahrung ist psychischer Schmerz.

So hat jeder Mensch aus den vielfältigen Möglichkeiten des Vermeidens von Leiden, je nach der Art und Intensität seiner biographisch-individuellen subjektiven eigentlichen Leiderfahrung für sich die ausgewählt und beibehalten, die einmal zu erfolgreichem Ablenken, Vermeiden, Kompensieren und damit Verbergen des eigentlichen Leidens geführt haben - in dieser Weise entwickelt er die tertiären Kompensationen (s.o. Teil III) vermittels der Strukturen und Modi.

Es liegt jedoch im Wesen aller Kompensation (entsprechend dem "eigentlichen" Leiden), daß sie als die Kommunikation zunehmend einschränkend letztlich auf (Zer-)Störung des kompensierenden Individuums gerichtet ist. Jeder Akt der Kompensation ist eine Einschränkung möglicher Kommunikation und hat eine autodestruktive Komponente. Auch solche Kompensationsformen, die im Vergleich zu anderen, absurd anmutenden, wie z.B. Schmerzzustände zur Ablenkung vom weitaus stärkeren psychischen Schmerz, noch relativ "zweckmäßig" erscheinen, wie z.B. Leistungsstreben zur Kompensation erlebter Mißachtung, Anpassungsstreben zur Kompensation von erlebter Ablehnung, werden bei Hypertrophierung irgendwann zu irgendeiner Form der (Zer-)Störung des Individuums führen. Besonders deutlich werden die autodestruktiven Kräfte der Kompensation bei psychosomatischen Krankheitsbildern mit Organbefunden wie Ulcus ventriculi, Colitis ulcerosa, Polyarthritis usf.. Solange sich die Kompensation im Gleichgewicht mit der Umwelt und der Befindlichkeit bewegt, bleiben die autodestruktiven Kräfte wie die eigentliche Leiderfahrung verborgen. Der Mensch erscheint gesund. Das eigentliche Leiden besteht jedoch weiter und fordert, je stärker das Individuum davon betroffen ist, immer neue Kompensationen, immer neue autodestruktiv-kompensatorische Akte. Es repräsentiert den nicht aufhebbaren Mangel als verborgenes Leiden. Krank wird der Mensch - wird einmal von der langsamzersetzenden kompensatorischen Autodestruktion abgesehen - dann, wenn er diesem Mangel nicht mehr "nachkommen" kann. Dafür ist die Erfahrung, daß die kompensatorischen Anstrengungen und autodestruktiven Akte das "eigentliche" Leiden noch nicht beseitigen können, ausschlaggebend, wenn diese auch wie das "eigentliche" Leiden meistens verborgen bleiben oder allenfalls diffus wahrgenommen werden. Der Prozeß der Dekompensation vollzieht sich in den meisten Fällen langsam und schleichend, weil das letztlich der Selbstfindung und Bewältigung über die Erkrankung dienende "Wissen" "Es hat keinen Zweck, immer zu kompensieren" sich nur langsam und schrittweise gegen die eingefahrenen autodestruktiven Kompensationsmechanismen durchsetzt. Das eigentliche Leiden besteht weiter, das Individuum empfindet es in seiner Verborgenheit umso bedrohlicher, je mehr die Kompensationsformen versagen. Das Versagen der Kompensationsmechanismen erlebt der Patient als Leiden an seiner Krankheit oder Symptomatik. Das "eigentliche" Leiden bleibt dahinter verborgen. Das Anliegen des Patienten, wenn er sich in Behandlung begibt, ist das Beseitigen des mit der Erkrankung verursachten (sekundären) Leidens, hinter dem jedoch der zwiespältige Wunsch steht, vom "eigentlichen" Leiden "erlöst" zu werden. Dazu möchte er die alten Kompensationsformen ei-

nerseits wieder hergestellt haben - die er andererseits ab-
schütteln möchte -, trotz "besseren Wissens" möchte er
letztlich mit der eigentlichen Leiderfahrung nicht konfrontiert werden, sich nicht mit dieser auseinandersetzen, sie
entdecken, erschließen und sie dabei noch einmal durchleben
müssen. In dem Maße wie er dies befürchtet, ist seine Einstellung zur Psychotherapie ambivalent. Aber nichts Geringe-
res als Erschließen und Auseinandersetzung mit der eigentlichen Leiderfahrung, dem existenziellen Mangel, wird von
ihm verlangt (und zwar auch schon im Erstgespräch). Es ist
daher nicht verwunderlich, daß sich jeder Patient in der
ihm und seiner eigentlichen Leiderfahrung entsprechenden
Weise dagegen wehren muß, diese aus ihrer Verborgenheit ans
Licht zerren zu lassen - die Gefahr des qualvollen Wieder-
erlebens ist zudem in der wichtigen (weil andererseits Heilung verheißenden) "sensiblen" psychotherapeutischen Situation besonders groß - und sich deswegen "weigert", z.B. die
"Psychogenese" wahrzunehmen. Auf andere Formen des Sich-Weh-
rens gegen die Auseinandersetzung mit dem "eigentlichen"
Leiden wird weiter unten noch einzugehen sein. Hier sollte
vorläufig nur deutlich gemacht werden, daß hinter jeder Erkrankung und Symptomatik ein dem Patienten weitgehend verborgenes "eigentliches" Leiden wirksam ist, dessen erneutes
Durchleben er zu vermeiden sucht.

Auf dieses "eigentliche" Leiden zielt bereits das psychotherapeutische Erstgespräch. Entsprechend seiner Doppelfunktion
der Diagnostik und Therapie hat es zur Aufgabe: einmal das
Erkennen des eigentlichen Leidens durch den Therapeuten, zum
anderen das behutsame Heranführen des Patienten an sein eigentliches Leiden.

3. Dimensionen des ersten Gesprächs

Das "eigentliche" Leiden zeigt sich als Wiederholung der

primären und sekundären Mangelerfahrung erstens in den vom
Patienten berichteten biographischen Gegebenheiten und Ereignissen, insbesondere in der Art seines Berichtens darüber
erschließt sich sowohl deren subjektiver Beeinträchtigungscharakter als auch die Zugänglichkeit des "eigentlichen"
Leidens. Zweitens in der Einstellung des Patienten zu seiner Erkrankung und Symptomatik und damit zu sich selbst.
Diese spiegelt letztlich die biographisch als beeinträchtigend leidhaft erfahrene Einstellung der Umwelt zum Patienten, insbesondere die wichtiger Bezugspersonen wider.

Drittens in der Haltung, die der Patient im Erstgespräch
dem Therapeuten und der Psychotherapie gegenüber einnimmt.
In dieser kommen, abgesehen vom Bedürfnis nach Heilung, immer auch Vermeidungstendenzen und Kompensationsformen des
"eigentlichen" Leidens zum Ausdruck, die eindeutige Hinweise auf dessen Art und Intensität geben. Der Patient erwartet, entsprechend seiner "eigentlichen" Leiderfahrung, auch
in der psychotherapeutischen Situation des Erstgesprächs
die gleichen Beeinträchtigungen, die er aufgrund seiner biographischen Sensibilisierung dafür überall in seiner Umwelt
antizipiert, und für die er bestimmte "Vermeidungsstrate-
gien" entwickelt hat, deren Anwendung ihm immer wieder die
gewohnten Beeinträchtigungen und Einschränkungen verschaffen. Darauf wird, speziell für das psychotherapeutische
Erstgespräch, im folgenden noch näher einzugehen sein. Vorläufig kann festgehalten werden:

Das "eigentliche" Leiden manifestiert sich im psychotherapeutischen Erstgespräch damit dreidimensional. Die erste Dimension betrifft die subjektiv als beeinträchtigend erlebten
biographischen Gegebenheiten und Ereignisse - wie auch die
"kreative" Phantasie solcher Vorkommnisse. Die zweite, die
Einstellung des Patienten zur Erkrankung und zu sich selbst,
die dritte, die Haltung des Patienten der Psychotherapie und
besonders dem Psychotherapeuten gegenüber.

Bezüglich dieser drei Dimensionen lassen sich aufgrund des

bereits Ausgeführten 3 Thesen formulieren:

1. Jede "psychogene" Erkrankung hängt mit subjektiv als beeinträchtigend erlebten oder phantasierten individuell-biographischen Gegebenheiten und Ereignissen zusammen ("von nichts kommt nichts").

2. Die Einstellung des Patienten zu seiner Erkrankung und Symptomatik macht auch die Einstellung des Patienten zu sich selbst deutlich und spiegelt die von ihm als beeinträchtigend erfahrene oder phantasierte Einstellung des Lebensraumes, insbesondere die wichtiger Bezugspersonen, zu ihm wider.

3. Die Haltung, die ein Patient im Gespräch mit dem Therapeuten einnimmt, ist ähnlich der, mit der er auch sonst seiner Umwelt, in Antizipation der subjektiven biographisch erlebten Beeinträchtigungen, begegnet, die er durch dieses sein Vermeidungsverhalten immer wieder neu provozieren kann. (Was ein Patient im Therapeuten an Empfindungen und Affekten auslöst, das provoziert er nicht nur auch sonst in seiner Umwelt, sondern das hat er auch biographisch als Beeinträchtigung erfahren oder phantasiert, wobei das Phantasieren als Antwort auf den Lebensraum ebenso reales Erleben ist, das möglicherweise im Verlaufe einer Behandlung sich verändert.)

Die formulierten 3 Thesen haben hermeneutischen Charakter und sind als Richtlinien für die Praxis der Durchführung des psychotherapeutischen Anamnesegesprächs anzusehen, die im folgenden ausführlich behandelt werden soll. Das psychotherapeutische Erstgespräch hat sich, in seiner Doppelfunktion als Diagnostik und Therapie, entsprechend der 3 Dimensionen, nicht nur mit den psychogenetischen Zusammenhängen zu befassen, sondern ebenso mit seiner Einstellung zur Erkrankung und zu sich selbst und insbesondere auch mit seiner Haltung gegenüber dem Therapeuten.

Die zentralen Fragen, die sich für das Erstgespräch unter diagnostischem Aspekt, der nicht vom therapeutischen zu trennen ist, was hierin besonders deutlich wird, aufwerfen, sind erstens in bezug auf die "Psychogenese": Wie ist der subjektive Beeinträchtigungscharakter individueller biographischer Gegebenheiten und Ereignisse beim einzelnen Patienten zu erschließen (insbesondere, wenn er diesem verborgen ist oder er ihn nicht ohne weiteres preisgeben möchte), zweitens in bezug auf die Einstellung des Patienten zur Erkrankung und zu sich selbst: Wie ist diese zu erkennen (insbesondere wenn der Patient sie für sich selbst noch nicht entdeckt hat), drittens in bezug auf die Haltung des Patienten gegenüber dem Therapeuten: Was drückt diese aus, wieweit ist sie u.U. mitbedingt, durch das Verhalten des Therapeuten, wie ist die intersubjektive Beziehung zwischen diesem Patienten und dem Therapeuten. Die letzte Frage ist von überragender Bedeutung. Ohne deren Beantwortung ist weder ein diagnostischer noch therapeutischer Ansatz für das Erstgespräch möglich.

Durch Erkennen der Patient-Therapeut-Beziehung in ihrem intersubjektiven Charakter kann der Therapeut durch (gesteuertes) Verhalten die dem Patienten gewohnte Kommunikation therapeutisch durchbrechen und dem Patienten in dieser sensiblen Situation (im Gegensatz zur analytischen Behandlung!) dadurch zunächst die übliche, die provozierte oder phantasierte Beeinträchtigungserfahrung ersparen. Dies ist die wichtigste Voraussetzung nicht nur für jeden diagnostischen und therapeutischen Ansatz im Erstgespräch, sondern überhaupt für dessen Gelingen und damit letztlich für die optimale Behandlung des Patienten.

Wegen der besonderen Bedeutung der Patient-Therapeut-Beziehung wird auf diese Thematik noch näher eingegangen werden. Zu diesem Zweck sollen einige überwiegende Haltungen (Verhaltensarten), wie sie im Erstgespräch zu beobachten sind, sowie deren mögliche Hintergründe und der therapeutische Umgang damit beschrieben werden. Dabei sei jedoch grundsätzlich betont und erinnert, daß es allgemein-verbindliche Regeln zur Gestaltung eines für den Patienten und Therapeuten gleichermaßen befriedigenden Gespräches, das zur gemeinsamen Abklärung und Erhellung der Situation der Lebensgeschichte

und eventuellen ersten Erkundens von Konflikten wie auch zu
einem Entschluß hinsichtlich der Behandlungsmöglichkeiten
führt, nicht gibt - außer den unter I/6 angegebenen therapeutischen Grundhaltungen als notwendiger Voraussetzungen.
Letztlich ausschlaggebend für ein "gutes" Gespräch ist immer - wie für die Behandlung selbst - die zwischenmenschliche Beziehung, die kommunikativ herzustellen kein Akt der
Reflexion vermag, sondern die von zahllosen, sich der Rationalität entziehenden Imponderabilien abhängt, Imponderabilien, die auch die "Techniken" z.B. der Gesprächstherapie
nicht zu eliminieren vermögen. Die "Beziehung" ist nicht er-
lernbar - sie ergibt sich - oder sie fehlt, mit allen daraus
sich ergebenden Konsequenzen: bei Mißlingen des Gespräches
den Patienten zu einem Kollegen zu überweisen.

Vordergründig lassen sich zunächst hinsichtlich der Ausdrucksformen mitteilsame Patienten von schweigsamen unterscheiden. Die Mitteilsamkeit kann auf den ersten Blick ko-
operativ wirken, wenn sie nicht gerade überwiegend die
Schilderung anderer Personen oder das Allgemeine zum Inhalt
hat, aber auch mit einer fordernden, einer aggressiven, einer versachlichenden oder einer klagsamen Haltung verbunden
sein oder alle diese Momente in sich bergen, während
Schweigsamkeit u.U. mit einer ablehnenden, einer ebenfalls
aggressiven, einer ängstlichen oder unbeteiligt wirkenden
Haltung einhergehen kann. Allen diesen Haltungsstilen, der
Mitteilsamkeit, und nicht nur der, die sich auf anderes
richtet, wie der Schweigsamkeit ist gemeinsam, daß sie letzten Endes auch als Funktion zur Vermeidung des eigentlichen
Leidens dienen. Darüber hinaus haben sie jedoch, mögen sie
Erschließen (biographische Zusammenhänge z.B.), Auseinandersetzung oder Entscheidung (Binden/Lösen) provozieren, überwiegend die Situation des Erstgespräches erkundenden Charakter. Das Mitteilen - oder das Schweigen - bei aller Unterschiedlichkeit des dabei vom Patienten Erlebten - dienen
primär auch dem Abtasten, Abwägen, "Herausfinden" (Entdecken), dem "Stein in einen See werfen und die Reaktion

abwarten" - d.h. dem Erkunden der Person des Therapeuten und
der Situation überhaupt. Es ist jedoch der Sinn der therapeutischen Erstgespräche, nicht im Erkunden zu verbleiben,
sondern gemeinsam zumindest zu erschließen, d.h. das "eigentliche" Leiden anvisierende Zusammenhänge zu unterscheiden. Die Modi der Kommunikation als Mittel der Selbstkontrolle seien deshalb, bei unterschiedlichstem Verhalten des
Patienten und seiner Darstellung, dem Therapeuten stets bewußt - er verlasse, sie reflektierend, die Ebene unmittel-
bar-anteilnehmender Kommunikation. Dies soll im folgenden
veranschaulicht werden:

4. Patientenhaltungen und der Umgang damit im Erstgespräch
a) Formen mitteilsamen Verhaltens

"Der mitteilsame Patient"

Ein Patient, der bei seiner ersten Vorstellung in der psychotherapeutischen Ambulanz im Verlauf der ruhig-gelassenen
Befragung nach dem "Warum" seines Kommens sofort ausführlich seine Symptomatik berichtet, darüber hinaus seine Vermutungen über deren Ätiologie mitteilt und seine Biographie
bis in die früheste Kindheit hinein erzählt, auch seine gegenwärtige Situation schildert, erscheint oft nicht nur An-
fängern als der ideale Partner für ein anamnestisches Gespräch. Meist wird gar nicht oder erst hinterher erkannt,
daß gar kein Gespräch stattgefunden hat, alles Gesagte im
Erkunden verblieb, daß der Patient den Therapeuten durch
seine Mitteilsamkeit überrollt hat, daß er nur das gesagt
hat, was ihm leicht fiel ("seine Platte ablaufen ließ") und
so heikle Punkte aussparen konnte.

Der Therapeut läuft solchen redselig sich und den Therapeuten erkundenden Patienten gegenüber Gefahr, daß er deren
Mitteilsamkeit als eigenen Erfolg wahrnimmt, davon begei-
stert, was er alles zutage fördert, stellt er dieses über-

haupt nicht in Frage, sondern geht voll in der Kommunikation
auf. Das Bild, das er anschließend vom Patienten hat, ist
das, was dieser ihm vermitteln wollte, aber nicht das, das
dem Patienten entspricht und als therapeutische Grundlage
dienen sollte; das eigentliche Leiden hat er überhaupt nicht
zu Gesicht bekommen.

Dieser Gefahr kann der Therapeut entgehen, indem er - bei
aller Offenheit der Zuwendung - mit einem gewissen "Mißtrau-
en" (- die Modi reflektierend -) sowohl dem Patienten als
insbesondere sich selbst gegenüber das Gespräch aufnimmt.
Dieses ermöglicht ihm, jederzeit aus dem unmittelbaren kommunikativen Prozeß auszusteigen und das Geschehen zu hinterfragen, u.U. das Gespräch auf eine andere (diagnostische)
Ebene zu bringen oder therapeutisch den Patienten vorsichtig (!) zu konfrontieren (auf die Bedeutung des Konfrontie-
rens - im Sinne beginnender Auseinandersetzung - das in der
2. Dimension erfolgt, wird im folgenden noch ausführlich
einzugehen sein), um das in dessen Mitteilsamkeit zum Ausdruck kommende Vermeidungsverhalten zugunsten einer stärkeren emotionalen Beteiligung, in der allein das eigentliche
Leiden sich zeigen kann, in Frage zu stellen. Das der Mitteilsamkeit zugrunde liegende eigentliche Leiden kann z.B.
in der Erfahrung des Nicht-beachtet-Werdens bestehen. Wie
der Patient in der intersubjektiven Beziehung zum Therapeuten in diesem Erfolgserlebnisse und "Selbstbewußtsein" provoziert hat, so kann es (s. 3. These) möglich sein, daß der
Patient biographisch durch erfolgsgeprägte, selbstbewußte
Bezugspersonen Nicht-Beachtung und subjektive Bedeutungslo-
sigkeit erfahren hat, die er, u.a. z.B. durch seine Art Mitteilsamkeit, vermeidet und kompensiert, gleichzeitig die
Reaktion des Therapeuten erkundet. Solcher Art Hypothesen
kann der Therapeut jedoch nur stellen, indem er sich unter
reflektierender Herausnahme aus dem kommunikativen Prozeß
befragt: Was löst der Patient durch sein Verhalten in mir
aus? Er kann der Hypothese dann diagnostisch in der 2. Dimension weiter nachgehen, indem er die Einstellung des Pa-

tienten zu sich selbst erkundet. Hier findet er vielleicht, daß der Patient z.B. eigene Bedürfnisse gar nicht wahrnehmen kann, mit seiner Gesundheit "Schindluder treibt", sich über das Augenfällige hinausgehend nicht pflegt u.ä. mehr, aus dem er (entsprechend 2. These) ebenfalls auf die biographische Erfahrung von Nicht-Beachtung schließen kann. Seine Hypothese kann er nun in der 1. Dimension weiter verfolgen und hier möglicherweise biographisch subjektiv erlebte Beeinträchtigungen durch Nicht-Beachtung oder Mißachtung feststellen.

Gelingt es dem Therapeuten, die eigentliche Leiderfahrung zu erkennen - was, wie gesagt, nur möglich ist, wenn er sich zeitweise aus dem intersubjektiven Prozeß herausnimmt -, dann kann er sie auch dem Patienten erschließen, indem er ihn behutsam mit ihrer Manifestation in den 3 Dimensionen konfrontiert, z.B. dadurch, daß er ihm aufzeigt, wie wenig er z.B. seine Gesundheit beachtet (2. Dimension) und fortfährt, ob denn in der Kindheit darauf geachtet worden wäre (1. Dimension), bis der Patient erkennt - oder phantasiert -, daß z.B. nicht nur seine Gesundheit, sondern er selbst nicht beachtet wurde. Das beschriebene Vorgehen ist jedoch bereits Psychotherapie. Der therapeutische Prozeß beginnt schon dann, wenn der Therapeut das (hier in der Mitteilsamkeit sich zeigende) Vermeidungsverhalten zum erstenmal im Gespräch hinterfragt, und damit deutlich wird, daß im Erstgespräch psychotherapeutische Prozesse nicht von diagnostischen zu trennen sind. Dessen komplizierte Strukturen können hier nur angedeutet werden; das lebendige Geschehen, das sich im jeweils einmaligen Akt des Gesprächs ereignet, kann nicht annähernd wiedergegeben werden. Dennoch soll weiter der Versuch unternommen werden, überwiegende Haltungsstile von Patienten zu beschreiben und deren mögliche situative und biographische Hintergründe, sowie den therapeutischen Umgang damit aufzuzeigen:

"Der distanzierte Patient"
Begegnet z.B. der Therapeut im Erstgespräch einem Patienten,

der seine Symptomatik in sachlich-distanzierter Weise mitteilt, seine Biographie schildert, als handele es sich um die eines anderen Menschen, schließlich intellektuelle Zusammenhänge bezüglich der Ätiologie seiner Erkrankung aufzeigt und psychoanalytische Deutungen parat hat, so besteht auch hier die Gefahr für den Therapeuten, daß er durch den Patienten überrollt wird, von der "intellektuellen Differenziertheit" geblendet, diesem "alles abnimmt", den "Erkundungscharakter" nicht durchschaut. Oder aber er wird entgegengesetzt reagieren, aus dem Gefühl heraus: "Schon wieder so ein Intellektueller, der alles besser weiß", versuchen, indem er z.B. dessen intellektuelle Hypothesen widerlegt, den überlegenen Therapeuten hervorzukehren. Damit wird er sich gerade so verhalten,wie es der Patient antizipiert hat. Es wird sich ein intellektueller Machtkampf - keine Auseinandersetzung! - abspielen, aber kein Gespräch stattfinden, solange es dem Therapeuten nicht gelingt, sich aus der unmittelbaren Kommunikation herauszunehmen und sich zu befragen: was löst dieser Patient in mir aus, wie reagiere ich auf ihn. Er wird dann erkennen, daß er sich diesem Patienten gegenüber unterlegen fühlt - im ersten Beispiel akzeptiert er die Unterlegenheit, im zweiten versucht er seine subjektiv in Frage gestellte Bedeutung wieder herzustellen. Nachdem er sich seines Unterlegenheitsgefühls bewußt geworden ist, braucht er dieses nicht mehr auszuagieren, sondern kann, wenn er jetzt in der 1. Dimension das eigentliche Leiden des Patienten, nämlich unterlegen und unbedeutend zu sein (1. These),wahrgenommen hat, dieses in der 2. Dimension weiterverfolgen, indem er z.B. den Patienten mit der Feststellung:
"Sie sprechen von sich, als handele es sich um eine Person, die Ihnen nicht viel bedeutet"
konfrontiert, d.h. Auseinandersetzung provoziert. Solcher Art Feststellungen zeigen dem Patienten, daß er für wichtig, nicht bedeutungslos genommen wird und ermöglichen es ihm, seine intellektuellen Kompensationsformen zu sehen und mit deren Aufgaben eine emotionale Beteiligung zuzulassen, in

der allein ihm sein eigentliches Leiden erschlossen werden
kann. Außer durch Anregung von Erschließen und Auseinandersetzen kann der Patient auch dadurch näher an sein eigentliches Leiden herangeführt werden, daß der Therapeut ihn
auffordert, bestimmte Erlebnisse konkret in allen Einzelheiten zu schildern, u.U. verbunden mit der Frage:
"Erinnern Sie sich noch daran, wie Sie das damals erlebt
haben oder was hat das für Sie bedeutet?"

Auf Konkretisieren sollte eigentlich in jedem Gespräch
(nicht nur in bezug auf Erlebtes,sondern auch z.B. Schmerzen sollten genau hinsichtlich der Lokalisation, Art und
Intensität beschrieben werden) geachtet werden. Besonders
aber dann, wenn der Therapeut den Eindruck hat, daß ohne
emotionale Beteiligung berichtet wird, oder der Inhalt des
Berichteten nicht von den adäquaten u.U. sogar von entge-
gengesetzten Emotionen begleitet wird, wie es z.B. der Fall
ist bei Patienten, die sich von sich selbst und ihren Beeinträchtigungen distanzieren, indem sie fast ausschließlich unter dem Aspekt des Heiteren davon berichten. Sie
schildern z.B. die gravierendsten Ereignisse so, als handele es sich um einen Witz. Den Fehler, den der Therapeut
hier durch Mitlachen begehen würde, kann er noch durch
rechtzeitiges Aussteigen - z.B. durch Reflexion darüber,
daß dieser Patient vielleicht (s. 2. These) nie ernst genommen wurde - aus dem Mitgerissenwerden des kommunikativen Prozesses wiedergutmachen, indem er (vorsichtig!) konfrontativ (2. Dimension) z.B. feststellt:
"So wie Sie das erzählen, hört es sich wirklich lustig an,
aber es muß doch damals sehr schlimm für Sie gewesen sein."

Oft bewirkt eine solche Feststellung, ohne daß noch hinzugefügt werden muß:
"Bitte schildern Sie genau was damals war und versuchen
Sie sich genau zu erinnern, wie Sie es damals erlebt haben",
allein ein Umschlagen der Emotionen, z.B. daß der Patient
plötzlich zu weinen anfängt, weil er sich seinem eigentli-

chen Leiden gegenüber sieht. Damit darf er niemals allein-
gelassen werden, das Weinen darf nie (z.B. durch dadurch
verursachte Verwirrung des Therapeuten bedingt) im Raume
stehen bleiben, das würde dem Patienten wiederum die Bestätigung geben, daß er nicht wichtig genommen wird und
seine gewohnte Kompensationsform des Distanzierens wieder
aktivieren (was im verwirrten Therapeuten u.U. noch Er-
leichterung hervorrufen könnte). Alles was der Therapeut
in solchen Situationen anteilnehmend sagt, ist besser als
nichts. Optimal wäre beim eigentlichen Leiden verweilend
z.B. die Frage: "Was quält Sie jetzt so?"

"Der klagsame Patient"

Auch bei Patienten, die gleich zu Beginn des Gesprächs an
zu weinen fangen und nichts als Klagen über ihre Symptomatik und das Unverständnis ihrer Umwelt äußern, diese "klagsam" erkunden, ist zunächst einmal die natürliche Anteilnahme des Therapeuten angezeigt. Oft geht ihm aber das Klagen früher oder später "auf die Nerven". Zu diesem Zeitpunkt sollte er sich besinnen, was in ihm vorgeht. Er wird
dabei auf das Erleben von Mißerfolg stoßen, weil es ihm
nicht gelingt, den Patienten zu beruhigen oder in der Anamneseerhebung weiterzukommen. Sobald er das für sich geklärt hat, kann er das eigentliche Leiden des Patienten an
erlebter Abweisung erkennen (s. 1. These), braucht den Patienten nicht mehr dafür mit Abweisung zu bestrafen, daß
dieser ihm Mißerfolgserlebnisse induziert, sondern kann ihm
weiter Zuwendung entgegenbringen und den Patienten von seinen Klagen ablenken dadurch, daß er das Gespräch durch eine
Cäsur auf eine andere, von der Symptomatik und aktuellen
Situation entfernteren Ebene z.B. der 2. Dimension bringt,
indem er z.B. sagt:
"Ich kann mir jetzt gut vorstellen, wie sehr Sie unter Ihrer Krankheit leiden, ich möchte nun gern noch etwas über
Ihre Kindheit erfahren."

"Der fordernde Patient"

Ist das Klagen, noch über dessen appellativen Charakter
hinausgehend, explizit fordernd, z.B. indem ein Patient
sagt:
"Sie müssen mir helfen, nur Sie können es, Sie können mich
nicht wieder wegschicken, sehen Sie nicht, daß ich nicht
mehr kann",
dann ist es umso notwendiger, daß der Therapeut erkundend-
erschließend reflektiert, was in ihm vorgeht. Es ist meist
nicht nur das Gefühl, daß ihm dieses Klagen "auf die Nerven geht" oder der Ohnmacht letztlich des Mißerfolgs, das
wie beim vorher beschriebenen Klagen Abweisung hervorruft
(wie auch der Patient am Abgewiesenwerden leidet, entsprechend der 1. These), sondern oft fühlt sich hier der Therapeut auch und vor allem als der "große Heiler" angesprochen und geschmeichelt. Wenn er das nicht erkennt, hat er,
ehe er sich besinnt, einen Patienten in Einzeltherapie genommen, für den eine solche u.U. nicht einmal indiziert ist,
und das nicht ausbleibende Bereuen wird das Gefühl der Ablehnung diesem Patienten gegenüber noch verstärken. Gelingt
es dem Therapeuten jedoch, sich rechtzeitig über seine "mo-
tivationalen" Hintergründe Klarheit zu verschaffen, dann
kann er dem Patienten, im Verständnis für dessen Schwierigkeiten, Zuwendung zeigen und auf dieser Basis ihm die Eigenverantwortlichkeit (2. Dimension) als Wert vermitteln,
z.B. indem er sagt:
"Ich weiß, wie schlecht es Ihnen geht und kann verstehen,
daß Sie deswegen verzweifelt sind. Aber weder ich noch
sonst jemand kann Ihnen das abnehmen. Wenn Sie gesund werden wollen, dann gibt es nur den einen Weg: daß Sie selbst
versuchen, gegen Ihre Schwierigkeiten anzugehen. Lassen Sie
uns deswegen einmal überlegen, was Sie selbst tun können."

In weiteren Gesprächen kann er ihm dann auch die Funktion
des Klagens, Anklammerns und Forderns (der Bewältigung des
eigentlichen Leidens durch den Therapeuten),die der Vermeidung des eigentlichen Leidens, des Abgewiesenwerdens, dient

und es doch geradezu provoziert, erschließen.

"Der aggressive Patient"

Auch im aggressiven Verhalten mancher Patienten - das ebenfalls häufig nur erkundenden Charakter hat - kommen starke
Forderungen zum Ausdruck, die jedoch sofort durch die Aggression wieder dementiert werden, indem deren Abgelehnt-
werden hier schon vorweggenommen wird, was sich in Äußerungen wie:
"Sie können mir ja doch nicht helfen, was soll ich eigentlich hier, ich habe keine Lust, hier von mir zu sprechen,
wozu soll das gut sein", bis zu Angriffen wie: "Was haben
Sie eigentlich für eine Ausbildung? Sie bilden sich wohl
ein, daß, wenn Sie dasitzen und einen ernst angucken, es
einem hinterher gleich besser geht, die Dummen fallen vielleicht drauf rein, ich nicht",
zeigt.

Ein Therapeut, der sich hier von der Intersubjektivität
einfangen läßt, wird entsprechend seiner individuellen
(letzten Endes auch biographisch mit bestimmten) Reaktions-
formen entweder kleinlaut sich und seinen Beruf zu rechtfertigen versuchen oder aber dem Patienten ebenso aggressiv, ironisch oder gar zynisch begegnen und ihn z.B. im
günstigsten Falle noch fragen: "Was wollen Sie denn dann
überhaupt hier?", was die aggressive Haltung des Patienten
noch verstärken wird. Statt sich auf einen Machtkampf einzulassen, bei dem beide Partner, jeder auf seine Weise,
schließlich die Verlierer sind; sollte sich der Therapeut
als erstes fragen: "Was an mir, meinem Verhalten, hat den
Patienten zur Aggression provoziert?" Er kann danach sein
Verhalten korrigieren oder, wenn er nichts findet, muß er
sich weiter fragen "Was löst dieses aggressive Verhalten
in mir aus?" Er entdeckt dann z.B., daß sein Puls beschleu-
nigt ist, seine Atemfrequenz erhöht,und stellt fest, daß er
Angst hat. Diese läßt jedoch in dem Augenblick nach, in dem
er sich (noch in der 3. Dimension, entsprechend der 3. These) darauf konzentriert: "Was muß dieser Mensch an Angst

erlebt haben, daß er sich so verhalten muß." Dem kann er
dann weiter in der zweiten und ersten Dimension nachgehen
und z.B. therapeutisch (in der zweiten Dimension) ansetzen,
indem er den Patienten freundlich auf sein aggressives Verhalten anspricht, ihn damit konfrontiert, z.B.: "Mir fällt
auf, daß Sie sehr gereizt sind, hat das irgendwelche Gründe?" Der Patient bekommt dadurch Gelegenheit, sein Verhalten erst einmal zu unterbrechen und zu reflektieren, d.h.
seine negativen Erwartungen mit der realen Situation zu
vergleichen, die Situation und den Therapeuten überhaupt
erst wahrzunehmen. Dabei wird er feststellen, daß dieser
Mensch, der Therapeut, ja gar nichts Böses mit ihm vorhat,
daß er gleichbleibend freundlich ist und nichts gegen ihn
zu haben scheint. Er kann dann sein Vermeidungsverhalten,
mit dem er der antizipierten Nichtung zuvorkommen will, indem er selbst durch Aggression sein Gegenüber nichtet, aufgeben und in emotionaler Begleitung durch den Therapeuten
es dann wagen, sich mit seinem eigentlichen Leiden, der
biographisch und subjektiv wiederholt erlebten Nichtung
auseinanderzusetzen.

Von entscheidender Bedeutung im Umgang mit aggressivem Verhalten ist neben der Selbstbesinnung des Therapeuten und
dessen gleichbleibend freundlicher Zuwendung die Cäsur, die
den Patienten in seinem Verhalten unterbricht, indem er damit konfrontiert, zur Reflexion darüber veranlaßt wird. Dasselbe gilt auch für alle anderen auffälligen Verhaltensweisen - es muß jedoch sicher sein, daß eine Konfrontation den
Patienten nicht verletzt, und daß ihm dadurch sein Verhalten
zugänglich gemacht werden kann.

Letzteres ist nur bei Patienten in einer akuten Psychose
nicht möglich, aber hier sollte jegliches Konfrontieren auf
jeden Fall unterlassen werden, ebenso beim geringsten Zweifel, ob ein Verhalten, z.B. ein auffälliges Unbeteiligt-
sein, möglicherweise Ausdruck einer Psychose ist. Hier
bleibt dann bedauerlicherweise nur das "Ausfragen", um sich
Klarheit zu verschaffen.

b) Formen schweigsamen Verhaltens

Bei anderen Formen von auffälliger Schweigsamkeit sollte
der Therapeut den Patienten jedoch mit seinem Verhalten
graduell konfrontieren, sobald er sich im klaren darüber
ist, was das schweigsame Verhalten überwiegend ausdrückt,
z.B. Ängstlichkeit, Deprimiertheit, Ablehnung, Gleichgül-
tigkeit. Den Ausdrucksgehalt des Schweigens zu erkennen
ist schwieriger als den der Mitteilsamkeit, weil es seinem
Wesen nach im Gegensatz zu dieser vieldeutig ist. Er läßt
sich nur aus dem nonverbalen Verhalten erschließen (ohne
jedoch je eindeutig zu werden). Ebenso ist der Umgang mit
dem Schweigen unvergleichlich viel schwieriger, weil auf
die diagnostischen wie therapeutischen Aktionen meist keine Rückmeldung erfolgt. Im folgenden sollen die verschiedenen Ausdrucksformen des Schweigens und der Umgang damit zu
beschreiben versucht werden.

"Der ängstliche Patient"

Ängstliches Verhalten zeigt sich oft darin, daß die Sitzhaltung des Patienten steif oder unruhig ist, er mit den
Händen oft an irgendetwas herumfingert, Blickkontakt meidet, nur manchmal den Therapeuten verstohlen von unten her
ansieht, u.U. errötet. Die Sprechweise bei Ängstlichkeit
ist leise und stockend und manchmal von Lächeln begleitet
oder durch unmotiviertes Lachen unterbrochen. Die Aussagen
sind meist banal, kommt es einmal zu einer schwerwiegende-
ren, so wird sie oft im nächsten Satz wieder dementiert
oder zumindest relativiert. Die emotionale Reaktion des
Therapeuten auf solches Verhalten ist früher oder später
im Verlauf des Gesprächs, Verärgerung darüber, daß es ihm
nicht gelingt, etwas "herauszubekommen", daß mit diesem
"albernen Getue" die Zeit vertan wird. Wenn er seine Verärgerung weiter reflektiert, wird er dahinterkommen, daß
er es eigentlich als Kränkung, als Mißachtung erlebt, daß
dieser Patient ihm nichts anvertraut, ihm nicht vertraut.
Er muß dann nicht seinen Ärger dem Patienten gegenüber aus-

agieren, indem er diesem gegenüber seine Ungeduld, die dieser u.U. als Mißachtung erleben wird, zum Ausdruck bringt,
sondern kann (entsprechend der 3. These) das Verhalten des
Patienten als Vermeidung von Kränkung folgendermaßen interpretieren: in seinem Bemühen geachtet zu werden, versucht
der Patient einen guten Eindruck zu machen, befürchtet aber,
entsprechend antizipierter Mißachtung, daß ihm das nicht gelingt. Sein Verhalten oszilliert ständig zwischen dem Versuch, eine Rolle zu finden, in der er Achtung erfährt -
durch verstohlene Blicke auf den Therapeuten versucht er,
sich seines Eindruckes zu vergewissern und herauszufinden,
was diesem wohl gefallen würde - und der Resignation, daß
es ihm doch nicht gelingt. "Eindruck zu machen" ist ihm
wichtiger als alles andere. Wer er selbst ist, darauf kann
er sich, zumindest jetzt, nicht besinnen. Nach solcher Interpretation hat der Therapeut einmal die Möglichkeit, dem
Patienten durch verstärkte Zuwendung zu zeigen, daß er ihn
achtet, zum andern kann er ihm seine Verunsicherung nehmen,
indem er ihn einerseits behutsam und verständnisvoll mit
seinem Verhalten konfrontiert, z.B. daß er sagt:
"Sie wirken etwas nervös, hängt das mit der Situation hier
zusammen?" - "Die ist sicher ganz ungewohnt für Sie." - "Ich
kann gut verstehen, daß es Ihnen schwer fällt, hier über Ihre Probleme zu sprechen."
und ihm andererseits und vor allem genau sagt, was er von
ihm erwartet, u.U. muß er das Gespräch anfänglich stärker
strukturieren, z.B. indem er einleitend sagt:
"Wir haben für dieses Gespräch eine Stunde Zeit. Es dient
dazu, Ihre Erkrankung und deren Ursachen festzustellen, damit wir entscheiden können, ob eine Therapie und wenn ja,
welche für Sie in Frage kommt. Darüber werden wir uns dann
am Ende des Gesprächs unterhalten, zunächst einmal möchte
ich Sie bitten, mir zu sagen, warum Sie zu uns kommen."
und weiter:
"Würden Sie bitte Ihre Probleme/Beschwerden genau schildern." - "Ist es immer gleich schlimm? - oder gibt es Unterschiede?" - "Womit hängen die Ihrer Meinung nach zusam-

men?" - "Erinnern Sie sich an eine bestimmte Situation?" - "Was ist am schlimmsten?" - "Gibt es etwas, was Ihnen da helfen kann?" - "Haben Sie schon selbst etwas ausprobiert?" - "Haben Sie jemand, mit dem Sie darüber sprechen können?" - "Versteht er/sie es?" - "Was sagt Ihre Frau zu Ihrer Erkrankung?" usw..

Das genaue Artikulieren der Erwartungen zu Beginn des Gesprächs und deren Begründung sollte eigentlich immer erfolgen und ist besonders angezeigt bei allen Formen schweigsamen Verhaltens. Zunächst aber ist es hier notwendig, daß der Therapeut den Ausdrucksgehalt des Schweigens erfaßt:

"Der deprimierte Patient"

Eine deprimierte Haltung läßt sich beispielsweise dadurch erkennen, daß der deprimierte Patient im Gegensatz zum ängstlichen in seiner Motorik ruhig, fast verlangsamt, in seiner Mimik schlaff wirkt. Seine Sprechweise ist wie bei diesem leise und stockend. Über das Gefragte hinausgehend wird nichts mitgeteilt, die Mitteilungen jedoch sind meist schwerwiegend. Sie werden weder dementiert, noch relativiert, noch kommentiert. Auch ergeht vom deprimierten Patienten keinerlei verbaler Appell an den Therapeuten. Es scheint ihm völlig gleichgültig zu sein, was mit ihm geschieht. Sein nonverbales Verhalten widerspricht dem jedoch oft, indem gerade deprimierte Patienten "mit großen Augen" am Therapeuten "hängen", oder aber ihr Blick geht ins Leere. Im Gegensatz zum Verhalten ängstlicher Patienten wird nicht versucht, Blickkontakt zu meiden oder den Therapeuten verstohlen anzusehen.

Auch ohne den anklammernden Blick ergeht von dem deprimierten Verhalten, in dem oft größere Verzweiflung als in allen Formen des Klagens zum Ausdruck kommt, ein starker Appell an den Therapeuten, der sich u.U. von diesem überfordert fühlt, indem er angesichts der Verzweiflung und der Hoffnungslosigkeit, sich in seiner ganzen Ohnmacht erlebt.

Wenn er versäumt, zu hinterfragen, was dieser Patient in

ihm ausgelöst hat, wird er, um dieses Gefühl nicht aushalten zu müssen (auch Therapeuten haben das primäre Bedürfnis, Leiden zu vermeiden), versuchen, den Patienten möglichst schnell los zu werden, ihm dadurch die erneute Erfahrung seines eigentlichen Leidens (Trennung, s. 3. These)
zu vermitteln, oder aber, bevor es zum Erleben kommt, sein
Gefühl der Ohnmacht durch das angenehmere von Mitleid kompensieren, womit er auf Kosten des Patienten, der letztlich
dadurch kleingemacht und entmündigt wird (was dieser zweifellos in seinen symbiotischen Bedürfnissen auch anstrebt),
seine eigene Bedeutung vorläufig wiederherstellt. Schon aus
diesem Grunde muß der Therapeut besonders seine Mitleids-
empfindungen hinterfragen. Durch unreflektiertes Mitleid
läuft er besonders Gefahr, in der Intersubjektivität aufzugehen, sich zu sehr mit dem Patienten zu identifizieren, damit dessen symbiotischen Bedürfnissen zu entsprechen und
dadurch seinen diagnostischen Blick wie überhaupt seine therapeutische Kompetenz aufzugeben. Sein reflektiertes Mitleid
kann er jedoch dazu nutzen, indem er es dem deprimierten
Patienten gegenüber in Ansätzen (kontrolliert) zeigt, um
diesem zu vermitteln, daß er in seiner Verzweiflung nicht
allein gelassen wird. Der Therapeut kann z.B. sagen:
"Sie machen Schreckliches durch und quälen sich furchtbar.
Aber Sie müssen versuchen, es ganz bewußt auszuhalten, dann
werden Sie am ehesten da herauskommen. Ich weiß, daß das
sehr schwer ist, aber ich glaube, daß wir es schaffen." -
"Wenn es ganz schlimm ist, können Sie mich immer anrufen."

Dies ist gerade dann angezeigt, wenn der Patient zum Ausdruck bringt, daß es ihm völlig gleichgültig ist, was mit
ihm geschieht. Denn diese Haltung zeigt ja gerade, daß der
Patient in seiner Hoffnungslosigkeit antizipiert, daß er
nichts zu erwarten hat.

"Der indifferente Patient"

Anders ist es bei Patienten, deren gesamte Haltung Indifferenz ausdrückt. Diese zeigt sich in entspannter bis lässiger

Sitzhaltung, dem Ausdruck von Langeweile, in zähflüssigen, nicht über das knappe Beantworten der gestellten Fragen hinausgehenden Mitteilungen in normaler Lautstärke.

Hier muß der Therapeut unbedingt als erstes herausfinden, wodurch die Indifferenz bedingt ist, indem er den Patienten mit seinem Verhalten konfrontiert, z.B.:
"Sie machen den Eindruck, als hätten Sie kein Interesse an diesem Gespräch."

Manchmal stellt sich dann heraus, daß sich die Symptomatik bereits gebessert hat, der Patient nur aufgrund einer verspäteten Anmeldung durch den Hausarzt gekommen ist oder inzwischen aufgrund neuer positiver Organbefunde sich von einer medikamentösen Behandlung mehr verspricht oder eine psychotherapeutische Behandlung aus anderen Gründen nicht indiziert ist. Oder aber es zeigt sich, daß der Patient von seinem eigentlichen Leiden und der Fähigkeit zu leiden, sehr weit entfernt ist, daß seine indifferente Haltung seine individuelle Form der Leidensvermeidung und infolgedessen auch Ablehnung der Psychotherapie ausdrückt. Dies ist oft bei Patienten mit psychosomatischen Erkrankungen der Fall; der Körper hat hier das Leiden übernommen.

"Der ablehnende Patient"

Leidensfähiger und ihrem eigentlichen Leiden wesentlich näher sind Patienten, in deren Schweigen deutliche Ablehnung zum Ausdruck kommt. Die Antworten auf gestellte Fragen werden widerwillig und lautstark, oft barsch und äußerst knapp gegeben und sind meist inhaltsleer. Die Sitzhaltung ist meist gespannt, der Gesichtsausdruck finster. Diese Form ablehnend schweigsamen Verhaltens bringt den Therapeuten in die Gefahr, seinen Mißerfolg, daß er nichts "herausbekommt", durch verstärktes direktives Verhalten und Abfragen wettmachen zu wollen. Durch solches Verhalten, mit dem er auch den ihm Unbehagen verschaffenden Patienten wieder schnell losbekommen will, erfährt er bestenfalls einige Daten und Fakten, weiß am Ende jedoch nicht, wie der Patient diese erlebt hat,

noch weiß er überhaupt etwas über das Erleben und das eigentliche Leiden dieses Patienten, ganz zu schweigen davon, daß
er ihm therapeutisch gerecht werden könnte. Reflektiert er
jedoch, was dieser ablehnend-schweigsame Patient in ihm auslöst, so wird er hinter seiner Verärgerung über das anscheinend trotzige und boshafte Verhalten des Patienten erkennen,
daß dieser ihn verunsichert, in seiner Bedeutung in Frage
stellt. Entsprechend der 3. These kann er nun das Verhalten
des Patienten als Vermeidung des In-Frage-Gestellt- und in
seiner Bedeutung Genichtet-Werdens interpretieren und braucht
nun nicht dem Patienten durch Abchecken wiederum die Bestätigung der antizipierten Mißachtung seiner Person, die darin
liegt, daß er hier wieder mal Objekt ist, mit dem etwas gemacht wird, dessen Sinn er nicht versteht, zu geben. Sondern
er kann diese vermeiden, indem er zunächst den Patienten als
Person, als Gesprächspartner anspricht, dadurch, daß er anstelle des Patienten die therapeutische Situation zum Thema,
zum Objekt macht, über das beide kommunizieren. Das kann z.
B. über Konfrontieren des Patienten mit seinem Verhalten erfolgen, wie:
"Sie machen den Eindruck, als sei Ihnen die Situation hier
sehr unangenehm." - "Haben Sie schon irgendwelche Erfahrungen mit Psychotherapeuten gemacht?" - "Oder was ist der
Grund Ihrer Abneigung?"

Auf diese Weise läßt sich auch feststellen, welche Informationen der Patient über Psychotherapie hat und ein Informa-
tionsdefizit, das oft der ausschlaggebende Grund für die Ablehnung ist (s.o.), durch Erklären der Konzeption psychoge-
netischer Zusammenhänge und der psychotherapeutischen Methoden und Ansatzpunkte, ausgeglichen werden (s.u.). Das Herausfinden, welche Vorstellungen von Psychotherapie ein Patient
hat, und ein u.U. notwendiges Korrigieren dieser Vorstellungen ist bei allen Patienten angezeigt, wenn sich erweist, daß
ihnen die Psychogenese ihrer Erkrankung nicht zugänglich ist
(s.o.). Dies ist außer bei vielen Patienten mit psychosomatischen Störungen, insbesondere bei denen der Fall, die eine

indifferente Haltung einnehmen.

Die Aufgabe des Erkundens der Vorstellungen, mit denen ein Patient in die Behandlung kommt, und die ein Diagnostizieren in der 2. Dimension beinhaltet, ist, gemessen an der des Aufklärens, noch eine leichte, insbesondere wenn dadurch einem Patienten psychosomatische Zusammenhänge nahe gebracht werden müssen. Das Erklären ist ein didaktischer Vorgang und hat als solcher den Informationsstand, die intellektuellen und emotionalen Verstehensmöglichkeiten, über die der Therapeut sich zunächst ein Bild verschaffen muß, zu berücksichtigen. Es kann folgendermaßen verlaufen: Nachdem der Patient z.B. die Symptomatik einer psychosomatischen Erkrankung geschildert hat, kann der Therapeut ihn nach seinen Vorstellungen in bezug auf die Entstehung seiner Erkrankung befragen. Hat der Patient keine oder bestehen diese in rein somatischen Interpretationen, dann kann der Therapeut das Gespräch auf die Psychotherapie bringen, indem er z.B. sagt: "Ihr Hausarzt hat Sie hier an uns überwiesen, wissen Sie aus welchem Grunde?" - "Was würden Sie als Grund annehmen?" und weiter:
"Wir gehen anders vor als Sie es bisher von Ärzten und Kliniken gewohnt sind. Die behandeln Ihren Körper, wir gehen davon aus, daß Körperliches und Seelisches eng zusammenhängen; daß man z.B. nicht gerade fröhlich ist, wenn man krank ist, und andererseits durch Ärger krank werden kann, wie es auch z.B. im Volksmund heißt: der Ärger schlägt auf den Magen, oder die Trennung ging einem zu Herzen, oder der Kummer an die Nieren. Sie werden sicher selbst schon solche Erfahrungen gemacht haben, z.B. daß Sie sich vielleicht einmal grundlos deprimiert gefühlt haben und sich dann herausstellt, daß eine Grippe in Ihnen steckte." - "Vielleicht haben Sie auch sonst schon entdeckt, daß Ihre seelische Verfassung durch körperliche Ursachen bedingt waren, oder daß sie körperliche Beschwerden zur Folge hatten." - "Wie ist das mit Ihren jetzigen Beschwerden?" - "Haben Sie da schon einmal einen Zusammenhang mit Ihrer seelischen Verfassung

feststellen können? Wenn z.B. eine Besserung oder Verschlech-
terung eingetreten ist?" - "Sie sind hier, damit wir die
seelischen Gründe für Ihre Krankheit herausfinden. Das können wir aber nur gemeinsam, auf Ihre Mithilfe kommt es besonders an." - "Es ist wichtig, daß Sie alles sagen, auch
wenn es Ihnen peinlich ist. Gerade da, wo es am peinlich-
sten ist, liegen oft die seelischen Ursachen verborgen." -
"Manchmal liegen die seelischen Ursachen in der gegenwärti-
gen Situation, manchmal auch Jahre zurück, manchmal sogar
bis in die Kindheit. Wir müssen deswegen Ihr ganzes Leben
durchgehen, von jetzt bis in die Kindheit: Fangen wir am
besten mit der Zeit an, als Ihre Erkrankung zum erstenmal
auftrat." - "In welcher Lebenssituation waren Sie da?" -
"In welcher seelischen Verfassung - und davor?" usw..

Die Begründung dafür, warum nach familiärem und beruflichem
Umfeld, insbesondere auch nach der Kindheit und Bezugspersonen gefragt wird, sollte immer gegeben werden - außer ein
Patient stellt selbst Zusammenhänge fest -,da es vielen Patienten überhaupt nicht plausibel erscheint, was z.B. die
Rolle eines jüngeren Bruders in der Familie mit ihrer Erkrankung zu tun haben soll. Oft wagen sie das nicht zu äußern,
stützen damit aber argumentativ ihre Vermeidungstendenzen.

Nach der beschriebenen Einleitung, die eine kooperative Ebene zwischen Patient und Therapeut herstellt, ist der Therapeut natürlich auch dazu verpflichtet, dem Patienten nach
dem Gespräch seinen Eindruck über die psychogenetischen Zusammenhänge in einer diesem plausiblen Form wiederzugeben,
darüber hinaus auch die Art des weiteren psychotherapeutischen Vorgehens mitzuteilen und diese zu begründen. Auch
hinsichtlich der Prognose erwartet der Patient mit Recht
eine Stellungnahme.

Alle diese Informationen finden bezüglich der 1. Dimension
statt. Der Therapeut kann aber darüber hinaus noch seinen
Eindruck bezüglich der 2. Dimension wiedergeben:
z.B.: "So wie Sie mit sich umgehen, 12 Stunden Arbeit jeden

Tag, wenn das ein Arbeitgeber von Ihnen verlangen würde,
dann würden Sie sich ganz schön wehren - ebenso wehrt sich
Ihr Körper und wird krank",
was u.U. plötzliches Entdecken zur Folge haben kann. Der Therapeut verbündet sich hier mit dem schwächeren, unterdrückten Teil des Patienten, was als Zuwendung erlebt wird. Dies
ist immer der Fall, wenn Eindrücke bezüglich der 2. Dimension wiedergegeben werden, wenn der Therapeut z.B. sagt:
"Ich habe den Eindruck, daß Sie sehr beherrscht sind... daß
Sie viel verzweifelter sind als Sie sich eingestehen wollen
... daß Sie sich nicht wehren können, daß Sie immer alles
tun, was man von Ihnen verlangt und deshalb gar nicht wahrnehmen, was Sie selbst wollen."

Diese wiedergegebenen Eindrücke, die natürlich behutsam formuliert werden müssen, werden auch deshalb als Zuwendung erlebt, weil sie dem Bedürfnis nach Festgestelltwerden durch
den Therapeuten entgegenkommen, was in besonderem Maße von
der Vertrauensbeziehung zwischen Patient und Therapeut abhängig ist, wie es diese auch in besonderem Maße beeinflussen kann. Ist in diesem Sinne das Wiedergeben der Eindrücke
bezüglich der 2. Dimension auzustreben, so ist das Wiedergeben des Eindrucks bezüglich der 1. Dimension unerläßlich.

Das Informieren über den Eindruck bezüglich der Psychogenese sollte bei keinem Patienten unterlassen werden. Niemals
darf ein Patient ohne solche Information, z.B. nur mit den
Worten:
"So das wäre alles - wir merken Sie für eine Einzeltherapie
vor",
entlassen werden.

Auch wenn der Therapeut noch keine "psychogenetischen" Zusammenhänge sieht, sich nicht über Indikation und Prognose
im klaren ist, sollte er dies dem Patienten mitteilen, z.B.:
"Aus dem, was Sie mir bis jetzt gesagt haben, kann ich noch
nicht erkennen, wo die Gründe für Ihre Erkrankung liegen -
vielleicht kommen wir im nächsten Gespräch weiter."

Im anderen Fall konnte die Beendigung eines Gesprächs so
verlaufen:
"Ich glaube, daß das wichtigste zur Sprache gekommen ist -
oder fällt Ihnen noch etwas ein, was Sie mir sagen möchten?"
"Sie meinten eingangs, daß Sie sich nicht vorstellen könnten, welche seelischen Ursachen Ihre Krankheit haben könnte.
Ist das nach diesem Gespräch immer noch so?" - "Sie haben
mir in diesem Gespräch von zwei großen Problemen berichtet;
das eine ist Ihre Erkrankung, das andere Ihre Ehe. Mir fiel
auf, daß Sie zum erstenmal so einen Anfall bekamen, nachdem
Sie erfahren haben, daß Ihre Frau Sie betrogen hatte. Sehen
Sie da einen Zusammenhang?" - "Sie sagen, daß Sie, nachdem
Sie es erfahren hätten, erst wie von Sinnen gewesen seien,
es dann aber akzeptiert hätten." - "Wie erscheint Ihnen Ihre
Reaktion im Nachherein?" - "Haben Sie schon einmal ähnlich
reagiert?" - "Sie haben also schon in der Kindheit mit Panik
reagiert, wenn sich Ihre Mutter von Ihnen abzuwenden schien."
"Und jetzt glauben Sie, die Abwendung Ihrer Frau zu akzeptieren - wäre es denkbar, daß Sie nur deshalb nicht mehr
darunter leiden, weil Ihr Körper Ihnen das abgenommen hat?"
"Wenn Sie Ihre Krankheit loswerden wollen, müssen Sie wieder dahin kommen, daß Sie sich eingestehen, daß Sie leiden
und es zunächst ertragen, damit Sie es bewältigen können." -
"Ich halte bei Ihnen eine analytische Einzeltherapie für
notwendig, weil es offenbar ein lange bestehendes Problem
bei Ihnen ist, daß Sie auf Abwendung so reagieren, als sei-
en Sie in Ihrer Existenz bedroht. In einer analytischen Einzeltherapie, mit der wir frühestens in einem Jahr beginnen
können und die mindestens ein bis zwei Jahre bei zwei Sitzungen wöchentlich in Anspruch nehmen wird, werden Sie über
Träume und freie Einfälle alle Beeinträchtigungen durch Abwendung noch einmal in abgeschwächter Form in Begleitung
des Therapeuten durchleben. Sie werden darüber herausfinden, woher es kommt, daß Sie so panikartig reagieren, und
mit der Zeit lernen, z.B. Abwendungserlebnisse besser zu
verarbeiten. Das ist ein sehr mühevoller und oft qualvoller

Weg. Aber in dem Maße, wie Sie weiterkommen, wie Sie lernen,
sich Ihre Beeinträchtigungen einzugestehen, auszuhalten und
schließlich zu bewältigen, wird sich Ihre Erkrankung bessern, denn dann braucht Ihnen Ihr Körper das Leiden nicht
mehr abzunehmen." - "Wie lange das dauern wird, hängt vom
Verlauf der Therapie ab." - "Haben Sie noch Fragen?" - "Zum
Umgang mit Ihrer Erkrankung kann ich Ihnen nur sagen: Versuchen Sie die Anfälle auszuhalten, im Bewußtsein, daß es
keine körperliche Ursache gibt. Versuchen Sie gerade das zu
tun, wovor Sie Angst haben. Sie werden sehen, daß nichts
passiert und das wird Ihnen Auftrieb geben." - "Wenn Sie
einverstanden sind, möchte ich das Gespräch beenden. Sie
werden von uns hören, sobald wir einen Therapieplatz für
Sie haben." - "Sollten Sie in der Zwischenheit das Gefühl
haben, Sie bräuchten ein Gespräch, dann rufen Sie bitte wegen eines Termins an."

Mit diesem Beispiel für die Möglichkeit ein Gespräch zu beenden, sollen die Ausführungen über einige überwiegende Haltungsstile von Patienten, das darin zum Ausdruck kommende
eigentliche Leiden und der therapeutische Umgang damit, abgeschlossen werden, um jetzt noch auf die "Systematik" einer Anamnese zu verweisen.

c) Die Anamnese

Die Anamnese stellt die Zusammenfassung des oder der Erstgespräche dar, aus der sich die erste Diagnose, die Prognose
und der Therapievorschlag ergeben. Der aus der vorliegenden
Konzeption sich ergebende Fragenkatalog, dessen "Register"
an Fragen die Symptomatik (1), die Entstehung derselben (2),
die aktuelle, lebensgeschichtliche Situation (3), die Entstehung derselben (Biographie) als die vier "Grundpfeiler"
der Anamnese implizieren, wird dem Therapeuten als im Prinzip gegenwärtig vorausgesetzt. Auf diese Weise vermag er das

Erstgespräch im Rahmen dieser "vier Pfeiler" zu führen, über
die hinaus er schon Einblick in erste Konflikte, in Hyper-
oder Hypotrophien von Strukturen und Modi gewinnen kann.
Dieser Eindruck - es gibt keine "objektive" Anamnese in dem
vorliegenden Bereich - kann in einer ersten schriftlichen
Formulierung wiedergegeben werden, die eine "Verhaltensbeobachtung" des Patienten wie auch eine erste Angabe über
die Beziehung des Therapeuten zum Arzt beinhalten sollte.
Die entsprechenden Zusammenhänge werden in dem Beurteilungs-
bogen I dargestellt, der in der Diskussion des Fragenkatalogs niedergelegt ist - so daß hier nicht weiter auf die
Anamneseerhebung eingegangen wird (s. Band II).

V. Die wichtigsten psychotherapeutischen Behandlungsmethoden

1. Grundzüge der anthropologisch-integrativen Psychotherapie
   und hauptsächliche Therapieformen

Die Grundzüge der anthropologisch-integrativen Psychothera-
pie zeichnen sich durch folgende fundamental von anderen
Therapieformen unterschiedliche Einstellungen aus - bei
Rückgriff jedoch auf die angebotenen Therapiearten.

1. Als ausschlaggebend für das Gelingen einer Kommunikationserweiterung wird die Arzt-Patient-Beziehung angesehen. Diese
nach dem jeweiligen Stand und Prozeß zu erkennen, dienen die
Modi. Dabei ist das Ziel, die Bewältigung in den verschiedenen Strukturen, in dem Sinne aufzufassen, daß a) die Therapie und ihr Anliegen den Bedingungen entsprechend "bewältigt" wurde, einschließlich eben der Arzt-Patient-Beziehung;
b) Therapie und Beziehung dem Patienten zukünftige Existenzbewältigung ermöglichen.

2. Hyper- oder Hypotrophien von Strukturen und Modi seien
dem Therapeuten im Blick: defiziente sich zu entwickeln,
übergewichtige "abzubauen", wobei "Entwicklung" und "Abbau"
sehr unterschiedlich gehandhabt werden können: z.B. Lei-
stungs- und Orientierungshypertrophie, überwiegendes Bewältigen in diesen Strukturen sei antagonistisch z.B. durch
Fördern des Bildhaft-Emotionalen (z.B. im katathymen Bilderleben, Entspannungsübungen, Anregung von Traum und Kreativität) "angegangen", Entwickeln einer positiven Beziehung
zum Leib. Umgekehrt wäre ein Überwiegen des Leibhaft-Emotionalen und des Erkundens, mangelnden Bewältigens durch Zeitlichkeit (Verantwortung), Leistung, Orientierung und Ordnung (sog. "Hysterie", Suchten) durch Anregen und Strukturieren eben der defizienten Modi und Strukturen der Leistung,
Orientierung, Verantwortung zu fördern. Diese Strukturierung
kann aktiveres Verhalten des Therapeuten implizieren: Auf-

zeigen der Möglichkeiten von Orientierung, Anregen von Leistung und Verantwortung durch das Erschließen überhaupt des
Erlebens von Selbstverantwortung in der Therapie, Verantwortung für den Therapeuten. In beiden Möglichkeiten jedoch
ist die Arzt-Patient-Beziehung maßgeblich - der Patient
sich z.B. gerade im letzteren Fall über diese Beziehung,
eine am Therapeuten gewonnene, später u.U. zu revidieren-
de Orientierung entwickelt.

Wenn auch die Anzahl der voneinander unterschiedenen psychotherapeutischen Behandlungsmethoden laut "The psychotherapy
handbook" (Ed. R. Herink) heute bereits auf über 250 Verfahren sich beläuft, damit die Problematik der sog. psychotherapeutischen Subkultur unterstreicht, so seien demgegenüber
hier die Verfahren in ihren Grundzügen dargestellt, die bis
vor einem bis eineinhalb Jahrzehnten in einer noch nicht extrem auswuchernden Situation grundlegend für die Behandlung
von Kranken waren und es in einer ernsthaften Konzeption
auch verbleiben dürften.

Es seien prinzipiell die "non-directive" - nicht-richtungsweisenden - von den "directive" oder "richtungsweisenden"
Behandlungsmethoden unterschieden, obwohl diese Trennung der
Realität nicht gerecht wird, sind doch die Übergänge fließend. Wird z.B. die Verhaltenstherapie mit ihren Methoden
der abklärenden Aussprache, der rationalen Einsichtnahme
hier, der Übung von Verhaltensweisen dort zwecks Desensibi-
lisierung und Überwindung der Beschwerden als besonders ty-
pisch für eine richtungsweisende Behandlung angesehen, so
muß andererseits betont werden, daß eine Methode wie die
Psychoanalyse Freuds ebenfalls, bei aller Zurückhaltung des
Psychotherapeuten und Inanspruchnahme der Kategorie "Nicht-
Richtungsweisend" Richtung und Orientierung vermittelt.
Letzteres erfolgt aus der systemimmanenten Hermeneutik, die
Äußerungen des Patienten in spezifischer Weise zu verstehen
und auszulegen; d.h. meistens in Verbindung mit frühkindli-
chen Sexualerfahrungen zu bringen und diese Erklärung als

eine zweifellos "richtungsweisende" zu vermitteln.

Schon den Patienten anregend zu befragen, lenkt ihn auf eine
Richtung hin, erst recht jede Deutung. Ob "nicht-richtungsweisend" oder "richtungsweisend" impliziert - wie eingangs
erwähnt - jede der innerhalb dieser beiden Rahmen prakti-
zierten Methoden die drei grundlegenden Ereignisse der Therapie: das Anhören des Patienten, seine emotionale Reaktion
und die Entwicklung einer Orientierung.

Allerdings muß gesagt werden, daß in einer ausschließlich
auf Hypnose beruhenden Behandlung die emotionale Entlastung
des Patienten meistens unterbleibt, auch in der Verhaltenstherapie wird sie kaum in den Mittelpunkt der Behandlung
treten. Es ist ferner zu beobachten, daß zahlreiche "nicht-
richtungsweisende" Behandlungen erfolglos verliefen, da sie,
nur im intellektuellen Bereich verbleibend, dem Patienten
keine Möglichkeit zur emotionalen Kommunikation vermittelten.

Die "Emanzipation" des Patienten und "Selbstfindung" in den
"nicht-richtungsweisenden" Behandlungen, innerhalb derer der
Patient letztlich nur über die Kommunikation mit sich selbst
Genesung und Lösung seiner Probleme finden soll, die dem
Therapeuten immer wieder striktes Schweigen auferlegt, der
bei Fragen des Patienten diesen auf sich mit der Gegenfrage
zurückverweist: "Warum fragen Sie das..." - ist eine Fiktion. Schon deshalb, weil ja der Patient "überträgt", d.h.
eine wie auch immer zu interpretierende Kommunikation mit
dem Therapeuten entwickelt und die Behandlung sich nie in
einer "Reagenzglas-Atmosphäre" ereignet, d.h. die "Entwicklung" einer "Richtung" einer Behandlung stets Resultat auch
der Beziehung zum Therapeuten ist. Damit werden die Begriffe "richtungsweisend" und "nicht-richtungsweisend" weiter
relativiert.

Den nicht-richtungsweisenden Behandlungen ist jedoch die
Tendenz gemeinsam, den Patienten nicht - in was für einer
Situation auch immer - zu beraten, ihm keine Ratschläge zu
erteilen, d.h. aktiv in seine Existenz einzugreifen, sondern

zu Rat oder Ratschlag, vom Patienten aufgefordert, sich zurückzuhalten und bestenfalls dem Patienten Hinweise zu geben, wie er sich selbst Rat erteilen kann. Dieser Tendenz folgt auch die hier vertretene Konzeption.

Zu den nicht-richtungsweisenden Behandlungen zählt die spezifisch auf das "non-directive" setting Bezug nehmende Gesprächstherapie (Rank, Rogers, in Deutschland insbesondere Tausch), im Unterschied zu anderen Arten derselben, die mehr zu aktiver Beratung neigen und Verbindungen zur Verhaltenstherapie darstellen. Ferner zählt zu den nicht-richtungsweisenden Therapien die Psychoanalyse Freuds, mit Einschränkungen die Komplexpsychologie C.G. Jungs, die letztere allerdings sehr aktiv in das Deutungsverfahren eintritt, womit zweifellos "Richtung" vermittelt wird.

Spezifisch richtungsweisend sind dagegen die Hypnose, die Verhaltenstherapie, die Kombinationen von "Fokal"- (konfliktzentriert) und Gesprächstherapie, die aktive Beratung (z.B. in der Seelsorge), die neoanalytischen Richtungen und die Individualpsychologie A. Adlers, die letzteren beiden allerdings auch eine gewisse Mittelstellung zwischen nicht-richtungsweisenden und richtungsweisenden Behandlungsmethoden einnehmen. Häufig jedoch machen diese letzteren Verfahren dem Patienten zu Beginn der Behandlung Auflagen, wie auch im Verlauf derselben, von deren Erfüllung die Fortsetzung der Therapie abhängig gemacht wird: Umzug, Berufswechsel, Trennung usf..

2. Grundzüge der nicht-richtungsweisenden Psychotherapien

Wenn auch selber indirekt richtungsweisend, ist der größte und zweifellos in zahlreichen Fällen berechtigte Einwand der nicht-richtungsweisenden Psychoanalyse Freuds gegenüber anderen richtungsweisenden Verfahren der, daß diese "zudeckende" seien, d.h. die anstehenden Konflikte verdecken, anstatt

sie den Patienten bewußt erleben zu lassen und ihm in ihrer
Durcharbeitung Heilung zu vermitteln ("bewältigen"). Die Bedeutung der nicht-richtungsweisenden Psychoanalyse Freuds
und der von dieser sich ableitenden verwandten Techniken
liegt in der schrittweisen (im Verlauf einer über mehrere
Jahre sich erstreckenden, zwei-, drei-, vierhundert-stündi-
gen Behandlung) "Aufdeckung" der Vielfältigkeit der lebensgeschichtlichen Bedingungen und Bewegungen, Motivationen
und Ereignisse, wie diese von Einfall zu Einfall des Patienten in der Behandlung auftauchen, zum Thema der Behandlungsstunde werden, wieder zurücktreten um anderen Themen zu weichen. Aus der Technik der Hypnose entstammend, entwickelte
Freud die Methode der "freien Assoziation", in der der Patient sich selbst überlassen auf der Couch liegt. Freud saß
hinter ihm, legte gelegentlich die Hand auf die Stirn des
Patienten und forderte ihn auf, sich an bestimmte "verdrängte" Erlebnisse oder Ereignisse seiner Kindheit zu erinnern.

Der Assoziationstheorie (dem englischen Sensualismus, insbesondere J.S. Mill) folgend glaubte Freud, daß auf diese
Weise die Verknüpfung ("Assoziation") eines Ereignisses -
z.B. eines sexuellen Traumas - mit einem gleichzeitig peinlichen Affekt oder einem verbietenden Gedanken als krankma-
chender Konflikt aufgedeckt werden könnte. In späteren Phasen, mit zunehmender Erfahrung, unterließ Freud das Aufle-
gen der Hand auf die Stirn, der Patient wurde nur aufgefordert, sich zu erinnern und den Strom seines Bewußtseins (W.
James, Bewußtseinsstrom!) sofort zu verbalisieren. Dies war
verbunden mit der Grundaufforderung der Therapie, daß der
Patient, dem Prinzip der absoluten Ehrlichkeit gehorchend,
jeden ihm auftauchenden Gedanken auszusprechen habe. Die Un-
terbrechung der Verbalisierung, die Pause oder Stockung wurde als Widerstand interpretiert und der Patient daraufhin
angesprochen. Es war der Widerstand ursprünglich gegen die
Aufhebung (Aufdeckung) der "peinlichen" Erinnerungen oder
sexuell betonten Vorstellungen und Wünsche, die es galt, dem
Bewußtsein zuzuführen, auf daß "aus Es Ich werde".

Auch wenn Freud im Verlauf der Wandlungen seiner Konzeption
von der Theorie der krankheitsbedingenden frühkindlichen
Traumen sich distanzierte, so blieb doch die Methode des
freien Einfalls, in der der Patient sich den scheinbar rich-
tungslosen "Assoziationen" seines Bewußtseinsstromes in lie-
gend-entspannter Haltung überläßt, therapeutisch bis heute
maßgeblich. Einer Methode, vermittels derer der Patient dann
nicht nur sexuelle Wünsche und Phantasien aufdecken kann,
sondern ebenso Aggressionen und Todeswünsche: die Skala der
von dem Bewußtsein - das immer noch als moralische Instanz
fungiert - nicht zugelassenen Inhalte des Unbewußten kommt
zur Darstellung. In der graduell-schrittweise sich ergebenden "Auseinandersetzung" (in der Sprache der hier vertretenen Konzeption) mit den Inhalten des sog. Unbewußten, insbesondere mit der sog. Abwehr jener, mit dem Widerstand, der
Verdrängung, den "Abwehrmechanismen", findet nach der Auffassung Freuds, insbesondere dann der seiner Schüler, eine
"Ich-Stärkung" und Bewußtseinserweiterung statt ("aus Es wird
Ich"), d.h. eine langsame Wandlung der Person des Patienten,
ohne daß unmittelbar durch Rat oder sonstige Formen aktiven
Eingreifens von seiten des Therapeuten der Prozeß beschleu-
nigt werden dürfte. Als Beispiel aus einer Behandlungsstunde im Rahmen der "orthodox" freudianischen sei folgendes aus
dem Buch von Greenson gegeben:

"Eine junge Patientin, Frau K., die schon erwähnt wurde (Abschnitt 1.24); sie ist im dritten Jahr ihrer Analyse. In
letzter Zeit hat sie recht produktiv gearbeitet und hat nun
eine Stunde, in der sie erheblichen Widerstand zeigt. Sie
beginnt die Stunde, indem sie sagt, sie habe keine Lust gehabt zu kommen, sie habe nichts auf dem Herzen, ich sollte
ihr doch einen Hinweis geben, worüber sie sprechen solle,
ihr Leben verlaufe ganz glatt, ihr Baby sei wunderbar, ihre
neue Wohnung sei komfortabel, vielleicht solle sie es nun
aufgeben, sie habe sich gebessert, und müsse sie wirklich
in ihrer Analyse weitermachen? Sie sei in eine interessante
Kunstgalerie gegangen und habe nichts gekauft, sie habe eine Verabredung mit einem "Eierkopf" gehabt; die Männer, die
sie kennenlerne, seien entweder "Bauern" oder "Eierköpfe" -
und immer so weiter, unterbrochen durch kurze Pausen des
Schweigens. Ich merkte, daß ihr Ton einen Beiklang von Reizbarkeit und Verärgerung hatte. Ich griff also nach etwa zehn
Minuten ein und sagte: "Sie scheinen ärgerlich zu sein." Sie

antwortete: "Ich nehme es an, aber ich weiß nicht über was."
Ich sage: "Irgendetwas irritiert Sie. Lassen Sie uns versuchen, es zu finden. Lassen Sie nur Ihre Gedanken treiben,
mit dem Thema, 'irgendetwas ärgert mich'."
Die Patientin schweigt einen Augenblick und sagt dann plötzlich: "Oh, ich hab vergessen, Ihnen zu sagen, daß meine Mutter mich gestern aus New York angerufen hat." Die Patientin
geht dann dazu über, in stählernem kaltem Ton und in ge-
stelztem, ruckhaftem Rhythmus das Telefongespräch und ihre
Reaktionen darauf zu berichten. Die Mutter hatte ihr Vorwürfe gemacht, weil sie nicht geschrieben hatte, und die Patientin war wütend gewesen, hatte sich aber beherrscht und
nur so getan, als sei sie distanziert und voll Verachtung.
Sie sagt voll Bitterkeit, sie schicke ihrer Mutter regelmäßig ihren Scheck, aber sie wolle verdammt sein, wenn sie
schriebe. Pause. Schweigen. "Ich hab' nicht vor, mich wieder
mit ihr einzulassen, ... obwohl ich weiß, Sie möchten, daß
ich's tue. ... Sie sagen, es würde meine Analyse voranbrin-
gen, und vielleicht haben Sie ja auch recht, aber ich kann
nicht, und ich will nicht, und ich will mich auch mit Ihnen
in nichts einlassen."
Ich schweige. Ich erinnere mich, daß sie mir in der vorigen
Stunde von einer Verabredung mit einem künstlerischen jungen Mann erzählt hatte. Sie hatte das Gefühl gehabt, er sei
interessant, sogar faszinierend, aber er habe etwas Ab-
stoßendes an sich. In jener Stunde hatten wir nicht herausbekommen, worauf dieses Gefühl des Abgestoßenseins zurück-
ging. Die Patientin geht nun dazu über, mir von ihrer zweijährigen Tochter zu erzählen, wie gern sie mit ihr spielt
und wie schön der Körper des kleinen Mädchens ist, nicht
häßlich wie der einer erwachsenen Frau, und wie gern sie
die Kleine badet. Sie hält inne und erinnert sich plötzlich
an einen Traum: Sie war bei den Froschfrauen" und sollte im
Hafen von Moskau tauchen und sich merken, was sie unter Wasser zu sehen bekommen würde. Das Wasser war kalt und dunkel,
aber sie war durch ihren Gummianzug geschützt. Es bestand
die Gefahr, daß irgendetwas explodieren würde, und sie mußte
sich beeilen, um wieder herauszukommen. Sie hatte irgendwie
die Vorstellung, sie müsse bis vier Uhr fertig sein.
Die Assoziationen der Patientin führten zu einer Geschichte,
die sie gehört hatte: Menschen, die im Schlaf sterben, sterben um vier Uhr morgens. Vielleicht hat sie Angst, ich könnte sterben; sie hatte gehört, ich sei herzkrank. Als sie
aufwachte, war ihr Gaumen wund, sie mußte im Schlaf mit der
Zunge am Gaumen gerieben haben. Das ist ein Problem, dem wir
nie auf den Grund gekommen sind. Sie hat Magenschmerzen. Sie
fühlt sich angespannt. Sie sollte dies bearbeiten, aber sie
fühlt sich erschöpft und deprimiert. Schweigen. Ich sage an
dieser Stelle: "Sie haben Angst vor dem, was Sie unter Wasser, in Ihrem Unbewußten, finden werden. Sie fürchten sich,
darum ziehen Sie Ihren Gummianzug an, so daß Sie nichts fühlen, so daß Sie in nichts hineingezogen werden - in was?"
Die Patientin denkt einen Augenblick nach und sagt: "Ich bin
in Versuchung, wegzulaufen, zu dem Zustand zurückzukehren, in

dem ich vor der Analyse war, gelangweilt und leer. Ich bin
es müde, zu kämpfen und zu suchen, ich will mich entspannen und mir das Leben leichtmachen. Sie schubsen mich, und
ich möchte, daß Sie die Arbeit tun. Ich hatte gestern eine
Phantasie, ich bekäme Luftröhrenkrebs und könnte nicht sprechen, dann müßten Sie die ganze Arbeit tun." Pause.
Ich erwidere: "Sie sind wütend auf mich, weil ich Sie nicht
füttern will; ich will nicht Ihre gute Mammi sein." Die Patientin schreit mich regelrecht an: "Sagen Sie dieses Wort
nicht, ich kann es nicht ertragen. Ich hasse es und ich
hasse Sie auch. Ja, ich will, daß Sie mir helfen, aber nicht
nur für mich arbeiten; ich will, daß Sie warm und gütig sind.
Sie machen nichts als immer nur arbeiten, arbeiten, arbeiten
(Pause) ... Ich glaube, Sie haben recht. Ich möchte, daß Sie
mich versorgen, wie ich mein Baby versorge. Wissen Sie, gestern, als ich sie gebadet habe, hab' ich ihre Genitalien
angesehen, ihre Vulva, und sie sah so schön aus, wie eine
Blume, wie eine saftige Frucht, eine Aprikose. Ich hätte sie
küssen mögen, aber ich weiß ja, das wäre nicht gut für sie."
Ich sagte einfach: "Für sie?" Die Patientin fährt fort: "Na
ja, nicht nur für sie, nehm' ich an, auch für mich. Das erinnert mich an etwas; wissen Sie, der Künstler, mit dem ich
vor ein paar Tagen eine Verabredung hatte. Wir sind am
Strand gewesen, und ich hab' bemerkt, daß seine Schenkel
fleischig waren, und sein Hinterteil auch, wie bei einer
Frau. Vielleicht war es das, was mich abgestoßen hat." Ich
antwortete: "Und was Sie auch fasziniert hat. Das ist der
gefährliche Hafen, den Sie unter Wasser zu finden fürchten.
Das ist das, wovor Sie weglaufen." Die Patientin: "Ich habe
einen Bikini-Badeanzug für meine Tochter gekauft, sie sieht
einfach entzückend darin aus - er ist hellrot - ich könnte
sie darin auffressen - und ich meine es wörtlich - auffressen."" (Aus: Greenson, R.R.: Technik und Praxis der Psychoanalyse. Stuttgart 1973, S. 125-127)

Die "Momentaufnahmen" der Behandlung stellen sich unserer
Auffassung nach wie folgt dar:
Die Patientin bewegt sich zu Anfang im "oberflächlichen Erkunden", wird dann vom Therapeuten direktiv zum Erschließen
ihrer Gefühle angeregt. "Sie sind ärgerlich" (Konfrontation).
Die Patientin tritt in Auseinandersetzung mit ihrer Mutter
und macht Anstalten, sich von dieser zu lösen. Die Erinnerung an die Tochter und den Traum wiederholen die Bewegung
vom Erkunden zum Sich-Auseinandersetzen. Der Therapeut gibt
eine Deutung ("Gummianzug"), die eine Aussage über die Art
der Angst der Patientin beinhaltet, d.h. er vermittelt Orientierung durch eine verbindliche Feststellung (Binden). Jede

Deutung hat den Charakter eines bindenden Orientierungsvor-
gangs (Suggestion! Richtungweisend!). Die hier von dem Therapeuten ausgesprochene Deutung zielt auf weitere Auseinandersetzung. Die Patientin weicht in ein diffuses Erkunden zurück ("Regression"). Der Therapeut vermittelt mit weiteren
Deutungen Orientierung, provoziert die Patientin zu verschärf-
ter Auseinandersetzung. Sie nimmt diese Provokation an und
entwickelt weiterhin "systemimmanent" erotische "Assoziationen". Die "Manipulation" der Patientin in bestimmter, dem
Therapeuten "richtig" erscheinender Weise, seinem System
folgend, wird hier wiederum besonders deutlich. D.h. die von
ihm berichteten Heilerfolge beruhen zum überwiegenden Teil
zweifellos auf der sich einstellenden Kommunikation ("Übertragung"), auf einer Vertrauensbasis unter Vermittlung von
Orientierung durch Deutung. Die sich als nicht-richtungsweisend verstehende Psychoanalyse Freuds wäre in der Darstellung von Greenson ein Mißverständnis.

Nicht zu weit von diesem Behandlungsbeispiel entfernt schildert C.G. Jung die Interpretation eines Traumes, die nach
der Methode der "Amplifikation" (Bewußtseinserweiterung
durch Vermittlung von den den Traumbildern analogen Inhalten aus der Geschichte des kollektiven Unbewußten, d.h. aus
überlieferten Mythen, Sagen und Legenden) ebenfalls ganz eindeutig Sinn und Orientierung dem Patienten vermittelt. Der
Patient kommt hier allerdings nicht zu Wort, sondern es ist
C.G. Jungs Anliegen, die Sinnzusammenhänge des Traumes aufzuweisen. In der Realität einer komplexpsychologischen Behandlung wird jedoch der Patient zweifellos zu Wort kommen
und - im Gegenüber zum Therapeuten, da der Patient sitzt -
mit diesem die Möglichkeiten der Amplifikation diskutieren.
Dieses Gespräch verläuft auch in den Fluktuationen des Erkundens, Auseinandersetzens, um endlich in der Bewältigung, d.h.
in der Individuation zu gipfeln, zu der der Patient dann die
Archetypik seines Unbewußten maßgeblich sprechen läßt:

"(Traum): Geht mit dem Vater in eine Apotheke. Dort sind
wertvolle Sachen zu billigem Preis zu haben, vor allem ein
besonderes Wasser. Der Vater erzählt ihm vom Lande, wo das

Wasser herkommt. Darauf fährt er mit einem Zug über den Rubikon.

Kommentar: In der traditionellen "Apotheke" mit ihren Gläsern und Töpfen, ihren Wässern, ihrem "lapis divinus" und "infernalis" und ihren Magisterien ist noch ein letzter sinnenfälliger Rest der alchemistischen Sudelküche jener erhalten, welche im "donum spiritus sancti", der "köstlichen Gab", nichts erblickten als die Chimäre der Goldmacherei. Das "besondere Wasser" ist sozusagen wörtlich die "aqua nostra" "non vulgi". Daß ihn der Vater zur Lebensquelle führt, ist leicht verständlich, da jener ja der natürliche Erzeuger seines Lebens ist. Der Vater repräsentiert sozusagen das Land oder den Boden, aus dem die Quelle seines Lebens sprang. Er ist aber figürlich der "lehrende Geist", der in den Sinn des Lebens einführt und dessen Geheimnisse nach den Lehren der Alten erklärt. Er ist ein Vermittler der Traditionsweisheit. Der väterliche Erzieher in unserer Zeit erfüllt diese Aufgabe allerdings nur noch im Traume des Sohnes in der archetypischen Gestalt des Vaters, des "alten Weisen". (Erschließen von größeren Sinnzusammenhängen, nach Erkunden und Entdecken.)

Das Lebenswasser ist billig zu haben; denn jeder besitzt es, allerdings ohne seinen Wert zu kennen. "Spernitur a stultis": es wird von den Dummen verachtet, weil sie annehmen, daß alles Gute stets außen und anderswo sei, und daß der Quell in ihrer eigenen Seele nichts anderes sei als... Es ist wie der Lapis "pretio quoque vilis", von geringem Preis, und deshalb wie in Spittelers "Prometheus" vom Hohenpriester und der Akademie herunter bis zum Bauern "in viam ejectus", auf die Straße "geschmettert", wo Ahasver das Kleinod in die Tasche steckt. Der Schatz ist wieder ins Unbewußte versunken. (Erkunden - Erschließen)

Der Träumer aber hat etwas gemerkt und fährt mit energischem Entschluß über den Rubikon. Er hat es verstanden, daß jenes Fließen und jenes Feuer des Lebens nicht zu unterschätzen, sondern unerläßlich zur Verwirklichung seiner Ganzheit sind. Über den Rubikon aber gibt es kein Zurück." (Auseinandersetzen, Binden/Lösen, Bewältigen)

(Aus Jung, C.G.: Psychologie und Alchemie. Zürich 1944, S. 175-176)

Die Gesprächstherapie als nicht-richtungsweisende definiert

W. Tausch wie folgt:

"Gesprächspsychotherapie (synonym mit psychologisch-therapeutischen Gesprächen oder verbaler Psychotherapie) ist eine bestimmte Art sozialer Interaktion und verbaler Kommunikation zwischen zwei oder mehreren Personen, wesentlich und planmäßig bestimmt durch gewisse Merkmale des Verhaltens des Psychotherapeuten. Ziele dieser sozialen Interaktion und verbalen Kommunikation sind Änderungen des Psychischen - Erlebnisinhalte, Einstellungen und Verhaltensweisen - des Klienten, eines Individuums mit gewissen emotionalen und Verhaltensschwierigkeiten und deutlichem Wunsch ihrer Änderung. Die Än-

derungen treten überwiegend ein auf Grund bestimmter Erfahrungen und Tätigkeiten, insbesondere im Zusammenhang mit der
psychologischen Wirkung sprachlicher Inhalte, sowie auf Grund
von Lernvorgängen. Es handelt sich um eine psychologische Methode der Verhaltens- und Erlebnismodifizierung." (Tausch,
R.: Gesprächspsychotherapie. Göttingen 1968, S. 3)
Gegenüber der Medizin wird sie wie folgt abgegrenzt:
"Gesprächspsychotherapie erstrebt die gezielte Änderung von
Verhaltens- und Erlebnisweisen durch psychologische Methoden, insbesondere durch soziale Interaktion und verbale Kommunikation sowie entsprechende Lernvorgänge. Medizinische
Psychotherapie (Psychosomatische Medizin) dagegen ist als
Änderung von Verhaltens- und Erlebnisweisen durch medizini-
sche Methoden anzusehen, im wesentlichen durch chemisch-phy-
sikalische Einwirkung auf bestimmte körperliche Vorgänge,
die mit den seelischen in Zusammenhang stehen." (op.cit.,
S. 7)

Sie wird von der psychologischen Beratung durch das wesentlich geringere aktive, das nicht dirigistische Verhalten
des Therapeuten unterschieden. Ihre Indikation ist folgende:

"Gesprächspsychotherapie ist angemessen bei emotionalen
Schwierigkeiten, Problemen und Krisen usw. von Klienten,
die im wesentlichen nicht mit mangelnden Informationen oder
bestimmten Umweltbedingungen zusammenhängen, sondern entscheidend durch die persönlich-individuellen Arten des Fühlens, Erlebens und Verhaltens der Klienten bedingt werden,
zu deren Änderung die Klienten zumindest im Verlauf der Gesprächspsychotherapie bereit sind. Es handelt sich im wesentlichen um mit Furcht und Angst verbundene unangemessene
Verhaltensreaktionen, die vermutlich in vergangenen Erfahrungen gelernt wurden und die sich in bestimmten Situationen
des alltäglichen Lebens verwirklichen. Der Psychologe, Psychiater usw. gewährt den Klienten bestimmte Bedingungen der
sozialen und verbalen Kommunikation, so daß die Klienten u.a.
weniger Furcht empfinden und in einem von Bedrohung freien
Gesprächsklima angemessenere Wege des Reagierens selber finden können." (op.cit. S. 9-10)

Da das Mittel der Gesprächstherapie die verbale Kommunikation ist, wird der sprachlichen Vermittlung eine besondere
Bedeutung beigemessen, die sie zum Objekt des psychologischen Experimentes macht. Wieweit der Gesprächstherapeut
die emotionalen Erlebnisinhalte seines "Klienten" zu verbalisieren vermag, wieweit er positive Wertschätzung und
Wärme, Echtheit und Selbstkongruenz auszudrücken in der Lage ist, kann je nach dem sprachlichen Kontext in bestimmte
Variablen einer Skala eingeteilt und in einer Auswirkung

auf den Klienten geprüft werden. Die drei wesentlichen Ver-
haltensmerkmale des Therapeuten faßt Tausch wie folgt zusammen und spezifiziert sie:

"Die Äußerungen der Psychotherapeuten hinsichtlich Sprechweise sind angemessenerweise charakterisiert durch Konkret-
heit und emotionale Nähe, durch eine verstehende, nicht-
diagnostizierende Form und durch deutlich erkennbares ak-
tives, intensives Bemühen des Psychotherapeuten in der Zuwendung zum Klienten und im Verstehen der vom Klienten aus-
gedrückten phänomenalen Welt.
Die dargelegten charakteristischen Merkmale des Psychotherapeutenverhaltens schließen folgende Vorgänge ein bzw. sind
Bedingungen für die Auslösung folgender Vorgänge bei Klienten:
1. Selektives positives Reinforcement von Äußerungen mit
emotionalen selbstbezogenen Erlebnisinhalten der Klienten,
insbesondere der mit den persönlichen Schwierigkeiten zusam-
menhängenden emotionalen Inhalte.
2. Positives Reinforcement in Form interessierter, verständ-
nisvoller, emotional-warmer Zuwendung für selbstexplorati-
ves und zwischenmenschliches Annäherungsverhalten des Klienten.
3. Auslösung reziproker Affekt, entsprechend dem vom Psychotherapeuten kommunizierten Ausmaß von Verständnis, emotionaler Wärme und Wertschätzung; gewisse Gegenkonditionie-
rung (unsystematische Desensitivierung) der während der
Klientenäußerungen bei Klienten auftretenden oder vorge-
stellten Ängste usw. durch reziproke Affekte.
4. Verstärkung des selbstexplorativen Verhaltens auf Grund
häufiger Ähnlichkeitserlebnisse des Klienten bei den Äußerungen des Psychotherapeuten über seine (des Klienten) persönlich-emotionalen Erlebnisinhalte.
5. Imitationslernen von ruhiger, aktiver Zuwendung zu den
eigenen, zum Teil angstvollen, verwirrenden Erlebnisinhalten auf Grund der Wahrnehmung des Psychotherapeutenverhaltens.
6. Imitationslernen von echtem, selbstkongruentem, offenem,
relativ verteidigungsfreiem Verhalten auf Grund der Wahrnehmung des Psychotherapeutenverhaltens.
7. Ermöglichung distanzierter Betrachtung des eigenen Erlebens und Verhaltens, indem wesentliche Erlebnisse oder persönliche Arten des Verhaltens und Reagierens vom Psychotherapeuten verbalisiert werden.
8. Assoziierung gewisser als beeinträchtigend oder 'schlecht'
empfundener Elemente des Selbstkonzeptes oder Aspekte der
Person des Klienten mit der vom Psychotherapeuten kommunizierten positiven Wertschätzung; größere Akzeptierung von
Elementen des Selbstkonzeptes der eigenen Person."" (op.cit.
S. 134-135) (Aus: Wyss, D.: Die tiefenpsychologischen Schulen von den Anfängen bis zur Gegenwart. 5. Aufl. Göttingen
1977.)

Analoge Beispiele, in denen der Gang des therapeutischen Gespräches zwischen Erkunden, Auseinandersetzen, Sich-Binden
oder Lösen und endlich dem Bewältigen hin und her oszilliert,
lassen sich bei Tausch durchweg aufweisen:

"Die nachfolgenden Ausschnitte demonstrieren ein Klienten-
verhalten, das Psychologen, Psychiater usw. leicht zu Ratschlägen und Lenkungen veranlaßt. Ein höheres Ausmaß der 3
entscheidenden Psychotherapeutenvariablen ermöglicht jedoch
auch hier dem Klienten ohne Lenkung und Beratung eine ange-
messene Lösung seiner persönlich-emotionalen Schwierigkeiten.
Klient Herr K., 29, kommt zur Gesprächstherapie auf Grund
von Konflikten mit seiner Braut. Er ist unentschieden, ob
er die Bindung zu ihr lösen soll. Die ersten Sätze des ersten Kontaktes zeigen, daß er von dem Psychologen einen Rat
erwartet, wie er sich verhalten soll.
Kl: "Ich wollte Sie einmal um Ihren Rat bitten, und zwar
handelt es sich um folgendes: Ich bin seit Anfang November
verlobt und habe eigentlich jetzt die letzten Tage die Ab-
sicht, meine Verlobung aufzuheben. Ich weiß aber nicht, ob
das der richtige Schritt ist?!"
Ps: "Sie machen sich noch Gedanken -"
Kl: "Ich mache mir Gedanken, einerseits bin ich der Ansicht,
daß das vielleicht das beste wäre. Andererseits - eh - such'
ich aber immer - eh - neue Gründe, die dagegensprechen.
(Ps: "Ja"). Ich habe den Eindruck, daß vielleicht meine
Braut mich nicht mehr liebt. oder vielleicht nicht mehr richtig liebt, wie es sein sollte. Nun weiß ich ja auch nicht,
also - allzu große Erfahrung mit Frauen hab' ich ja nicht
(Ps: "Ja"), daß dies - ist vielleicht ganz natürlich wie sie
ist. Aber wie gesagt, in - gerade in den letzten Tagen hatten wir wieder mal etwas Streit gehabt (Ps: "Ja"), und da
hat mir das doch ziemlich zu denken gegeben."
Ps: "Das hat Sie unsicher gemacht in Ihrer Entscheidung, wie
Sie sich - ob Sie weiter die Bindung bestehen lassen sollten?!"
Kl: "Ja. Ich hab' es ihr auch schon gesagt. Nun ist es das -
ja nicht das erste Mal also so bei ihr. Das letzte Mal dauer-
te der Streit zwei Tage... Wir haben uns dann auch soweit
vertragen, aber ich finde, das ist ja nur äußerlich, ja? Und
ich weiß nicht - (Ps: "Ja") - (8 Sekunden Pause) - ich möchte gern mal wissen, wie stellt man fest, ob - ob einen eine
Frau liebt? Ich finde, wenn sie einen liebt, dann - dann -
eh - müßte es doch ein bißchen mehr - mehr - sie sich beherrschen oder Rücksicht nehmen auf einen."
Ps: "Ja. Sie haben die Vorstellung, daß Ihre Braut anders
zu Ihnen sein müßte?!"
Kl: "Ja, ja. So - man sagt ja, die Brautzeit wäre die schön-
ste Zeit, und..." -
Kl: "Ja, also ich - wenn - wenn es tatsächlich nur eine vor-
übergehende Sache ist, und wenn sich das bei ihr wieder ändert und sie sich bessert, dann würde - würde ich ihr be-

stimmt Unrecht tun. Aber wenn sie - wenn ihr Charakter nun
einmal so ist, oder wenn sie, wie gesagt, mich nicht mehr
mag, dann ist es ja das beste für uns, wir würden uns trennen. Aber nun - ich weiß nun nicht - ich hätte gerne gewußt,
was ich tun soll?"
Der Klient unterbreitet so dem Psychologen sein Anliegen und
erwartet von ihm auf seine speziellen Fragen eine Beratung
für sein Handeln. In einer derartigen Situation könnten Psychologen oder ganz allgemein helfende Mitmenschen meinen,
daß es jetzt an ihnen sei, die Fragen zu beantworten, zumindest die Führung des Gespräches an sich zu nehmen und ihre
Stellungnahme zu äußern. Von einem derartigen Verhalten berichtet der Klient nach einer längeren Ferienpause im 4. Kontakt:
Kl: "Es war so, ich war nämlich bei einem Seelsorger, den
ich kenne, und hab' ich mich mit dem mal ausgesprochen, und
zwar auch... (einige Sätze unverständlich). Dieser Seelsorger hat mir ziemlich klar - seine Ansicht dazu gesagt (Ps:
"Ja"). Ich schilderte ihm kurz die Verhältnisse und - und
sagte dann allerdings, daß ich auch ziemlich kalt wäre, und
ich könnte mich nicht mehr richtig auf das Kommen meiner
Braut und auf die kommende Hochzeit freuen und so. Und dann
überlegte er - brachte er noch einige Gedankengänge vor,
was ich vielleicht in - dachte, wie man die Beziehung ver-
bessern kann. Er sagte mir dann auch, ja das könnte man so
machen oder so. Aber wenn ich ja doch schon so wäre, daß
ich mich nicht mehr darauf freuen würde (Ps. "Ja"), dann
dürfte ich doch - eh - dann wäre es seiner Ansicht nach besser, man könnte ein Ende herbeiführen durch eine Aussprache."
Durch derartige Ratschläge wird dem Klienten die Verantwortung für sein Handeln abgenommen. Er verwendet sie als Recht-
fertigung vor seiner Braut und vor sich selber für die von
ihm seit längerem beabsichtigte Lösung seiner Verlobung, wie
es Ausschnitte aus dem 4. Kontakt zeigen:
Kl: "Und ich habe dann mit meiner Braut gesprochen, und da
sagte ich: "Ja, der Pastor hat gesagt, Du sollst mal hinkom-
men." Und da sagte meine Braut - und sagte: "Nein". Und da
sagte ich später zu ihr: "Du mußt aber mal mitkommen." Und
da sagte sie zu mir: Das wüßte sie ganz genau, der Mann wäre ihr Ende. Davor hat sie anscheinend Angst, also vor dieser Konsequenz, und da sagte ich ihr noch: "Ja, Gott, Du
mußt es doch aber einsehen, und er sagt es doch, das hat
doch keinen Zweck, daß wir uns unglücklich machen."
Die folgenden psychotherapeutischen Kontakte zeigen, daß
der Klient bei entsprechenden psychologischen Bedingungen
ohne Leitung und Ratschlag imstande war, die mannigfaltig-
sten Gesichtspunkte für seine Entscheidungsmöglichkeiten zu
sehen, seine Probleme selbständig zu erörtern und Entscheidungen zu verantworten.
Kl: "Ja, ich dachte schon heut' morgen, es ist ja möglich,
daß meine Vorstellungen falsch sind. Dann liegt es ja an
mir, dann möcht' ich mich ändern..."
Kl: "Eh - eigentlich bin ich - bin ich überzeugt, daß mein

Verhalten richtig ist, aber - ich weiß ja, wie das ist,
gelt? Man ist ja selbst subjektiv. Ich geb' - ich - ich
räume ohne weiteres ein, daß ich mich täusche..." -
Kl: "Meine Braut ist ja das einzige Kind, und sie ist noch
so jung, und sie ist immer umhegt worden. - (6 Sekunden Pause) - Also in der Beziehung bin ich nicht sicher, ob ich ihr
vielleicht Unrecht tue, ob ich zuviel von ihr verlange, was
sie mir nicht geben kann."
Ps: "Sie meinen, daß die Dinge vielleicht auch anders liegen können."
Kl: "Ja, weil ich - ich kann ja - ich möchte nicht mein -
mein Urteil fällen. Ich sage Ihnen ja, ich überlege es nach
allen Seiten, und dadurch werd' ich natürlich auch ein bißchen unsicher, ob ich nun recht habe, oder ob ich nicht
recht habe." -
Kl: "Ich weiß nicht, was sie machen wird, ich glaub's ja
eigentlich nicht, daß sie sich von mir trennt. Ich will -
ich will ja eigentlich auch nur erreichen, daß sie - daß sie
sich ein bißchen ändert mir gegenüber." -
Kl: "Ja, ich würde mir wahrscheinlich, wenn ich die Verlobung aufheben würde - wenn ich sie aufheben würde, würde ich
mir wahrscheinlich immer vorwerfen, daß - daß - eh - daß sie
ja - eh - daß ich sie vielleicht hineinmanövriert habe oder
daß - daß sie es vielleicht gar nicht gewollt hat." -
Ps: "Sie würden ein gewisses Schuldgefühl hinein -"
Kl (unterbricht): "Das hätte ich zweifellos." -
Auch sich selber lernt der Klient deutlicher sehen. Er äußert
u.a., daß die Schwierigkeiten vielleicht in seiner Person begründet seien.
Kl: "Ja, das ist so, ich weiß nicht, man - man spricht da
von selbstloser Liebe, ja, daß man so einander liebt. Also,
dazu bin ich wohl nicht fähig. Also ich merke das -"
Ps: "Es fällt Ihnen schwerer, diese selbstlose Liebe!?"
Kl: "Ich glaube ja, daß ich - wenn ich ehrlich sein will -
dann wird es wohl so sein."
Im 9. psychotherapeutischen Kontakt kommt er dann zu der
Einsicht, daß er seine Braut nicht heiraten will, und daß
er nur Gründe herzustellen bemüht ist, um diese Entscheidung der Braut und sich selber leichter zu machen und zu
rechtfertigen:
Kl: "Meine Braut sagte zu mir gestern: "Ja, dann sag mir
doch, was ich machen soll, was soll ich denn jetzt nur machen!" Da sagte ich: "Ja, komm zu mir, Du mußt alles im
Stich lassen." Aber das kann sie ja nicht, sie muß ja in
den Beruf. Sie hat dann geweint und gesagt: "Es ist doch
alles aus." Und dann sagte ich zu Ihr: "Bleib' doch bei
mir!" "Nein, ich muß nach Hause." Da sagte ich: "Ja, siehst
Du, es ist ja doch schon aus zwischen uns."
Ps: "Wenn ich Sie recht verstehe, Herr K., wollten Sie noch
einen Versuch machen, ob sie bei Ihnen bleibt?"
Kl: "Nur gestern abend - nur gestern abend. Ja, ich erwartete irgendwie, eh, daß sie nun sagte, also gut, ich bleib'
- ich bleib' jetzt bei Dir, oder ich gehöre zu Dir."
Ps: "Und unter diesen Umständen hätten Sie eine Verbindung

für möglich gehalten, war es dies?"
Kl: "Ehrlich gesagt, nein. Also, wenn ich ganz ehrlich sein
soll, ich glaube nicht daran, ich glaube nicht daran - und
ich wollte das nur versuchen, um - ich wollte ihr vielleicht
dadurch nur den Abschied irgendwie erleichtern, also nicht
wahr, sie sagt immer: "Du willst mich ja nicht mehr haben!"
Und wissen Sie, ich möchte ihr nicht sagen: "Ich will Dich
nicht mehr!" - Das kann ich ihr nicht sagen... Mein Gott,
wie kommt das nur. Ich will sie ja nicht von mir stoßen,
das - das kann ich nicht. Ich will nur, daß es nicht dazu
kommt, daß meine Braut zu mir kommt... Ich habe ihr das zwar
gesagt: "Komm zu mir", und so weiter, aber ehrlich gesagt,
ich will das gar nicht. Ich will ihr das nur irgendwie - irgendwie erleichtern, vor ihrer Mutter, daß es keine Blamage
gibt." -
Der Klient hat sich so selber verantwortlich entschieden,
die Verlobung zu lösen. Im 10. Kontakt gewinnt er die Einsicht, daß er sich früher falsch verhalten hat, und daß seine frühere Art, die Schwierigkeiten mit seiner Braut zu lösen, nicht angebracht war:
Kl: "Die Situation ist so schwer. Sehen Sie mal, dazu bin
ich auch - ich bin doch aufbrausend, und ich - ich kann nicht
sehr ruhig sein, und ich kann mir das auch nicht alles anhören. Es kommt dann immer wieder der Punkt, wo ich platze und
wo ich nicht mehr kann, wo ich mich entladen muß. Und es ist
jetzt so bei mir und meiner Braut, wenn sie jetzt irgend etwas sagt, ich bin derartig gereizt, derartig empfindlich,
daß ich - daß ich nicht mehr ruhig bin, und das ist natürlich lieblos, das ist klar. ... Ich bin sofort immer gereizt,
und meine Braut denkt manchmal, ich sei so empfindlich, weil
eben die Vergangenheit in meiner Erinnerung steht. Dabei ist
es wohl so, daß mein ganzes inneres Drängen auf eine Lösung
hintendiert."
Ps: "Sie fühlen, daß ein Teil dieser Gereiztheit davon
stammt, daß Sie in gewissem Sinne diese Dinge zu einem Ende
in einer bestimmten Richtung führen wollen?!"
Kl: "Ja. Ja also, daß ich - daß ich - ich hab' ihr ja geschrieben, ich wollte ihr - ich wäre jetzt genauso kalt oder
so - so grob zu ihr, wie sie zu mir, damit sie das mal am
eigenen Leibe spürt. Im Grunde verabscheue ich diese Methode ja, aber es ist traurig, ich mache es. Eh - Sie wissen
ja wie das ist, ich weiß nicht, so nennt man es ja (Ps: "Ja -
m-hm") - die Waffen - wenn man schon zu - zu irgend so einer unfairen Waffe greift, das hat doch gar keinen Zweck,
das schlägt doch nur auf einen selbst zurück." - (Weint) -
Pause -
Ps: "Ja, irgendwie finden Sie diese Waffe - daß diese Waffe
eine gewisse Lieblosigkeit - daß es etwas ist, was nicht zu
Ihnen paßt?!"
Kl: "Ja, es ist doch keine Art des Verkehrs, daß ich, daß
ich ihr - daß ich ihr gegenüber gleich laut werde und ihr
gleich alles so vorwerfe. ... Ja, ich merke, daß ich - daß
ich mit - mit dieser Waffe sinke, verstehen Sie?" (Der
Klient weint. Längere Pause.)

Ps: "Sie fühlen,da - daß es -"
Kl: "Wenn die Waffe niederträchtig ist, dann - dann geht es
eben - dann geht es eben - dann gehe ich eben mit runter."
Ps: "Ja - Sie empfinden, es ist eine Waffe, die Ihnen selbst
in Ihrer Würde - eh - danach, was Sie selbst von sich halten, nicht angemessen ist. -"
Kl:"Also ein gewisses Schuldgefühl werd' ich nicht los. Ich
hätte es von Anfang an nicht machen dürfen, denn ich muß zugeben, ich hatte von Anfang an Bedenken."
In den letzten Minuten vor der Beendigung der Gesprächspsychotherapie im 10. Kontakt äußert sich der Klient über die
Art der Gespräche:
Kl: "Ich habe das auch gefühlt - ich verstehe Sie da. Sie
sagen mir nicht: "Ich empfehle Ihnen, dieses zu tun, ich
empfehle Ihnen, jenes zu tun." Sie wollen mich auf meinen
eigenen Weg bringen, und wenn ich dann etwas tue, daß ich
dann auch - eh - weiß, ich habe es dann richtig getan. Das,
also wollen wir mal sagen, wie ich mich dann entscheide,
das ist dann so, daß es für mich richtig ist, wollen wir
mal sagen, also dies Gefühl ist es."" (op.cit. S. 140-143)

Jedoch ist für die Technik der Gesprächstherapie wichtig,
daß 1. die Zahl der Sitzungen begrenzt wird (15-30 maximal),
2. emotionale Wärme und Anteilnahme von seiten des Therapeuten speziell impliziert werden, 3. die Spiegelfunktion -
ohne direktes Deuten und Hinterfragen, bestenfalls gelegentlich anregendes Fragen - des Therapeuten im Vordergrund
steht, 4. von Beratung oder direkter Beeinflussung ausdrücklich abgesehen wird, 5. die Problem- und Konflikterhellung
dem Patienten durch überwiegend eigene Aktivität gelingt,
6. der lebensgeschichtliche Hintergrund und das "Unbewußte"
nur von untergeordneter Rolle sind, 7. das Ziel der Gesprächstherapie auf dem Hintergrund der Konzeption Rogers
ebenfalls die "Selbstverwirklichung" ist.

Als letztes, nicht explizit richtungsweisendes Verfahren
sei auf das "katathyme Bilderleben" von Leuner verwiesen,
wie auch auf die entsprechende Spezialliteratur. Dieses mit
den "freien Einfällen" des sich selbst überlassenen, auf
der Couch liegenden, seinen Erinnerungen, auftauchenden Bildern und Gedanken "nachhängenden" Patienten vergleichbare
Verfahren, das jedoch das Bilderleben anregt und steigert,
ist - von den jeweiligen Anregungen des Therapeuten abgesehen - nicht richtungsweisend sondern spontan. Seine Be-

deutung im Rahmen von Einzel- wie auch Gruppenbehandlung
ist erheblich, um die verschüttete oder darniederliegende
Emotionalität zu wecken. "Gesprächstherapie" und "katathymes Bilderleben" stellen zwei Extreme sehr unterschiedlicher Methodik der "nicht-richtungsweisenden" Behandlung
dar. Doch gibt es auch hier Kombinationsmöglichkeiten: Abklärung und Erörterung situativer Konflikte im Gegenüber
des Gespräches, dann als Vorstufe des katathymen Bilderle-
bens einige Stufen des Autogenen Trainings, die einen pro-
blemlosen Übergang in das katathyme Bilderleben ermöglichen.
Die Gefahr der Gesprächstherapie, im rationalen Erkunden
und Erschließen zu verharren, erfährt durch das katathyme
Bilderleben eine ungewöhnliche und hilfreiche Vertiefung.
Dabei ist auch für das katathyme Bilderleben durchaus von
diffusen Farben, Kreisen, Punkten aufsteigend bis zu ein-
prägsamen eidetischen Erlebnissen die Entwicklung vom Erkunden zum Bewältigen zu verfolgen - wie auch die Oszillation dieser Modi.

Im folgenden sei das Beispiel einer gesprächstherapeutischen
Behandlung gegeben, gekennzeichnet durch eine sehr positive
Zuwendung der behandelten Patientin:

(Gerich, L.):Gesprächstherapeutische Behandlung einer paroxysmalen Tachykardie mit Angstzuständen

"Dargestellt werden soll eine 20-jährige ledige Studentin
der Ingenieurwissenschaften, die sich wegen multipler vegetativer Beschwerden, in deren Vordergrund eine supraventri-
kuläre Tachykardie stand, bei deutlich hypochondrischer
ängstlicher Tönung mit hysterischer Ausgestaltung in der
Ambulanz einer Medizinischen Universitätsklinik nächtlich
vorstellte. Bei fehlenden organischen Hinweisen wurde der
zufällig diensttuende Psychosomatiker hinzugezogen, der über
ein erstes entlastendes Gespräch der Patientin eine erneute
Kontaktaufnahme anbot.

A) Somatische Beschwerden
Oszillierend fühlte die Patientin entweder Zustände diffuser Angst oder die Tachykardie. Beides tritt im wesentlichen
simultan auf, wird aber wechselnd geschildert. Als auslösende Situation berichtete sie einmal über eine Begegnung mit
einer Katze im Wald, die sie verfolgt habe, zum anderen über
eine Situation, in der sie sich dem Elternhaus näherte und
eine Entscheidung bezüglich der Stellung der Eltern zu ihr
erreichen wollte. Zusätzlich gab sie die Sorge, die Führer-

scheinprüfung nicht zu bestehen, an. Dies dürfte die am weitesten zurückliegende Situation gewesen sein, etwa ein halbes Jahr vor Aufsuchen der Klinik. Vorausgegangen waren zwei Konsultationen bei niedergelassenen Internisten. Auf Einnahme von Tranquilizern und Betablockern war keine anhaltende Besserung eingetreten. In der weiteren Anamnese fanden sich im Kindesalter keine wesentlichen Vorerkrankungen, soweit eruierbar keine Primordialsymptomatik. Die Menarche trat mit 14 Jahren ein. Ihre Reaktion darauf war nicht mehr erinnerlich. Im 16. Lebensjahr habe sie das Gefühl gehabt, abnehmen zu müssen. Initial hätte sie weniger gegessen, sei dann zunehmend schlanker geworden und hätte keinen Kontakt mehr zu Jungens haben wollen. Längere Zeit nach Einsetzen einer sekundären Amenorrhoe gynäkologische Behandlung mit Wiedererlangen eines anovulatorischen Zyklus. Später deutliche Gewichtszunahme. Die Patientin glaubte, die anorektische Reaktion überwunden zu haben.

B) Gegenwärtige Situation

Die Patientin schildert sich als kompensiert im Bereich der Anforderungen des Studiums und Praktikums. Allerdings habe sie Zweifel, ob dieser technische Beruf das richtige für sie sei. Wohl erschließt die Patientin schon, daß die Berufswahl im Zusammenhang mit der Auseinandersetzung mit dem Vater stand. Sie wollte dem Vater gefallen, indem sie eine mehr männliche Studienrichtung einschlug. In den personalen Beziehungen war sie deutlich auf Abgrenzung bedacht. Bei zuvor wechselnden Beziehungen zu Freunden stabilisierte sich nach Abklingen der anorektischen Reaktion eine, nach ihren Angaben vor allem dadurch, daß der Freund durch eine auswärtige Berufsausbildung weniger mit ihr zusammensein konnte. Angst und Tachykardiezustände treten in deutlichem zeitlichem Zusammenhang mit sexuellen Aktivitäten auf. Sie wisse, daß der Vater sie "loshaben" wolle und wünsche sich manchmal in die Situation ihrer jüngeren Schwester, die mit 17 Jahren ein Kind bekam, um von zu Hause gegen den Willen der Eltern freizukommen. Auch sie lehne den Vater wegen seiner mangelnden Interessen - er lese nur die Bildzeitung - und seiner deutlichen intellektuellen Unterlegenheit ab. Ihre Schilderung des Verhältnisses zu den Eltern gipfelt in der Erzählung, daß die Mutter ihr berichtete, sie sei eigentlich ungewollt gewesen. Zeitlich dürfte dies mit dem Beginn der Symptomatik zusammenfallen, ohne daß die Patientin dies selbst registriert. Auch die sonstigen personalen Beziehungen seien ihr zu flach. Über die sie wirklich interessierenden Fragen bezüglich z.B. des Sinnes des Lebens könne sie mit den ebenfalls mehr technisch orientierten Kommilitonen und -innen nicht sprechen. Sie fühle sich jedoch von diesen weitgehend akzeptiert; erhalte von ihnen Unterstützung bei Schwierigkeiten innerhalb des Studiums. Sie frage sich, ob dies alles sein könne, ob dies der Sinn des Lebens sei, so wie sie momentan lebe. Sie könne nicht allein sein, ziehe sich zu dem Freund oder anderen Bekannten und Verwandten zurück, finde jedoch nicht den gewünschten Halt. Ihre Beziehung zum Vater erinnere sie an einen Traum, in dem der Vater zwei Brote bereite, eines für den Bruder mit viel drauf, bei ihrem sei nichts auf dem Brot gewesen. Sie habe das Gefühl, dem Vater sei alles egal.

C) Vorgeschichte

Die Patientin ist die mittlere von drei Geschwistern. Die Kindheitserinnerungen sind angefüllt mit Spannungen zwischen der Patientin und den sehr vereint auftretenden Eltern. Vor allem habe sie sich von dem als Werkmeister tätigen Vater immer zurückgesetzt gefühlt. Er habe den fünf Jahre jüngeren Bruder eindeutig bevorzugt. Sie erinnere sich, daß der Vater sie einmal nach einem Streit mit dem Bruder die Treppe hinuntergeworfen habe, ohne sich bei ihr zu entschuldigen. Als Kind habe sie Angst gehabt, ihre Eltern könnten ihre Puppen kaputtmachen. Nur einmal hätte sie Interesse beim Vater hervorgerufen, als dieser versucht habe, sie für eine Beamtenlaufbahn zu gewinnen. Auffälligerweise habe sie jedoch bei sonst sehr guten schulischen Leistungen die Aufnahmeprüfung nicht bestanden. In der schulischen Entwicklung nahm sie nach eigener Schilderung anfänglich die Rolle einer Streberin ein, konnte sich jedoch zunehmend aus dieser durch Zugehen auf die Klassenkameradinnen entfernen. Nahe am Fachabitur fühlte sie sich zunehmend angenommen. In wechselnden Beziehungen zu männlichen Partnern traten deutliche sexuelle Schwierigkeiten auf, im Sinne einer auch von der Patientin zunehmend erschlossenen weiblichen Identitätsstörung.

D) Diagnose

Akute Angstneurose mit ausgeprägter vegetativer Begleitsymptomatik, vor allem in Form einer paroxysmalen Tachykardie, auf dem Hintergrund einer deutlichen Orientierungskrise, sowohl in personalen Beziehungen ganz allgemein, insbesondere auch in der Annahme einer weiblichen Identität, wie auch im Rahmen der intellektuellen und weltanschaulichen Orientierung. Es findet sich ein ausgeprägtes Mißverhältnis zum Leib, eine deutliche Reifungs- und Entwicklungsstörung. Innerhalb des Leistungsbereichs erscheint die Patientin voll kompensiert.

E) Sichtbare Konflikte zwischen dem Wunsch nach Getragenwerden und hohen intellektuellen Anforderungen des Sich-Behauptens, Angst, sich in Beziehungen zu verlieren, Versuch der Annahme eines männlichen Rollenverhaltens, wegen mangelnder Anerkennung durch den Vater bei sehr schwach erscheinender Mutter und damit abgewertetem weiblichen Rollenverhalten.

Welche Verhaltensänderungen sind von seiten des Therapeuten wünschenswert?
a) Möglichkeit der Auseinandersetzung mit dem Vater mit stärkerer Betonung der emotionalen Beziehung, Entlastung von zu hohen intellektuellen Anforderungen, Stärkung der Rolle der Mutter, Abbau der überwiegenden Kommunikation durch Leistung. Ergänzung der Orientierung durch zunehmende Auseinandersetzung mit Kommunikationsmöglichkeiten im Bereich des Leibes, der Erotik, der Weiblichkeit.

b) In Abhängigkeit von a) zunehmende Loslösung vom Elternhaus. Binden an eigene Möglichkeiten der Kommunikation im
Bereich Leistung und Orientierung, ohne diese konträr zu
solchen im Bereich Leib, Erotik und Weiblichkeit zu erleben. Dies auch bei fehlenden Möglichkeiten, familiäre Auseinandersetzungen einzuleiten, weil diese von den Eltern
abgelehnt werden.
c) Erprobung dieser Möglichkeiten in verschiedenen Beziehungen.
d) In Abhängigkeit von a) bis c) weitgehende Stabilisierung
innerhalb der weltanschaulichen Fragen.

F) Entwicklung der Behandlung
Auch wenn bei der Patientin ein beginnender seelischer Leidensdruck vorhanden war, so stand im Vordergrund doch die
vegetative Symptomatik, verbunden mit Angstzuständen. Die
Patientin erwartete sich eine rasche Entlastung. Zudem war
schon im Erstkontakt spürbar, daß die Patientin die Entwicklung einer sich verstärkenden Zuwendung zum Therapeuten
als gefährlich erleben mußte. Mit der Patientin wurde deshalb initial etwa 10 Stunden einer auf die Angstzustände
fokusierten Gesprächstherapie vereinbart.
Die Entscheidung einer weitergehenden, mehr analytisch orientierten Therapie sollte dann dem Wunsch der Patientin überlassen werden. Der Therapeut hoffte damit, die Patientin von
den Ängsten bezüglich der Übertragung etwas entlasten zu können und auch die gesunden Anteile in eine rasche Besserung
miteinbeziehen zu können. Zudem konnte so eine deutliche Intellektualisierung durch zu starkes Einbeziehen der Lebensgeschichte umgangen werden.

Am 1. Tag hatte sich die Patientin wie beschrieben an die
Universitätsklinik wegen der paroxysmalen Tachykardie gewandt, in der Hoffnung, hier eher eine Hilfe als bei dem
schon länger konsultierten Internisten zu erhalten. Die
durch die Personalunion von Psychotherapeut und Internist
zusätzlich angebotene Möglichkeit, über ihre Spannungen und
Angstzustände und die "Frage nach dem Sinn des Lebens" berichten zu können, wurde dankbar angenommen. Spontan berichtete sie, daß sie sich etwas entlastet fühlte. Die Möglichkeit, weitere Gespräche zu führen, wurde bejaht und die
Termine vereinbart. Die sportlich gekleidete, adrette Patientin mit langen blonden Haaren konnte sich in den Folge-
gesprächen sehr bald auf Herstellung eines lockeren Zusammenhangs zwischen Konflikten und Beschwerden einlassen. So
konnte sie selbst einen Zusammenhang zwischen den sexuellen
Kontakten und dem Herzjagen entdecken, dann erschließen. Eine weitergehende Auseinandersetzung, die der Therapeut versuchte, tastend anzustoßen, wurde von ihr jedoch abgewehrt
und in den Vordergrund die Auseinandersetzungen mit den Eltern gestellt. In der Schilderung der früheren anorektischen
Reaktion versuchte die Patientin die Fragen des Untersuchers
nach Beginn, Dauer und Erleben derselben zu überhören. Bei
nochmaligem Angebot konnte sie zugeben, daß sie damals die
Partner teilweise angeekelt hätten. Rückblickend habe sie

das Gefühl, daß sie nur wegen ihrer langen Haare begehrt
gewesen sei. Immer wieder kommt die Patientin jedoch auf
die Probleme mit den Eltern zurück. Sie habe im Elternhaus
total isoliert gelebt. Sie fürchtete sich vor dem sehr pe-
dantischen Vater, habe letztendlich viel Angst vor ihm,
gleichzeitig aber auch Respekt. Im weiteren Verlauf der Behandlung kommt es zu einer sich deutlich verstärkenden Zuneigung zum Therapeuten ("Verliebtheit"), die die Patientin dann nicht innerhalb der Gespräche einbringen kann,
sondern anfänglich nur in Briefen, die einen Tag vor den
weiterhin vereinbarten Terminen eintreffen, ausdrücken kann.
In diesen schildert die Patientin einerseits die Entlastung,
einen auf sie eingehenden Gesprächspartner gefunden zu haben, von dem sie sich verstanden fühlt, andererseits fühlt
sie sich in dieser Nähe sehr unsicher und ist in Sorge, sich
von dem Freund zu trennen und sich zu stark an den Therapeuten zu binden. "Ich habe zu Ihnen Gefühle entwickelt, die
ich sonst noch bei keinem Arzt festgestellt habe. ... und
Sie der einzige Mensch sind, der mir zumindest für eine kurze Zeit die Ruhe geben kann, die mich über alles Vergangene
hinwegsetzt und mir glaubhaft macht, daß alles wieder besser
wird...könnte ich auch auf der Suche nach einem anderen Partner sein" (gemeint im Gegensatz zum Freund). In den kommen-
den zwei Gesprächen war die Patientin noch wenig bereit,
sich in die erschließende Auseinandersetzung mit den mitgeteilten Gefühlen zu stellen. Insgesamt war sie jedoch
deutlich bereiter, die emotionalen Inhalte in ihrer jetzigen Beziehung zum Therapeuten zu entdecken. Sie konnte dann
mitteilen, daß sie in einem Tagtraum versucht habe, gegenüber dem Vater einen Studienwechsel zugunsten des Lehrer-
studiums durchzusetzen, zudem meine sie, daß sie noch nie
etwas selber gemacht habe, sie wolle auf eigenen Beinen
stehen und die Sache selbst in die Hand nehmen. Es sei ge-
lungen, eine Freundin zu finden, mit der sie eine gemeinsame Wohnung suchen wolle. Der Optimismus dieser Stunden
weicht beim nächsten Gesprächstermin einer deutlich verstärkten Klage über Schmerzen in Augen, Brust und Herz; es
sei nicht besser gegangen. Der Therapeut hat den Eindruck,
daß die Patientin ihn "kleiner" machen müsse, insgesamt verhält sich jetzt die Patientin gegenüber dem Therapeuten
deutlich zurückweisend. Möglicherweise stand dies jedoch
auch in Zusammenhang damit, daß sie vor diesem Termin 5 Minuten warten mußte und sich dadurch nicht mehr in einer aus-
reichenden Geborgenheit und einer vollständigen Zuwendung
erlebte. Zumindest beendete die Patientin das Gespräch auch
mit dem Rückgriff auf körperlicher Beschwerden. Gänzlich
verändert ist dies beim nächsten Termin, sie zeigt sich
jetzt hocherfreut, daß sie keine Herzschmerzen mehr habe.
Weniger im Gesprächstermin, als im nachfolgenden Brief schildert sie deutliche Sorgen über den Wiedereintritt einer Men-
struationsblutung, die sie wie früher, als sie vor der anorektischen Reaktion stand, unangenehm erlebte. Sie habe hefti-
ge abdominelle Beschwerden und fürchte nun, die Zeit der
anorektischen Reaktion nochmals durchleben zu müssen. Das

kann jedoch nur brieflich mitgeteilt werden, im Gespräch
selbst erscheint sie sich selbst beweisen zu müssen, daß
sie angstfrei sei. So habe sie dem Vater auch mitteilen können, daß sie sich exmatrikulieren würde, und er habe das
überraschenderweise akzeptiert und ihr eine finanzielle Unterstützung zugesagt. Dies wurde jedoch dann, als dieser zufällig außer Haus war, von der Mutter gänzlich zurückgenom-
men und der Patientin von ihr angedroht, sie in psychiatrische Behandlung zu stecken. Die Drohung wurde wiederum zu-
rückgenommen, aber gerichtliche Schritte in Aussicht gestellt, wenn sie ausziehen wolle. Beim nächsten Termin erscheint die Patientin noch wesentlich gefestigter. In der
Bindung zum Therapeuten scheint sie sich zunehmend aus der
"Übertragung" heraus zu bewegen. Es erfolgen keine briefli-
chen Mitteilungen mehr. Die Patientin kann dem Therapeuten
mitteilen, daß sie für eine weitere Psychotherapie lieber
eine Therapeutin wünschte, sich zur Einleitung einer weiteren Therapie aber wieder melden würde. Sie habe das Studium
der Pädagogik angefangen, alle damit verbundenen Schwierigkeiten der Trennung von den Eltern, des Umzugs, des Einrich-
tens der Wohnung, bewältigt. Entsprechend den jahreszeitli-
chen Feiertagen (November) mit Problematik des Sterbens habe sie mit Freunden darüber sprechen können. Sie glaube zunehmend wieder, einen Sinn im Leben finden zu können. In
Zusammenhang mit wechselnden Aktivitäten sei nochmals eine
Tachykardie aufgetreten, sie habe jedoch keine Gefahr verspürt, von der Angst überflutet zu werden. Einzig der Hinweis,
daß der zu dieser Stunde mitgebrachte ausgefüllte Fragenkatalog ihr doch etwas schwergefallen sei, vor allem in der
Beantwortung der Fragen nach Angst, läßt anklingen, daß der
vorgetragene Zustand noch labil ist. Die Patientin sucht bei
dem Therapeuten die Bestätigung, daß die darin gegebenen Antworten für die jetzige Beurteilung nicht ganz so wichtig
seien, kann sich jedoch darauf einlassen, daß sie in einer
späteren Therapie bei einer Therapeutin nochmals angesprochen werden. Die Frage, ob schon die eine oder andere Antwort besprochen werden könnte, wird von ihr verneint.
Abschließend ist es innerhalb von acht Gesprächen im Zusammenhang einer verstärkten Zuwendung zum Therapeuten zu einer
deutlichen Besserung der gesamten Symptomatik gekommen, wobei die Patientin den Therapeuten eher in der Rolle eines
Partners als in der Rolle des Vaters sah. Die Patientin distanzierte sich relativ rasch wieder von der stärkeren Zuwendung, sie war jedoch durch diese in der Lage, einen Zusammenhang zwischen der Beziehung zu den Eltern und den
Angstzuständen zu erschließen und eine entsprechende Auseinandersetzung zu leisten, sich von den Eltern zu lösen
und ihre Lebenssituation entscheidend zu ändern. Nicht angesprochen blieb in der Therapie die Aufarbeitung der Schwierigkeiten ihrer weiblichen Identitätsfindung (Orientierung),
wie auch ihre Problematik, sich in partnerschaftlichen Beziehungen Schwächen zu leisten. Nichtsdestoweniger nahm die
Patientin den Rat auf, eine psychotherapeutische Langzeitbehandlung zu beginnen, die sie weitgehendst stabilisiert nach
2 Jahren beendete.

3. Grundzüge der richtungsweisenden Psychotherapien

Die Hypnose ist eine ausschließlich richtungsweisende Methode, die ihre Berechtigung heute noch im Bereich der sog.
traumatischen Neurosen hat: z.B. einer nach einem Autounfall entstandenen Angst, sich wieder an das Steuer zu setzen,
durch hypnotischen Befehl zu begegnen, oder die als Behand-
lungsmethode bei relativ "undifferenzierten" Persönlichkeiten noch einen Indikationsbereich hat, z.B. bei Störungen
der Sexualität, der Potenz und bei Frigiditäten. Dabei ist
zweifellos der Begriff der Undifferenziertheit oder der sog.
"Primitivpersönlichkeit" mit größter Vorsicht zu benutzen,
der Intelligenzquotient ist dafür nicht ausschlaggebend,
sondern die emotionale Differenzierung, die sich stets erst
über eine Anzahl von Gesprächen in ihren Möglichkeiten erschließen kann. Bei Menschen, die in diese Kategorie einzuordnen sind, ist die Hypnose ferner auch bei sensomotori-
schen, funktionellen Störungen indiziert, wie dies bereits
zu Freuds Lehrzeit bei Charcot der Fall gewesen ist.

Die Verhaltenstherapie - auf sie kann im Rahmen des vorliegenden Lehrbuches aus Gründen des Raummangels nicht näher
eingegangen werden, es muß auf die spezifische Literatur verwiesen werden - ist ebenfalls überwiegend richtungsweisend
betont, das Schwergewicht ihrer Methode bedingt die entsprechende Aktivität des Therapeuten. Über die Einsicht z.B. in
die Irrationalität einer Angst kann der Patient sich graduell von dieser lösen, indem er im Schutz einer engeren Be-
ziehungsanlehnung an den Therapeuten sich z.B. angsterzeugen-
den Situationen schrittweise aussetzt, sich mit ihrer Irrationalität auseinandersetzt, um sie dann durch Übung und "De-
sensibilisierung" zu bewältigen. Allerdings wird im Rahmen
der Verhaltenstherapie auf die möglichen Hintergründe und latenten Konflikte der Erkrankung nur am Rande eingegangen.
Dies schließt jedoch keineswegs z.B. die Kombination von ge-
sprächs- und verhaltenstherapeutischen Verfahren aus: erst
wird eine Konflikt- und Situationsabklärung vollzogen, dann

ein verhaltenstherapeutisches Übungsprogramm eingeleitet.

In der Beratung - insbesondere als Bestandteil von Erziehung
und Familienfürsorge - überwiegt ebenfalls die eingreifende,
das Leben der Ratsuchenden verändernde Aktivität des Therapeuten, die dem Patienten direkt und primär Orientierung in
schwer zu bewältigenden Situationen vermittelt. Die Beratung ist notwendiger Bestandteil jeder psychotherapeutischen
Praxis, wenn der Therapeut direkt um Rat angegangen wird,
soll er auch Stellung beziehen und raten, obwohl er sich
des Ausmaßes seiner Verantwortung in Erziehungs- und Fami-
lien-(Ehe-!)Problemen immer bewußt sein muß. Sein Wort ist
von erheblicher Wirkung und kann "Heil" nicht weniger als
"Unheil" anrichten. Den Antinomien der Kommunikation entsprechend sind Ratschläge immer doppelschneidig und doppel-
bödig, können den einen fördern, den anderen einschränken.

Auf Rat suchen und Rat erteilen zielen z.B. Fragen ab, die
aus einer familiären Problematik kommen, wie z.B. mit den
alternden Eltern zu verfahren sei, die im Hause mitwohnen,
dieses zwar maßgeblich finanziert haben, aber eigentlich in
einem Altersheim besser "aufgehoben" wären, oder Partner-
schaftsfragen wie: "Soll ich mich trennen?" oder Erziehungs-
fragen wie: "Unsere Älteste ist in der Drogenszene unterge-
taucht!". Die Ratsuchenden bedürfen meistens einer schnel-
len, richtungweisenden Entscheidung. Häufig darf diese nicht
in der Weise wie ein Medikament verabreicht werden; sondern
wiederholtes, sorgfältiges Rückfragen, Anhören anderer Angehörigen, u.U. Vermittlung von Hilfe durch einen Sozialfür-
sorger ist notwendig. Ständig im Randfeld des "sozial Abwe-
gigen" und der "Sozialpsychopathie" sich bewegend, muß der
zukünftige Therapeut mit einer Fülle auf ihn zukommender Patienten rechnen, die in erster Linie Rat suchen, zu denen
auch z.B. folgende zwei Fälle, die wesentlich schwieriger
in ihrer Beratung sich darstellen, zählen: (von J. Eichfelder)

"Die 26-jährige Patientin kommt mit Überweisungsschein von
Dr. W., nachdem sie den ersten Termin absagte, erhält sie

einen zweiten Termin, zu dem sie 10 Minuten zu spät kommt.

Spontanangaben der Patientin:
Sie komme wegen verschiedener Probleme, da habe sich bei ihr
etwas ergeben, daß sie ziemlich vergeßlich würde, überhaupt
die Frage nach dem eigenen Ich. Sie sei im letzten Jahr in
der Nervenklinik ein paar Monate gewesen, das habe sie wie
ein Schock getroffen. Es sei halt so, daß sie zimelich unsicher sei in ihrer täglichen Arbeit. Im Büro gehe es halt
härter zu und sie stehe jetzt ohne die Erfahrung da, die sie
vorher gehabt habe. Während sie früher Imap eingenommen habe, das sei schwerer gewesen, so schleichend, nehme sie jetzt
Insidon. Sie denke nicht so schnell, sei langsamer geworden,
die Wendigkeit sei nicht mehr so gegeben, sie sei halt ziemlich durcheinander gewesen, habe zwar noch Bewußtsein gehabt,
was ihr aber hätte helfen können, seien Gespräche gewesen.
Sie sei so wortkarg geworden und habe Schwierigkeiten in der
Arbeit, Welt und überhaupt wenn sie mit jemand in Kontakt
kommen wolle. Zunächst wollte sie über ihre Krankheit nicht
näher Auskunft geben, auf die Frage, weshalb, äußert sie
Angst vor der Ablehnung.

Biographische Angaben:
Siehe Lebensbericht der Patientin, der so abgefaßt ist, daß
Kontaktprobleme und Kontaktbedürfnisse darin als zentrales
Thema erscheinen. Die Patientin meint dazu, daß sie das frü-
her in dieser Weise nicht empfunden habe, heute aber so dar-
über denke.

Verhaltensbeobachtung:
Die Patientin erscheint in ihrem Äußeren gepflegt und deutlich bemüht, sich attraktiv herzurichten, wobei sie in ihrem Auftreten wie in ihrem Äußeren unstimmig wirkt. Sie trägt
z.B. zu einem schicken Ensemble mit hohen schwarzen Schuhen
eine dick wattierte Steppjacke. In ihrem Auftreten wirkt sie
einerseits unsicher und gehemmt, errötet gelegentlich, andererseits formuliert sie sehr deutlich, fast grob, ihre Unzufriedenheit mit dem Verhalten des Therapeuten, der sich ge-
sprächsbereiter und zugewandter, nicht so neutral verhalten
soll. In ihren Formulierungen ist sie etwas langsam, umständ-
lich und deutlich konzentrationsgestört, im affektiven Bereich teils gehemmt, etwas vergröbert, was sie selbst bemerkt und als Teil ihrer Kontaktprobleme schildert.

Diagnose:
Vermutlich bis ca. auf das 18. Lebensjahr zurückzuverfolgen-
de Psychose aus dem schizophrenen Formenkreis. (Laut Lebensgeschichte zahlreiche Anstaltsaufenthalte einschließlich
E-Schock-Therapie, s. Behandlungsberichte.)

Therapeutisch wurde versucht, die Patientin in ihrer Standortbestimmung und Realitätsprüfung zu unterstützen. In insgesamt drei Gesprächen trat ein erhebliches Kontaktbedürfnis in den Vordergrund, das die Patientin auch am Ende eines Termines an den Therapeuten herantrug, mit der Frage:
"Hat es Ihnen auch etwas Spaß gemacht mit mir?" Als sie dar-

auf nicht sofort eine Antwort erhielt, reagierte sie enttäuscht und mußte sich mit der Erkenntnis auseinandersetzen, daß in der Psychotherapie ihr Kontaktbedürfnis nicht
befriedigt werden kann. Ihre Neigung, ihre Krankheit zu ver-
niedlichen und Ursachen für die Krankheit in Kontaktproble-
men zu suchen, wurden versucht zu korrigieren durch die
Feststellung einer genauen Krankheitsanamnese, die zu verfolgen ist bis in die Münchner Zeit der Patientin, von der
sie berichtete, schon erste Schwierigkeiten der Realitäts-
kontrolle gehabt zu haben. Krankheitsbedingte Behinderungen
wurden benannt und es erfolgte eine abschließende psycho-
hygienische Beratung (Konstanz der Lebensführung ohne "Reiz-
überflutung" und ohne "Reizmangel"). Anschluß an die psychiatrische Nachsorge wurde eingeleitet (Gruppentherapie)."

– – – –

"Spontanangaben des Patienten:
Er fühle sich seit einem Jahr depressiv, was sich so ausge-
weitet habe, daß es für ihn gefährlich werden könne. Er sei
homosexuell veranlagt und möchte das nicht verheimlichen,
für ihn sei das keine Schande. Mit dem Freund, mit dem er
seit 7 Jahren zusammenlebe, verstehe er sich nicht besonders, er habe noch nie sexuellen Kontakt mit einer Frau gehabt. Er empfinde es nicht als negativ, hierher zu kommen.
Ein Kollege von ihm habe versucht, sich mehrmals das Leben
zu nehmen, so weit möchte er es nicht kommen lassen. Er sei
Bei Dr. L. gewesen, der ihn an unsere Institution verwiesen
habe. Er frage sich, ob es nicht sinnvoll sei, eine Therapie auf stationärer Basis anzustreben. Bis letzten Freitag
sei er krankgeschrieben gewesen und seither nicht mehr ins
Geschäft gegangen. Im letzten Jahr sei seine Großmutter gestorben, zu der er ein gutes Verhältnis gehabt habe. Sie
sei eine Frau gewesen, die ihn genommen habe, wie er war
und ihm das gegeben habe, was ihm seine Mutter nie habe geben können, einen Schuß Selbstlosigkeit. Sein Freund sei
14 Jahre älter als er, er sage ihm auch Sachen, die ihn
sehr aufwühlten. Auf die Frage, wie er sich selbst sehe,
meint er, er könne sich nicht selbst einschätzen. Er sei
bisher von anderen beurteilt worden und habe keine Gelegenheit gehabt, sich selbst zu entfalten. Er hätte z.B. musi-
sche Fähigkeiten. Von anderen höre er nur "Du bist faul usw."
In der Schule sei er immer der gewesen, der verhänselt und
verklopft worden sei. Er habe noch einen guten Freund neben
seinem Freund. Eine rein platonische Beziehung, der ihn
nehme wie er sei. Er selbst sei ein human eingestellter
Mensch, habe Krankenpflege im Krankenhaus gemacht, er habe
einige Stellen gewechselt, sei kaufmännischer Angestellter
und Arbeiter gewesen. Ein roter Faden gehe durch sein ganzes
Sein: Er habe ein minderwertiges Gefühl von anderen abbe-
kommen. Von seiner Mutter habe er sich lange zurückgezogen,
komme aber doch immer wieder auf sie zurück und mache immer
wieder einen neuen Anfang. Er möchte sich freuen können und
"wenn es 'ne Blume sei". Mit dem Freund könne er nicht reden, wenn der heimkomme, sehe er nur fern. Er habe auch nicht
den Intellekt und fühle sich nicht in die Substanz rein. Er

habe ihn erst heute morgen einen Rotzlöffel genannt. Für die
Zukunft möchte er allein sein, weil ihm die Bindung nichts
gebe, nur etwas entreiße. Seine berufliche Entwicklung möchte er abbrechen und neu beginnen. Im sozialen Bereich, für
Menschen, nicht für Firmen.Das sei schon immer sein Grund-
tenor. Er möchte durch seine Arbeit einen neuen Sinn haben,
sehr viel Zeit für sich selber haben und nicht eingesperrt
sein. Von seinem Hierherkommen erwarte er, daß er durch ge-
schulte Leute weitergezeigt bekomme, vielleicht sei es eine
Rettung, Hilfe, weil er eben von keiner Seite angehört werde. Er wolle in Behandlung und wenn es drei Monate dauere,
er wolle sein Selbstvertrauen wieder haben, das Auftreten
wieder haben. Vielleicht werde er sich überhaupt von der Homosexualität abwenden. Vielleicht finde er die Frau, die
tolerant sei. Der Mann sei dazu geboren, daß er eine Her-
renrolle übernehme, nicht im negativen Sinne. Bei seinem
Freund sei kein Gleichgewicht, er komme nicht hoch neben
ihm. Bei vielen sei es so, Arbeit ist Geld, Geld ist Ansehen, Ansehen ist Menschlichkeit. Bei ihm sei das umgekehrt.
Erst Menschlichkeit, dann Arbeit, dann Menschlichkeit, dann
Geld und er habe das sichere Gefühl, daß am Ende dieser Kette ein Lebenswerk stehe.

Biographische Angaben:
Lange Zeit habe er bei den Pflegeeltern gewohnt. Seinen Vater habe er erst gesehen, als er 20 Jahre alt gewesen sei,
weil seine Mutter es so gewollt habe. Mit ihr verstehe er
sich nicht sehr gut, sie sei sehr materialistisch. Er habe
noch einen inzwischen 21-jährigen Halbbruder.

Verhaltensbeobachtung:
Etwas feminin aufgemachter, von Selbstmitleid und gelegent-
lichen dezenten Selbstmorddrohungen überfließender junger
Mann, der nach offenbar mehreren Arbeitsversuchen seine so-
ziopathischen Haltungen in der Weise versucht auszuleben,
daß er Behandlungen sucht. Ein Leidensdruck oder Ansätze
einer Suche nach einem eigenen Lebensweg sind nicht zu finden - nur ein diffuses "Unglücklich-Sein".

Diagnose:
Abhängigkeits- und soziopathische Haltungen einer wenig differenzierten Persönlichkeit.

Therapievorschlag:
Dem Patienten wird geraten, erst eine Änderung der unzufrieden machenden Lebensumstände herbeizuführen, da erst eine
relative Konstanz die bestehenden Lebensprobleme bearbeiten
ließe. Die Möglichkeit weiterer Kontaktaufnahmen wurde angeboten."

Stellungnahme:
Ein fast einstündiges Gespräch unter den Mitarbeitern des
Instituts über die Patientin führte schließlich zu der Ent-
scheidung für die Annahme einer Behandlungsnotwendigkeit.
Eine Rolle spielte dabei, daß die Patientin trotz ihrer wie-
derholten schweren Psychosen unter starkem Leidensdruck

stand und Krankheitseinsicht aufwies. So wurden Schritte
unternommen, sie wieder verstärkt an die psychiatrischen
Rehabilitationsgruppen anzuschließen, gleichzeitig ihr die
Möglichkeit eröffnet, ein oder zweimal im Monat mit dem Therapeuten ein Gespräch über ihre Situation - in abklärender,
aufhellender Weise - zu führen. Demgegenüber wurde dem ho-
moerotischen Patienten, der offenkundig keinen "Leidensdruck" zeigte, sich noch in spielerisch-oberflächlicher Weise (Erkunden) mit möglichen Problematiken befaßte, vorläufig keine weitere Behandlung zugesagt, sondern abgewartet,
inwieweit der Patient sich in den nächsten Monaten entwickelt. Es wurde ihm jedoch mitgeteilt, daß er bei Zuspitzung von Konflikten oder seiner gesamten Problematik sich
jederzeit wieder an den Therapeuten wenden könnte. Er wurde
darauf hingewiesen, daß seine Einstellung gegenüber der von
ihm ausgelösten Situationen, insbesondere auch der beruflichen, noch nicht Anlaß gebe, eine Behandlung aufzunehmen.

Tritt der Therapeut als Rat Erteilender in ein richtungsweisendes Gespräch mit dem Hilfesuchenden - z.B. in einer
partnerschaftlichen "Krisensituation" -, muß er darauf achten, diese Gespräche von Anfang an auf eine bestimmte Anzahl von Stunden zu begrenzen. Andernfalls könnte die stärkere Bindung des Ratsuchenden an den Therapeuten, die na-
turgemäß als Abhängigkeit von diesem sich einstellt, den
Ratsuchenden möglicherweise dazu veranlassen, für den "Rest
seines Lebens" Anweisungen und Ratschläge bei ihm zu suchen.
Rat erteilen stiftet in erhöhter Weise Bindung und Abhängigkeit - darüber sollte sich jeder Therapeut im klaren sein.

Zu der aktiv-richtungsweisenden Therapie im Rahmen der Beratung zählt auch die "unterstützende Therapie" innerhalb
der Gesprächstherapie, auch bei prognostisch ungünstig zu
beurteilenden Kranken. Durch Orientierungsvermittlung, die
Situation abklärende Gespräche, Zuspruch und wiederholte Er-
mahnung werden Möglichkeiten aufgewiesen, wie sich die Patienten in ihrer häufig komplizierten Lebenslage dieser entsprechend, d.h. situationsgemäß verhalten können. Die Indikation dieser Form unterstützender Therapie impliziert nach
Rogers u.a. drei Bereiche, auf die bereits hier zurückgegriffen sei und die A. Dührssen wie folgt zusammenfaßt:

"a) Für im Grunde gesunde Persönlichkeiten, die von einem
schwerwiegenden Problem oder von beiden so überwältigt wur-

den, daß ihr optimal wirksames Funktionieren und Verhalten zeitweilig gelähmt ist, und ihr Problem außerdem offenkundig jenseits des Üblichen liegt. Akute Zustände von Kriegserschöpfung sind ein extremes und dramatisches Beispiel für besonders belastende Probleme...
b) Chronische schwere Persönlichkeitsveränderungen mit beträchtlichen negativen "Ich-Veränderungen" der verschiedensten Art. Hierher gehören vor allem jene Persönlichkeiten (meist Charakterstörungen) mit zerstörerischen alloplastischen Symptomen. Diese Patienten haben eine sehr niedrige Toleranz für Ängste und verhindern jede Steigerung dieser Ängste mit Hilfe ihrer Symptome und der zugehörigen Entlastung von Spannungen. Diese Patienten sind zur Selbstreflexion entweder "unfähig" oder "unwillig", und sie sind nicht psychologisch selbstreflektierend eingestellt. Die Behandlung zielt darauf ab, daß man den Patienten hilft, ihre Impulse in einer sozial etwas annehmbareren Form abzureagieren, so daß sich die oberflächlichen Symptome vermindern und die zerstörerischen Konsequenzen des Symptoms bessern.
c) Zur dritten Gruppe, die mit Hilfe der unterstützenden Therapie betreut werden soll, gehören die "psychotischen Grenzzustände" und die Patienten mit einem "schwachen Ich". Diese Patienten können "Perioden einer floriden Psychose gekannt haben. Häufig ist die psychotische Reaktion eine immer vorhandene Gefahr..."" (Aus: Dührssen, A.: Analytische Psychotherapie in Theorie, Praxis und Ergebnissen. Göttingen 1972, S. 116.)

Eine weitere Form richtungsweisender Behandlung ist die sog. "konfliktzentrierte" oder "Fokaltherapie", die im pragmatisch sich ergebenden Zusammenhang mit der Gesprächstherapie weniger auf die lebensgeschichtliche Entstehung von Konflikten, ihre Beziehung zum "Unbewußten" (Aperspektive) oder zur Gesamtpersönlichkeit eingeht, als vielmehr die aktuellakute Konfliktsituation zur zu bewußt bearbeitenden und auch durchaus vom Therapeuten aktiv beeinflußbaren Situation erhebt. Sie bietet sich als Kombination von Gesprächstherapie und Beratung an, insbesondere in der neoanalytischen Form der "dynamischen Psychotherapie" - einer über längere Zeiträume (3-4 Jahre) sich erstreckenden Form der Kurztherapie, in der der Patient ungefähr einmal im Monat zur behandelnden, aufhellenden und zu Auseinandersetzung anregenden Beratung/Behandlung den Therapeuten aufsucht. Die Behandlung konzentriert sich auf die Konflikte als "Fokus". Beispiel für diese, die Aktivität des Therapeuten erheblich in den Mittelpunkt stellende Therapie gibt A. Dührssen in ihrem Buch "Analytische Psychotherapie. Theorie und Praxis". Auch an diesem Vorgehen läßt sich der Behandlungsbeginn dem Erkunden und Entdecken gleichsetzen, das Behandlungsende dem Bewältigen:

"Die Patientin war bei der ersten Untersuchung 38 Jahre, ihre beiden Söhne 20 und 18, die Töchter 16 und 5 Jahre alt. Ihr ältester Sohn war unehelich. Die Patientin hatte langjährig eine Hauswartstelle versehen und zugleich in einem Frisier-Salon ausgeholfen, allerdings, ohne gelernte Friseuse zu sein. Der 40jährige Ehemann der Patientin arbeitete bei der Müllabfuhr.

Zur Symptomatik und auslösenden Situation:
Die Patientin war vor drei Jahren, also 35jährig, akut mit Herzangstanfällen erkrankt. Die Anfälle kamen mit überwältigender Heftigkeit und trugen der Patientin schwerste Vernichtungsgefühle und Todesängste ein. Die Patientin fuhr dann regelmäßig mit ihrem Ehemann in der Taxe zum nächstgelegenen Krankenhaus und wurde dort mehrfach stationär aufgenommen (Innere Abteilung). Einmal hatte man sie anschließend in eine psychiatrische Klinik überwiesen. Pathologische Herzbefunde konnten jedoch niemals festgestellt werden. Ein konsiliarisch zugezogener Psychiater riet schließlich zu einem Versuch mit Psychotherapie. Ein Vorschlag, der die Patientin "sehr erschütterte", da sie nun glaubte, sie sei "nervenkrank", oder man hielte sie für verrückt. Tatsächlich stand die Patientin dem Gedanken, sie könne aus seelischen Gründen erkrankt sein, einigermaßen verständnislos gegenüber. Sie glaubte, daß sie keine Belastungen zu ertragen habe, da die frühere, sehr anstrengende Berufstätigkeit nun fortgefallen sei. Die Patientin sprach von ihrem Mann nur in anerkennenden Worten: Er sei ein liebevoller Familienvater, vorbildlich um die Kinder bemüht und hinge sehr an ihr. Alle Angehörigen beneideten sie angeblich um ihre harmonische und glückliche Ehe.
Allerdings wurde schon beim Erheben der Anamnese deutlich, daß sich - als die Symptomatik ausbrach - im Leben der Patientin ein sehr tiefgreifender Strukturwandel vollzogen hatte, und daß sie mit "Versuchungen" und Problemen konfrontiert worden war, deren Lösung sie aus neurotischen Gründen nicht finden konnte: Die Patientin hatte in dieser Zeit sowohl ihre Hauswartstelle wie die Aushilfstätigkeit in dem Frisiersalon aufgegeben, weil sie selbst (wie auch alle ihre Angehörigen) der Meinung war, daß sie es nun nicht mehr nötig habe, so viel zu arbeiten. Der Ehemann hatte eine Gehaltszulage bekommen, der älteste Sohn begann seine Lehre mit einem relativ hohen anfänglichen Lehrlingsgehalt, und die wirtschaftliche Situation der Familie besserte sich im Vergleich zu früher sehr wesentlich. Die Patientin, die in ihrer Ehe immer mit verdient hatte und sich insofern auch immer berechtigt gefühlt hatte, das gemeinsame Geld nach eigenem Gutdünken zu verwalten, war nun aber durch diese

Veränderungen in eine mehr oder weniger vollständige finanzielle Abhängigkeit vom Ehemann geraten. Außerdem erlebte
sie, daß ihr ältester Sohn mit dem selbstverdienten Geld ein
recht expansives Leben führte. Er hatte bald eine junge
Freundin gefunden, die in der Familie mit aufgenommen wurde, kaufte ein Auto und unternahm zahlreiche Reisen. Auch
der zweite Sohn und die älteste Tochter der Patientin schlossen in dieser Zeit Jugendfreundschaften, machten ebenfalls
größere Reisen und rechneten auf eine gute Berufsausbildung,
eine Möglichkeit, die der Patientin selbst in ihrer Jugend
versagt geblieben war. In der gleichen Zeit entwickelte die
damals zweijährige Tochter der Patientin eine starke Trennungsangst, die zum Anlaß wurde, daß die Patientin mit ihrem Mann wochenlang zu Hause blieb, um das Kind nicht allein
zu lassen. Wichtig war dabei, daß die Patientin dieses jüngste Kind auf keinen Fall hatte haben wollen. Sie war von der
Schwangerschaft völlig überrascht worden, hatte auf Abtreibung gedrängt, mußte sich aber dem Wunsch ihres Mannes fügen, der darauf bestand, daß die Schwangerschaft ausgetragen
wurde. Die Patientin hatte dem Ehemann diese Schwangerschaft
tief verübelt. Sie hatte das Gefühl, daß sie mit dem neuge-
borenen Kind "noch einmal ganz von vorn anfing", und daß sie
wieder den ganzen Tag mit der Betreuung eines Kindes verbringen mußte.
Die Patientin hatte also in der Zeit, in der ihre Symptomatik ausbrach, zwar weniger tägliche Arbeit, weil sie die
Hauswartstelle und die Tätigkeit im Frisiersalon aufgeben
konnte. Sie war aber gleichzeitig durch die kleine nachge-
borene Tochter völlig ans Haus gefesselt, verdiente kein
Geld mehr (was das Gleichgewicht zwischen ihr und dem Ehemann stark verschob) und erlebte darüber hinaus, daß ihre
herangewachsenen drei Kinder ein unbeschwertes und sehr un-
ternehmungslustiges Leben führten, wie sie es selbst in ihrer Jugend niemals kennengelernt hatte. Die psychodynami-
sche Bedeutung dieser Lebensveränderungen für die Patientin
werden wir später verstehen lernen, wenn ich die einzelnen
Etappen im Behandlungsverlauf genauer erörtere.
Zunächst sei noch gesagt, daß die Patientin bis zum Aus-
bruch der jetzigen Erkrankung immer gesund gewesen ist. Sie
galt bei allen Verwandten und Bekannten als tüchtig, aktiv
und jeder Lebenslage gewachsen. Es leuchtete aber durch,
daß sie sich ihrem Mann mit einigem Grund überlegen fühlte,
da dieser eher etwas lahm und zögernd war und als eines von
acht Landarbeiterkindern nur die zweiklassige Dorfschule
besuchen konnte. Sein Deutsch war mangelhaft. Schriftliche
Arbeiten erledigte die Patientin. Die Patientin bestritt
allerdings nachdrücklich, daß ihre Ehe eine "Kompromißehe"
gewesen sei. Sie könne sich keinen besseren und zuverlässi-
geren Ehemann als den ihren denken.

Zum bisherigen Verlauf der Therapie:
Die anfänglichen therapeutischen Gespräche mit der Patientin zentrierten sich zunächst um eine analytisch orientierte Beratung, die die Trennungsangst der kleinen Tochter und

schließlich auch die allmählich zugegebene tiefe Unzufriedenheit der Patientin mit ihrem Mann und ihrer Ehe zum
Thema hatte. Die Patientin fühlte sich durch mein Verständnis für ihre Lebenslage offenbar sehr entlastet. Ihre "Weg-
läufertendenzen" konnten in den analytischen Sitzungen besprochen werden und flottierten nicht mehr frei im Raum als
spannungsbringendes Element und ängstigender Faktor für die
kleine Tochter. Die Folge war, daß die Patientin (ähnlich
wie die Patientin E.P.) in aller Ruhe ein Arrangement suchte, damit das kleine Mädel von einer älteren Dame im Haus
betreut werden konnte, wenn sie selbst abends einmal aus-
gehen wollte. Die Patientin faßte außerdem den Plan, noch
einmal eine Berufstätigkeit aufzunehmen, die sie nicht auf
Aushilfsarbeiten im Frisiersalon oder auf Portiersdienste
beschränken würde. Diese neu gesponnenen Zukunftshoffnungen
und der freiere Ablauf des Alltagslebens absorbierten bei
der Patientin zunächst viele der unterdrückten Triebregungen. Ihre Angstanfälle ließen rasch nach, obgleich die eigentlich wichtige Problematik noch gar nicht ins Gespräch
gekommen war und vor allem die starken Verleugnungstenden-
zen der Patientin in bezug auf sexuelle Wünsche und Erwartungen weiter aktiv blieben.
Die rasche Symptombesserung (und eine später zu beschrei-
bende spezifische Mutterübertragung) waren der Grund, daß
die Patientin nach der ersten hilfreichen, wenn auch nur
sehr oberflächlichen Entlastung, zunächst nicht wiederkam.
Nach einer Pause von etwa drei Monaten meldete sie sich mit
der dringenden Bitte um einen baldigen Termin erneut wieder
an: Die alte Symptomatik war auf das heftigste wiedergekom-
men.
Ich schildere jetzt den sich hier anschließenden Behand-
lungsabschnitt, in dem die Patientin in relativ dichter
Folge sieben Behandlungsstunden erhielt und der im wesentlichen dazu diente, der Patientin die Psychogenese ihrer
Herzanfälle zu verdeutlichen und vorsichtig die hypochondri-
schen Grübeleien über einen schweren Herzfehler oder eine
organische Nervenkrankheit aufzulösen. Ich bezeichne dabei
jeweils für die einzelnen Stunden die wichtigsten Gesprächs-
themen, die Übertragungsreaktionen der Patientin sowie meine eigene Einstellung ihr gegenüber, bevor ich meine - her-
ausgelösten und gruppierten - Interventionen aufführe.

Erste Stunde:

Haltung der Patientin: Zugewandt freundlich, etwas verlegen,
daß sie längere Zeit nicht gekommen ist. Die Patientin ist
bemüht, sich durch die umschriebene Erörterung eines bestimmten Problems zu legitimieren, damit ich sie nicht für
eine unliebsame Kranke halte, die mir mit ihren eingebilde-
ten Ängsten die "Zeit stiehlt". (Erschließen)

Meine eigene Reaktion: Zufrieden, daß die Patientin wieder-
gekommen ist; erwartungsvoll, was sie für ein Problem hat;
achtsam, daß ich mich nicht zu sehr in die Rolle einer Rat-
geberin hineindrängen lasse. (Erschließen)

Themen: Der uneheliche Sohn des Ehemannes und das Verhalten
des Ehemannes, der von diesem Jungen nichts wissen will. Die
Enge ihres Lebens und die Meinung ihrer Angehörigen, die sie
alle entweder für schwer krank oder aber für überspannt halten. Ihr Eigenwert (jugendliches Aussehen); die geplante
Verschickung; Lösungsmöglichkeiten für den Konflikt mit dem
unehelichen Sohn des Mannes. (Vermittlung von Orientierung)

Kommentare:
1. Trost und Aufmunterung: 0.
2. Anerkennung: 2.
   Frau X. hat ihr einziges Kind ins Heim gegeben. Sie haben
   immerhin Ihr Kind selbst versorgt.
   Das finde ich ganz gut. (Binden)
3. Verständnis: 0.
4. Klärende Fragen: 6.
   Wie alt ist der Junge?
   Wie alt war Ihr Mann, als der Junge geboren wurde?
   Wie lange mußte er zahlen?
   Er hat die Frau nicht heiraten wollen?
   Vielleicht hofft der Junge auf etwas Rückhalt?
   Vielleicht will der Junge sein Selbstgefühl stärken, weil
   ihm immer gesagt wurde: Du taugst genauso wenig wie dein
   Vater? (Anregung zu Orientierung)
5. Themenbestimmende Fragen: 0.
6. Einschränkende Stellungnahmen zu Äußerungen der Patien-
   tin: 2.
   Ich weiß nicht, ob man das wirklich so machen soll.
   Ich kann noch nicht sehen, daß sich wirklich ein großes
   Drama entwickelt, wenn der Junge Sie einmal besucht. (An-
   regung zu Auseinandersetzung)
7. Erklärungen, Hinweise und Feststellungen, die sich auf
   die Triebdynamik und die Konflikte der Patientin bezie-
   hen: 7.
   Ich dachte, Sie brauchen Abwechslung, nicht Schonung?
   (Provokation - Auseinandersetzung)
   Für Ihren Mann sind Sie also schwer krank, und die Schwä-
   gerin sieht es durch die Brille Ihres Mannes? (Patientin
   dazu: "Genau!") (Anregung zu Entdecken)
   Es soll auf Ihnen hängen bleiben, daß nein gesagt wird?
   (Daß der uneheliche Junge den Vater nicht besuchen darf.)
   (Provokation zu Binden/Entscheidung)
   Das wichtigste ist wohl, daß Sie mit der Mutter des Jun-
   gen nicht in Verbindung kommen. (Anregung zur richtungs-
   weisenden Bewältigung)
   Es scheint, Sie kommen in die Lage, zwischen zwei Übeln
   das kleinere zu suchen.
   Es gibt so eine Regel: Lieber ein Ende mit Schrecken,
   als ein Schrecken ohne Ende.
   Was würde denn passieren, wenn Sie den Jungen wirklich
   einlüden? (Anregung zu Auseinandersetzung)
8. Interpretation: 0.

Zweite Stunde:

Verhalten der Patientin: Sehr ängstlich, beunruhigt, drängend, fragend.

Meine eigene Reaktion: Nicht beunruhigt, daß die Patientin rückfällig ist. Sie tut mir leid. Ich will aber unbedingt eine "beratende" Rolle vermeiden.

Themen: Ihre große Mutlosigkeit: Sie glaubt nicht an die Psychogenese ihrer Herzanfälle, sondern hält sich entweder für gehirnkrank oder für "eingebildet krank". Der behandelnde Arzt sagt, sie sei ganz gesund. Das Verhalten des Ehemannes: Er bringt Freunde, um mit seiner ansehnlichen Frau und der schönen Wohnung zu prahlen, lehnt aber sonst jede Einladung ab. Will keinen Besuch, arbeitet "nur" bei der Müllabfuhr und will dabei bleiben. Die tiefe Enttäuschung am Mann, seine Lahmheit und Langweiligkeit ("Ich lebe wie im Gefängnis, soll nur am Fernseher sitzen. Wenn ich eine Nachbarin besuche, sagt mein Mann: Du warst zweimal bei Frau X.."). Der jetzige Tagesablauf: Die Geldverteilung in der Familie; das Familieneinkommen. Die Unzufriedenheit mit dem Mann, der sich bei den Kindern beliebt macht, indem er sie großzügig beschenkt und ihnen das Kostgeld erläßt, das die Patientin dann einsparen muß. Die Meinung der Angehörigen, daß die Unzufriedenheit der Patientin unnormal sei. Die Bedrückung der Patientin, daß sie jetzt nach Geld fragen muß, weil sie nicht mehr mitarbeitet. Die große Angst vor der Verschickung. Ihre früheren Berufspläne (Krankenschwester), der Plan, diesen alten Berufswunsch in etwas abgeänderter Form wieder aufzugreifen. Schließlich die Beziehung zur Mutter, mit der die Patientin ambivalent identiziert war und die ihr ihre Berufsausbildung verbaut hatte, aber darauf hoffte, durch die Versorgung des unehelichen Enkelkindes noch ein erfülltes Alter zu haben (Patientin: "Ich habe meine Gefängnisstangen durchbrochen".).

Kommentare:
1. Trost und Aufmunterung: 5.
   Ich habe Ihrem Arzt geschrieben, daß ich nicht pessimistisch bin.
   Ihr Arzt will Sie nur trösten, wenn er sagt, daß Sie organisch nichts haben.
   Er hält Sie nicht für eine Simulantin.
   Sie brauchen die Hoffnung nicht aufzugeben.
   Ich bin nicht pessimistisch. (Erschließt Möglichkeit von moralischer Orientierung)
2. Anerkennung: 4.
   Sie haben immerhin sehr viel geschafft.
   Sie werden eben sehr nett und charmant gewesen sein.
   Dann können Sie aber gut wirtschaften.
   Sie haben doch immer mitgearbeitet (anerkennender Tonfall). (Erschließt positive Beziehung zur Leistung und zum Leib (Orientierung).)
3. Verständnis: 5.
   Ich finde das für Sie schwierig. (Regt Entdecken an)

Und das reicht für Sie nicht (verstehender Kommentar zum
Bericht, daß die Patientin abends dauernd vor dem Fern-
seher sitzen soll). (Sinnbeziehung soll entdeckt werden.)
Das sind wirklich große Wesensverschiedenheiten. (Weist
Gegensätze auf - Entdecken.)
Das ist wirklich sehr eintönig. (Feststellung - Binden.)
Ich verstehe. (Zeigt Anteilnahme.)

4. Klärende Fragen: 3.
Ist Ihr Mann menschenscheu? (Erfragt Erschließen.)
Ist Ihr Mann gar kein Kontaktmensch? (Regt Auseinander-
setzung an.)
War er früher wirklich lebenslustig?

5. Themenbestimmende Fragen: 2.
Wie lange brauchen Sie für Ihre Wohnung? (Um das Gespräch
auf den Arbeitsalltag der Patientin zurückzulenken.)
(Erkunden von Leistung.)
Ihr Mann bekommt Stundenlohn? (Um das Gespräch auf den
Ehemann, sein Einkommen und seine Arbeitssituation zu
lenken.) (Erkunden dieser Situation.)

6. Erklärungen, Hinweise, Vorschläge, die sich auf die Triebdynamik der Patientin beziehen (als Vorbereitung auf Interpretationen): 6.
Sie müssen doch ein ganz neues Leben lernen! (Vorschlag
zur Bewältigung.)
Wenn Sie sich dazu zwingen,werden die Ängste nicht besser. Ich glaube, das sollten Sie nicht aus den Augen verlieren. (Vorschlag zur Bewältigung.)
Für Sie ist vor allem wichtig, daß Sie nicht wieder als
Portiersfrau tätig werden. (Bewältigen)
Sie wollten ja einmal Krankenschwester oder Sprechstun-
denhilfe werden. (Bewältigen)
Das wird Sie nicht kurieren, aber Ihnen etwas Abwechslung
verschaffen (die Verschickung). (Konfrontatives Anregen
von Auseinandersetzen, Binden/Lösen, Entscheiden)
Kein Mensch ist berechtigt, bei einer solchen Krankheit
von Schuld zu sprechen. (Stellungnahme: Vermittlung von
Orientierung.)

7. Interpretationen und Vorbereitung auf Interpretationen: 5.
Ich glaube, Sie denken tief innen, Sie möchten einmal etwas Flottes tun. (Anregen von Erschließen.)
Dann kommt die Wut, und wenn die Wut nicht raus kann,
kommt die Angst. (Anregen von Erschließen, konfrontativ.)
Andere setzen sich aber auch mehr durch und haben deshalb
keine Angst. (Errichtung von Beispiel - Orientierung.)
Es leuchtet Ihnen nicht ein, daß es unterdrückte Wünsche
sein können, die Angst machen? (Anregen von Entdecken.)
Sie sind jetzt in der gleichen Situation, wie vor 20 Jahren, als Sie den Käfig der Mutter verlassen haben."(Feststellende Orientierung.) (op.cit., S. 232-237.)

Im Hinblick jedoch auf die Darlegungen von A. Dührssen wird
nur mit größter Vorsicht zwischen "nicht-richtungsweisenden"
und "richtungsweisenden" Verfahren zu unterscheiden sein.

Zweifellos zählen die direkt beratenden und unterstützenden
Therapieformen zu der letzteren, bei der ersteren wäre es
besser, von subtil oder direkt beeinflussenden Methoden zu
sprechen. Die Anwendung der Hypnose würde als Suggestion jede Psychotherapie beeinträchtigen, natürlich auch die nach
der hier dargelegten Methode, obwohl die Parameter (s.o.)
wesentlich weiter gespannt sind, damit die direkte Beeinflussung geringer wird.

Die individuellen Behandlungsweisen - auf deren spezifische
Indikation im Unterschied zu der Therapiegruppe noch eingegangen wird - wären damit im Prinzip abgeschlossen. Wesentlich ist, daß der zukünftige Psychotherapeut sich auch der
Kombination der verschiedenen Verfahren bedienen kann.

4. Die gruppentherapeutischen Verfahren

Die Gruppentherapie ist im Verlauf der letzten zwei Jahrzehnte ein nicht mehr wegzudenkender Bestandteil jeder psychotherapeutischen Praxis geworden. Aus überwiegend pragma-
tischen Bedingungen amerikanischer Kliniken entstanden, ist
sie theoretisch in der Nähe der Gesprächstherapie anzusie-
deln, da sie kein "System" zur Deutung von Verhalten und
Verhaltensstörungen entwickelt hat, wie dies bei Freud, Jung,
Adler und den wichtigsten Vertretern der Neoanalyse vorliegt.
Die Gruppentherapie, ihrer pragmatisch-praktischen Abkunft
entsprechend, gliedert sich wiederum in zahlreiche Formen
und Unterformen, innerhalb derer, analog zur Einzeltherapie,
der Therapeut eine mehr zurückhaltende Haltung - nicht-richtungsweisend - einnimmt oder aktiver bis sehr aktiv/"autoritär" (Gestalttherapie) sich beteiligt, sich "persönlich
miteinbringt" oder direktive Anweisungen zum Vollzug bestimmter emotionaler Erlebnisweisen gibt. Die Gruppentherapien haben sich im wesentlichen in themenzentrierte Gruppensitzungen, Selbsterfahrungsgruppen, insbesondere für Kan-

didaten der Psychotherapie und Psychiatrie, ferner Trans-
aktionstherapie, Gestalttherapie usf. differenziert. Aus
der Sicht der hier vertretenen Konzeption wird eine Behand-
lungsgruppe - in Übereinstimmung mit den maßgeblichen Vertretern der Gruppentherapie - möglichst nach folgenden Gesichtspunkten zusammengestellt und vorbereitet:
a) Die Gruppentherapie sollte sich in erster Linie auf die
Ermöglichung und Erweckung emotional-gefühlsbetonter, kommunikativ in gegenseitiger Anteilnahme, Unterstützung, Kritik und Auseinandersetzung sich ereignender Modi - bis zur
intersubjektiven Bewältigung - richten. Sie darf weder in
einen "intellektuellen Diskussionsclub" von sich gegenseitig
laienhaft psychoanalysierenden Teilnehmern ausarten, noch
in ein "Kaffeekränzchen" im Austausch z.B. über "Probleme"
billiger Einkäufe, neuester Automodelle usf..
b) Gruppentherapie sollte für die Teilnehmer indiziert sein.
c) Die Mitglieder müßten möglichst von ähnlicher "gesellschaftlicher Abkunft" ("Schicht") sein. ("Arbeiter" und
"Studenten" in einer Gruppe hat sich nicht bewährt!)
d) Ungefähr gleiche Verteilung nach Alter und Geschlecht
(die Altersstufen sollten nicht mehr als maximal 10 Jahre
Differenz aufweisen). Männer und Frauen möglichst zu je
50 % verteilt sollte beachtet werden.
e) Eingehende individuelle Gespräche mit den einzelnen Teilnehmern der Gruppe, in der diese nicht nur über die Möglichkeiten und auch Grenzen der Gruppentherapie aufgeklärt werden, sondern der Therapeut auch ein genaues Bild von jedem
Patienten erhält, sollten vor Therapiebeginn stattfinden.
f) Jedem Patienten muß die Möglichkeit gegeben werden, den
Therapeuten zu kurzen (ca. 3o-45 minütigen) Einzelgesprächen
zu konsultieren, unter der Auflage allerdings, daß der Gruppenteilnehmer die Thematik derselben wieder der Gruppe vermittelt.
g) Die Rolle des Therapeuten sollte - in der vorliegenden
Konzeption - im allgemeinen zurückhaltend sein, jedoch bei
Befragung, auch nach dessen persönlichen Belangen, "bringe

er sich ein", nicht anders als in der Einzeltherapie. Er
stelle sich der Kritik, der Auseinandersetzung, je nachdem,
wie dieses Bedürfnis von den Gruppenteilnehmern artikuliert
wird. Der Umgang mit Kritik allerdings setzt ein erhebliches Maß innerer Freiheit und Souveränität voraus.

h) Erfahrung in der Supervision von Gruppen zeigte immer
wieder, daß die Gruppen in hohem Maße Kommunikationsweisen
der Therapeuten übernehmen. Ist dieser selber überwiegend
leistungsbezogen-intellektuell eingestellt, wird die Gruppe
sich analog entwickeln und roboterhaft intellektuelle pseu-
do-psychoanalytische Auseinandersetzungen führen. Ist der
Therapeut dagegen zu emotionaler Anteilnahme ohne Angst in
der Lage - dies sollte eigentlich der Fall sein -, wird
sich die Gruppe entsprechend emotional-anteilnehmend entwickeln, Spontaneität zeigen und sich als Gesamt "solida-
risch", d.h. verantwortungsvoll für jeden konstituieren.

Obwohl heute eine psychotherapeutische Praxis kaum ohne
gruppentherapeutische Behandlungen denkbar i t, dank der
Gruppentherapie einer erheblich größeren Anzahl von hilfs-
bedürftigen Patienten die Möglichkeit zumindest einer pro-
visorischen psychotherapeutischen Behandlung eröffnet wird,
sei sich der Therapeut, der im Verlaufe seiner eigenen Ausbildung auch eine eingehende Selbsterfahrung in der Gruppe
gemacht haben sollte, darüber im klaren, daß die Gruppentherapie individuellen Behandlungsformen der nicht-richtungsweisenden Verfahren erheblich unterlegen ist. Als Nachteil
ist anzusehen, daß nicht der ebenso kontinuierliche wie
fluktuierende therapeutische Prozeß vom Erkunden zum Bewältigen in den verschiedenen Strukturen und Modi, in den sich
ansonsten der Patient und Therapeut einlassen, sich vollzieht, sondern daß - je nach Gruppeninitiative - die eine
oder andere Problematik und Thematik "angerissen" wird, wieder verschwindet, je nachdem wie sie von dem einen oder anderen Gruppenteilnehmer in die Gruppe "eingebracht" wurde.
Die Hintergründe einer Lebensentwicklung, die Lebensgeschichte, die Auseinandersetzung mit den Erlebnissen derselben,

die Hyper- oder Hypotrophien von Strukturen und Modi können nur peripher auftauchen, ganz zu schweigen von den Problemen des Widerstandes, dem Auftauchen von Angst aus der
sog. "Widerstandserfahrung" in der Beziehung zum Therapeuten.

Demgegenüber liegt andererseits der erhebliche Vorteil der
Gruppentherapie - bei Patienten für die sie indiziert ist -
in der nicht-dialogischen sondern vielfältigen Bezugsmög-
lichkeit mit anderen Menschen, die spezifisch für generell
"kontaktarm" oder "kommunikationsgestört" gehalten werden.
Wird die Gruppentherapie - wie in der hier vertretenen Konzeption - mit individuellen Einzelgesprächen verbunden, in
denen, je nach Entwicklung des Patienten, die eine oder andere personale Thematik, auch mit ihrem lebensgeschichtlichen Hintergrund angesprochen wird, läßt sich die Wirksam-
keit der Therapie erheblich steigern, können die Patienten
sich rascher zu einer intensiver kommunizierenden Gruppe
hinentwickeln. So ist es durchaus möglich, daß die Gruppe
über längere Zeit bei einer Thematik verweilt, diese vom
Erkunden bis zum Binden-Lösen durchsteht, jedes Mitglied an
dieser Thematik aktiver oder passiver partizipiert, dabei
auch lebensgeschichtliche Hintergründe erfahren werden.

Das folgende Beispiel aus einer gruppentherapeutischen Sitzung gebe die Dynamik derselben wieder, die im Prinzip den
gleichen Modi von Kommunikation folgt wie die überwiegend
dialogische Therapie, nur auf eine Vielzahl von Teilnehmern
verteilt. D.h. auch hier überwiegt in der ersten Kontaktaufnahme der Patienten untereinander das Erkunden, oft in langen, vom Therapeuten durchzuhaltenden Schweigepausen einge-
fangen, es kommt zu einem graduellen gegenseitigen Sich-
Entdecken und Erschließen, es werden Auseinandersetzungen
in Angriff genommen, Bindungen oder Lösungen entstehen unter Gruppenangehörigen oder wiederum unter den Angehörigen
der Gruppenmitglieder mit diesen selbst, die Bewältigung
des einen oder anderen Konfliktes wird von den Gruppenmitgliedern gemeinsam diskutiert, beraten, die Mitglieder zu

diesem Verhalten angeregt. Anstelle der Bindung an den in der nicht-richtungsweisenden Therapie sich im Hintergrund haltenden Therapeuten, erfolgt die Bindung an das "Kollektiv" der Gruppe, ihre "Solidarität" (H.E. Richter), an die die Ganzheit der Gruppe konstituierende reziproke Verantwortung, womit das soziale Gewissen in erheblichem Maße erweckt zu werden vermag.

(Laue, B.):

Gaby: "Ich will heute mal anfangen: Ich mußte heute zur Uni-Verwaltung wegen der Zulassung zu meinem Examen. Da war etwas schiefgelaufen; ich hatte nicht angegeben, daß ich zwei Jahre zwar immatrikuliert gewesen war, aber nichts belegt hatte. Da haben sie mir geschrieben, daß sie mich trotz schwerster Bedenken zulassen würden - weil ich die Scheine zusammen habe -, aber daß ich vorbeikommen solle, um die Angelegenheit zu klären. Da bin ich heute hin. Es war halb zwölf. Da sagte mir der Beamte, daß es nicht mehr reichen würde, ich solle morgen wieder kommen. Da bin ich gegangen und draußen habe ich völlig blödsinnig reagiert, bin heulend durch die Stadt gelaufen, war völlig verzweifelt...ich kann mir das nicht erklären, immer reagiere ich so." (Erkunden eines nicht erschlossenen Verhaltens)

Matthias: "Was hat Dich denn da so fertig gemacht?" (Regt Erschließen an)

Gaby: "Weiß ich nicht, das ist ja das blödsinnige." (Erkunden)

Matthias: "Zugelassen haben sie Dich ja, Dein Examen ist also nicht gefährdet." (Binden (Lösen))

Gaby: "Deswegen habe ich ja auch keine Angst." (Erstes Entdecken)

Matthias: "Dann verstehe ich nicht, warum Du Dich so aufgeregt hast." (Erneute Anregung zum Erschließen)

Gaby: "Ich ja auch nicht, aber es war so schrecklich (fängt an zu weinen) ...und jetzt muß ich morgen wieder hin und habe solche Angst!" (Erkunden, weiterhin unspezifisch)

Therapeut: "Wovor haben Sie denn am meisten Angst?" (Regt Entdecken an)

Gaby: "Daß ich wieder so dastehe wie der letzte Dreck!" (Erstes Entdecken, Beginn von Erschließen)

Therapeut: "So haben Sie sich heute gefühlt?" (Verstärkung - Binden/Lösen)

Gaby: "Ja, so hat er mich behandelt... Er hat sich aufgespielt als wäre er mein Richter." (Entdecken - Erschließen)

Maria: "Was hat er denn gesagt?" (Regt Erschließen an)

Gaby: "Nichts... daß ich morgen wiederkommen soll."

Maria: "Ja und wieso ist er dann Dein Richter?" (Verstärkung von Erschließen)

Gaby: "Weil er mich behandelt wie einen Angeklagten!" (Erschließt Zusammenhang)

Klaus: "Er hat aber doch nur gesagt, daß Du morgen wiederkommen sollst." (Regt Auseinandersetzung an)

Gaby: "Ja, und dann muß ich ihm erklären, was ich in den zwei Jahren gemacht habe und daß ich depressiv war und nichts machen konnte." (weint wieder) (Erschließen)

Matthias: "Das mußt Du ihm doch nicht erklären." (Regt Auseinandersetzung an)

Gaby: "Das weiß ich auch, ich würde auch lieber souverän dastehen, aber das schaff' ich nicht, ich weiß genau, daß ich anfange zu erklären..." (Erschließen, beginnt Auseinandersetzung)

Therapeut: "Als Angeklagter vor dem Richter ist es wohl auch nicht ganz einfach, souverän zu sein... oder wie sähe die Souveränität des Angeklagten vor dem Richter aus?" (Regt klärende Auseinandersetzung an)

Klaus: "Zum Beispiel ein Geständnis ohne Reue."

Gaby: "Was soll ich denn gestehen?"

Therapeut: "Wessen sind Sie denn angeklagt?" (Regt Erschließen an)

Gaby: "Der Faulheit, Schlampigkeit, Dummheit... nein der Dummheit eigentlich nicht; des Versagens." (Erschließen)

Karl: "Du hast doch immer gesagt, daß Du es gar nicht mehr schaffen konntest, weil es Dir so schlecht ging."

Gaby: "Was heißt, es ging mir schlecht... sicher ging es mir schlecht, aber ich habe mich auch hängen lassen, habe überhaupt nichts getan, um da raus zu kommen. " (Setzt sich auseinander)

Heinz: "Als ich Dir das vorgeworfen habe, warst Du beleidigt, jetzt sagst Du es selber." (Anregung weiterer Auseinandersetzung, typische Konfrontation)

Gaby: "Ja, da hattest Du recht..., ich habe alles laufen lassen, war zu feige, einzugestehen, daß ich ein Versager bin, zu faul, einen Job anzunehmen, statt dessen habe ich allen vorgemacht, daß ich fleißig studiere... (weint) ... ich bin wirklich der letzte Dreck!" (Auseinandersetzung, Selbst-Konfrontation)

(Schweigen)

Therapeut: "Sie äußern lauter Anklagen gegen sich... Sie machen sich zum Angeklagten... vorhin sagten Sie, der Beamte hätte Sie als Angeklagten behandelt... und wie den letzten Dreck." (Regt weitere Konfrontation - Auseinandersetzung - an)

Gaby: "Ja, weil ich auch der letzte Dreck bin!" (Binden/Lösen - Feststellung)

Susanne: "Glaubst Du das wirklich? ... Oder willst Du von uns nur das Gegenteil hören?" (Weitere Auseinandersetzung)

Gaby: "Nein, ihr müßt das ja auch von mir denken." (Binden/Lösen - provoziertes Feststellen)

Maria: "Wieso?"

Gaby: "Weil es alle denken." (dito)

Therapeut: "Wer ist denn das: alle?" (In-Frage-Stellen, regt Erschließen an)

Gaby: "Meine Familie; meine Geschwister, meine Eltern, besonders mein Vater... eigentlich nur mein Vater. Ständig hält er mir vor, daß ich noch nicht mit dem Studium fertig bin, dabei wollte ich das Studium gar nicht, hätte lieber Kunstgeschichte gemacht, das durfte ich nicht... Alles durfte ich nicht... alles hat er mir vermiest, nie durfte ich etwas, immer nur leisten, leisten, leisten... Schon in der Schule... Nie war ich gut genug... (weint)" (Erschließen, Auseinandersetzen)

(Schweigen)

Susanne: "Jetzt setzt Du Dich wieder hin und heulst und klagst über Deinen Vater. Mir geht das langsam auf die Nerven." (Selbstentdecken über Gaby)

Heinz: "Mir auch, ich habe Dir ja schon mal gesagt, daß ich den Eindruck habe, daß Du allem Unangenehmen aus dem Wege gehst, Dich lieber hinsetzt und heulst und Dich selbst bemitleidest... Ich verstehe auch nicht, was Du immer gegen Deinen Vater hast... das Geld nimmst Du von ihm aber..." (Tritt in Auseinandersetzung mit Gaby)

Maria: "Jetzt reicht es aber Heinz, siehst Du denn nicht, daß Gaby darunter leidet...?" (Parteinahme, Binden/Lösen)

Gaby: (Schreit dazwischen) "Ihr versteht mich ja nicht... Ihr seid..." (schreit nur noch laut) (Diffuse Auseinandersetzung)
(Matthias rennt raus, die anderen schweigen, Margit geht zu Gaby, umarmt sie, streichelt sie, Gaby klammert sich an sie, schreit weiter ... schluchzt schließlich, die Szene dauert etwa 15 Minuten)

Gaby: "Ich bin nicht so... nein... nicht schlecht... ich bin doch nicht schlecht... mein Vater hat nicht recht... ich bin nicht schlecht..." (Orientierung und Selbstfindung, Binden/Lösen) "Jetzt geht es mir besser... Margit, Du bist lieb (lächelt)." (Margit geht auf ihren Platz zurück. Matthias kommt wieder rein.)

(Einige Minuten Schweigen)

Therapeut: "Wir wollen jetzt einmal klären, was hier vorgegangen ist." (Regt Erschließen an)

Gaby: "Ich habe in meinem ganzen Leben noch nie so geschrien... Das war gar nicht ich." (Entdecken)

Therapeut: "Sondern?"

Gaby: "Ich weiß nicht... doch, das war ich, das war ich
doch... Doch, das war ich... Es war eine Befreiung... die
totale Auflehnung." (Erste Bewältigung)

Therapeut: "Wogegen?" (Befragt Erschließen)

Gaby: "Gegen das Unverständnis, gegen die Vorwürfe, gegen
die Schuld - gegen meinen Vater... es war sehr gut, daß
Margit da war." (Erschließt - bewältigt)

Therapeut: "Was hat das für Sie bedeutet?"

Gaby: "Daß ich nicht allein bin, Sicherheit - daß ich verstanden werde." (Erschließen)

Therapeut: "Wie haben Sie denn die andern erlebt?"

Gaby: "Eigentlich gar nicht. Ich habe nur gemerkt, daß
Matthias rausgerannt ist... Matthias warum bist Du rausgerannt?"

(Vom Erschließen zum Auseinandersetzen und feststellenden
Binden/Lösen):
Matthias: "Ich konnte es nicht aushalten."

Therapeut: "Was konnten Sie nicht aushalten?"

Matthias: "Dazusitzen und nichts tun zu können."

Therapeut: "Was wäre denn gewesen, wenn Sie nicht hätten
rausrennen können?"

Matthias: "Nun, da wäre nichts passiert."

Therapeut: "Was wäre denn da nicht passiert?"

Matthias: "Daß ich jemand zusammengeschlagen hätte."

Therapeut: "So, zusammenschlagen!"

Gaby: "Warst Du böse auf mich?"

Matthias: "Nein, nur auf mich selbst, daß ich nicht helfen
konnte."

Heinz: "Das glaube ich Dir nicht; sonst hast Du Dich auch
immer über Gaby aufgeregt, wenn sie geheult hat." (In-Frage-Stellen, Auseinandersetzung provoziert)

Matthias: "Ja, aber heute, das war doch etwas ganz anderes." (Erkundet)

Heinz: "Was war denn schon anders, sie hat nur lauter geheult." (Entdeckt)

Matthias: "Nein, das war ganz anders." (Erkundet - unspezifisches Entdecken)

Therapeut: "Was war denn heute anders?" (Erkundet)

Matthias: "Na ja, sie hat so geschrien, ich habe gedacht,

jetzt dreht sie durch." (Erschließen)

Maria: "Mir ging es genauso, ich hatte auch Angst, konnte es nicht aushalten, aber auch nichts tun. Ich war so froh, daß Margit Gaby beruhigen konnte, (zu Margit) ich bewundere Dich, daß Du so reagieren kannst." (Entdecken, Erschließen)

Margit: "Es kam einfach so, ich mußte einfach helfen, ich habe nicht weiter nachgedacht." (Entdecken)

Therapeut: "Was wollten Sie helfen?" (Regt Erschließen an)

(Weiteres Befragen der Interaktion, Erschließen wird provoziert, es erfolgt Entdecken):
Margit: "Daß sie nicht mehr schreien mußte."

Therapeut: "Warum?"

Margit: "Ich konnte es nicht ertragen." (Entdecken)

Karl: "Ich war auch sehr froh, daß Du hingingst, Du warst die einzige, die etwas getan hat, während wir alle versagt haben." (Stellungnahme: Binden/Lösen)

Therapeut: "Sie haben Ihr Verhalten als Versagen erlebt?" (Erschließen)

Karl: "Ja, ich konnte nichts tun und hatte ein ganz elendes Gefühl."

Therapeut: "Können Sie das näher beschreiben?" (Erkunden)

Karl: "Da fällt mir ein: meine Frau hat auch einmal so geschrien, das war furchtbar, da saß ich genauso gelähmt und hatte dasselbe Gefühl."

Therapeut: "Was für ein Gefühl?" (Entdecken)

Karl: "Eigentlich von Schuld." (Erschließen)

Therapeut: "Weswegen Schuld?" (Hinterfragen, Provozieren)

Karl: "Daß ich der Anlaß war, daß sie so schreien mußte."

Therapeut: "Aber heute waren Sie doch nicht der Anlaß." (Provozieren, Auseinandersetzen)

Karl: "Aber ich habe es auch nicht verhindert."

Therapeut: "Warum hätten Sie es denn verhindern wollen?" (Konfrontieren, Auseinandersetzen)

Karl: "Weil es so schrecklich war, es ging mir durch Mark und Bein." (Feststellung, Binden/Lösen)

(Einige Minuten Schweigen)

Therapeut: "Von Matthias, Maria, Margit und Karl haben wir jetzt gehört, daß sie das Schreien nicht aushalten konnten, wie ging es denn den anderen?"

Klaus: "Ich dachte, es ist gut, daß es rauskommt."

(Gemeinsames Entdecken):
Therapeut: "Sie dachten! - wie haben Sie es denn erlebt?"

Klaus: "Daß sie sich abreagieren muß."

Therapeut: "Und wie haben Sie es erlebt?" (Regt Entdecken an)

Klaus: "Es hat mir nichts ausgemacht." (Feststellung, Binden)

Therapeut: "Nein? - Haben Sie denn schon einmal jemand so schreien hören?" (Entdecken angeregt, provokatorisch.)

Klaus: "Nein, so noch nicht, aber meine Frau gerät auch manchmal außer Kontrolle."

Therapeut: "Was bedeutet das für Sie?" (Regt Entdecken an.)

Klaus: "Zuerst war ich verunsichert und ratlos, bis ich gemerkt habe, daß das mit mir gar nichts zu tun hat, und sie nur Dampf ablassen muß." (Erschließt)

Susanne: "Da stehst'e ja toll drüber! Deine Frau kann toben und machen was sie will, da sagst Du nur, das hat mit mir nichts zu tun. - Mein Gott, mit Dir verheiratet, da würde ich nur noch toben und schreien." (Erschließen, Auseinandersetzen)

Klaus: "Mit Dir möchte ich auch nicht verheiratet sein." (Auseinandersetzung, Auseinandersetzen)

Susanne: "Was hast Du denn gegen mich?"

Klaus: "Du bist mir zu aufbrausend."

Susanne: "Wann bin ich aufbrausend gewesen?"

Klaus: "Jetzt eben gegen mich, und vorhin gegen Gaby."

Gaby: "Ja, Du hast gesagt, ich ginge Dir auf die Nerven."

Susanne: "Du bist mir auch auf die Nerven gegangen und Dein Geschrei hat mich nicht im geringsten beeindruckt. Ich kenne das von meiner Mutter, als Kind hatte ich davor Angst, später bin ich einfach raus und hab' die Tür zugeknallt, dann hat sie sich ganz schnell beruhigt." (Erschließt)

Therapeut: "Hätten Sie heute auch rauslaufen wollen?" (Regt Erschließen an.)

Susanne: "Am liebsten ja, aber da war der Matthias schon draußen, da fand ich es albern, auch noch rauszurennen."

Therapeut: "Warum?"

Susanne: "Das wäre auch hysterisch gewesen." (Entdeckt - Erschließt)

Therapeut: "Aber bei Ihrer Mutter sind Sie rausgelaufen." (Regt Auseinandersetzung an)

Susanne: "Da habe ich eigentlich ihre Hysterie mitgemacht." (Erschließt)

(Schweigen)

Therapeut: "Sie haben eben recht wütend zu Gaby gesagt, daß

Sie ihr Geschrei nicht beeindruckt hätte und andererseits, daß Sie auch heute am liebsten rausgelaufen wären, ist das nicht ein Widerspruch?" (Regt Auseinandersetzung an.)

Susanne: "Ja, nicht beeindruckt ist falsch, es hat mich aggressiv gemacht, ich hätte ihr auch eine runterhauen können, damit sie aufhört, oder schreien oder sonstwas." (Entdeckt ihre Emotionalität.)

Heinz: "Mir ging es ähnlich. Wenn sie sich nicht bald beruhigt hätte, würde ich sie wahrscheinlich noch lauter angebrüllt haben, daß sie endlich aufhören soll." (Entdeckt ebenfalls.)

Therapeut: "Sie konnten also auch das Schreien nicht ertragen?" (Regt Entdecken an.)

Heinz: "Nein, das war eine Zumutung." (Entdeckt)

Maria: "Jetzt hackt Ihr schon wieder auf Gaby rum, Du und Susanne, dabei habt Ihr sie vorhin erst soweit gebracht." (Feststellung: Binden)

Gaby:"Hast Du Angst, daß ich wieder anfange?" (Provoziert Entdecken, Auseinandersetzen.)

Maria: "...ja, ein bißchen. Macht es Dir denn nichts aus?" (Erkundet)

Gaby: "Nein, ich fühle mich besser."

Therapeut: "Das Schreien hat uns jetzt die ganze Zeit beschäftigt. Bei jedem hat es etwas ausgelöst. Klaus konnte es anscheinend als einziger aushalten, dadurch, daß er sich sagt: das hat mit mir nichts zu tun. Matthias mußte die Flucht ergreifen..." (Erschließt)

Matthias: "Bei Susanne ist mir klar geworden, daß ich auch aggressiv gewesen bin und deshalb rausrannte." (Entdeckt)

Heinz: "Siehste, und vorhin hast Du es abgestritten." (Entdeckt)

Matthias: "Da war es mir noch nicht klar." (Entdeckt)

Therapeut: "Sie sind also aggressiv geworden wie Susanne und Heinz?"

Matthias: "Ja."

Therapeut: "Sie drei konnten das Schreien nicht aushalten und haben mit Aggressionen reagiert. Aber jeder von Ihnen hat sich anders verhalten. Margit, Maria und Karl haben auch gesagt, daß sie es nicht aushalten konnten und haben wieder ganz anders reagiert: Margit hat durch ihr Handeln das Schreien abgestellt, Maria hatte Angst, Karl erlebte Schuld und Versagen.
Kaum einer konnte also das Schreien ertragen, Gaby, und das was das Schreien ausgelöst hat, ist dahinter vollkommen verschwunden." (Regt Erschließen und Auseinandersetzen an.)

Die Modi lassen die Interaktion in ihrer Fluktuation zwischen Erschließen - Auseinandersetzen - Entdecken transparent werden - wie auch die Rolle des Therapeuten, die defizienten Modi - wenn es sich situativ anbietet - anzuregen und zu provozieren, dann wieder auf der reflektierten Ebene das Geschehen erschließend zusammenzufassen.

Als spezielle Probleme der nicht-themenzentrierten, sog. analytischen Gruppentherapie seien noch folgende diskutiert:
a) Verunsicherung der Gruppe durch einen oder mehrere durchweg über viele Sitzungen schweigend-zurückhaltenden Patienten. Hier biete der Gruppenleiter Einzelgespräche an, bemühe sich um Aufhellung der Beweggründe des Schweigens, rege den Patienten an, über das Einzelgespräch in der Gruppe - und seine Schwierigkeiten - zu berichten, vorausgesetzt, es gelingt der Gruppe nicht, graduell mit diesem Patienten das Gespräch zu eröffnen.
b) Extreme Angriffe von Patienten auf die Gruppentherapie und den Therapeuten, Ablehnung die Behandlung fortzusetzen, "Aggression", dann Wegbleiben des Patienten, Wiederauftauchen - verbunden mit Verunsicherung der übrigen Gruppenteilnehmer, Rat- und Hilflosigkeit derselben. Auch hier bietet sich das Einzelgespräch an, dann jedoch empfiehlt es sich, die Negativität und Aggression auf "die Spitze treiben zu lassen", d.h. ihre eigentlichen Gründe voll in ihren Zusammenhängen zu erschließen. Die Auseinandersetzung soll grundsätzlich nicht gescheut werden, in dieser entdecken die Gruppenmitglieder ihre Ängste, das Warum derselben - wobei ausgeglichen-tolerantes Verhalten des Gruppenleiters Aggression und Auseinandersetzung fördert. Er wird dabei zum "Vorbild" wie mit Aggressivität umgegangen werden kann: angstfrei.
c) Starke Emotionalität ist im allgemeinen - u.U. provokatorisch und unterstützend - zu fördern, es ist ein wesentlicher Bestandteil der Gruppentherapie, mit Emotionalität umzugehen zu lernen, sich mit dieser auseinanderzusetzen, sie zu bewältigen.
d) Bei Themen des erotischen Intimbereiches empfiehlt es sich, nicht eine allgemeine Atmosphäre der "Libertinage"

aufkommen zu lassen, sondern das Korrektiv der zwischenmenschlichen Beziehung - gewiß nicht mit erhobenem Zeige-
finger! - durch ein oder zwei Bemerkungen anwesend sein zu
lassen.

e) Themen des religiös-intimen Weltanschauungsbereiches,
werden sie hier von einem "Gläubigen" geäußert, dort von
einem "Atheisten" lächerlich gemacht, sollten in ihrer Bedeutung als Orientierungshilfe sichtbar werden, Toleranz
sich gegen Doktrinäres durchsetzen, die lebensgeschichtlichen Hintergründe des "Gläubigen" wie des "Atheisten" sich
erhellen sollten.

f) Gegenseitiges "Aufhetzen" (z.B. zur "Emanzipation"), Un-
ter-Druck-Setzen einzelner Mitglieder durch andere, inqui-
sitives Befragen, "Erfolge" vermelden, stellen Verzerrungen
möglicher Gruppenentwicklungen dar, die der Therapeut durch
Befragen, Anregen, Stellungnehmen korrigieren sollte.

5. Gestalttherapie und Psychodrama

Zu weiteren gruppentherapeutischen Behandlungsformen zählen
die Gestalttherapie, die jedoch über die verbalen Äußerungen
der Patienten hinausgehend, präverbale, mimische, "gestalte-
rische" Selbstdarstellungen des Patienten miteinbezieht,
ferner einen starken Appell an die Eigenverantwortung des
Patienten für seine Störungen innerhalb der Gemeinschaft
vollzieht, wie sie auch nicht zuletzt die Person des Therapeuten erheblich mehr in den Mittelpunkt rückt als in den
sonstigen, "nicht-richtungsweisenden" Formen der Gruppentherapie. Die Gestalttherapie läßt sich mit Einzelbehandlungen verbinden.

Das Psychodrama legt bewußt Wert auf den darstellenden Ausdruck von Konflikten, Problemen und ihre mögliche Bewältigung, in dem innerhalb dieser Methode durch bestimmte Rol-
lenverteilung z.B. ein Chef/Angestellten- oder Mutter/Toch-

ter-Konflikt von den Patienten, je nach Bedürfen derselben, wechselseitig dargestellt wird. Mit der damit verbundenen kathartischen "Abreaktion" wird - insbesondere bei Wiederholung der Szenen - eine Bewältigung der Konfliktsituation auf der emotionalen Ebene anvisiert, die darüber hinaus im Anschluß an den darstellenden Teil des Psychodramas von den Angehörigen der Gruppe und dem Therapeuten auch auf der Ebene der Reflexion durchgearbeitet wird. Im Psychodrama nicht weniger als in der Gestalttherapie treten die vergangenen, lebensgeschichtlich häufig jedoch nicht unwichtigen Konflikte gegenüber der Bewältigung der akuten Probleme zurück. Der direkte, vor allem auch präverbale Zugang zu den die aktuelle Notlage des Patienten bestimmenden Konflikten bietet beiden Therapieformen erhebliche Chancen zur Klärung der jeweiligen Situation.

Auf die Spezialliteratur beider Behandlungsarten sei verwiesen, es seien jedoch zwei Beispiele für eine gestalttherapeutische und psychodramatische Behandlung gegeben:

(H. Schmitt): Ausschnitt aus einer gestalttherapeutischen Gruppensitzung:

Die Gruppe besteht seit Mai 1981 und hat acht Mitglieder.

Zur "Aufwärmung" (Erkunden, Herstellung von Vertrauen) bot ich eine Bewegungsübung nach Musik an, mit anschließender Rücken-/Klopfmassage:

Th: "Seid Ihr damit einverstanden?" und holte mir von jedem die Bestätigung, ob er einverstanden war oder ob nicht. Da alle mit einverstanden waren, begann ich mit der Übung. Ich sagte die einzelnen Schritte begleitend zur Durchführung: Umhergehen, dabei sich wahrnehmen (wie gehe ich? wie fühlt sich der Fußboden an? wie ist der Kontakt zum Boden?). Sich bewegen/tanzen (was nehme ich wahr - eventuell Verspannungen - bin ich locker in den Füßen, Beinen, Bauch etc.). Lockern (Füße, Beine, Arme etc., d.h. den ganzen Körper). Partner suchen, um sich gegenseitig den Rücken und die Beine durch Klopfen zu massieren.
(Erkunden)

B. macht die Übung mit O., E. mit K. und H. mit L., M. und G. blieben sitzen.

Th.: "Was ist mit Euch?"
(Anregung zum Entdecken/Erschließen)

M.: "Ich mag nicht."

Gerhard zögerte etwas und schaute zu Martina und sagte:
"Ich will auch nicht."

Th.: "Könntest Du Dir vorstellen, die Übung mit mir zu machen?"

G.: "Nein."
(Ablehnung jeder Kommunikation)

Ich machte die Übung vor, wozu ich O. benutzte.

Th.: "Nehmt dabei Euren Atem wahr, ihn fließen lassen und
nicht anhalten." Dies ist auch wichtig für den "Klopfer".
Wenn der Rücken abgeklopft wird, einen Ton herauslassen.
Die Paare begannen mit der Übung, währenddessen ich auch
korrigierend eingriff.
(Anregung zum Erkunden und Entdecken des Leibes)

Th.: "Tauscht miteinander aus, ob die Stärke des Klopfens
in Ordnung ist und wann Ihr wechseln wollt. Verabschiedet
Euch vom Partner, indem Ihr das Klopfen immer schwächer werden
laßt und langsam die Hände vom Körper wegnehmt."

Auswertung der Übung: (Erschließen)

E.: "Mir hat die Bewegung gut gefallen und ich habe mich
sehr locker gefühlt. Ich habe die Musik nicht vermißt, so
konnte ich mich besser auf mich konzentrieren (Recorder
funktionierte nicht)."
(Entdeckt Leibempfindungen)
"Bei der Partnersuche habe ich Angst davor gehabt, daß ich
von niemandem gewählt werde, oder die Übung mit jemand machen
muß, mit dem ich nicht will. So war ich froh, daß K.
auf mich zukam."
(Entdeckt Emotionalität)

Th.: "Du hättest selbst jemanden wählen können."
(Provoziert Binden/Lösen)

E.: "Da fürchte ich abgelehnt zu werden."
(Erschließt Emotionalität)

Th.: "Könntest Du auch sagen, ich fürchte mich auszuwählen?"

E.: "Ich bin ganz aufgeregt, wenn ich daran denke."

Th.: "Was sagt die Aufregung?"

E.: "Die, die ich nicht auswähle, mögen mich dann nicht
mehr."

Th.: "Was noch?"

E.: "Zu spüren, wer mir nahe ist und wer nicht."

Th.: "Wie ging es Dir denn mit K.?"

E.: "Ich habe ihr Klopfen sehr angenehm und erfrischend erlebt.
Sie war mir nahe."
(Das Gespräch diente der Provokation von Erschließen und
Auseinandersetzen)

K.: "Ich habe Dich ausgewählt, weil ich Dich mag und Deine
Offenheit bewundere. - Das Abgeklopftwerden war für mich an-

genehm und entspannend. Beim Abklopfen hatte ich zuerst die
Befürchtung zu fest zu klopfen."
(Entdecken von Emotionalität)

O.: "Ich habe mich bei der Bewegung locker und entspannt gefühlt. Das Abklopfen gefiel mir besser."
(Erkunden - Entdecken)

Th.: "Wie ging es Dir mit B.?" (Sie hatte ihn ausgewählt!)
(Provokation von Entdecken)

O.: "Ich habe die Übung gerne mit ihr gemacht."

Th.: "Sage es ihr direkt."
(Anregung zu konfrontativer Bindung)

O.: Schaut sie an und sagt: "Ich habe die Übung gerne mit
Dir gemacht. Ich habe mich gefreut, daß Du auf mich zugegan-
gen bist. Ich empfand Dein Klopfen einfühlsam."
(Erkunden - Entdecken - Binden)

B.: "Als Du (sie meinte Th.) sagtest, wir sollen uns einen
Partner suchen, habe ich sofort gewußt, daß ich die Übung
mit O. machen möchte. Du (zu O.) hast manchmal zu stark ge-
klopft, aber ich habe nichts gesagt."
(Bindungstendenz deutlich)

Th.: "Warum nicht?"

B.: "Ich wollte sehen, was passiert. Ich konnte es aushalten.
Mein Körper ist jetzt ganz warm und entspannt. Bei der Bewegung habe ich meine Verspannung in der Schulter verspürt.
Ich hatte noch etwas vergessen zu sagen. Ich überlegte zuerst, ob ich die Übung überhaupt mitmachen will, da sie mir
beim letzten Mal nicht gefiel. Ich entschied mich dafür aus-
zuprobieren, wie es mir heute damit geht und darauf bin ich
stolz."
(Erschließen, Auseinandersetzen, Binden)

L.: "Mir hat die Musik gefehlt. Ich konnte mich gut auf meinen Körper konzentrieren. Ich habe Verspannungen im Rücken
gespürt. Mir war es recht, die Übung mit H. zu machen. Ich
brauchte nicht zu wählen, da wir beide übrig blieben. Die
Übung insgesamt hat mir großen Spaß gemacht. Der körperliche
Kontakt mit H. war angenehm; das Abgeklopftwerden gefiel mir
besser."
(Erschließen, Auseinandersetzen)

H.: "Ich habe die Übung gerne mit Dir (L.) gemacht. Mir war
das Abklopfen angenehmer als das Abgeklopftwerden. Ich konnte mich bei der Bewegungsübung nicht richtig auf meinen Körper konzentrieren."
(Entdecken - Erschließen)

Th.: "Wo warst Du?"

H.: "Ich dachte daran, wie ich ausschaue und was die anderen von mir denken."
(Erschließen, Auseinandersetzen)

Th.: "Wie ging es Euch beiden, M. und G.?"

M.: "Ich hätte die Massage auch gerne mitgemacht, aber ich steckte so voller Trotz, deshalb machte ich nicht mit."
(Erschließen, Auseinandersetzen)

Th.: "Was sagt Dein Trotz?"

M.: "Ich mache deshalb nicht mit, weil Du mir sagst, was ich tun soll."
(Auseinandersetzen)

Th.: "Du hinderst Dich damit selbst, Deine eigenen Wünsche zu erfüllen."
(Konfrontatives Vorgehen)

M.: "Ich weiß das, das geht mir mit meinem Freund zur Zeit auch so, mir ist auch jetzt erst so deutlich geworden, wie ich mich damit behindere."
(Erschließen)

G.: "Mir war es recht, daß ich die Massageübung nicht mitmachen brauchte, da ich keine Berührung will."
(Entscheidung - Bindung)

Th.: "Wie ging es Dir bei der Bewegung?"

G.: "Da konnte ich mitmachen und habe mich dabei auch etwas entspannt."
(Entdecken)

Da ich in der letzten Sitzung ein auf die Gruppensituation bezogenes gruppenzentriertes Spiel für die heutige Sitzung vorschlug, waren alle Gruppenteilnehmer darauf eingestellt. Das Thema war meine Position in der Gruppe, Nähe und Distanz zu den anderen hierbei.

Ich schlug vor Park zu spielen:

Th.: "Wir sind ein Park, da gibt es Bäume, Wiesen, Vögel, Wege, Fußgänger... - Laßt Euch Zeit herauszufinden, wer oder was Ihr seid. Alle Gegenstände können reden und sich fortbewegen. Achtet auch darauf, ob Ihr mit den Abständen zu den anderen zufrieden seid, wenn nicht, könnt Ihr das ändern. Wenn Ihr soweit seid, geht auf die Bühne und stellt Euch vor, zum Beispiel 'Ich bin ein Weg aus Kies, usw.'..."

Buche (E.): "Ich bin eine alte Buche, ich recke mich in der Sonne und genieße, wie der Wind durch meine Blätter weht."
(Erkunden - Entdecken)

Kastanie (H.): "Ich bin eine blühende Kastanie und genieße das schöne Frühlingswetter. Ich stehe schon ca. 80 Jahre da."
(Erkunden - Entdecken)

Wiese (L.): "Ich bin eine grüne Wiese, ich möchte nicht, daß jemand auf mir herumtrampelt."
(Erschließen)

Bächlein (M.): "Ich bin ein frisches, kühles Bächlein, das sich durch die Landschaft schlängelt."
(Erkunden - Entdecken)

Bank (O.): "Ich bin eine Bank und stehe unter der Kastanie.
Ich warte darauf, daß sich Leute auf mich setzen und sich
ausruhen."
(Erkunden - Entdecken)

Birke (B.): "Ich bin eine junge Birke mit einem schönen
Kleid und strahlendem Glanz und freue mich, daß Frühling
ist."
(Erkunden - Erschließen (Freude))

Häschen (K.): "Ich bin ein scheues, kleines Häschen, ich
hopple durch den Park und schaue mich um."
(Erkunden)

Spatz (G.): "Ich bin ein Spatz, fliege umher, meine Heimat
ist der Park, wo ich zu fressen und zu trinken finde. - Und
jetzt setze ich mich auf diese Stange."
(Erkunden)

Die Teilnehmer begannen oft mit einer Beschreibung, ich un-
terbrach dann mit z.B.: "Ich schlängele mich durch die Landschaft."

Die Unterhaltung lief schleppend und wurde hauptsächlich vom
Kastanienbaum und der Wiese immer wieder angekurbelt. Die
Wiese, indem sie andere Mitspieler angriff oder provozierte,
und der Kastanienbaum, indem er Teilnehmer, die schwiegen,
ansprach oder einzubeziehen versuchte.

Wiese: "Mir gefällt es hier nicht. Die Bäume nehmen mir die
Sonne weg. Und das Bächlein spritzt mich naß."
(Auseinandersetzung)

Buche: "Mein Stamm ist so hoch, daß noch genug Sonne durch-
fällt."
(Entdecken)

Wiese: "Überall das Unkraut und Blumen. Ich will gepflegt
sein. Dann kommen immer Besucher, breiten ihre Decken aus,
legen sich darauf, so daß ich schon ganz kahle Stellen habe, und Du Kastanie wirfst ständig Deine schrecklichen Blüten auf mich."
(Erschließen, Auseinandersetzen)

Spatz: "Ich werde ein wenig umherfliegen."
(Erkunden)

Birke: "Du kannst Dich dann auf einen Ast von mir setzen.
Ich habe schöne glänzende Blätter und einen glänzenden Stamm.
Hoffentlich frißt der Hase nicht meine Blätter auf."
(Entdecken - Bindungstendenz; Erschließen von Angst)

Wiese: "Oder Du knabberst mich an."
(Erschließen von Angst)

Hase: "Ich weiß gar nicht, was Ihr beiden wollt. Ich bin
sehr friedlich und will nur schauen. Das schüchtert mich
noch mehr ein."
(Erschließen)

Kastanie: "Ich schmeiße meine ganzen Blüten auf Dich (zur Wiese), Du bist so lästig und so laut."
(Auseinandersetzung)

Wiese: "Vor 50 Jahren, da war es noch anders."
(Erkunden - Entdecken)

Buche: "Ich bin 80 Jahre alt und habe schon sehr viel erlebt, ich bin sehr weise, aber Du warst noch nicht da."
(Erschließen)

Wiese: "Da war noch viel mehr Ruhe hier und noch nicht so viel Kunstdünger und Pflege."
(Erschließen - Auseinandersetzen)

Kastanie: "Du weißt auch nicht, was Du willst, vorhin störten Dich die Blumen und das Unkraut auf Dir und jetzt, daß Du gepflegt wirst. Und im übrigen, vor 50 Jahren warst Du noch nicht da."
(Auseinandersetzen)

Birke: "Du bist lästig, ständig hast Du etwas zu meckern."
(Auseinandersetzen)

Wiese: "Dein Wasser ist richtig schmutzig (zum Bächlein), was von Besuchern auf mich gespritzt wird."
(Auseinandersetzen)

Bächlein: "Mein Wasser ist frisch und klar und Du bist manchmal froh, wenn Du Wasser von mir bekommst, wenn es nicht geregnet hat."
(Auseinandersetzen)

Buche: "Ach, ist das schön hier. Ich bewege meine Blätter nach dem Wind." (Sie bewegt sich dabei.)
(Erkunden - Entdecken)

Kastanie: "Da kommen gar keine Besucher, die sich auf Dich (zur Bank) setzen können."
(Provoziert Auseinandersetzung)

Bank: "Das stimmt, aber die Besucher quälen mich oft, treten mit Füßen auf mir herum oder schneiden mit ihren Messern ihre Namen in mich hinein und das tut weh."
(Erschließen, Auseinandersetzen)

Wiese: "Du bist aber eine sehr empfindliche Bank."
(Auseinandersetzen)

Bank: "Ich werde die Leute zu Dir schicken, dann können sie sich auf Dich legen."
(Auseinandersetzen)

Wiese: "Tu mir das nicht an. Immer diese vielen Leute und diese Bäume, die kein Licht und kein Wasser durchlassen."
(Auseinandersetzen)

Kastanie: "Ich werde Dir ein bißchen abgeben."
(Auseinandersetzen, "Antwort")

Birke: "Mir reicht es jetzt (zur Wiese), ich gehe auch wo-

anders hin."
(Sie verändert ihre Stellung im Zimmer. Binden/Lösen)

Wiese: "Ach bin ich froh, da habe ich mehr Licht."
(Auseinandersetzen)

Bank: "Ich stelle mich auf Dich, weil dann die Leute eher
zu Dir kommen als zu mir."
(Binden/Lösen)

Kastanie: "Ich finde das aber schade, daß Du von mir weg-
gehst. Aber das Bächlein ist ja jetzt näher bei mir, das
tröstet mich."
(Binden/Lösen - vorher Erschließen)

Spatz: "Ich möchte jetzt davonfliegen, aber ich merke, ich
kann nicht."
(Er ging auf die andere Seite, veränderte Stellung im Raum)
(Binden/Lösen)

Kastanie: "Birke, Du siehst so traurig aus."
(Erschließen)

Birke: "Ja, ich muß schon daran denken, daß ja wieder Herbst
und Winter kommt und ich noch so schwach bin."
(Entdecken - Erschließen)

Kastanie: "Das ist der Lebensablauf, Du wirst Dich daran ge-
wöhnen."
(Binden/Lösen - dezidierte Antwort)

Birke: "Mein Kleid glänzt nicht mehr und ich habe eine Wun-
de im Stamm."
(Entdecken)

Buche: "Die Zeit heilt Wunden. Ich habe da eine Menge Erfahrung. Du mußt nur herausfinden, was Deine Wünsche sind und
nur das tun, was Du willst."
(Erschließen)

Birke: "Mir geht es jetzt schon wieder etwas besser."
(Erschließen)

Wiese: "Ich bin müde, ich lege mich schlafen."
(Erkunden)

Da anschließend allgemeine Rückzugswünsche geäußert wurden,
beendete ich das Spiel.

Auswertung:
1. Wie kam ich zu meiner Rolle und wie ging es mir damit?
Was habe ich mir vorgestellt, wie hat es sich entwickelt?

2. Wie habe ich die anderen Mitspieler erlebt?

3. Aussagen über obengenanntes Thema.

4. Aussage über den Einzelnen via Einzelarbeit: nochmalige
Identifikation mit dem Gewählten. Übersetzung in reale Situation der Gegenwart oder Vergangenheit, z. B. "Wer tram-
pelt auf Dir herum?", "Wo bist Du verwundet?".

An der Einzelarbeit ist der Rest der Gruppe nur schweigend beteiligt. Die Themen, an denen gearbeitet wird, sind abhängig vom Stand/Vertrautheit der Gruppe bzw. sind Indikator für das Gruppenthema. Deshalb ist es wichtig, nach der Einzelarbeit oder als Abschluß der Einzelarbeit z.B. zu fragen: "Wie geht es Dir damit in der Gruppe?"
Ein weiterer Schritt nach der Einzelarbeit ist, die anderen Gruppenmitglieder wieder mit einzubeziehen: entweder durch die Frage an, den, der gearbeitet hat: "Möchtest Du etwas von den anderen dazu hören?" oder durch die Frage an die anderen Teilnehmer: "Was hat Euch angesprochen?" (Eigene Erlebnisse und Unterstützung für den der gearbeitet hat.)

(B. Schmidt): Ausschnitt aus einer Psychodrama-Sitzung:

Halbkreisförmige Sitzanordnung mit angrenzender Spielfläche. 8 Teilnehmer A, B, C, D (männlich), E, F, G, H (weiblich), Therapeut Th. (männlich).

Gesprächsphase:

A.: "Ich weiß gar nicht, aber heute bin ich nicht so gerne hierher zur Psychodrama-Sitzung gekommen. Komisch - denn normalerweise freue ich mich immer sehr auf diese Abende. Aber heute hätte ich lieber einen schönen Spaziergang gemacht oder mit meiner Familie auf der Terrasse Würstchen gegrillt; jedenfalls hätte ich lieber etwas gemacht, was mir wirklich Spaß gemacht hätte."
(Erkunden - Entdecken)

E. und G. geben ähnliche Unlustgefühle zum Ausdruck, C. und D. dagegen betonen, recht gerne zur heutigen Sitzung gekommen zu sein.

A.: "Irgendwie kreisten meine Gedanken heute schon den ganzen Tag um dieses Problem herum, aber ich kam nie zum Schluß. Jetzt bin ich halt doch gekommen, obwohl ich eigentlich garnicht wollte."
(Erkunden-Entdecken)

Th. unterbricht und stellt auf der Spielfläche zwei Stühle nebeneinander.

Th.: "Stellen Sie sich doch einmal die 'zwei Seelen in Ihrer Brust' getrennt auf diesen beiden Stühlen vor. Wenn Sie sich auf diesen rechten Stuhl setzen, spricht jene Stimme aus Ihnen, die sich dagegen sträubt, heute hierher zu kommen; von dem anderen Stuhl dagegen spricht jene Stimme, die für ein Kommen plädiert. Sie können jederzeit den Stuhl wechseln und somit einen richtigen Dialog führen. (Zur Gruppe:) Wer möchte, kann sich jederzeit auf den jeweiligen freien Stuhl setzen und die Rolle des Gegenparts übernehmen."
(Regt Entdecken - Erschließen an)

Spielphase:

A. (auf re. Stuhl): "Heute abend Psychodrama - nein, alles was recht ist: heute habe ich keine Lust. Bisher habe ich

nie gefehlt - im Gegensatz zu manchem anderen, heute will
ich mal machen, zu was ich Lust habe."
(Entdecken)

A (auf li. Stuhl): "Ich kann doch nicht einfach wegbleiben.
Vor allem, was würde die Gruppe sagen? Das kann ich ihr
nicht antun; die erwartet mich doch und sie wäre sicher enttäuscht, wenn ich nicht käme."
(Erkunden)

A (auf re. Stuhl): "Ich weiß auch gar nicht, warum ich gerade heute gegen das Psychodrama eingestellt bin. Aber vielleicht hat das etwas mit der letzten Stunde zu tun. Irgendwie fühlte ich mich da ins Abseits gedrängt. Die anderen
machten ja bei unserem Spiel (Zur Information: es handelte
sich um ein Phantasiespiel, in dem jeder eine frei gewählte
Rolle einnehmen konnte, wodurch u.a. die Einstellung des
einzelnen zur Gruppe zum Ausdruck kam) recht munter mit.
Aber mich in meiner Darstellung als ein 'leckerer Kuchen'
hatte man doch erstaunlich bald satt und dann fühlte ich
mich doch schon bald sehr überflüssig. Das tu ich mir nicht
noch mal an, heute gehe ich nicht hin."
(Erschließen - Auseinandersetzen)

A (auf li. Stuhl): "Das ist ja nicht weiter tragisch, wenn
ich mal nicht so im Vordergrund stehe. Als ob ich davon abhängig wäre, immer nur Zuwendung zu bekommen! Und eigentlich
haben die bisherigen Psychodramastunden alle irgendetwas In-
teressantes gezeigt. Wenn ich jetzt nicht hinginge, würde
ich möglicherweise etwas Wichtiges versäumen. Dann hätte ich
den Anschluß verloren. Ich bin viel zu neugierig auf das wie
es weitergeht."
(Erschließen - Auseinandersetzen)

D, E, G übernehmen zeitweilig Positionen von A und regen diesen dadurch an, seine Haltung noch deutlicher zum Ausdruck
zu bringen. D ist besonders stark emotional beteiligt, wenn
er die Unabhängigkeitsideen von A auf dem rechten Stuhl vertritt.

Th. regt an, daß D und ein weiterer Teilnehmer (es meldet
sich C) den Dialog fortführen sollten. Gleichzeitig solle
A - während er auf der Spielfläche auf und ab läuft, halb-
schräg hinter sich begleitet von C und D - sich vorstellen,
zu Hause in seinem Zimmer herumzugehen, um sich nun kurz vor
Sitzungsbeginn endgültig zu entscheiden, was er nun wirklich
machen wolle.

D.: "...ich mache da nicht mehr mit, ich will endlich einmal selbst entscheiden können, wo ich hingehe, zu was ich
Lust habe..."

C.: "...das kann ich den anderen nicht zumuten; die wären
dann ganz schön enttäuscht von mir, und würden mich das auch
das nächste Mal bestimmt spüren lassen, dann wäre ich ganz
draußen..."
(Erschließen)

A (nachdem er sich die Stimmen seiner inneren Zerrissenheit eine Zeit lang angehört hat): "Nun werde ich zum Psychodrama gehen. Und als erstes werde ich heute abend meinen Zweifel allen mitteilen. Jetzt gehe ich aufs ganze."
(Binden/Lösen)

Gesprächsphase

Th.: "Was nun?"
(Provoziert Erkunden - Entdecken)

D.: "Ich wollte dazu gleich etwas sagen: auch wenn ich mich vorhin so sehr für die Selbstbehauptung eingesetzt habe, möchte ich doch betonen, daß ich immer (Blick zum Th.) sehr gerne hierher komme."
(Erkunden - Entdecken)

H.: "Aber was Du da sagst, steht ganz schön im Gegensatz zu jener Überzeugtheit, mit der Du vorhin Deine Meinung vorgetragen hast. Ich glaub Dir schon, daß Du solche Freiheitswünsche hast, doch hast Du jetzt wohl Angst, daß Du etwas zu weit gegangen sein könntest."
(Auseinandersetzen)

C.: "Ich finde es jedenfalls gut, daß A sich doch zum Herkommen entschieden hat. Ich hätte es jedenfalls schade gefunden, wenn er nicht gekommen wäre, denn er vermittelt, meine ich, doch eine ganz gute Atmosphäre hier im Kreis. Ganz abgesehen davon: was wäre denn das, wenn hier jeder kommen und gehen würde, wie er gerade wollte, das wär' wohl eine Enttäuschung! Übrigens schmeckte sein Kuchen vom letzten Mal ganz gut. Und wenn wir das Spiel heute wiederholten, würde ich jetzt gleich wieder ein Stück von A nehmen."
(Erschließen - Binden/Lösen)

Th. (zu A): "Wie geht es Ihnen denn eigentlich?"

A.: "Ich fühle mich jetzt sehr gut hier in der Gruppe, ganz anders als zu Beginn."
(Entdecken - Erschließen)

Th. (zur Gruppe): "Würde es Ihnen jetzt an Stelle von A auch so gut gehen, oder würde Ihnen noch etwas anderes durch den Kopf gehen? - Wer möchte, kann ja kurzfristig mit A den Platz tauschen und von dessen Stuhl aus hier im Halbkreis seine Empfindungen aussprechen."
(Regt Auseinandersetzen an)

Spielphase

B.(auf A.s Stuhl): "Ja, ich fühle mich ganz wohl in der Gruppe. Es ist jetzt Bewegung eingetreten, man spricht über mich, das tut mal ganz gut."
(Entdeckt - erschließt)

E. (auf A.s Stuhl): "Irgendwie bin ich aber auch unzufrieden. Vorhin kam ich hierher um Probleme zu klären und jetzt sitze ich schon die ganze Zeit hier herum und lasse mich als zurückgekehrten verlorenen Sohn feiern."
(Erschließen - Auseinandersetzen)

D. (auf A.s Stuhl): "Verflixt nochmal. Jetzt bin ich da und
doch nicht da. Ich wollte mich doch einem Problem stellen,
und was ist jetzt: ich gehe einen faulen Kompromiß ein. Jetzt
muß aber endgültig was geschehen!"
(Auseinandersetzen - Binden/Lösen)

Gesprächsphase

Th.: "Haben Sie etwas für Sie Neues herausgehört? Und wenn -
bei wem?"
(Regt Entdecken an)

A.: "Ja, eigentlich stimmt das alles auch. Ich habe selbst
gemerkt, wie passiv ich geworden war. Insgeheim hoffte ich,
daß keiner mich an mein anfängliches Vorhaben erinnern würde.(Zum Th. gewandt:) Sie haben jetzt einen Stein ins Rollen gebracht. Die anderen hätten wohl nicht lange gefragt.
Aber jetzt, wo diese Beiträge kamen, muß ich schon sagen:
diese stimmen haargenau. Es ist ein schönes Gefühl, so verstanden zu werden."
(Erschließen - Binden/Lösen)

D.: "Also ich habe jetzt den Eindruck, Du willst Dich schon
wieder zurückziehen. Ach wie schön ist's doch so gut verstanden zu werden. Willst Du uns nur beschwichtigen und ansonsten 'Gute Nacht' sagen, oder willst Du Dich wirklich
stellen?"
(Auseinandersetzen)

A.: "Also ich muß Dir sagen, Du regst mich jetzt langsam
auf. Ich hatte einmal einen Freund, der ließ auch nie locker,
wenn es darum ging, mich zum Fußball zu holen. Kein Wunder,
später habe ich mich dann von ihm losgesagt."
(Auseinandersetzen)

Th.: "Können Sie darüber noch etwas mehr erzählen?"
(Weitere Anregung)

A.: "Ja, aber das ist eine längere Geschichte. Eigentlich
geht es dabei garnicht so sehr um meinen früheren Freund als
vielmehr um meine Mutter. Und einmal, als sie mich wieder
mal beim Kaffeeklatsch mit ihren Freundinnen dabei haben
wollte, kam der Peter mich holen..."
(Erschließen)

A. berichtet weiter, daß er im Alter von etwa 12 Jahren öfters an den Nachmittagskaffeetafeln teilnehmen mußte, zu denen die Mutter ihre Freundinnen eingeladen hatte. Dabei hätte er seiner Mutter zunächst bei den Vorbereitungen geholfen,
dann aber - und das sei viel schlimmer gewesen - habe
die Mutter ihn am Kaffeetisch immer als Mustersohn heraus-
gestellt. Er habe solche Nachmittage deswegen nie recht ge-
mocht, hätte jedoch seine Mutter nicht enttäuschen wollen.
Nachdem sich eine bestimmte Dame häufig recht verständnisvoll ihm zugewandt habe, hätte er sich dann in diesem Kreis
oft auch wieder ganz wohl gefühlt. Die Damen hätten stets
mit Wohlwollen zur Kenntnis genommen, daß der Junge an der
Tafel dabei saß und hätten sich über seine brave Art stets
entzückt gezeigt.

Auf den Vorschlag des Th. hin, wird eine Kaffeetafel in Szene gesetzt. Vorher gibt A. Erklärungen zum Ablauf und zu den einzelnen Rollen.

Spielphase

G. (als Mutter): "Sei so gut, trag schon mal den Kuchen hinein. Du weißt ja, Frau M. ist heute neu im Kreis. Du kannst Dich schon einmal vorstellen. Ich muß noch einiges in der Küche richten."
(Regt Erschließen - Auseinandersetzen an)

E, F, G, H (als Damen): "...hallo, da ist ja der Filius... schön, daß Du uns etwas Gesellschaft leisten willst... erzähl doch mal, wie ist denn das ausgegangen mit Deinem Deutschaufsatz, von dem Du uns das letzte Mal so interessant berichtet hast..."
(Regt Erschließen - Auseinandersetzen an)

A. versucht auf alle Fragen einzugehen, ist nach allen Seiten hin höflich und zuvorkommend. - In diesem Augenblick klingelt sein Freund.

D. (der sich spontan bereit erklärt, die Rolle des Freundes zu übernehmen): "Mensch, komm mit, wir machen ein Match. Die von der Nachbarstraße sind auch dabei, komm sofort!"
(Regt Entscheidung an - Binden/Lösen)

A.: "Nun mal langsam. Wir haben doch Besuch, und Du weißt doch: die wollen halt, daß ich noch bißchen dabeibleibe. Meine Mutter..."
(Weicht Entscheidung aus - Erschließen)

D. (als Freund): "Dann sag halt, daß Du heute was anderes vorhast. Aber beeil Dich, es geht gleich los!"
(Regt Entscheidung - Binden/Lösen - an)

E, F, G, H (als Damen; sie haben das Gespräch mitbekommen): "...Dein Freund holt Dich ab? Na, da wünschen wir Euch toi toi toi für Euer Fußballspiel..."
(Erkunden)

A.: "Wie? Ihr habt gar nichts dagegen, wenn ich gehe? Aber meiner Mutter wird es sicher nicht recht sein."
(Provoziert Auseinandersetzen)

E, F, G, H (als Damen): "...da mach Dir keine Sorgen, das werden wir ihr schon klar machen. Für einen Kerl wie Dich ist es doch viel toller, draußen Fußball zu spielen. Also nur ab, das andere erledigen wir schon..."
(Regen Entscheidung an)

A eilt erfreut und trotzdem scheu zur Küche blickend seinem Freund nach.
(Erkundend - entdeckend)

Th. regt eine weitere Szene an: A spielt nun seine eigene Mutter, die gerade aus der Küche zu ihren Gästen kommt und von der Neuigkeit erfährt.

A.(als Mutter): "Großer Gott - auch noch mit diesem Freund
ist er weg. Ich weiß nicht, ob das gut geht. Der ist doch
schon zwei Jahre älter und dann ist er außerdem so ein wil-
der Kerl. Mein Junge ist nun mal anders - er ist so zart -
man kann ihn noch nicht einfach draußen herumsausen lassen.
Hoffentlich passiert nichts. Er ist doch mein einziger. Es
wäre doch besser gewesen, wenn er hier bei uns geblieben wäre."
(Erschließen - Binden/Lösen)

H. (eine der Damen): "Aber nein, meine Teure, für Ihren Sohn
ist es doch nur gut so, wenn er draußen mit den anderen spielen kann. So ein Damenkränzchen ist doch nichts mehr für ihn.
Lassen Sie doch der Jugend ihren Lauf!"
(Auseinandersetzen)

A. (als Mutter): "Sie können gut reden. Als kleines Kind war
er so oft krank. Ich saß ja stundenlang, ach tagelang an
seinem Bett und wachte. Ach ja, und später habe ich ihm dann
sein Spielzimmer schön eingerichtet - da hat er sich dann
richtig wohlgefühlt. Wissen Sie, und eigentlich hat sich seitdem auch gar nicht so viel geändert: er blieb immer recht gern
hier im Haus. Er weiß halt, was ich für ihn gemacht habe, und
deshalb würde er mich auch nie enttäuschen. Aber jetzt seit
neuestem diese Freunde - ich weiß nicht, ob deren Einfluß
für ihn das beste ist. Ich mache mir so Sorgen um ihn."
(Erschließen - Binden/Lösen)

Die Damen plädieren weiterhin für eine größere Unabhängig-
keit des Sohnes und versuchen der Mutter zu verstehen zu geben, daß sie ihm durch übergroße Ängstlichkeit keinen guten
Dienst erweisen würde.

Gesprächsphase

A zeigt sich verwundert darüber, wie gut er die Rolle seiner
Mutter habe spielen können.

A.: "Dabei weiß ich nicht einmal, ob meine Mutter wirklich
in dieser Weise gesprochen oder gehandelt hat. Eigentlich
hört es sich ja schrecklich an. Aber ich glaube fast, daß
ich sie so zumindest gerne gehabt hätte."
(Entdecken - Erschließen)

D.: "Vielleicht willst Du sie sogar heute noch so haben. Denn
was willst Du mehr: sie sorgt sich für Dich, Du kannst ihr
alle Deine Angst übertragen - und Dir selbst geht es wieder
gut."
(Regt Auseinandersetzung an)

A.: "Meine Ängstlichkeit in der Rolle der Mutter kam aber
erst dadurch zustande, daß die Kaffeedamen von vorhin viel
zu bereitwillig waren; keine hielt mich zurück oder ließ
mich an die Mutter denken; sie standen alle auf der Seite
des Freundes. So gewährend habe ich sie aber gar nicht in
Erinnerung und ich habe sie Euch vorhin auch ganz anders beschrieben."
(Erschließen)

H.: "Eigentlich hatte ich mir auch vorgenommen, meine Rolle
als Kaffeetante ganz nach Anweisung zu spielen und dem kleinen Jungen entsprechend zu begegnen. Aber irgendwie ging mir
das dann völlig gegen den Strich. Bei mir war das mit meiner
eigenen Mutter ganz ähnlich gewesen. Bisher glaubte ich fest
daran, daß ich mich von meiner Mutter schon gelöst hätte.
Daß ich mich aber in diesem Maße mit dem Jungen gleichsetzte
und seine vermeintlichen Belange vertrat, läßt mich jetzt
doch zweifeln."
(Auseinandersetzen - Binden/Lösen)

Auch die anderen Teilnehmer, die als Freundinnen der Mutter
aufgetreten waren, zeigen sich jetzt betroffen: Allesamt
hatten - trotz entgegengesetzter Spielanweisung - Partei
für den Jungen ergriffen.

Th. (an die Gruppe): "Welche Szene müßte denn Ihrer Meinung
nach jetzt noch folgen?"
(Regt Entdecken an)

A. (unmittelbar): "Wie ich abends nach dem Fußballspielen
nach Hause zurückkehre und meine Mutter treffe!"

Die Gruppe ist mit diesem Vorschlag sehr einverstanden.

Spielphase

A.: "Ach, da bist Du ja. War Euer Kaffeekränzchen angenehm?"
(Regt Entdecken an)

G. (als Mutter): "Wie schön, daß Du zurückkommst. Ach ja,
ganz gut, aber Du hast uns schon allen sehr gefehlt. Und
wie ging es Dir?"
(Erschließen)

A.: "Bei uns war's toll. Wir haben sogar gewonnen. Und nächste Woche soll unser Revanchespiel steigen. Du hast doch
nichts dagegen, oder?"
(Erschließen)

G. (als Mutter): "Nächste Woche? Ach so, vergiß nur bitte
nicht, daß wir nächsten Mittwoch Besuch haben. Du weißt doch,
Tante Käthe hat Geburtstag, und sie will ihn hier bei uns
feiern. Bitte halte diesen Termin für alle Fälle frei, ver-
sprichst Du mir das?"
(Erschließen)

A.: "Na gut, ich verspreche es."
(Binden/Lösen)

Th. (nach Abbruch der Szene zur Gruppe): "Hätte sich jemand
an Stelle von A anders verhalten?"
(Regt Auseinandersetzung an)

Spontan wiederholen B, D, E die Szene in der Rolle von A und
zeigen dabei ein viel höheres Maß an Selbstbehauptung als A
es vor ihnen tat.

Für eine Schlußszene läßt es der Th. offen, ob jemand zeigen
wolle, wie sich Mutter oder Sohn oder die Damen vom Kaffee-

kränzchen im Anschluß an die Erlebnisse des Tages fühlen
könnten. Unter verschiedenen anderen Szenen kommt es auch
zu der folgenden: A möchte jene Kaffeekränzchen-Dame sein,
die schon immer etwas mehr um ihn als Jungen besorgt war
und ihm wirkliches Interesse entgegengebracht hatte. A wählt
sich als Partner D, welcher gegenüber der Mutter besonders
heftig ins Gericht ging, hier in der Rolle als weitere Kaf-
fee-Dame auf dem gemeinsamen Nachhauseweg.

D. (als Dame): "Na, heute haben wir es der guten Frau mal
ganz schön gezeigt! Was die aber auch mit dem Jungen macht."
(Regt Auseinandersetzung an)

A. (als Dame): "Ich weiß gar nicht, ob wir dem Jungen dadurch wirklich geholfen haben, indem wir unseren Gefühlen
so freien Lauf gelassen haben. Ich glaube ja, wir müßten
die Mutter von A ganz behutsam umstimmen. Nur so können wir
erreichen, daß sie dem Jungen nicht mehr ein ständiges
schlechtes Gewissen einjagt, wenn er mal seine eigenen Wege gehen will. Denn meinen Sie, daß er selbst glücklich ist,
wenn er seiner Mutter so über den Mund fährt? Mir fällt ein
- wir können dem Jungen wirklich helfen, indem wir seine
Mutter ruhig öfters auch mal zu uns einladen oder woanders
mit hinnehmen; dann vermißt sie ihn vielleicht gar nicht
mehr so."
(Erschließen - Binden/Lösen)

D. (als Dame): "Sie verstehen den Jungen ja wirklich sehr
gut, das spüre ich. Aber ich glaube doch, daß auch der Junge etwas leisten muß: er darf nicht nur warten, bis sich
vielleicht die Mutter einmal geändert hat. Denn vielleicht
kann sich auch erst die Mutter ändern, wenn der Junge selbständiger geworden ist. Aber ich bin ganz hoffnungsvoll: der
Junge zeigt ja eigentlich schon ganz gute Ansätze, sich selber mehr zu behaupten. Nur im entscheidenden Punkte macht
er halt noch immer einen Rückzieher."
(Erschließen - Auseinandersetzen - Binden/Lösen)

A. (als Dame): "Oh ich glaube, Sie haben den Jungen auch
recht gut verstanden."
(Entdecken)

Gesprächsphase

Im weiteren Gesprächsverlauf wird die Bedeutung der gespiel-
ten Szenen für die einzelnen Teilnehmer weiter durchleuchtet,
der Zusammenhang von gruppendynamischen Vorgängen und der
biographischen Thematik erfaßt. A zeigt sich besonders beeindruckt, wie sich sein ungelöster Ambivalenzkonflikt heute in ähnlicher Weise der Gruppe gegenüber darstellt wie
früher im biographischen Rahmen. War die anfängliche Scheu
zur Psychodramasitzung zu gehen eher Ausdruck der Abwehr von
Auseinandersetzung, so provozierte er durch sein Kommen
gleichzeitig die Auseinandersetzung, indem zunächst andere
Teilnehmer zu Trägern von Selbstbehauptungstendenzen wurden,
die bei ihm selbst noch brach liegen.

6. Die Familientherapie

Es ist insbesondere das Verdienst M. Stierlins in Deutschland gewesen - von der Therapie der Psychosen ausgehend -,
die Familientherapie eingeführt zu haben, nachdem diese in
den Vereinigten Staaten schon seit fast zwei Jahrzehnten
Bestandteil zahlreicher aufgeschlossener psychiatrischer
und psychotherapeutischer Institutionen geworden ist. Ihre
Durchführung allerdings in der Privatpraxis ist praktisch
unmöglich, da sie mehrerer Therapeuten und Sozialhelfer bedarf. Der anthropologischen Konzeption folgend, liegt jeder
menschlichen Existenz und ihrem Lebensraum ein Mißverhältnis zugrunde, das fortgesetzter Kompensationen bedarf. Daraus ergibt sich, daß die eine Therapie aufsuchenden Menschen meist nur das "letzte" und "schwächste" Glied unter
den anderen gestörten, häufig an der Grenze manifester Dekompensation sich bewegenden Mitglieder eines Lebensraumes,
etwa innerhalb einer Familie oder eines Arbeitsplatzes, sind.
Nach der hier vorgetragenen Auffassung wird grundsätzlich
die Ansicht vertreten, daß der Therapeut zu Beginn wie auch
im Verlauf der Therapie mit den nächsten Bezugspersonen des
Kranken immer wieder Kontakt aufnehmen sollte, um das Ziel
der möglichen Behebung oder zumindest Aufhellung soziopatho-
gener wie auch rein intersubjektiv-dekompensierender Faktoren annähernd zu erreichen. Dazu gehört bei jugendlichen Patienten - z.B. anorektischen, suchtgefährdeten, an Schulver-
sagen oder Examensängsten leidenden - das klärende Gespräch
mit den Eltern, wie in Partnertherapien oder vor der Behandlung eines Ehepartners bei Verheirateten generell auch
das Gespräch mit dem nicht in Behandlung Befindlichen. Nur
auf diese Weise vermag der Therapeut ein relativ "stimmi-
ges" Bild von der Situation des Lebensraumes zu gewinnen.
Jedoch sollten diese Aussprachen generell und unbedingt dem
in Behandlung sich befindenden Patienten bekannt sein und
von ihm in ihrer Notwendigkeit eingesehen werden, da er sich
sonst mit Recht als unmündig übergangen erlebt.

W. Blankenburg faßt die verschiedenen Therapieformen in folgender Übersicht zusammen, damit die mehr "richtungsweisenden" von den "nicht-richtungsweisenden" Psychotherapien polar trennend, obwohl der auf Kohut zurückgehenden Trennung
von Verstehen und Erklären nicht ohne weiteres zugestimmt
wird:

Polare Ausrichtungen
psychotherapeutische Ansätze

KONDITIONALANALYTISCH	HERMENEUTISCH
orientierte Psychotherapie	orientierte Psychotherapie
Konditionalanalytisches Erklären aus	Hermeneutisches Verstehen aus
Bedingungen des faktischen Auftretens und Verschwindens psychopathologischer Auffälligkeiten	Bedingungen der Möglichkeit (d.h. aus Wesensmöglichkeiten) menschlicher Existenz
Isolieren von einzelnen Funktionen Isolieren von einzelnen Funktionsstörungen Isolieren von einzelnen Bedingungen derselben	Einbeziehen von pathol. Auffälligkeiten in den Prozeß dialektischer Selbstentfaltung oder Destruktion des Menschseins
Bevorzugte Gewichtung äußerer Bedingungen letztlich von Veränderbar-Machen von Manipulierbar-Machen	Bevorzugte Gewichtung innerer (systemimmanenter) Bedingungen letztlich von Sinnfindung
Heteronomie-orientiert	Autonomie-orientiert
Krankheitszentriert	Person-zentriert
Distanzierte Einstellung	Partizipierende Einstellung
Primär: Tendenz zur Objektivierung	Primär: "Einführung des Subjekts"

führt

methodologisch
notwendig
zum

Hinunterprojizieren	Hinaufprojizieren

mit der
Gefahr

reduktionistischer Unterinterpretation des Gegenüber	projektiver Überinterpretation

in beiden Fällen
droht
Hybris

am Ende alles erklärbar und manipulierbar machen zu können	alles verstehen zu können

vor allem dann,
wenn

Erklären für Verstehen gehalten wird	Verstehen an die Stelle von Erklären tritt

Gefahren

Gefahr kurzsichtiger Strategien	Gefahr unendlicher Analysen
Psychotherapie kann zu reiner Technik werden	zu reiner Lebenshilfe oder Seelsorge werden

Nachteile

Abhängigkeit des Effizien-Verständnisses von dessen Operationalisierbarkeit Psychotherapie gerät unter methodologische Zwänge	Mangelnde Operationalisierbarkeit von "Effizienz" und infolgedessen mangelnde Kontrollierbarkeit der Effizienz dieser Psychotherapien

Vorzüge

Kontrollierbarkeit der Effizienz	Kritik gegenüber vordergründiger Effizienz-Bezogenheit
Rationalität des Vorgehens	Umsicht des Vorgehens
Schlagkräftige Zielgerichtetheit	Methodische Zielorientierung (Offenhalten der Frage, welches Ziel denn jeweils anstrebenswert sei)

VI. Indikation, Prognose und Einleitung der unterschiedlichen psychotherapeutischen Behandlungen

1. Indikation, allgemein

Für die hier vorgetragene Konzeption gilt auf Grund der Anamnese und der Beurteilung des Fragenkatalogs grundsätzlich unabhängig von den im folgenden wiedergegebenen Syndromen und Dekompensationen, daß für einen Patienten, der sich in seiner gesamten Person noch in den Modi des Erkundens und Entdeckens, höchstens des Erschließens befindet, die Einzeltherapie angezeigt ist. Gelingt es dieser in relativ kurzer Zeit - z.B. Kombination von Konflikterhellung, Gesprächstherapie, katathymem Bilderleben -, die Bereitschaft zur Auseinandersetzung zu wecken, kann eine Gruppentherapie eingeleitet werden. Bedarf die Entwicklung jedoch längerer Zeit - muß entsprechend der Zeitpunkt des Übergangs in eine Gruppentherapie abgewartet bzw. kann von dieser Abstand genommen werden. Dies gilt auch für das Psychodrama und andere, relativ aktiv den Patienten fordernde Behandlungen wie ebenfalls die Gestalttherapie. Die noch im Erkunden-Erschließen behausten Patienten sind meistens den Auseinandersetzungen gruppentherapeutischer Maßnahmen nicht gewachsen. Nichtsdestoweniger ist die Praxis anders: die Diskrepanz von Angebot an Therapeuten und Nachfrage durch Patienten läßt diese Grundregel immer wieder überschreiten - die "Warteliste" und ihre inhumanen Implikationen stellen ärztliche Notwendigkeiten zum relativ raschen Helfen in den Vordergrund. In Erinnerung an Teil II und III seien folgende Krankheitsbilder mit spezifischer Indikation zu psychotherapeutischer Behandlung noch einmal zusammengefaßt:

a) Situativ-intersubjektiv bedingte, mit Leidensdruck und dem Bewußtsein einer nicht ohne weiteres lösbaren Problematik in Beruf, Ehe, Familie usf. erlebten Konflikten verbundene Gestörtheiten der Befindlichkeit im Bereich des Leibhaft-Emotionalen, Erotischen, im Leistungsbereich (Beruf,

Studium), im Bereich der Orientierung (Weltanschauung usf.),
des Lebensraumes (Konflikte mit Bezugspersonen) oder der
reflektierten Verantwortlichkeit z.B. zwischen Anspruch an
sich selbst und dem eigentlichen Können.

b) Angst- (unbestimmte Angst, Phobien, Herzphobien) und
Zwangskrankheiten, Hypochondrien und depressive Verstimmungszustände, soweit letztere nicht einen ausgesprochen "endogenen" Verlauf aufweisen. Ferner bei nicht-organisch bedingten Störungen der Motorik und Sensorik, die sog. "Konversionshysterie".

c) Psychosomatische Erkrankungen - einschließlich funktio-
neller Störungen -, soweit diese nicht durch vorgerücktes
Alter (Altersulcus, altersbedingte Hypertonie usf.) gekennzeichnet sind (Colitis ulcerosa, Ulcus duodeni et ventriculi, Asthma bronchiale, Polyarthritis, Anorexia nervosa, hyperkinetisches Herzsyndrom, Thyreotoxikose, Migräne, Lumbal-
gien, Urticaria usf.).

d) Der Bereich der "Grenzfälle" zwischen psychotischen Über-
wältigungserlebnissen, z.B. extremer Affektlabilität, Neigung zu sensitiven Beziehungsideen, extremen Kommunikationsstörungen im Sinne des sog. "Autismus", hartnäckigen Mißver-
hältnissen im intersubjektiven Bereich.

e) Suchten und andere Formen der Abhängigkeit von Intoxikan-
tien, letztere lassen sich jedoch nur in Gemeinsamkeit mit
einer klinischen Institution behandeln.

f) Spezifische Störungen der "Sexualität" (Sinnlichkeit),
wie sie sich in Potenzstörungen, Frigiditäten, u.U. auch in
sog. Perversionen darstellen. In den meisten Fällen jedoch
liegt Störungen dieser Art eine personal-kommunikative Problematik in partnerschaftlichen Verbindungen zugrunde, so
daß die Festlegung auf Störungen im sexuell-leibhaften Bereich rein symptomatisch ist.

Von dieser Klassifizierung abgesehen, gibt es auf dem Hintergrund der hier vorgetragenen Konzeption des chronisch
kompensierten Mißverhältnisses, das jede menschliche Existenz begründet, letztlich keine Grenze für die Indikation
einer psychotherapeutischen Behandlung, wie es auch kaum
einen Menschen geben dürfte, der nicht in Konfliktbezügen
und zeitweise gestörter Befindlichkeit steht. Das Maß möglichen Ausgleichs im Zusammenwirken der Strukturen und Modi von Kommunikation spiegelt eine stets gesellschaftlich
zu relativierende Norm "Gesundheit" vor, die jedoch utopisch ist. Normal ist der "normale Kranke".

Grenzen werden der psychotherapeutischen Behandlung gesetzt durch organische Veränderungen: z.B. des Gehirns, der

Gefäße, bei angeborenem Schwachsinn, bei zu hohem Alter, obwohl auch letztlich das vorgerückte Alter keine absolute
Grenze der Therapie gegenüber darstellt. Differenziertheit
und Vielfältigkeit des Erlebens und der Möglichkeiten, diese darzustellen, gute durchschnittliche Intelligenz, sind
ebenfalls keine absoluten Vorbedingungen für die psychotherapeutische Behandlung. Bei aller Problematik der Begriffe
"Differenziertheit" und "Intelligenz", insbesondere in dem
schon erwähnten Konzept der "Primitivpersönlichkeit", stehen jedoch im Falle einer Behandlung, selbst wenn es sich
um eine sog. "undifferenzierte Persönlichkeit" handelt, andere therapeutische Verfahren zur Verfügung, bis hin zur
Medikation von Psychopharmaka.

Die unter c) - e) aufgeführten Erkrankungen und Störungen
sollte der Therapeut, sofern er nicht Facharzt für Nerven-
krankheiten ist, stets in Kooperation mit einem solchen behandeln, bei Krankheiten der unter c) genannten Gruppe ist
mit einem Internisten nach Möglichkeit zu kooperieren. In
jedem Fall ist die Differentialdiagnose der Störungen nach
der organischen Seite hin abzusichern.

2. Spezifische Indikation für psychotherapeutische Behandlungen, Prognose und Ziel der Therapie

Möglichst sollten nur die Patienten mit den unter a) aufgeführten Störungen im Bewältigen ihrer Konflikte und Probleme mit den abgekürzten Verfahren, sei es nicht-richtungsweisend, sei es in richtungsweisender Art, behandelt werden oder sich einer Gruppentherapie anschließen - von den
grundsätzlichen Erwägungen abgesehen. Es ist aus der Sicht
der hier vertretenen Konzeption dagegen ein "Kunstfehler",
Patienten mit gravierenden Dekompensationen der unter b) -
e) beschriebenen Erkrankungen nur einem abgekürzten Verfahren zuzuführen oder sie einer Gruppentherapie anzuschließen - es sei denn, daß prophylaktisch der Patient rasch "ir-

gendeiner Behandlung" zugeführt werden muß, da im akuten
Fall z.B. eine Psychosomatische Klinik nicht zur Verfügung
steht. Tritt ein solcher Fall ein, sollte dem Patienten,
nach ersten Behandlungsschritten innerhalb einer Gruppe
oder einer Kurztherapie, die Möglichkeit für die Fortsetzung seiner Behandlung in einer Langzeittherapie mit Sicherheit in Aussicht gestellt werden. Alle anderen Krankheitsbilder - hier nur der Symptomatik folgend aufgezählt -
bedürfen der Langzeittherapie, die jedoch auch mit anderen
Therapieformen kombinierbar ist - was jedoch sorgfältiger
Absprache bedarf. Allerdings verlangt die "Warteliste" immer wieder Überschreitungen dieser Regel - dabei müßten
dann die oben aufgeführten Gesichtspunkte im Auge behalten
werden.

Die genauere Indikation aus der Abgrenzung des Ausmaßes der
vorhandenen Dekompensationen - ein "Problem" oder "banaler
Konflikt" kann sich plötzlich als chronische Depression ent-
puppen, als Angstkrankheit oder Somatose (s.o.) - ist nur
in mehreren explorativen Gesprächen und Auswertung des für
die Indikation, Prognose und Therapie notwendigen Fragenkatalogs möglich. Erst letzterer gibt auch die erforderlichen
prognostischen Hinweise - in Verbindung allerdings mit der
Exploration, deren grundsätzliche, oben dargelegte Relativität jedoch stets im Auge behalten werden muß.

Generell sei zu der Prognose gesagt, daß "fixierte" unver-
änderlich-irreversible Situationen - z.B. beruflicher Art,
in partnerschaftlichen Beziehungen, in Familie und Ökonomie,
ein, bis zum Aufsuchen des Therapeuten, jahrelang chronischer Verlauf eines Leidens in Verbindung mit vorgerücktem
Alter - die Prognose einer Behandlung problematisch erscheinen lassen. Dies wird in der Auswertung des Fragenkatalogs
sichtbar: je einseitiger die Kommunikationseinschränkung
durch eine Struktur oder einen Modus sich darstellt, umso
ungünstiger dürfte m.E. die Prognose sein, von den eben erwähnten Faktoren abgesehen. Die situative Variabilität andererseits des Individuums impliziert jedoch stets eine Fül-

le nicht übersehbarer Faktoren, "Zufälle", die häufig selbst
bei einem Patienten mit einem prognostisch ungünstig sich
darstellenden Krankheitsverlauf noch Kommunikationserweite-
rungen finden lassen. So sollte der Therapeut sich nur bedingt an die "Lehrbuch-Prognosen" halten und sich von diesen nicht prinzipiell beeinflussen lassen; jede therapeutische Entwicklung hängt von den Möglichkeiten ab, mit dem Patienten eine therapeutische Dyade zu bilden. Umgekehrt erweisen sich häufig prognostisch günstig erscheinende Fälle
im Verlaufe der Behandlung als äußerst schwierig und "hart-
näckig". Die Prognosestellung ist prinzipiell zu relativieren.

Das Ziel der psychotherapeutischen Behandlung aus dem hier
vorgetragenen Konzept darf als Kommunikationserweiterung in
den eingeschränkten Strukturen und Modi, im Abbau hypertropher Strukturen und Modi und in der Ermöglichung zur Entfaltung hypotropher Modi und Strukturen gesehen werden (s.o.).
Diese Kommunikationserweiterung und -umwandlung ist jedoch
möglichst mit den Bezugspersonen des Patienten, mit seinem
Lebensraum in Einklang zu bringen. Sie darf nicht auf Kosten
anderer Menschen sich ereignen. Deshalb ist die Anwendung
kombinierter Verfahren, insbesondere der Familientherapie,
Betriebsberatung und psychotherapeutischen Behandlung anderer, an der Dekompensation des Kranken beteiligter Personen
in entsprechenden Therapieformen stets bei einer Langzeitbehandlung oder auch bei kürzeren Therapien und Gruppenver-
fahren in das Auge zu fassen. Eine psychotherapeutische Behandlung, in der es z.B. zu einer Scheidung kommt, ohne daß
dem verlassenen Partner die Möglichkeit gegeben wird, eine
analoge Auseinandersetzung mit seiner Problematik und der
Ehe durchzuführen, darf als schwerer Kunstfehler angesehen
werden.

Abgesehen davon ist es jedoch das vornehmliche Anliegen der
anthropologisch-integrativen Psychotherapie, die Grenzen
auch jeder Psychotherapie gemeinsam mit dem Patienten zu erfahren - gegenüber der heutigen Tendenz, daß "alles" erklär-

und machbar, d.h. "heilbar" sei. Der Pessimismus Freuds gegenüber den therapeutischen Möglichkeiten der Psychoanalyse
entsprach einem tiefen Wissen um die Bedingungen des Mensch-
seins - auch wenn dies Freud nur im Hinblick auf das Fatum
des "Todestriebes" sah -, das Leiden an demselben, will dieses Dasein menschlich bleiben, stets impliziert. Der "Grundmangel" ist nicht aufhebbar und die mit ihm gegebenen Konflikte zwischen den Möglichkeiten des Menschen und ihrer nur
begrenzten Verwirklichung. Der Mensch, der seine Möglichkeiten zu kommunizieren erweitert hat, wird vielleicht mit zukünftigen, auf ihn notwendigerweise immer wieder zukommen-
den Konflikten besser "umgehen" können. Er wird Auseinandersetzung nicht scheuen, über Kompensation hinaus personal-
subjektbezogen bewältigen können, aber nicht "leidlos" leben. Der Leidensaufhebung - das Ziel des Buddhismus nicht
weniger wie des Marxismus, wenn auch recht unterschiedlich
antizipiert - setzt die anthropologisch-integrative Psychotherapie das schrittweise sich entwickelnde Vermögen entgegen, mit unaufhebbarem Leid zu bewältigen. Die pathischen
(v. Weizsäcker) Erfahrungen von Schmerz, Einsamkeit, Verzweiflung, Ratlosigkeit aber auch von Freude, Begeisterung,
Glück dem Menschen zu ersparen durch eine "lege artis"
durchgeführte Psychotherapie wäre der Erzeugung des eindimensionalen Menschen gleichzusetzen. Das Ziel der Psychotherapie wäre die Aufhebung des "Pseudoleidens" der Symptome und Einschränkungen in der Erfahrung der existenziellen
Unauflösbarkeit des eigentlichen Leidens, der Diskrepanz
zwischen Mangel und Wirklichkeit.

3. Die Einleitung psychotherapeutischer Behandlungen:
   Nicht-richtungsweisende Verfahren

Der Einleitung einer psychotherapeutischen (Langzeit-)Be-
handlung mit nicht-richtungsweisenden Verfahren geht nach

der hier vorliegenden Konzeption die Exploration und das
Beantworten-Lassen des Fragenkatalogs voraus, in jedem Fall
ist durch die Auseinandersetzung mit diesem der Patient
schon für die sich anbietenden Themen einer Behandlung an-
gerührt - und zwar sowohl in der Richtung eines kooperati-
ven Interesses als u.U. auch in der Steigerung von Angst
und "Widerstand". Letzterer kann z.B. durch die in dem Fragenkatalog aufgeführten Fragen erweckt werden, die den ero-
tisch-sexuellen Bereich betreffen. Der Patient beginnt demnach die Behandlung mit einer gewissen Voraussicht der Thematik, die ihn in der Behandlung erwartet. Was aber heißt
Thema? Die vom Patienten angebotene, aufgeworfene Schilderung einer Situation, einer Handlung, einer Beziehung - die
stets eine Beziehung zu sich selbst wie zur Umwelt impliziert. Es sind Themen oder Thematik - der Beziehung zum
Vorgesetzten, zum Partner, den Eltern, Arbeitskollegen, die
Beziehung zu Leib und Emotionalität, zur Leistung - Beruf -
oder zur Orientierung. Davon abgesehen, sollte der Patient
im Falle einer Langzeitbehandlung über den Ablauf derselben,
insbesondere auch ihre Schwierigkeiten orientiert werden,
der Therapeut darf keinen "Schritt" in der Therapie tun, den
er nicht vorher mit dem Patienten bespricht (wie z.B. das
Hinlegen, den Vorschlag, die Stundenzahl in der Woche zu erhöhen oder zu verringern, das gelegentliche Aussetzen der
Behandlung usf.). Es empfiehlt sich, eine nicht-richtungsweisende Langzeit- oder auch Kurzzeitbehandlung damit zu
beginnen, daß dem Patienten der ungefähre Eindruck vermittelt wird, den der Therapeut von ihm aufgrund der vorausgegangenen Exploration und der Auswertung des Fragenkatalogs
gewonnen hat. Der Patient kann dann zu diesem Eindruck Stellung nehmen, ihn u.U. korrigieren, womit bereits das therapeutische Gespräch beginnt. Bei der Langzeittherapie sollte
die Stundenzahl zu Beginn der Behandlung mindestens drei in
der Woche betragen, Kurzzeitbehandlungen sind häufiger mit
einer Behandlungszahl von 4-5 Sitzungen wöchentlich durchzuführen. Unterstützende Behandlungen dürfen jedoch auf größe-

re Zeiträume verteilt werden.

Der Verlauf jeder Behandlung hängt letztlich davon ab, wieweit der Therapeut den Patienten innerlich bejahend annehmen kann, er ihm diese Annahme "trotz aller Neurotizismen"
zu vermitteln vermag; d.h. Zuwendung dem Patienten zu geben und eine Atmosphäre nicht von Leistung (etwa Greensons
"Arbeitsbündnis") zu erstellen, sondern die von Entspannung
und der Möglichkeit, sich emotional gehen zu lassen ("Regression") bzw. Emotionales zu erkunden. Aus der Ermöglichung einer solchen Atmosphäre vermag der Patient das für
jede erfolgreiche Behandlung notwendige Vertrauen zu entwickeln, insbesondere wenn er erfährt, daß er auch den Therapeuten kritisieren oder angreifen kann, ohne daß dieser
"böse" wird, ihn abweist oder beleidigt ist.

Im allgemeinen vollzieht sich in den nicht-richtungsweisenden Behandlungen der therapeutische Prozeß schrittweise vom
gegenseitigen Erkunden bis zu dem (stets relativen!) Bewältigen der anstehenden Probleme und Konflikte, aber zweifellos gibt es auch in zahlreichen Menschenleben Nicht-zu-Bewäl-
tigendes: Erinnerungen an Verluste, an Verlassen-Werden, an
Kränkungen als auch das Ausführen von Handlungen, die zu
Kränkung oder Nichtung anderer Personen geführt haben; d.h.
die passive oder aktive Erfahrung kommunikativer Nichtung
stellt häufig ein nicht mehr zu bewältigendes Erlebnis dar.

Diesem in dem Erstgespräch bereits sich abzeichnenden Entschluß von seiten des Therapeuten, die Behandlung aufzunehmen, folgt dann die Erklärung derselben, nach welchen Gesichtspunkten sie sich entwickelt: im langsamen Gewahrwerden von Konflikten und Problemen im Vollzug des lebensgeschichtlichen Rückblicks, im Erkunden der hypertrophen oder
hypotrophen Modi und Strukturen, Entdecken der Bedingungen
der akuten oder chronisch sich über einen größeren Zeitraum
erstreckenden Dekompensationen als auch die Anvisierung des
möglichen therapeutischen **Zieles. Letzteres** sollte jedoch
nur den Charakter einer "Phantasie" haben, kann die Erwäh-

nung eines "Zieles" doch sofort lebhaften "Widerstand" er-
wecken, es mag als Leistung, als Druck von dem Patienten
erlebt werden, als Orientierung, gegen die er sich auf dem
Hintergrund einer entsprechenden Lebensgeschichte auflehnt.
Bei dem soeben dargestellten Patienten, der sich durch hohes Leistungs-Soll, Bewältigen seiner Situation stets auf
dem Hintergrund von Leistung, durch tradierte, unbefragte
Ordnungs- und Orientierungsnormen auszeichnet, kann nach
Kenntnis des Fragenkatalogs durch den Therapeuten z.B. bei
Einleitung der Behandlung die Frage aufgeworfen werden: "Es
fällt mir auf, daß Ihnen die Leistung im Leben sehr viel
bedeutet", um mit der "Intonierung" eines Themas den Patienten zu dieser fragenden Feststellung sich äußern zu lassen. Im vorauszugehenden Hinweis z.B. auf die Bedeutung der
Träume in der Behandlung kann - falls der Patient diese
nicht "von selbst" einbringt - auch zu Beginn nach dem Träumen überhaupt gefragt werden, um über diese, relativ "neutrale" Ebene die Thematik einer oder mehrerer Stunden sich
entwickeln zu lassen. Ferner besteht die Möglichkeit, den
Patienten nicht zu befragen - wenn dieser ein lebhafter Er-
zähler ist - und ihm ganz die Bestimmung der Thematik zu
überlassen und bestenfalls gelegentlich, zur Präzisierung
einer Darstellung zu erkunden: "Warum aber glauben Sie, daß
Ihr Chef gerade da so wütend wurde?" Letztlich ist jedoch
die jeweilige, einmalige, immer neue Situation für die Thematik der Stunde maßgeblich, die sich natürlicherweise aus
der Kommunikation zwischen Therapeut und Patient ergibt.
Dies ist das wechselseitige Erkunden, das aber, je nach
Person des Patienten und des Therapeuten, rasch in ein Auseinandersetzen übergehen kann, wenn der Patient den Therapeuten direkt befragt oder feststellt: "Ihre Zimmereinrich-
tung gefällt mir gar nicht!", "Sind Sie eigentlich verheiratet?"; Fragen, die zu Beginn der Behandlung eher mit Rückfragen zu beantworten sind: "Was gefällt Ihnen denn nicht
an meinem Zimmer?" oder "Warum interessiert Sie das, ob ich
verheiratet bin?"; um nach erfolgter Antwort des Patienten

dann ohne weiteres die erwünschte Auskunft zu geben.

Anfänger - aus innerer Unsicherheit im Umgang mit dem Patienten - neigen zu folgenden "Fehlern":

a) Den Patienten systematisch nach seiner lebensgeschichtlichen Entwicklung auszufragen - spätestens nach 5-6 Behandlungsstunden hat sich das Gespräch erschöpft.

b) Sich emotional zu stark zu engagieren, die Ausführungen des Patienten mit "Ach wie schrecklich" oder "Wie war das möglich" oder "Haben Sie es schwer gehabt"-Ausrufen zu begleiten. Durch dieses Verhalten kann eine spontan-starke Bindung des Patienten an den Therapeuten provoziert werden - oder, im Gegenteil, der Patient findet das Gebahren des Therapeuten "hysterisch".

c) Zu große Zurückhaltung an den Tag zu legen - damit den Patienten, der in den meisten Fällen zu Beginn der Behandlung einer Unterstützung ("feed-back") bedarf, zunehmend zu verunsichern. Die"Faustregel" für die Einleitung einer Lang-Zeit-Behandlung wäre folgende: die vom Patienten aufgeworfene oder angebotene Thematik erkundend-entdeckend durch gelegentliches Fragen und Abwarten selbständiger Schritte im Erkunden von seiten des Patienten weiterzuentwickeln. "Wann haben Sie denn X.Y. kennengelernt?";"Unter welchen Umständen?";"Können Sie sich noch an Ihre Empfindungen damals erinnern?";"Warum glauben Sie, antwortete Ihr Vater so barsch?" "Was haben Sie erwidert?"; "Haben Sie ähnliche Situationen schon öfter erlebt?"

Ein weiterer Schritt wäre die langsame Aufhellung der Lebensgeschichte, in einem letzten Schritt kann der Therapeut nach den Träumen fragen, den Umgang mit diesen in die Therapie langsam einbringen. Aktualität der Situation, Lebensgeschichte, Traumerleben und die Beziehung zum Therapeuten bilden in ihrer kommunikativen Konfliktbezogenheit die"vier Grundpfeiler" der Langzeitbehandlung. Die "Kunst" der Einleitung einer Langzeitbehandlung besteht letztlich darin,

daß der Patient es gar nicht bewußt registriert, wie aus
den Erstgesprächen sich eine Behandlung entwickelt hat.

Die Bedeutung des Hinlegens auf die Couch sollte zur Diskussion und dem Patienten freigestellt werden, wann er sich
hinlegen will, bzw. er jederzeit auch wieder aufstehen kann -
wird die Behandlung nicht prinzipiell im Sitzen (bei Kurzzeittherapien) durchgeführt. Die Bedeutung des Hinlegens
sei dem Patienten insofern erläutert, als im Sitzen das unmittelbare, stets eine gewisse Kontrolle ausübende Gegenüber des Therapeuten den Patienten beeinflußt, ihn stören
und damit die Entfaltung seiner Emotionalität, das langsame
Erkunden auch seiner Aperspektive erschwert wird. Andererseits kann der Patient im Hinblick auf gerade vor der er-
wachenden Emotionalität auftretende Ängste im Liegen auf
der Couch "beruhigt" werden, wenn der Therapeut stets in
Blickweite des Patienten sitzt, der Patient ihn bei Bedarf
sehen kann. Dies sollte im weiteren Therapieverlauf beibehalten werden; sitzt der Therapeut hinter dem liegenden Patienten, wird dies von den meisten Patienten unangenehm und
als die Angst erheblich verstärkend erlebt. Der kommunikative Bezug über den Blick sollte in der Behandlung aufrecht
erhalten bleiben.

Generell empfiehlt es sich, zu Beginn der Behandlung dem
Patienten das Erleben zu vermitteln, daß er die Themen seiner Behandlung selbständig wählen, jederzeit diese unterbrechen, von ihnen abschweifen, wieder auf sie zurückkommen kann, um eben damit das notwendige Vertrauensverhältnis
zum Therapeuten zu erstellen.

Die Kurzzeittherapie bedarf dagegen der gezielten, die Situation und mögliche Konflikte in das Auge fassenden Fragestellung, die die Langzeittherapie dem Lauf der Behandlung
überlassen kann. Jedoch sollte der Therapeut grundsätzlich
nie, weder in der einen noch in der anderen Behandlungsform mit "der Tür ins Haus fallen", d.h. den Patienten konfrontativ "angehen", ihn "zerstören" und wieder "aufbauen"

oder "auflaufen lassen", wie es im Psychotherapeuten-Jargon heißt. Der Therapeut würde mit Methoden dieser Art nicht nur den Patienten verschrecken und angstvoll verstummen lassen, sondern auch Gefahr laufen, jederzeit ein besonders empfindliches Moment im Leben des Patienten verletzen zu können, das dem Therapeuten noch unbekannt ist. Der Therapeut sei sich grundsätzlich darüber im klaren, daß alles, was er sagt oder tut, vom Patienten darüber hinaus anders erlebt werden kann, als er es gemeint hat. Solcherart Mißverständnisse aufzuklären stellt immer wieder einen wichtigen Gesprächsstoff der einzelnen Behandlungen dar.

Bemerkungen wie "Mir scheint, Sie machen eine erhebliche Ehekrise durch", oder "Ihr Vater ist doch recht arrogant", die Vermutungen in feststellenden Urteilen bringen, können den Patienten, selbst wenn die Bemerkungen zutreffen, zu Beginn der Behandlung "verprellen".

Wird die nicht-richtungsweisende Behandlung zu Beginn sowohl in der Langzeittherapie wie in der Kurzzeittherapie (Gesprächstherapie) durch das Stadium des Erkundens im allgemeinen gekennzeichnet, so gibt es nichtsdestoweniger zahlreiche Patienten, die sogleich über Auseinandersetzung mit dem Leib und ihren Befindlichkeiten oder vermittels eines orientierungsbedingten Bewältigens oder über die Leistung und Erfolgsdenken zu Beginn der Behandlung dieser den entsprechenden Stempel mit ihrer spezifischen Thematik aufdrücken wollen. Sie bestimmen das Thema und der Modus der Darstellung: kämpfend-aggressiv, emotional oder stark rationalisierend-intellektuell. Der eine "fährt" seine erotische Problematik "wie eine Batterie auf", der andere jedoch vermag sich nur mühsam zu artikulieren. In jedem Fall zeigt die Behandlung sich schon von Anfang an als in der Antinomie der Kommunikation begründeter "Auch"-Machtkampf: stets wird der Therapeut "testend" erkundet und jede seiner Fragen, Antworten, Mitteilungen auf eine "Goldwaage" gelegt. Deshalb empfiehlt es sich, in den Anfangsstadien der Behandlung im Erkunden zu verweilen, sich vorsichtig-unterstützend (synergistisch, s.u.) zum Patienten zu verhalten, sich nicht provozieren und sich nicht in diesen latenten Machtkampf einzulassen. Es ist Aufgabe des Therapeuten, dem Patienten schrittweise den Raum zu ermöglichen, in dem dieser sich frei entfalten kann, in dem "Imponiergehabe" oder demonstratives Verhalten zunehmend nicht mehr notwendig sind, sich als überflüssig erweisen. Eben damit wird dem Patienten die Möglichkeit zunehmender Selbst-Erkundung vermittelt.

Es ist das vornehmliche Ziel der Behandlung, an dem "Leitseil" der Strukturen und Modi graduell mit dem Patienten sich fortzubewegen: Im Erkunden verlieren die Umwelt und das wie auch immer erlebte Innen ihre von einer oder mehreren Strukturen geprägte Kontur, diese verliert an Schärfe, Präzisierung, Klarheit, Außen und Innen beginnen sich zu entdifferenzieren, zu verschwimmen, gehen ineinander über, der Patient beginnt, im ersten wesentlichen Schritt in der Behandlung, im tastenden Erkunden sich zu "entdifferenzieren", um damit in das graduelle Entdecken, Sich-Erschließen, in die Auseinandersetzung und ihre Folgen einzutreten. Dies dem Patienten durch verstehende Zurückhaltung zu ermöglichen, ist die Aufgabe des Therapeuten.

Der Vorgang schließt jedoch nicht aus, daß, dem permanent-fließenden In-Einander-Übergehen der Modi entsprechend, schon in den ersten Stunden Möglichkeiten neuer Bewältigung - z.B. emotional-leibhafter im Vergleich zu bisher orientierungsbezogener - anklingen: verfrüht, um wieder fallengelassen, von Auseinandersetzungen durchkreuzt zu werden; Entscheidungen bilden sich heraus, die ebenfalls wieder verworfen werden. Diese Möglichkeit des erkundend sich selbst provozierenden Entwerfens, das Hinein-Fragen in den sich eröffnenden Raum neuer Möglichkeiten von Gegenwart und Zukunft, wird vorsichtig vom Patienten erprobt. Er lernt gewissermaßen wieder "laufen", dabei visiert er jedoch auch die Vergangenheit an; die Bezugspersonen des verlassenen Lebens-

raumes beginnen sich zu profilieren und werden in der Viel-
seitigkeit ihrer Aspekte schrittweise und graduell zu Themen der Behandlung.

Das Erleben des "Offen-Lassens", in dem sich eben die ganze
Heterogenität des Lebens diffus darzustellen beginnt, ist
dem Patienten zu Beginn der Behandlung einer Langzeittherapie zu vermitteln, wohingegen die Kurzzeittherapie (auch
als Gesprächstherapie) wesentlich aktiv-konfrontativer den
Patienten mit seinen Konflikten erkundend-bewältigend zu-
sammenführt, die Gesprächstherapie (Rogers) sich allerdings
abwartend verhält, Konfrontationen erst gegen Ende der Sitzungen erwünscht sind.

Zusammengefaßt stellt die Einleitung der nicht-richtungsweisenden Behandlungen sich wie folgt dar: Emotionale Ermöglichung der Vertrauensbasis über den Modus des Erkundens
und Sich-Gehen-Lassen. Es ist Geborgenheit, Nähe, aber auch
Distanz dem Patienten atmosphärisch zu vermitteln, um ihm
damit die Möglichkeiten zu geben, sich schrittweise in der
Behandlung zu entwerfen. Die Erklärung des Behandlungsvor-
ganges, wie auch die Bedeutung des Sich-Hinlegens im Verlauf der Behandlung sei zu diskutieren, und es sei an die
Grundregel Freuds erinnert, daß der Patient tunlichst und
möglichst die Gedanken, so wie sie ihm kommen, in voller
Offenheit versuchen solle auszusprechen bzw. dem Arzt be-
kunden möge, wann er Schwierigkeiten habe, etwas zu formulieren.

Einer kurzen Erörterung bedarf noch das Problem der Probebehandlung: Ihre Möglichkeit sei "theoretisch" mit dem Patienten diskutiert, damit sowohl ihm die Chance gegeben sei,
sich von dem Therapeuten, wenn dieser ihm nicht zusage, wieder abzuwenden und einen anderen aufzusuchen, wie auch wiederum der Therapeut sich offenhalten möge, ob er den Patienten, wenn er ihn weitere 5-6 Stunden gesehen hat, für eine
längere Behandlung innerlich annehmen kann oder nicht. Diese Möglichkeit sollte jedoch einfach "als Möglichkeit in den

Raum gestellt werden" - nur wenige Probebehandlungen sind
dem Autor bekannt, die nicht in eine konkrete Behandlung
übergingen.

In den Kurzzeitbehandlungen, insbesondere in der Gesprächstherapie nach dem Modus von Rogers/Tausch, der "dynamischen
Psychotherapie" (wenige Behandlungen über längeren Zeitraum,
A. Dührssen), der konfliktzentrierten Fokaltherapie, ist dem
Patienten das Angebot einer begrenzten Stundenzahl (15 bis
maximal 30 Behandlungsstunden) zu machen. In dieser relativ
begrenzten Zeit sollte der Patient aktiv durch Aus- und Besprechung seiner Probleme und Konflikte diese annähernd bewältigen. Aus dem intensiveren Duktus werden die Kommunikationsmodi in rascher Folge wechseln, oft präsentiert sich
schon zu Beginn ein Entdecken: der Patient sieht Gegensätze
zwischen Berufswahl/Berufsideal und der Wirklichkeit, er
erschließt Zusammenhänge seiner Entwicklung, er setzt sich
mit dem Für und Wider derselben auseinander, mit den Bezugspersonen seines Lebensraums, er drängt bald zur Entscheidung, insbesondere wenn er darin Unterstützung erfährt. Häufig vermag er dann, zumindest rational, die Situation zu
meistern.

In den relativ kurzen Zeitspannen, die die Gesprächs- oder
andere Formen der primär nicht richtungsweisenden Kurzthe-
rapien in Anspruch nehmen, ist zwar auch die Entwicklung
eines Vertrauens und "emotionaler Wärme" aufgrund gegenseitiger Zuwendung notwendig, jedoch gestattet die Zeit keine
"Regression" im sich-gehen-lassenden Erkunden. Das Sich-Erschließen im schmerzhaften Gewahren z.B. einer zerbrechen-
den Partnerschaft oder der Notwendigkeit, einen Angehörigen
zu verlassen, einen anderen Beruf mühsam sich zu erarbeiten,
die damit einhergehende emotionale "Abreaktion", ist jedoch
auch in den Kurzzeittherapien entscheidend: der Therapeut
muß eine solche Möglichkeit des Selbst-Erschließens als Antwort auf seine Bemühungen in das Auge fassen. Bestärkung
und Ermunterung zur emotionalen Selbstdarstellung ist ferner

förderlich und zu empfehlen. Bei Scheitern der Versuche, Entscheidungen zu fällen, ist Zuspruch und erneute Unterstützung geboten, wobei natürlich die Frage diskutiert werden muß, warum ein gefaßter Entschluß, ein entworfener Plan in der Wirklichkeit nicht zustande kam. Allerdings sollte unterstützender Zuspruch sich nicht in moralischen Platitüden der Art ergehen: "Denken Sie doch, was andere Menschen im Vergleich zu Ihnen erleiden, Sie haben es ja schwer, aber dort drüben in der Klinik liegen Krebskranke...". Zuspruch ist nur Zu-Spruch, wenn er ein genuin-kreativer Akt ist, der aus ursprünglicher, situativ bedingter Anteilnahme an dem Ergehen des Patienten, aus Zuwendung zu diesem stammt. Ist der Therapeut dazu nicht in der Lage, soll er solches nicht "künstlich probieren" - der Patient würde es sofort merken. Ein sog. konfrontatives Vorgehen (Beispiel bietet A. Dührssen in ob. Lehrbuch), wenn auch wesentlich häufiger anwendbar als in der Langzeittherapie, ist zu Beginn nur in Ausnahmesituationen angebracht. Anlaß dazu wäre z.B. die Unentschiedenheit des Patienten, ob er überhaupt eine Therapie aufnehmen soll: Es seien ihm die Möglichkeiten aufgewiesen, was geschehen könnte, wenn er keine Therapie beginnen würde und welche Chance ihm andererseits die Therapieaufnahme gewährt. Die Konfrontation bietet sich erst an, wenn der Patient sich in Widersprüche verwickelt, die er nicht gewahrt, wie das z.B. in der Widersprüchlichkeit der Aussage: "Wir können die Anwesenheit der Schwiegermutter im Haus nicht mehr verkraften", in Realität alles getan wird, um diesen konflikterzeugenden, aber ökonomische Vorteile bringenden Menschen im Hause zu behalten, deutlich wird. Die Aussage mit der Wirklichkeit zu vergleichen, entspräche einem konfrontativen Verfahren. Es wäre dann behutsam auf diesen Gegensatz hinzuweisen "Und warum machen Sie denn Ihrer Schwiegermutter andererseits das Leben so angenehm wie möglich in Ihrem Hause?" oder bei einer Examensangst "Es fällt mir auf, daß Sie so verächtlich über das Studium sprechen und doch vor dem Examen sich fürchten?" oder "Wie war es denn möglich, daß Sie jene Dame im Kaufhof mit Ihrer Frau verwechselten, nachdem Sie mir Ihre Frau als ganz unvergleichlich geschildert haben?"

Der Therapeut vermag durch anregendes Fragen, die überwiegend den Charakter tastenden Erkundens haben sollten und möglichst konjunktivischer Art sein müssen, den Patienten zu einer Stellungnahme, zum Erschließen von Sinnzusammenhängen, zu Auseinandersetzungen zu "provozieren", "in Bewegung zu setzen". Dabei wird stets die Situation, die sich zwischen ihm und dem Patienten einstellt, ausschlaggebend für das "Was" der Frage und das "Wie" des "Tones" sein - das letztere, die Nuance ist wesentlich. So kann der Therapeut, vom Patienten geleitet und ihn leitend, verstehen und Stellung beziehen zu Problemen z.B. des Verlassen-Werdens von einem Partner, des Fehlschlags in beruflichen Entwürfen, der Auseinandersetzungen mit Kollegen, des Versagens in der Erziehung der Kinder usf.. Dabei dienen ihm als "Leitseil" die Modi, insbesondere der Modus des Erkundens, der eben zu Erschließen und Auseinandersetzen, zu Entscheidung und Bewältigung führt, fragend, unspezifisch, konjunktivisch sich artikuliert: "Könnte nicht...?", "Wäre es nicht möglich?", "Glauben Sie nicht vielleicht doch, daß...?" bestenfalls: "Mir scheint..." oder "Diese Entscheidung müssen Sie letztlich selber fällen, aber nach all dem, was wir besprochen haben, halte ich sie für richtig". (Der Therapeut vermittelt Bindung und Orientierung, unterstützt die Entscheidung.)

Darüber hinaus, wenn die vereinbarte Stundenzahl abgeschlossen ist, sollte dem Patienten immer die Möglichkeit zu einem weiteren oder mehreren Gesprächen - je nach der inneren und äußeren Situation - offengehalten werden.

Zusammengefaßt sei über die nicht-richtungsweisende Kurzzeittherapie gesagt: Sie ist im partnerschaftlichen Gegenüber fundiert und vollzieht sich auch der Modi vom Erkunden zum Bewältigen entsprechend, gemäß der jeweils im Vordergrund stehenden Strukturierungen des Patienten, jedoch, der

festgelegten Behandlungszeit entsprechend, ist ein "Sich-
fallen-Lassen" im Erkunden ("Regression") nur bedingt möglich. Ebensowenig wird es zu einer Auseinandersetzung mit
"Widerständen" des Patienten kommen, oder dürfte die Beziehung des Patienten zum Therapeuten in allen Einzelheiten Angelegenheit des Gespräches werden, wie in der Langzeitbehandlung. Andererseits verlangt auch die Kurzzeittherapie,
um hilfreich zu sein, eine menschlich gemeinsame Vertrauensbasis. Der Therapeut ist aktiver, er lenkt und beeinflußt
den Patienten durch unspezifisch-andeutende Fragen (Erkunden) zu den Brennpunkten der sich ihm eröffnenden Problematik, emotionale Äußerungen verstärkt und fördert er, in den
Entscheidungen des Patienten unterstützt und bestätigt er
diesen ebenfalls. Er verhält sich als - wie in einem freund-
schaftlichen Gespräch - "normaler" Gesprächspartner, jedoch
muß er seine emotionale Spontaneität, insbesondere wenn sie
mit Urteilen verbunden ist, zurückhalten.

4. Die Einleitung von richtungsweisend-unterstützenden Verfahren

Hypnose, Verhaltenstherapie, Beratung, überwiegend richtungsweisende kurztherapeutische Bemühungen, schreiben dem
Therapeuten die Bewältigung des bindend-lösenden Entschei-
dens zu, nach dem er sich jedoch ein möglichst umfassendes
Bild erkundend-entdeckend (s.o.) von der jeweiligen Situation, möglichst unter Einbeziehung anderer, mit dem Ratsuchenden verbundenen Personen entworfen hat. Im Rat-Erteilen
werden die eigenen Prinzipien des Therapeuten in hohem Maße
gefordert, seine Normen, Überzeugungen, ihre Relativität,
ihre "Schichtbedingtheit" im Vergleich zu den Normen und
Vorstellungen des Ratsuchenden. Daher sollte der Therapeut
diese, seine Vorstellungen immer wieder prüfen und hinterfragen, insbesondere wenn er auch Psychiater ist und aus
der organischen Psychiatrie über ein gewisses Rüstzeug von

den Menschen disqualifizierenden Begriffen verfügt, wie den
- wissenschaftlich höchst problematischen - der Psychopa-
thie. Er muß sich nicht nur fragen, was er sich selbst für
einen Rat oder für einen Ausweg in einer analogen Situation
wie die, die ihm vom Patienten vorgeführt wird, geben würde, was er ferner zu seiner Tochter, Ehefrau, Mutter oder
Kollegen, zu seinem Freund und Vorgesetzten sagen würde und
dies als möglichen Maßstab benutzen. Sondern er sollte auch
darüber hinaus grundsätzlich den Unterschied zwischen seinem
Erleben und dem der "Lebenswelt" (Lebensraum) des Patienten
im Auge behalten. In diese Diskrepanz sich "innerlich" wer-
fend, in ihr "balancierend", zwischen eigenen Normen und den
mutmaßlichen des Patienten oszillierend, ist auch der genuin
wirksame, "gute", "helfende" Ratschlag nie ein routinierter,
sondern ein kreativer Akt, der eine situationsgerechte-in-
tersubjektive, gemeinsam erarbeitete Neu-Findung eines Aus-
wegs für den Hilfesuchenden darstellen kann. Dieser kreative
Akt sollte jedoch, bei aller Spontaneität, nicht den Patienten dazu verleiten, nun mit dem Therapeuten sich zu "identifizieren", indem der Therapeut ihm dazu Möglichkeiten anbietet: sofort an das Telefon eilt, um eine Bezugsperson des
Patienten zur Rede zu stellen, sogleich das Arbeitsamt ein-
zuschalten, um einen anderen Beruf für den Patienten zu ermitteln usf.. Vielmehr müßte der kreative Akt möglichst viele Momente des Entwurfs für den Patienten und der Klärung
seiner Situationen, für veränderte Bedingungen enthalten:
er sei nicht zu spezifisch, sondern überlasse dem Patienten
in jedem Fall auch noch eigenen Raum für Entscheidungen. Der
Rat sei, bei aller Kreativität, besonnen erwogen und bleibe
die Folge eines Balanceaktes zwischen der Orientierung des
Therapeuten und der des Patienten.

5. Die Einleitung der Gruppentherapie

Wie in der Einzeltherapie, weichen auch in der Art und Hand-

habung, in Sinn und Ziel der Gruppentherapie die Meinungen
der Fachleute stark auseinander. Die hier vertretene Konzeption schränkt die Gruppentherapie hinsichtlich ihrer Prognose und der bisher noch problematischen Erfolgsstatistiken
auf eine bestimmte Indikationsgruppe ein, die im Prinzip innerhalb ihrer Strukturen und Modi noch kompensiert ist - bei
aller Gestörtheit in der zwischenmenschlichen Kommunikation.
Diese begrenzte Indikation schließt jedoch nicht aus, daß
Gruppen von Patienten mit homogenen Krankheitsbildern erstellt wurden und auch werden können, wie dies bereits in
der Praxis sich seit einem Jahrzehnt, insbesondere in der
psychosomatischen Medizin, eingebürgert hat. Gruppenbehandlung homogener Patienten wird darüber hinaus ebenfalls in
psychiatrischen Kliniken eingeführt: Gruppen von an Depression Leidenden, Gruppen von "Borderline-cases" usf..

Auf die Zusammenstellung der Gruppe wurde bereits oben verwiesen, sie ist von entscheidender Bedeutung dafür, daß die
Gruppe nicht aufgrund eines ermangelnden gemeinsamen sozialen Bodens und mangelnder gemeinsamer Sprache auseinander-
fällt - wie auch die oben ausgeführten weiteren Gesichtspunkte möglichst zu befolgen seien. Nachdem in den der Gruppenbehandlung vorausgegangenen Einzelgesprächen der Patient
über den Sinn und die Möglichkeit der Gruppentherapie "aufgeklärt", die Bedeutung seiner aktiven Mitarbeit betont wurde, sollte sich der Therapeut auch immer über die ungewöhn-
lichen Anforderungen, die die Gruppentherapie an ihn stellt -
so lange er sie noch ernst nimmt und nicht zur eigenen Entspannung benutzt -, im klaren sein. Ist es schon in der Einzelbehandlung notwendig, daß der Therapeut sich jederzeit
Rechenschaft über die bisherige Entwicklung des Patienten
geben kann, die Träume seiner Patienten über Jahre präsent
haben muß, um nicht peinlicherweise in seinen Notizen blät-
tern zu müssen oder sie mit Träumen anderer Patienten zu
verwechseln, so trifft diese Forderung ihn verzehnfacht in
der Übernahme einer Gruppe. Er muß jeden Patienten genauestens kennen, um zu beurteilen, wie dieser seine Kommunika-

tionseinschränkungen in der Gruppe allmählich erweitert, Probleme bewältigt oder an diesen scheitert, er muß zudem während der Sitzung jeden Patienten im Auge behalten und sich über dessen Verhalten und seine möglichen Beweggründe ein Bild machen. Er sitzt darüber hinaus nicht einem Augenpaar gegenüber, sondern 10 Augenpaaren, deren Träger ihn - je nach Gruppensituation - gelegentlich hochgradig zu verunsichern suchen. In dieser Situation wird er ständig den Balanceakt zwischen Nähe und Distanz vollziehen, er muß sich hüten, bestimmten Gruppenmitgliedern stärker sympathetisch zugewandt zu sein als anderen - obwohl er zweifellos damit überfordert wäre, alle Gruppenmitglieder gleich sympathisch finden zu müssen -, ein Höchstmaß an Gerechtigkeit im Umgang mit den einzelnen Mitgliedern wird verlangt. Er ist eben nicht der Familienvater, der je nach spontanen Bedürfnissen das eine Kind lobt, das andere tadelt.

In den jeweils einzuhaltenden kurzen Einzelgesprächen - unter der oben erwähnten Auflage - wird er mit dem Patienten, sich rückbesinnend auf den Beginn der Gruppentherapie, den derzeitigen Stand der Entwicklung überprüfen und ihn mit diesem durcharbeiten und durchdiskutieren. Er wird die jetzige Situation des Patienten vergleichend u.U. vorsichtig konfrontativ mit ihm erwägen, sich fragen, in welchen Kommunikationseinschränkungen er noch festgehalten wird, was noch als zu verändernde Möglichkeit erstrebt werden kann.

Findet nun die erste Sitzung nach den genannten Probegesprächen statt, hat sich jeder Patient dem anderen mit Namen vorgestellt, wird das vertrauliche "Du" angeboten, lasse der Therapeut sich tunlichst nicht duzen, da er damit die Distanz zu den Patienten verliert. Bei aller Partnerschaft ist es kein freundschaftlich verbundenes Kollektiv - sondern eine therapeutische Gruppe unter Leitung eines entsprechend Ausgebildeten. Im allgemeinen erfolgt nach der gegenseitigen Bekanntmachung die Frage "Weshalb bist Du hier?", "Was erwartest Du von der Gruppe?" und eine Reih-um-Beschreibung der Probleme, Nöte und Erwartung der einzelnen Gruppenmitglieder setzt ein, füllt die Gruppentherapie in den ersten Sitzungen aus. Aus diesem gegenseitig erkundenden Sich-Kennenlernen erwächst das erste Entdecken von Gegensätzen in den Persönlichkeiten, die bald zu Kritik oder Stellungnahme der einzelnen Gruppenmitglieder untereinander führen. Damit können die Schritte zu einer intersubjektiven Kommunikation vom Erkunden zu den verschiedenen Strukturen der Modi sich ganz selbstverständlich vollziehen.

Jedoch ist es wichtig, daß der Therapeut auch hier - analog zur Langzeittherapie - den Mitgliedern nahelegt, ihre Einfälle, Gedanken, Erinnerungen, insbesondere ihre Gefühle spontan zu eröffnen, alltägliche Begebenheiten nicht zu verschmähen; den Gruppenmitgliedern muß von Anfang an vermittelt werden, daß die "Arbeit" in der Gruppe keinen Leistungscharakter hat, sondern erst der "Raum" einer relativ entspannten Atmosphäre eigene Möglichkeiten zur Entfaltung kommen läßt. Machen sich zu Beginn die bekannten langen Schweigepausen bemerkbar, so ist es ebenfalls nicht unberechtigt, daß der Therapeut diese unterbricht, den einen oder anderen Patienten nach alltäglichen Begebnissen fragt, um damit auch den Mut zu einem eben nicht konfrontativ-problematisierenden, leistungsbezogenen Gespräch anzuregen, die "Atmosphäre der Entspannung" zu erschließen. Aber er sei sich der Gefahr bewußt, daß diese Atmosphäre zu schnell in ein "Kaffee-Kränzchen-Geplauder" entarten kann. Auch hier ist der Therapeut genötigt, die Balance zwischen entspanntem Gespräch und konfrontativ, anregend-emotionaler Auseinandersetzung der Gruppenmitglieder untereinander im Auge zu behalten. Hat er jedoch in dieser Weise einige Male das längere Schweigen unterbrochen, so halte er sich bei weiteren Schweigepausen ganz zurück, da er nun der Gruppe ein Beispiel vermittelt hat, wie entspannt-erkundend oder auch emotional erschließend aus dem Schweigen und in die Kommunikation eingetreten zu werden vermag. Läuft die Gruppe Gefahr, sich im Austausch alltäglicher Banalitäten zu erschöpfen, weise z.B. der Therapeut mit der Frage "Ist das wirklich Ihr Problem zur Zeit?"

auf die Notwendigkeit, sich ernsthafteren Auseinandersetzungen zuzuwenden.

Dem "Leitseil" der Modi folgend, überwiegt im allgemeinen das langsam-vorsichtige gegenseitige Erkunden, das Gewahrwerden des anderen, seiner Nöte und Konflikte; hier erschließt sich z.B. plötzlich der oder die Patientin Y. spontan in ihrer gedrückten Stimmungslage, ein anderer versucht diesem Erschließen deutend einen Sinn zu geben, die Thematik wird unterbrochen, ein anderer Patient drängt bereits in seiner Thematik dem Binden oder Lösen zu, wiederum ruft ihn aus diesem Prozeß ein Gruppenmitglied zurück, um ihn an die mangelnde Emotionalität seiner Entscheidung, ihr rein intellektuelles Kalkül zu erinnern. Die Thematik: emotional-gegen rational-kalkuliert kann zu einem allgemeinen Anliegen der Gruppenmitglieder werden, Möglichkeiten werden entworfen, diese Thematik zu bewältigen. Ein Patient wiederum beginnt rasch und demonstrativ (geltungssüchtig?) in die Auseinandersetzung mit dem Therapeuten zu treten, warum dieser so zurückhaltend sei, er sich nicht mehr "einbringe", arrogant wirke, auf diese Weise könne er zu dem Therapeuten kein Vertrauen entwickeln. Andere Gruppenmitglieder stimmen dem zu, dann wiederum nehmen andere für den Therapeuten Partei, erklären, das mangelnde Vertrauen oder die mangelnde Fähigkeit, dieses zu entwickeln, sei ja gerade das Problem des den Therapeuten angreifenden Patienten usf..

Die einseitig hypertrophen Strukturen - stets noch kompensiert - unter den verschiedenen Mitgliedern werden in der Kommunikation rasch sich als solche kundtun: z.B. Z., der stets die Umwelt und sich unter dem Aspekt der Leistung sieht, V. dagegen unter dem seiner religiösen Orientierung und anderer ethisch rigider Normen, dann wiederum W., der einem "haltlosen" Genußstreben sich ausgeliefert hat und beruflich stets scheitert, dem Augenblick lebt, ohne in der "Realität" Fuß zu fassen.

Nach dem hier vorliegenden Konzept stellt sich eine Gruppen-

therapie dann als sinnvoll dar, wenn es den Mitgliedern gelingt, untereinander ihre hypertrophen Strukturen gegenseitig zu korrigieren, abzubauen und die Modi ihrer Kommunikation graduell zu entwickeln, insbesondere die Strukturen zu
entwickeln, die hypotroph sind.

Wie aber soll sich der Therapeut verhalten? Die Neigung der
Gruppe, häufig das "schwächste Glied" sich "vorzuknöpfen"
und tribunalartig es nach laienhaft-analytischen Gesichtspunkten "fertigzumachen" - wobei oft ein Mitglied seine
"psychotherapeutischen Fähigkeiten" demonstriert -, sollte
der Therapeut erst nach Wiederholungen eines solchen Vor-
kommnisses, solange kein anderes Gruppenmitglied Einspruch
erhebt, vorsichtig "in Frage stellen", d.h. der Tendenz
nach den "Schwachen" unterstützen, den "Starken" bremsen.
Aber dies sollte er - z.B. auf Grund einer "Terrorisierung"
der Gruppe durch einen oder zwei in "Konspiration" wirken-
de Mitglieder - nur dann tun, wenn es unbedingt notwendig
ist, wobei er der Gruppe ihr Versäumnis, dieser Entwicklung
Einhalt zu gebieten, deutlich machen sollte. Solche gele-
gentlichen Konfrontationen tragen zur Konsolidierung der
Gruppe, zum Appell an ihre gemeinsame Verantwortung bei,
die Gruppenmitglieder dürfen sich durchaus "schuldig" fühlen, wenn sie hier den einen sich überlang haben ausleben,
dort den anderen regelmäßig zu kurz kommen lassen. Spricht
der Therapeut hin und wieder die Gruppe unterstützend oder
kritisierend an, konsolidiert sich die Gruppe in ihrer Gemeinsamkeit sowohl mit dem als auch latent gegen den Therapeuten. "Solidarität" zeichnet sich ab.

Andererseits wird er im Falle jeden Eingreifens mit nicht
nur einer - wie in der Einzeltherapie - Antwort rechnen müssen, sondern mit zehn heterogenen, die sein Handeln ebenso -
z.B. aus Eifersucht, Gefühl der Benachteiligung hier, Bevor-
zugung dort - in Frage stellen. Gründe ("Motive") für das
jeweilige Verhalten der Patienten in der Gruppe - wie sie
eben genannt wurden - sollte der Therapeut jedoch nicht un-

terstellen, sondern abwarten, wie die Mitglieder versuchen, ihre unterschiedlichen Motivationen wahrzunehmen, sie zu reflektieren und über das Auseinandersetzen mit denselben ihre Kommunikation erweitern. Deutungen psychoanalytischer Art seien möglichst zu vermeiden, da sich dann sehr schnell eine laienhaft-psychoanalytisch arbeitende, jedoch nur im Intellektuellen sich auseinandersetzende Gruppe konstituiert.

Der "Schwache" lerne sich zu wehren und zu behaupten, der "Starke" im Hintergrund seine Stärke zu befragen und sich zurückzuhalten. In dieser Weise vermag die Gruppe ein vermehrtes soziales Verantwortungsbewußtsein zu entwickeln und ihre Kommunikationseinschränkungen zu erweitern.

Nichtsdestoweniger steht es dem Therapeuten - in Einzelgesprächen möglicherweise beginnend, diese dann in der Gruppe fortsetzend - frei, die einzelnen Mitglieder auf ihre Kommunikationseinschränkungen in den Strukturen oder in den Modi gelegentlich, stets situativ sinnvoll, hinzuweisen, die lebensgeschichtlichen Hintergründe dieser Einschränkungen skizzenhaft zu entwerfen und die Möglichkeit auch des Widerstandes, ja der Angst der Patienten in das Auge zu fassen, wenn ein gradueller Umbau der extremen Strukturierungen einsetzt. Zu der Einleitung dieses Prozesses - der allerdings meistens von der "Dynamik" der Gruppe immer wieder unterbrochen wird - dienen ebenfalls am besten in Frageform konjunktivisch vorgetragene Sätze unspezifischer Natur.

Die Strukturen und Modi im Auge behaltend, kann der Therapeut hier durch eine Frage immer wieder auf die Lücken verweisen, die in der bisherigen Entwicklung bei den einzelnen Patienten von der Gruppe nicht wahrgenommen wurden, ohne jedoch bei Hinweisen dieser Art zum "Auge der Gruppe" zu werden. Wiederum schließt das nicht aus, daß er dennoch nur dann, wenn es von der Gruppe nicht bemerkt wird, Hinweise vermittelt, wenn bestimmte Mitglieder über längere Zeit nicht zu Wort gekommen sind und sich im Hintergrund hielten. Andererseits jedoch, greift er zu häufig ein, kann er zweifellos eines Tages von der Gruppe in seine Schranken verwiesen werden.

Das Ziel der Gruppentherapie ist: in gegenseitiges, emotionales Sich-Erschließen und in die Auseinandersetzung mit sich selbst, mit den Gruppenmitgliedern und der Umwelt überhaupt einzutreten, über Auseinandersetzen Möglichkeiten der Bewältigung zu ermitteln.

Die hier vertretene Konzeption schließt nicht die Möglichkeit themenzentrierter Gruppen aus. In der Gruppe entwickeln sich im allgemeinen eines oder mehrere Themen. Im letzteren Fall muß die Gruppe vom Therapeuten zur Entscheidung für ein Thema, das bearbeitet werden soll, angeregt werden. Notfalls muß der Therapeut auch dieses bestimmen, wenn sich die Gruppe nicht einigen kann, und die Fortsetzung der Thematik vorschlagen, wenn sie von der Gruppe vergessen wird. "Themenzentriert" würde in der vorliegenden Konzeption sich darauf beschränken, daß die Themen von den Gruppenmitgliedern eingebracht, ihre Fortsetzung jedoch in weiteren Gruppensitzungen dann, wenn von den Gruppenmitgliedern nicht ausdrücklich bemerkt, von dem Therapeuten vorgeschlagen wird.

Der Gestalttherapie entstammende Möglichkeiten, z.B. - bei längeren Schweigepausen - einen Gegenstand in die Mitte der Gruppe zu legen, diesen aufnehmen zu lassen, mit ihm umzugehen, zu spielen, darüber ein Gespräch zu entwickeln, sind dem Therapeuten und seiner Ausbildungsrichtung anheim gestellt. Nicht mit dem hier vertretenen Konzept vereinbar sind jene Gruppenveranstaltungen, in denen die körperliche Berührung ganz in den Mittelpunkt gestellt wird, da sie meistens zu unkontrollierten, u.U. "orgiastischen" Tumulten führen.

Die "Marathon-Gruppe", die über mehrere Stunden, u.U. ein ganzes Wochenende, sich erstreckt, ist grundsätzlich zu befürworten, sie setzt allerdings bei dem Therapeuten ein ungewöhnlich großes Toleranzniveau voraus, sich mit den Mitgliedern der Gruppe über eine kontinuierlich lange Zeit aus-

einanderzusetzen. Andererseits führen gerade die Marathon-
sitzungen zu einer Intensivierung der Kommunikation der
Gruppenmitglieder untereinander, die dann weitere Gruppensitzungen produktiv anregt.

Wann darf die Gruppentherapie als beendet angesehen werden?
Wenn die Gruppe in der Lage ist, ohne den Therapeuten in erweiterter Kommunikation miteinander umzugehen, was voraus-
setzt, daß sich bei den einzelnen die Modi und Strukturen
differenziert haben. Dieses Ziel sollte von Anfang an den
Gruppenmitgliedern bewußt, die Zeit der Gruppentherapie auch
limitiert sein.

Auf Einzelheiten der "Gestalttherapie" oder "Transaktions-
therapie" oder des "Sensitivity-Trainings"kann hier nicht
eingegangen werden, es sei auf die entsprechende Fachlite-
ratur verwiesen.

6. Beispiele zur Einleitung von Lang- und Kurzzeittherapien

Langzeitbehandlung

23jähriger Patient, Schüler, der seit dem 14-16.Lebensjahr
an Zwangsgedanken und Angstzuständen leidet. Hypertrophische
Leistungsstruktur, Beziehung zum Leib, Emotionalität gestört
(hypotroph), mangelnde Orientierung, dabei skrupulös (Zeit/
Verantwortung). Der Patient ist sehr unruhig, redet schnell
und hektisch:

Therapeut: "Wir sind uns also einig, daß nach den vielen
vergeblichen Versuchen, die Sie unternommen haben, nach der
einjährigen Wartezeit hier, wir nun doch eine längere Behandlung aufnehmen wollen." (Resümiert die vorausgegangenen
Gespräche, bindet nach Erschließen und Auseinandersetzen.)

Patient: "Ich erzählte Ihnen doch neulich, wie ich in dem
XY-Institut behandelt wurde - gleich mußte ich die Preisli-
ste für Behandlungen unterschreiben, ich hatte meinen Überweisungsschein vergessen - mußte sofort bar bezahlen. Wissen
Sie, das stinkt mir einfach, überall diese Geldgier, und
dann bekam ich einen Fernsehvortrag über meine Krankheit -
was soll ich damit, ich ging dann wieder zu dem Nervenarzt
WZ zurück, er wollte mich in die Psychosomatische Klinik
nach NN schicken, dort hielt ich es keine Woche aus."

Th.:"Warum nicht?" (Erkunden, Entdecken angeregt)

Pat.: "Ach, ich kann diese aufgeblasenen Ärzte nicht mehr sehen, wer kann einem Arzt noch trauen - und was ich alles machen sollte - meine Uhr sollte ich abgeben, Sie wissen ja, wie ich immer auf die Uhr sehen muß, das ist ja meine Krankheit..." (Der Patient blickt immer wieder auf die Uhr, malt sich dann die Katastrophen - bis zum Eisenbahnunglück - aus, die eintreten könnten, wenn er nicht zu einer bestimmten Zeit das Gespräch beendet.) "Und das war mir doch zuviel..." (Er beginnt hemmungslos über alle Ärzte zu schimpfen, denen er begegnet ist.)

Th.: "Wenn Sie den Ärzten so mißtrauen, warum bleiben Sie dann bei uns?" (Provokation, Auseinandersetzen)

Pat.: (Schweigt, rutscht unruhig hin und her, nach längerer Pause:) "Das ist halt meine letzte Chance hier - ich komme ja nicht weiter, ich möchte studieren - aber es geht nicht - ich kann nur Fabrikarbeit machen."

Th.: Um den Patienten nicht in bezug auf seine Beziehung zu Ärzten zu sehr zu verunsichern, gibt der Therapeut ein anderes Thema vor, das erkundet werden kann: er fragt nach den Berufszielen des Patienten; in einer Kurzzeittherapie - bei dem vorliegenden Leiden und dessen langer Vorgeschichte - nicht indiziert - hätte der Therapeut weiter konfrontativ den Patienten mit seiner Aggressivität Ärzten gegenüber angeregt, sich auseinanderzusetzen, um dann gemeinsam dieses "aggressive Verhalten" in seiner Bedeutung - Kompensation z.B. für Insuffizienzerleben - zu erschließen.
"Was wollen Sie denn studieren?"

Pat.: "Ja, so - das ist auch so ein Problem für mich..."

Th.: "Für viele ist es ein Problem heute." (Positive Unterstützung)

Pat.: "Man müßte alles wissen - Volkswirtschaft, nicht nur bei uns - auch im Osten - überall, Soziologie, Psychologie, aber ich traue mir nichts zu, obwohl ich im Abitur 1,6 hatte - es wurde aber dann korrigiert, meine früheren Leistungen waren nicht so gut..."

Th.: "Und seit wann wollen Sie Volkswirtschaft studieren? Wie kommen Sie darauf?"

Pat.: "Seit einem Jahr etwa. Mein Bruder ist Ingenieur, er hat mir dazu geraten..."

Th.: "Es ist also ein Rat mehr von Ihrem Bruder? Stehen Sie sich gut mit ihm?" (Therapeut weist auf den "außenbestimmten" Entschluß des Patienten hin, unterläßt aber weiteres Hinterfragen, was wiederum in einer Kurzzeittherapie angezeigt gewesen wäre. Er benutzt die Frage, um die biographische Situation des Patienten aufzuhellen.)

Pat.: "Ja, mein Bruder ist eigentlich mein einziger Freund, wenn ich so sagen darf..."

Th.: "Und Ihr Vater?"

Pat.: "Ach mein Vater - ich erwähnte doch schon..."

Th.: "Ja, er ist Frührentner."

Pat.: "Na ja doch, er war im Getränkehandel tätig..., da bleibt das Saufen nicht aus."

Th.: "Ich verstehe. So etwas ist nicht so selten." (Gibt dem Patienten weiterhin positive Verstärkung. In einer Kurzzeittherapie hätte der Therapeut hier das Verhalten des Patienten dem Vater gegenüber - Angst, Wut, Scham - erkundet.)

Pat.: "Na sehen Sie, Sie verstehen das wenigstens - so konnte ich mit meinem Vater nie über meine Zukunft sprechen und auch heute weiß ich, ehrlich, noch nicht, ob ich wirklich Volkswirtschaft studieren soll."

Das weitere Gespräch stellt sich durch lockeres, erkundend-entdeckendes Hin- und Her-Oszillieren dar, in dem immer wieder biographische Themen, Fragen der Berufswahl und Einzelheiten der Krankheitssymptomatik anklingen. Der Unterton dieses und der analog verlaufenden weiteren Gespräche schwingt im Bemühen, eine beiderseitige Vertrauensbeziehung zu entwickeln. Deshalb läßt sich der Therapeut auf die zahlreichen, immer wieder aggressiv-provokativ hervorgebrachten Fragen des Patienten nicht ein, umgeht diese, unterstützt den Patienten durch verbalisiertes Verständnis - im Bewußtsein, daß der Patient eben durch sein provokatives Fragen auch Abweisung, "Rausschmiß" bezwecken wollte, analog zu vorausgegangenen, zahlreichen Konsultationen. Aus diesem erkundend-entdeckenden Hin und Her kristallisiert sich meistens ein wichtigeres Thema, für den Patienten die Beziehung zu seiner Großmutter. In diesem Zusammenhang - je mehr ein oder mehrere Themen in den Mittelpunkt des Gespräches treten - empfiehlt es sich, den Patienten auf die Bedeutung der "freien Einfälle", der Benutzung der Couch oder eines bequemeren Sessels zu verweisen, um vor allem entspannt-konzentriert, nicht durch das unmittelbare Gegenüber des Therapeuten abgelenkt, sich dem Gang seiner Erinnerungen, Bilder, Gedanken zu überlassen, diese zu artikulieren. Da dieser Schritt für viele Patienten mit Angst beantwortet wird - vor dem "Unbekannten" -, versichere man dem Patienten, daß schon die Anwesenheit des Therapeuten im gleichen Raum, Blickkontakt (der Therapeut sollte vom Patienten jederzeit seitlich angesehen werden können), Offenheit der Beziehung und immer wieder Rückhalt am Therapeuten selbst das Erleben von Angst zwar nicht ausschlössen, dieses auch häufig notwendig für die Wiederherstellung sei, ihm, dem Patienten, jedoch innere Sicherheit in bevorstehenden Auseinandersetzungen geben würden. Immer wieder sei betont, daß der Patient nicht "vorbereitet" in die Behandlung käme - wie dies zahlreiche Patienten zu tun pflegen -, sondern sich dem "Gang" derselben zu überlassen "lerne", dies keine Leistung, sondern Entspannung bedeute - was auch zahlreiche Patienten

zu ängstigen vermag, die extrem leistungsbezogen leben. Bei
der Erörterung der letztlich aus dem Gespräch sich organisch
entwickelnden Behandlung sei dann auch auf die Bedeutung der
Träume verwiesen, den Horizont der Möglichkeiten des Patienten zu erkunden - er sei gebeten, sich diese zu merken, aber
nicht aufzuschreiben - bestenfalls einige Stichworte morgens -
da gerade das Erinnern die Lebendigkeit des Traumgeschehens
besser bewahrt als das Niedergeschriebene.

Erst nachdem der genannte Patient z.B. in eine sich stabili-
sierende Vertrauensbeziehung, in das graduelle Erschließen
und Sich-Auseinandersetzen getreten ist, kann - wenn sich
die Situation ergibt, der Patient wieder einmal auf "die
Ärzte schimpft" - nach dem tieferen Grund dieses Verhaltens
gefragt werden, z.B. aus der Beziehung zum Therapeuten
selbst - sei es, daß hier der Patient gar nicht kritisiert -
warum nicht, im Vergleich zu früher -, sei es, daß auch hier
der Patient zunehmend die Person des Therapeuten zum Ziel
seiner Angriffe macht.

Zu den "schwierigsten Patienten", sowohl in Lang- wie in
Kurzzeitbehandlungen, zählen immer wieder jene, die noch
ganz im Erkunden behaust, keinerlei entdeckend-erschließen-
des Problem oder Konfliktbewußtsein haben, dieses erst graduell erweckt werden muß. (Siehe auch unten: "Wie verhalten
Sie sich...")

Ein 32-jähriger Patient, der seit 10 Monaten zunehmend an
um das Herz zentrierten Ängsten leidet, verbunden mit vege-
tativ-dystonen Symptomen, der sehr leistungsbezogen als Au-
toverkäufer arbeitet und nach dem Motto lebt "durch Leisten
sich etwas leisten", läßt weder einen Anlaß für das morgend-
lich-allmählich entstandene Angstsyndrom erkennen, noch irgendwelche erlebten Konflikte oder Probleme. Lediglich die
Tatsache, daß der jüngere Bruder, ebenfalls im Autoverkauf
tätig, wesentlich erfolgreicher arbeitet, eine geringe Angst
um Verlust des Arbeitsplatzes bei mangelndem Absatz besteht
und der Verdacht auf eine erhebliche Partnerschaftsstörung,
bilden vermutbare Konflikte, ohne daß letzteres bestätigt
wurde. Die Gespräche zwischen dem Patienten und dem Therapeuten verliefen stets im Umkreis des Erkundens und Bemühens
um Entdecken der lebensgeschichtlichen oder situativen Bedingungen seiner Erkrankung wie folgt: (Von Dr. Samtleben,
praktizierender Nervenarzt, liebenswürdigerweise zur Verfügung gestellt)

4. Gespräch:

Therapeut: "Ja, Herr G., wie geht es Ihnen heute?"

Patient: "Unverändert, es ist immer das Gleiche. Am Sonntag
vor 8 Tagen da war es also ganz besonders schlimm. Da habe
ich echt also 2 Tabletten gebraucht daß ich ruhiger geworden
bin. Da war also so stark..."

Th.: "Von dem Lexotanil?"
(Versucht Erkunden, Entdecken, Erschließen auch im weiteren
Verlauf anzuregen.)

Pat.: "Ja. Wie soll man da sagen, es hat halt einfach angefangen zu kribbeln, mir ist schlecht geworden und dann diese Atemnot als ob irgendjemand auf einem draufliegt, ja ich
mußte also wesentlich stärker schnaufen als..."

Th.: "Irgendjemand?"

Pat.: "Also okay als ob ein Gewicht oder irgendetwas auf
einem draufliegt. Es ist, wie soll man es sagen, wie in einem
Raum wo keine Luft ist. Na, also so eine richtige Atemnot."

Th.: "So Erstickungsart?"

Pat.: "Ja so Erstickungsart. Ich nehme es an, durch dem stärkeren Schnaufen geht das Herz natürlich schneller und mit
dem Herzklopfen das dann angefangen hat, habe ich den ganzen
Sonntag mit rumgemacht also bis abends so um 9 Uhr, 10 Uhr
dann ist es etwas besser geworden."

Th.: "Am Anfang war die Atemnot?"
(Bemüht, über die Symptomatik die Modi anzuregen.)

Pat.: "Ja, ganz am Anfang ist... Zuerst wird's einem schlecht
also Übelkeit ja, dann kommt die Atemnot und dann das Herzklopfen ja, und diese innere Unruhe, Angst oder es geht nach-
her bis zur Panik aber immer stärker werdend und verbrauche
damit so meistens einen Tag so man sagen kann "heute gehts'
mir echt gut" usw. ohne Beschwerden und alles. Aber meistens
ist es dann früh kurz und abends kurz also immer so eine
Stunde jeweils, der restliche Tag in Ordnung. Aber es sind
immer also sagen wir so alle 5-6 Tag ist immer ein ganzer
Tag dabei oder zwei hintereinander dann geht es von früh bis
abends."

Th.: "Können wir vielleicht diesen Sonntag noch einmal ein
bißchen näher ins Auge fassen? Sie hatten gesagt beim ersten
Mal als es aufgetreten war, war eigentlich so eine schöne
entspannte Feiertagsstimmung. Es war eigentlich gar nichts
schlimmes los."

Pat.: "Ja, gar nichts nein."

Th.: "Können Sie einmal den Verlauf des Sonntags beschreiben? Wie war das an dem Tag?"
(Bemüht über Tagesablauf Hintergrund der Symptomatik zu erkunden - erschließend.)

Pat.: "Es fing an, früh hat sie Frühstück gemacht, ein paar
Tage hintereinander haben wir Autos angeschaut mit einem Bekannten zusammen, dann nach Hause Mittagessen und nach dem
Mittagessen haben wir uns dadrüber unterhalten, mein Bruder
war noch da, und..."

Th.: "Und worum gings denn bei der Unterhaltung?"

Pat.: "Ach, um private Sachen es war also um das Auto das
wir kaufen wollten ja es war ums Kaufen und Weiterverkaufen,
ob wir es kaufen sollen oder nicht, nee. Wir sind also da
zu keinem Entschluß gekommen und haben gesagt, wir gucken
uns es noch einmal an den Wagen an einem anderen Tag."

Th.: "Um was für ein Auto gings denn dabei?"

Pat.: "Es war ein Citrön, ein älterer schon. Ein älterer Wagen. Nee, also..."

Th.: "Es war nur ein Geschäft eigentlich?"

Pat.: "Es war nur ein Geschäft."

Th.: "Nicht so eine Liebhaberei?"

Pat.: "Nee, es war nur ein Geschäft. Das hätten wir dann vermittelt für jemand anders weil der sucht einen. Aber das Auto war nicht gut genug und hatte etliche Fehler auch gehabt und so sind wir also zu dem Entschluß gekommen es doch nicht zu kaufen. Anschließend haben wir Kaffee getrunken, dann war mein Bruder schon wieder weg, es war mittlerweile dreiviertel eins."

Th.: "Waren Sie sehr enttäuscht, daß das nicht klappte? Sie hatten immerhin Ihren Sonntagvormittag geopfert."
(Versucht Emotionalität zu erkunden.)

Pat.: "Nee, also, ob ich jetzt sagen wir daheim rumsitz und weiß nicht was ich treiben soll oder ob ich da jetzt einmal rumfahre und es einmal anschaue. Und wenn vormittags die Frau kocht, da ist man sowieso immer im Weg. Da hat es mir also echt nichts ausgemacht, weil es war kein Geschäft in dem Sinn, weil der Wagen wäre für einen Kollegen gewesen, ja."

Th.: "Kollegen, heißt Freund, also nicht Arbeitskollegen!"

Pat.: "Nicht Arbeitskollegen... der wo das Auto sucht und so war es nicht weiter tragisch. Ich habe es ihm auch gesagt das Auto geht nicht, es taugt nichts. Er war auch mit einverstanden..."

Th.: "Es war schon ein Erfolg als sie ihm geraten hatten, von einem Fehler abgeraten hatten."
(Durch "positive Bestätigung" Erkunden - Entdecken anregen, Binden.)

Pat.: "Ja, daß er es nicht kaufen soll weil er wäre sicherlich damit auf die Nase gefallen. Ja und anschließend haben wir beide auf der Couch gesessen und ich habe noch ein Buch gelesen und gerade angefangen und dann ist es losgegangen."

Th.: "Anschließend, also nach dem Mittagessen war das oder nach dem Kaffeetrinken?"

Pat.: "Nach dem Kaffeetrinken, um halb vier Uhr."

Th.: "Um halb vier. Wieviel Tassen Kaffee hatten Sie getrunken?"

Pat.: "Eine, ich trinke immer bloß eine Tasse, noch koffeinfreier dazu, also ich trinke echt keinen starken Kaffee. Ja, und dann ist es losgegangen. Also bis abends um zehne. Es war katastrophal."

Th.: "Also Sie saßen da ganz gemütlich und haben ein Buch gelesen. Was denn?"

Pat.: "Ach, was war es denn für ein Buch gewesen. Es war nur ein Stück, die erste Seite habe ich gelesen. Die "Nacht der langen Messer" hat es glaube ich geheißen."

Th.: "Die Nacht der langen Messer."
(Therapeut wiederholt den Titel mit Pause, um Emotionalität anzuregen.)

Pat.: "Ich habe gerade die erste Seite angefangen gehabt dann habe ich wieder aufgehört, weil es mir schwindelig geworden ist und dann ist es in der Folge wie ich vorhin aufgezählt hab' abgelaufen. Bis abends 9 Uhr, 10 Uhr. Dann war es weg, dann hat es also aufgehört. Aber es ist so man kann sich also echt nichts mehr vornehmen abends übers Wochenende weil jedesmal, also irgendwas ist immer. Man kann schon immer sagen wenn jemand zu einem sagt, na gehst morgen abend mit, kann ich schon im voraus sagen, nä da brauch ich gar nicht hinzugehen, weil das wird sowieso wieder nichts. Weil schon ein paar Mal wo ich mitgegangen bin ist es immer wieder aufgetreten, na und dann mußten wir es abbrechen und die waren dann auch na, ja, was solln wir alleine da und sind dann auch heimgegangen und es ist schon ärgerlich, es ärgert einen unwahrscheinlich.

Th.: "Ja, das beschneidet Sie auch sehr in Ihren Möglichkeiten."

Pat.: "Na eben."

Th.: "Ihr Leben zu genießen."
(Folge der Angst wird entdeckt. Erste Einsicht in Folge, erstes Erschließen.)

Pat.: "Genau das ist es, ja. Genau das ist es. Am Wochenende wenn ich echt Zeit hätt' um wirklich mal weg zu gehen und es macht nichts aus, wenn ich mal ein wenig länger fort bin usw., weil ich kann am nächsten Tag ausschlafen oder tausch ich z.B. mit meinem Bruder den Frühdienst und komm ein wenig später, das spielt überhaupt keine Rolle, da kann man ruhig ein wenig länger schlafen, so flexible Arbeitszeit halt. Aber durch daß das ich immer damit rechnen muß, daß es wieder angeht ja da vergeht einem schon die Lust dazu irgendwohin zu gehen. Ich habe es zwar schon ein paar Mal probiert, ich muß auch unterscheiden, daß es nicht immer ist es war auch schon manchmal einwandfrei da war es nicht, aber in 60, 70 % aller Fälle ist es so."

Th.: "Also Sie haben im Grunde schon so ein Gefühl in dem Moment wo ich mich entspanne tritt es auf."

Pat.: "Ja. Das sagt meine Frau schon, du gehst schon gar nicht mehr fort, weil du von vorneherein schon meinst, daß es kommt, also es geht wieder an."

Th.: "Sie haben also gar kein richtiges Vertrauen mehr darin, daß das Leben, Feierabend oder..."
(Versucht Gegensätze zu entdecken, anzuregen.)

Pat.: "Ich bleib am liebsten schon daheim und leg mich auf

die Couch und lieg lieber irgendwo rum als wenn ich sagen
wir einmal irgendwo eingeladen bin oder wir sind zum Essen
fort, ja und dann haben sie sich was zum Essen bestellt und
auf einmal wird es mir schlecht, ja, Übelkeit und dann ist
der Appetit weg, dann steht das Essen da..."

Th.: "In der Gastwirtschaft? Oder wo?"

Pat.: "Ja, in der Gastwirtschaft oder man ist irgendwo eingeladen. Da vergeht einem auch einmal die Lust. Sollte man
jetzt hingehen und das Essen wieder stehen lassen, oder den
anderen den Feierabend oder das Wochenend vermiesen."
(Ausmaß der Folgen der Krankheit werden erkundet.)

Th.: "Haben Sie auch so ein Gefühl, daß Sie sich ein bißchen
vielleicht blamieren, wenn Sie da so..."

Pat.: "Das weniger, weil die Bekannten, die wo ich kenne,
die wissen das alle, also die tolerieren das also. Aber das
macht ja mir persönlich selber keinen Spaß. Wenn man dasitzt
geht mal raus an die frische Luft und denkt, na ja, an der
frischen Luft da geht es wieder weg, aber meistens nicht."

Th.: "Also Sie meinen im Grunde ist das Ihr eigenes, Ihre
eigene Not, die Sie spüren, also die Angst, daß Sie von den
anderen nicht mehr so für voll genommen werden, mit dem kann
man nicht mehr mal einen saufen gehn, der kriegt gleich nen
Angstanfall."
(Bemüht, spezifische Bedeutung der Erkrankung in Bezug zur
Umwelt abzugrenzen.)

Pat.: "Ne, also des..."

Th.: "Das haben Sie nicht irgendwie als Andeutung gespürt?"

Pat.: "Ne, überhaupt nicht. Da hat also echt niemand etwas
gesagt und die kommen auch immer wieder und sagen: "Na, wie
geht Dir's heut?" und wenn Dir's gut geht, gehn wir wieder
fort usw.. Und wenn's geht, geh ich auch mit, aber ich lasse es mir auch nicht anmerken, wenn es nicht unbedingt sein
muß, wenn ich sagen muß: "Tut mir leid Leute, ich muß jetzt
heim, also ich geh jetzt."

Th.: "Sie sagen, wenn's geht, gehe ich auch mit. Woran merken Sie, ob es vermutlich... Gibt es irgendwelche Zeichen,
daß es los geht?"
(Rückkehr zum Entdecken der Symptomatik.)

Pat.: "Ja, wie soll man sagen, so eine innere Unruhe fängt
es meistens an."

Th.:"Sie fühlen sich schon vorher ein bißchen unruhig, gespannt?"
(Bestätigung durch einfühlendes Verstehen, Binden.)

Pat.: "Ja."

Th.: "Wenn Sie mal so diesen Tag zurückdenken, an dem das
jetzt wieder so stark war, wann ging denn so diese Unruhe
los? Oder was war vielleicht auch unruhestiftend an diesem

Morgen? Sie waren also aufgestanden morgens und... Als ich
Sie fragte nach dem Verlauf, waren Sie in 3 Schritten im
Nachmittag. Wie war so diese morgendliche Aufwachsituation?"

Pat.: "Also ich habe bis halb zehn Uhr geschlafen."

Th.: "Hatten Sie da nachts um halb sechs Uhr oder morgens
um halb sechs Uhr auch so einen Angstzustand? Sie sagten
doch seit einem halben Jahr jeden Morgen. Auch an dem Sonntag?"

Pat.: "Ja, das ist jeden früh ohne Ausnahme jeden früh."

Th.: "Sie sagten jetzt, da wach ich mal kurz auf."

Pat.: "Da wach ich kurz auf."

Th.: "Und dann?"

Pat.: Dann ist man so richtig aufgelöst ja."

Th.: "Also auch an diesem Tag?"

Pat.: "Ja."

Th.: "Die erste Botschaft, die Sie so von sich selbst wahrgenommen haben, war ich wache angstvoll und..."

Pat.: "Ich wache urplötzlich auf. So 6.30 Uhr, 6.40 Uhr, ja
so immer um die Zeit wache ich auf und da bin ich richtig
aufgelöst, aufgeregt, zittrig, ja und dann drehe ich mich
wieder rum, wenn Samstag oder Sonntag ist, ja und meistens
schlafe ich dann wieder ein."

Th.: "Sie nehmen dann nichts ein?"

Pat. "Nein."

Th.: "Wie ist so Ihre Einstellung innerlich zu dieser Situation? Sie spüren dann, ach jetzt ist das wieder, na das
geht vorbei. Sie sagen ich dreh mich wieder rum. Das klingt
so, als wenn Sie relativ gut damit fertig würden."
(Erneut bemüht, Sinn zu erschließen.)

Pat.: "Es bleibt mir ja nichts anderes übrig ja. Ich drehe
mich dann wieder rum und dann, ja ja, es wird schon wieder
weg gehen."

Th.: "Soviel Trost oder Zuversicht können Sie sich selber
zusprechen."
(Positive Bestätigung, Binden.)

Pat.: "Ja, es ist natürlich so wenn das zu lang geht dann
überlegt man sich echt und möcht wieder mal richtig aufwachen wie früher. So langsam ja, so gemütlich, dann gähnt man
richtig, so richtig fit. So möchte ich mal wieder..."

Th.: "So vertrauensvoll in den Tag blicken."
(Positive Bestätigung - unspezifisches "Binden".)

Pat.: "Ja, genau so."

Th.: "Und das geht um halb sechs Uhr nicht. Jetzt war also
sozusagen die Hoffnung für diesen Tag auch dahin."

Pat.: "Ja, na ja ich bin's gewöhnt."

Th.: "Sie hoffen schon nicht mehr?"
(Versucht konfrontativ Emotionales zu erkunden.)

Pat.: "Nee, also ich glaub kaum, daß das noch einmal besser wird, es ist schon zu lang. Nach 1 1/2 Jahr also glaub ich verliert der größte Optimist die Hoffnung ja. Daß das auch mal was wird. Ich hab mich also damit abgefunden, was soll ich machen, das Leben geht weiter, ich muß früh auf die Arbeit oder..."

Th.: "Also mit dieser kurzen Aufwachepisode haben Sie sich abgefunden und siehe da, Sie werden damit fertig."

Pat.: "Ja, ich habe mich damit abgefunden, es bleibt mir ja nichts anderes übrig."

Th.: "Also kann man sagen, Sie wehren sich gar nicht mehr dagegen."

Pat.: "Ja, so kann man sagen. Am Anfang da habe ich also manchmal so meine Wut gekriegt nee also... da habe ich gedacht, so Michael, jetzt nehme ich 3 Tabletten, damit endlich mal eine Ruhe ist nee. Da kriegt man, wie soll man sagen, weil es immer jedesmal das selbe ist. So richtige Wutanfäll kriegt man dann. Aber dann mit der Zeit dann sieht man ja selber ein, das nützt ja nichts, wenn du dich da aufregst nee und das geht ja wieder weg. Und dann nehm ich aber nur immer welche, nur wenns nicht anders geht. Höchstens eine am Tag. Oder früh eine halbe und abends eine halbe. Und damit komme ich meistens gut über die Runde."

Th.: "Wenn wir vielleicht noch einmal zurückkommen auf diesen Sonntag. Sie sagen diese Hoffnung, dieser Traum, morgens so richtig gedehnt und gelöst aufzuwachen und den Tag so langsam angehen zu lassen, das klappt also morgens um 6 Uhr nicht."

Pat.: "Nein."

Th.: "Um halb zehn Uhr sind Sie dann aufgewacht."

Pat.: "Um halb zehn Uhr bin ich aufgewacht."

Th.: "Wie war es denn da?"

Pat.: "Da... ja so um halb zehn Uhr rum bin ich dann aufgewacht, da war es schon wesentlich besser. Da hab ich dann echt gar keine Lust mehr aufzustehen, weil da geht's ja. Da ist das also schon ziemlich vergessen und da steh ich also nur auf, wenn's unbedingt sein muß. Da hätt ich gerne noch bis 12 Uhr geschlafen, aber da ist ja der halbe Sonntag ja schon rum."

Th.: "Wär auch nicht schlimm."

Pat.: "Wär auch nicht schlimm. Das habe ich halt so gemacht. Ja und dann steh ich auf, trink Kaffee und anschließend sind wir fortgefahren und haben uns den Wagen angeschaut."

Th.: "Wenn Sie sich mal so... ich versuche ja mich in Ihre
Gefühle hineinzudenken. Sie haben also diese morgendliche
6-Uhr-Situation eigentlich ganz gut überstanden. Sind dann
nochmal wieder eingeschlafen und jetzt war es um halb zehn
Uhr plötzlich möglich, auch so diesen Traummorgen zu erleben."

Pat.: "Das gute Aufstehen."

Th.: "Das gute Aufstehen zu erleben und am liebsten wären
Sie bis halb zwölf Uhr im Bett geblieben. Wenn Sie so richtig Ihren Wünschen hätten leben dürfen."

Pat.: "Ja, genau. Die ganze Woche müßt man so durchschlafen
können, weil um zehn Uhr oder halb elf Uhr, wenn man auf-
steht, ist ja das von früh schon ziemlich wieder vergessen."

Th.: "Ja."

Pat. "Die Viertelstund wo man im Bett rumwälzt hin und her."

Th.: "Ja, das meine ich."

Pat.: "Das ist dann wieder weg."

Th.: "Sie sagen, man hatte so das Gefühl, oder ich könnte
mir vorstellen, Sie hatten das Gefühl,'ich kann es noch'.
Ich kann noch ruhig aufwachen, ich kann noch."
(Bemüht um Erschließen.)

Pat.: "Man kann noch ruhig aufwachen."

Th.: "Es geht noch, ich habs noch nicht verlernt. Auch wenn
ich es nicht um sechs Uhr kann, sondern erst um halb zehn
Uhr. Und das erst vielleicht abdienen muß durch eine Viertelstunde nachts oder ruhig morgens.Aber Sie können es
noch."
(Positive Bestätigung, Binden.)

Pat.: "Es geht noch, ja."

Th.: "Sie haben das Gefühl jetzt, leider kann ich es mir
jetzt nicht leisten oder vielmehr was."
(Beweist erschließendes Verstehen.)

Pat.: "Ja, es ist so, man kann nicht jeden Tag bis zehn Uhr
schlafen."

Th.: "Nein, das war jetzt, wir reden ja vom Sonntag. Um Ihre gefühlsmäßige Situation zwischen diesen an sich ja gelö-
sten und ausgeruhten frischen Erwachen und dann nachmittags
um 16 Uhr plötzlich doch dann diese Angst und Luftnot. Nicht
da ist ja eine Spannung drin."
(Weiter bemüht, Spezifität und Sinn der Situation zu erschließen, in denen Symptome auftreten."

Pat.: "Das stimmt schon. Es ist..."

Th.: "Wodurch ist die entstanden? Wodurch? Wie war das so,
als wenn man sich leider Gottes doch um halb zehn Uhr aus
den Federn bemühen mußte."

Pat.: "Ja, wie soll ich das sagen."

Th.: "Wie haben Sie sich da gefühlt? Wenn Sie das mal versuchen sich zu erinnern."
(Versuch erneuter Konfrontation, Entdecken anzuregen.)

Pat.: "Ja, also ich hätte gern ehrlich gesagt weiter geschlafen aber anders auch wennst jetzt nicht aufstehst, dann ist der ganze Tag wieder versaut ja."

Erst nach einem von der Ehefrau aufgenommenen telefonischen Kontakt ergab sich, daß nach einer Auseinandersetzung mit dem Patienten die Ehefrau mit Trennung gedroht hatte. Noch in der gleichen Nacht erlitt der Patient den ersten herzphobischen Angstanfall - womit sich die Möglichkeit des Erschließens der Symptomatik und überhaupt einer Behandlung ergab, die extremen Trennungsängste des Patienten u.a. plötzlich sichtbar wurden. Es ist dies einer der Fälle, in denen durch Fremdexploration - aber nicht vom Therapeuten herbeigeführte - sich der Schlüssel ergab, die Therapie wirkungsvoll einzuleiten.

Für die Einleitung einer Kurzzeittherapie - Gesprächstherapie nach Rogers/Tausch in Verbindung mit konfliktzentrierter, tiefenpsychologisch orientierter Methode - seien folgende zwei Beispiele gegeben:

Eine an akuter Examensangst leidende, 24-jährige Studentin wird, nachdem die aktuelle und lebensgeschichtliche Situation in zwei vorausgegangenen Gesprächen erkundet wurde, angeregt, sich die Examenssituation vorzustellen:

Pat.: "Also - ich sitze da mit zwei oder drei Kommilitonen vor dem Prof. X.... ich sehe sein Zimmer, höre den Straßenlärm - er lehnt sich in seinen Sessel zurück, dann fragt er mich - ich komme an die Reihe - ich merke, wie mein Herz zu klopfen anfängt, mir das Blut in den Kopf schießt... ich kann die Frage beantworten - ich weiß es - aber jetzt versagt mir die Stimme, ich zittere am ganzen Körper - der Schweiß bricht aus - ich vergesse alles..." (Sie gerät zunehmend in Erregung.)

Th.: "Und sind Ihre anderen Kommilitonen schon gefragt worden?"
(Beabsichtigt den Zusammenhang der Angst mit Leistungsanspruch und Geltungsbedürfnis zu erschließen.)

Pat.: "Ja - oder nein - ich komme natürlich zuerst dran..."

Th.: "Warum zuerst?"

Pat.: "Ja - ich halte es sonst gar nicht aus..."

Th.: "Was halten Sie nicht aus?"

Pat.: "Nicht dranzukommen - zu warten..."

Th.: "Warum nicht."

Pat.: "Dann liegt das wie eine Ewigkeit vor mir."

Th.: "Wie eine Ewigkeit... was heißt das wohl?"

Pat.: "Meine Ungeduld..., endlich dran zu kommen, es hinter mich zu bringen."

Th.: "Und natürlich die beste zu sein - nicht?"

Pat.: (Schweigt nach dieser Konfrontation.)

Th.: "Oder irre ich mich?"

Pat.: "Sie müssen es ja besser wissen als ich."

Th.: "Meinen Sie, ich irre mich?"

Pat.: "Nein - nein, aber daran habe ich noch gar nicht gedacht, weil ich ja immer die beste war in der Schule..."

Th.: "Und im Studium nicht mehr?"

Pat.: "Nein, da ging es bergab."

Th.: "Warum wohl?"

Pat.: "So viele andere waren doch besser als ich..."

Im Verlauf der weiteren Gespräche wurden der extreme Leistungsanspruch der Patientin, ihre Angst vor Rivalität und ihr Geltungsbedürfnis zunehmend erschlossen, die Patientin trat in eine Auseinandersetzung mit diesen Tendenzen und "Riesenerwartungen" ein. Es gelang ihr - auch unter gleichzeitiger Erlernung des Autogenen Trainings in einer Gruppe - nach insgesamt 18 kurztherapeutischen Sitzungen von 30 Minuten Dauer, unter Einbezug auch der lebensgeschichtlichen Problematik, der Examensängste Herr zu werden und ihre extrem leistungsorientierte - hypertrophe - Einstellung zu korrigieren.

Eine 36-jährige Patientin, Hausfrau, Mutter von drei Kindern, entwickelte im Zusammenhang ihrer partnerschaftlichen Probleme - sie fühlte sich von ihrem Ehemann nicht mehr "ernst" genommen, nicht mehr anerkannt und geliebt - Zwangsgedanken, die sich vor allem als Tötungsimpulse gegen die Kinder richteten. Die Symptomatik trat gegen Ende der dritten Schwangerschaft auf. Das diese Zusammenhänge erschließende Gespräch kulminierte wie folgt:

Th.: "Sie haben, so fällt mir auf, Frau K., noch gar nicht erzählt, wie denn Ihre intimen Beziehungen zu Ihrem Mann sich seit der Schwangerschaft entwickelt haben."

Pat.: "Darüber spreche ich sehr ungern. Nur wenn es sein muß."

Th.: "Warum sprechen Sie über diese ungern?"

Pat.: "Ja, das ist eben doch mein Intimbereich."

Th.: "Das ist es sicher - und wir müssen auch nicht davon sprechen, wenn es Ihnen so unangenehm ist."

Pat.: (Nach längerer Pause, unter allmählich sich steigerndem Weinen): "Er hat... als ich wieder ein Kind erwartete, zu mir gesagt, er würde nicht mehr mit mir schlafen, weil ich schon wieder schwanger bin."

Th.: "Das hat er gesagt?"

Pat.: "Ja."

Th.: "Und seitdem haben Sie keine intimen Beziehungen mehr?"

Pat.: "Nein."

Th.: "Ich kann mir dann denken, daß Sie in Ihren Bedürfnissen als Frau zu kurz kommen."

Pat.: "Vielleicht."

Th.: "Es ist doch etwas Natürliches...?"

Pat.: "Ja, ja, gewiß - aber Sie kennen ja meine Erziehung - das war damals noch anders als heute."

Th.: "Vielleicht hilft es Ihnen, wenn Sie diese Bedürfnisse allmählich als natürliche annehmen können?"

Im Verlaufe der weiteren Therapie - die Patientin verlor sehr rasch und anhaltend ihre Zwangsimpulse nach graduellem Annehmen ihrer leibhaften Bedürfnisse, nach dem Erschließen der verhängnisvollen Rolle, die diesen gegenüber ihr Mann eingenommen hatte - wurden mit dem Ehemann einige klärende Gespräche durchgeführt. Beide Partner konnten ihre gegenseitigen Aversionen und Probleme dann in einer Verbindung von Gesprächstherapie und Eheberatung abklären.

VII. Selbstdarstellungen von Patienten in Modi und Strukturen

1. Erkunden
(Erkunden des Therapeuten und der Therapie)

"Wie Sie so Ihren Tag mit den ganzen Kranken verbringen, Stunde nach Stunde, das habe ich mir oft überlegt, wie der eine kommt, der nächste wieder kommt, es klingelt, Ihre Frau läuft die Treppe herunter, dann wieder rauf, um die Türe aufzumachen und Sie sehen selber doch nicht so stabil aus. Sie sehen eher zart aus, Sie hätten vielleicht lieber ein Schriftsteller oder ein Gelehrter werden sollen. Klein und zierlich sind Sie, in der Straßenbahn müßten Sie aufpassen, nicht erdrückt zu werden... Und dann Tag um Tag diese Kranken um sich. Wie kann man nur so einen Beruf ergreifen? Was für ein stabiles Nervenkostüm müssen Sie haben, um nicht selber krank zu werden..."

"Die ganze Therapie ist mir noch sehr schleierhaft. Sie haben mir zwar gewisse Grundregeln erzählt und mich aufgefordert, alles zu sagen, was ich denke, mich darauf hingewiesen, daß letztlich nur die Wahrheit mir selbst gegenüber mir zu helfen vermag... Das ist alles recht schön und gut, aber wie die Psychotherapie nun im einzelnen sich entwickelt, das kann ich mir beim besten Willen nicht vorstellen. Ich tappe noch im Dunkeln, ich sehe noch kein System, es ist alles geheimnisvoll, vielleicht etwas mystisch, aber im großen ganzen doch recht unbefriedigend. Immerhin bin ich gespannt, wie es weitergeht... und ob es Ihnen möglich sein wird, mir zu helfen."

Erkunden von Orientierung und Ordnungsbezügen, mit Ansätzen von Entdecken und Erschließen im Lebensraum von Vergangenheit und Zukunft:

"Eigentlich glaube ich an gar nichts, auch die Wissenschaft
überzeugt mich nicht... Zu Hause waren sie ja alle religiös
eingestellt, insbesondere die Großeltern, aber die Eltern
auch und Sie wissen ja, wie das dann auf dem Dorf bei Ge-
burtstagen, Weihnachten oder Beerdigungen vor sich geht. Der
Pfarrer hat das große Wort und ich habe als Kind wahrscheinlich auch alles geglaubt, was er uns erzählt hat. Aber das
hat sich im Verlauf meines Lebens geändert. Es hat mich
eigentlich nicht mehr interessiert, ob es ein Jenseits
gibt, eine Vergeltung, ob die Guten belohnt, die Schlechten bestraft werden... Was ich gesehen habe, widersprach
dem (Entdecken). Aber ich bin mir nicht darüber im klaren,
was ich eigentlich für eine Überzeugung habe, ob ich überhaupt eine habe, ob ich schwimme, ob ich Halt suche, oder
ob ich doch vielleicht irgendwo in meinem Inneren noch an
die Weisheiten glaube, die man mir als Kind gepredigt hat...
Ich hoffe, daß ich das im Verlaufe unserer Behandlung allmählich herausbekomme. Im Augenblick ist es mir alles noch
schleierhaft und ich weiß nur eines, daß ich eigentlich
nichts glaube und mir auch die Wissenschaft nichts sagt..."
(Erschließt sich als Agnostiker)

Erkunden von vergangenen Situationen im Lebensraum:
"Ich sehe jetzt diese Straße wieder vor mir, dort, gleich
links an der Ecke war die Bäckerei, dann kam das Zigar-
ren- und Tabakgeschäft, dann eine Wäscherei. Der Bürger-
steig war ziemlich breit, fast wie ein Platz, Autos konnten da parken - gegenüber war der kleine Grenzbahnhof, der
eigentlich schon zu F. gehörte, ein Bahnhof, wie eben jeder
Bahnhof aussieht... mit einer Uhr und aus braunen Ziegeln
gebaut. Ich sehe das Gebäude ganz deutlich vor mir, auf dem
Platz standen Laternen, da war auch der Zaun, der die
Schienen gegen die Straßen absperrte und der dann am Ende
in eine Schranke überging. Ich sehe mich mit einer blauen
Jacke mit Goldknöpfen, ich versuche den Zaun zu durchklet-
tern und über die Gleise zu laufen. Hinter mir kam K. O.
...das war natürlich verboten..."

Erkunden von Personen der Vergangenheit, Lebensraum:
"Wenn ich mir meinen Vater vorstelle, dann sehe ich eigentlich meist seinen Mantel, so einen braunen dicken Mantel,
wie er am Kleiderhaken hängt, wenn er von der Arbeit zu-
rückgekommen war, wenn ich schon die Schritte die Treppe
heraufkommen hörte, bekam ich Herzklopfen..."

Therapeut: "Was war das für ein Herzklopfen?"

"Das Herzklopfen, ja was war das, das war keine Freude,
das war auch keine Wut, das war einfach so eine Spannung,
was wird passieren, wenn er jetzt nach Hause kommt..., dabei ist nie etwas passiert, er war ja ganz schweigsam, in
sich zurückgezogen..."

Therapeut: "Haben Sie ihn begrüßt, sind Sie ihm die Treppe entgegengesprungen, wenn Sie ihn hörten?"

"Ja, das ist so eine Frage... wie habe ich ihn eigentlich
begrüßt? Ich kann mich gar nicht genau erinnern, ihm die
Haustüre aufgemacht zu haben, ihm um den Hals zu fallen...
das war ganz undenkbar. Ja, was habe ich denn getan? Meine
Mutter sagte schon, es ist jetzt Viertel vor sechs, nun
wird der Vater bald kommen. Er war ja ungeheuer pünktlich...
Viertel vor sechs... er kam gegen sechs. Ich saß in meinem
Zimmer, das hatte eine Wand, die auf das Treppenhaus ging,
da hörte ich dann die Schritte..."

Therapeut: "Was haben Sie denn dann gemacht?"

"Ich bin glaube ich sitzen geblieben, aber ich machte mich
ganz klein, ich kroch in mich zusammen, wenn ich unten die
Eingangstüre zuschlagen hörte..."

Therapeut: "Aber Sie sagten doch vorher, daß Sie sich er-
innerten, wenn er seinen Mantel aufhing?" (Konfrontation
mit Äußerungen des Patienten)

"Ja, das stimmt. Also muß ich doch herausgelaufen sein -
sehen Sie, das war schon ein Konflikt... (der Patient tritt
in das Entdecken von Gegensätzen ein) ...wenn ich mir das
recht überlege. Ich sehe mich an dem Tisch sitzen, mit

Schularbeiten beschäftigt, höre das Zuschlagen der Türe, die Schritte, der Vater kommt nach Hause, immer kurz vor sechs... ich merke, daß ich mich klein mache, in mich krieche, und dann, dann gebe ich mir einen Stoß und laufe in den Korridor, um ihn zu begrüßen... Na, Paps, wie geht's - oder so etwas Ähnliches habe ich wohl gesagt..."

Therapeut: "Haben Sie ihn umarmt oder blieben Sie in der Tür stehen?"

"Nein, ich gab ihm die Hand, einen kräftigen Händedruck unter Männern, ganz fest, dem Alten habe ich in die Augen gesehen, obwohl ich lieber in meinem Zimmer geblieben wäre..."

Therapeut: "Und hat sich das in dieser Weise Tag für Tag wiederholt?"

"Ja, meistens, wenn ich nämlich nicht in den Korridor lief, wenn ich am Tisch sitzen blieb oder auf dem Bett lag, dann war es noch schlimmer, weil ich dann dachte, du mußt doch raus, deinen Vater begrüßen..."

Therapeut: "Das spricht aber doch für ein etwas problematisches Verhältnis zu Ihrem Vater? Sie haben ihn offenbar nicht gerne begrüßt, aber wenn Sie ihn nicht begrüßten, war es Ihnen auch unangenehm?"

"Ja, so war es auch, nicht eigentlich Angst vor ihm, nicht eigentlich Antipathie... er hatte mir ja nie etwas zuleide getan. Er war nur so ruhig, so sehr ruhig, sprach keine drei Worte beim Abendbrot, kein Wunder, daß eben meine Mutter ständig quasselte... aber gerne bin ich nicht herausgelaufen - obwohl ich ihm manchmal aus dem Mantel half, ja, das erinnere ich mich jetzt".

Therapeut: "Und hat er das irgendwie vermerkt?"

"Ja, er hat dann wohl mal gesagt: "Danke mein Junge...""
(Der Patient beginnt bei dieser Erinnerung zu weinen. Er erkundet das Verhältnis zu seinem Vater näher, er beginnt es zu erschließen.)

Nach längerer Pause: "Ich habe ihn schon gerne gehabt. Er
mich auch. Aber wie das so war - man hat es sich nicht gezeigt... und jetzt ist er nicht mehr..."

Erkunden der Beziehung zu sich selbst, erste Orientierungs-
suche:
"Wer bin ich? Wo bin ich? Ich habe das Buch von Erikson gelesen, ich weiß nicht, wer ich eigentlich bin. Ich frage
mich, aber nichts antwortet. Da ist eine große Leere - ein
Nichts. An wem sollte ich mich orientieren? Im Heim aufgewachsen - die Nonnen waren mir alle verhaßt, nicht eine
liebte ich - Christus als Vorbild, das wird einem ver-
grault, wenn man morgens um fünf im Winter in die Kapelle
muß..."

Erkunden der Beziehung zur Leistung, Gegenwart:
"Ich glaube, ich habe nie gerne gearbeitet. Arbeitet man
schon als Kind? Schularbeiten - die habe ich natürlich gehaßt, aber welches Kind macht gerne Schularbeiten? Spielen - ja, spielen ist etwas anderes, ist Spielen Arbeit?
Ich glaube nicht. Also, fange ich einmal bei den Hausar-
beiten an: Betten machen, Aufräumen, Einkaufen, Mittag vor-
bereiten... Das mache ich alles nur meiner Familie zulie-
be. Aber letztlich doch gezwungen. Wenn Sie mich fragen, was
ich am liebsten tun würde? In Sorrent, in dem schönen Ho-
tel mit dem Blick über den Golf von Neapel und dem Vesuv
auf der Terrasse sitzen oder in der Sonne liegen und faulenzen. Ich bin, glaube ich, nur zum Faulenzen geboren."

"Wenn ich morgens zur Arbeit fahre, mich im Bus mit den ganzen anderen Menschen, die arbeiten müssen, zusammenquetsche,
dann bin ich schon bedient. Wozu arbeite ich überhaupt? Was
hat das ganze für einen Sinn? Was bin ich in meiner Arbeit,
am Zeichenbrett, mit dem Rechenschieber, die Kollegen, die
Chefs - das alles gehört zur Arbeit -, bin ich das, ist
das mein Leben, soll das immer so weitergehen?"

"Ich versuche zu arbeiten, ich lege mir die Bücher alle hin.
Meine Aufzeichnungen, meinen Fahrplan, dann denke ich: jetzt

rauchst Du noch eine Zigarette - dann: jetzt gehst Du noch
auf die Toilette - dann: jetzt trinkst Du noch ein Gläschen
Schnaps - dann: jetzt will ich noch den Artikel über die
Seerobben lesen, der mich so interessiert - dann: jetzt
holst Du Dir noch etwas aus dem Eisschrank... so geht es
eben endlos weiter. Ich erfinde meine Gründe, warum ich
mich nicht an den Schreibtisch setzen muß - das ist mir
schon klar. Aber ich habe eben kein Verhältnis zu dem ganzen Zeug, was ich lernen soll. Warum soll ich mich mit Physik und Mathematik mein Leben lang herumplagen und Lehrer
werden - ich weiß im Grunde genommen noch gar nicht, was
ich eigentlich für einen Beruf ergreifen will oder sollte..."

Verhältnis zur Leistung in der Vergangenheit:
"Bei uns galt zu Hause nur ein Prinzip: (Orientierung!)
Leisten, leisten - wer nichts leistet, ist nichts. Zeugnis-
se, Turnen, standesgemäße Freunde, standesgemäßes Essen,
standesgemäßes Denken - alles was für meine Eltern von Bedeutung war fußte auf Leistung, und Leistung zeigte sich
durch Wohlstand -, schon der Großvater, der Urgroßvater
usw... alle waren sie so - und da soll ich nicht auch so
werden?"

Beziehung zu Zeit und Verantwortung, Vergangenheit:
"Ich kann Ihnen nicht sagen, ob zu Hause alles pünktlich
und wie am Schnürchen lief - oder jeder kommen und gehen
konnte, wie er wollte. Ich sehe das wie im Nebel - wie meine ganze Vergangenheit. Ich glaube nicht, daß wir besonders
zurechtgewiesen wurden oder gar bestraft, wenn wir nicht
pünktlich zur Mahlzeit kamen - in unserem riesigen Haus
verlief sich das alles so."

"Natürlich mußte ich als Ältester auf die Kleinen aufpassen. Wem geht das nicht so? Aber wenn Sie mich fragen, ob
ich da aggressiv war, ich meine, böse wurde - kann ich mich
nicht erinnern. Ich erinnere überhaupt keine Gefühle von
damals - nur höchstens ein Bild oder Bilder."

Beziehung zu Zeit und Verantwortung, Gegenwart:
"Ob ich mich in meinem Leben verändert habe? Ich glaube
nicht. Ich war immer derselbe."
(Sehr charakteristische Störung im Zeiterleben, wesentlich
für das "depressive Mißverhältnis".)

"An die Zukunft mag ich nicht denken. Grau, leer, entsetz-
lich öde..."

Die Beziehung zum Leib wird erkundet:
"Es gibt Tage, Herr Doktor, an denen habe ich das Gefühl,
ich bin körperlos. Ich schwebe wie eine Schneeflocke über
alles dahin - ich fühle mich so leicht, so glücklich - ja
körperlos, dann wieder andere Tage, da komme ich mir wie
ein Felsbrocken vor, so schwer, so niedergedrückt. Alles
zieht mich herab, drückt mich herunter, wie ein Elefant
komme ich mir vor, wie ein Rhinozeros, als ob mein Körper
zehnmal schwerer ist wie sonst..."

"Alles an meinem Körper ist mir verhaßt, verekelt. Die
Brüste, das Becken, die Behaarung, meine haarigen langen
Beine, die dürren Arme, wie man riecht, wie man schwitzt,
dann noch das Erledigen der Notdurft, die Toiletten, der
Geruch - ich bin mir selbst ekelhaft -, der weibliche Kör-
per ist ekelhaft, wabblig, fett - ich brauche nur an meine
Mutter zu denken, dann wird mir übel. Ich bin nicht weib-
lich - aber ich ekle mich trotzdem."
(Die Erkundung des Körpers geht hier bereits in Entdecken -
"nicht weiblich" - und ein Erschließen über.)

Beziehung zum Leib, Vergangenheit, Erkunden der Sinnlichkeit:
"Das Denkmal stellte, glaube ich, einen Löwen aus Bronze
dar, mir erschien er damals sehr groß. Er war von dichtem
Gebüsch verwildert umgeben. Die Büsche sehe ich noch ganz
deutlich vor mir: mit diesen weißen Knallerbsen, wie wir
sie nannten... Da gingen wir hin in der Dämmerung, Renate
und ich, die ganze Bande, und hier hatte ich groß angegeben,
würde ich Renate ausziehen und das mit ihr machen, wovon

wir uns immer unterhalten hatten... so ungefähr war es, jedenfalls geschah alles in der Dämmerung, das erinnere ich
mich noch deutlich. Aber ich bekam es dann doch mit der Angst
zu tun, irgendwie blieben die anderen zurück und ich war
mit Renate allein neben dem Sockel des Denkmals - da war
noch ein freier Platz bis zu den Büschen mit den weißen
Knallerbsen... und ich zog meine Hose herunter und sie ihre,
aber ich weiß nicht, wer zuerst... und dann drückte ich meinen Bauch an ihren... das war alles. Eine Erektion hatte
ich nicht, das weiß ich bestimmt. Es war im Verhältnis zu
dem Gerede, dem Aufwand, den Erwartungen ernüchternd, es
war eigentlich gar nichts - das erinnere ich mich deutlich,
daß es eine Enttäuschung war und wie wir uns dann die Hosen
wieder hochzogen... und plötzlich waren auch die anderen
da..."

2. Das Entdecken
   (In bezug auf den Therapeuten und die Therapie)

"Ich habe mir so eine Behandlung ganz anders vorgestellt -
daß Sie mir viel mehr sagen sollten, was ich tun oder lassen soll, daß Sie sich ganz anders betätigen. Sie beteiligen sich zwar schon, aber es ist doch mehr ein Fragen, gelegentlich ein Zusammenfassen, auch mal ein Zustimmen oder
ein Ablehnen, aber Sie geben mir keine Anweisungen - und
jetzt verstehe ich auch, warum.Ich soll selber darauf kommen - nicht? Sie helfen mir zwar, aber die Hauptarbeit muß
ich doch leisten - das ist jedenfalls anders als ich es mir
vorgestellt habe."

"Ich habe Sie für still, zurückgezogen, leidenschaftslos
gehalten - aber so, wie ich Sie eben da reden hörte, können
Sie schon Ihre Meinung sagen. Mit Ihnen ist am Ende gar
nicht so gut Kirschen essen?"

Entdecken der Beziehung zu Personen in der Vergangenheit

und in der Gegenwart, Lebensraum:

"Wenn ich es recht bedenke, dann zeigt mir der Traum doch
meine Mutter von einer Seite, die ich ganz vergessen hatte.
Sie konnte doch sehr fürsorglich sein - wenn sie uns abends
zu Bett brachte, uns zudeckte, ein Weilchen bei uns saß,
ein Liedchen vorsang, dieses Lied höre ich jetzt ganz genau... 'Guten Abend, gute Nacht', von Brahms, Sie kennen
es bestimmt auch, sie sang es mit einer etwas hohen, dünnen
Stimme, vorher schüttelte sie noch die Kissen im Bett auf -
wenn wir dann lagen und sie mit uns gesungen und gebetet
hatte, räumte sie noch auf, legte die Kleider für den nächsten Tag auf dem Stuhl zurecht - und wenn einer von uns
krank war, ließ sie immer die Türe einen Spalt offen, damit
Licht hereinkam. Das war also ihre Fürsorglichkeit. Die
stand im Gegensatz zu der Art und Weise, wie sie mit meinem
Vater, man muß schon sagen herumsprang - der hatte keine
frohe Zeit bei ihr, sie benutzte ihn eigentlich nur wie einen Diener oder Lakaien, er war gerade gut genug, das Geld
nach Hause zu bringen und hatte im übrigen stillzuhalten.
Aber das war die andere Seite von ihr - über die haben wir
viel gesprochen und haben auch gesehen, daß ich dazu neige,
meinen Mann ähnlich zu behandeln -, und es war doch auch
die Seite da, an die mich jener Traum erinnerte, wie sie
mich zudeckte und ich ganz artig die Hände faltete..."
(Entdecken von gegensätzlichen Haltungen der Mutter geht
in Erschließen von Eigenschaften derselben über.)

Entdecken von Orientierungs- und Ordnungsbezügen im Lebensraum:

"Solange ich mich M.N. und der Gruppe fügte und ihre Anord-
nungen ausführte, war alles okay - aber da sah ich doch,
daß M.N. ein ganz echter Fanatiker ist. Für Fanatiker gibt
es doch nur schwarz/weiß... nicht? So definiere ich mir den
Fanatiker und die Weißen waren eben die Linken oder aber
diese Speziellen, die Sie ja auch kennen, die Trotzkisten -
alles andere war schwarz, auch unter den Linken, die waren
eben keine Linken - und sein ganzes Weltbild war wunderbar

einfach - er hatte alle Probleme gelöst und ich mit ihm.
Sie glauben nicht, wie angenehm, wie wesentlich es für mich
war, jetzt auf alle Fragen eine Antwort bekommen zu können
und bekommen zu haben. Vor allem wie ich mich den anderen
gegenüber zu verhalten habe - die anderen, das waren ja,
bis auf ganz wenige, alle Feinde. Was glauben Sie, wie das
das Selbstbewußtsein hebt, von lauter Feinden umgeben zu
sein... 'Viel Feinde, viel Ehr'... was das für ein Gefühl
ist, nur mit ganz wenigen die Wahrheit zu besitzen! Und zu
den wenigen gehörte ich auch - aber dann kam noch der Moment, wo mir ein Licht aufging, als über die Genossin K.
diskutiert wurde und beschlossen wurde, sie auszustoßen -
wie M.N. da redete und redete, ja und eigentlich immer dasselbe sagte, was wir seit eh und je wußten, da schoß es
mir mit einmal durch den Kopf: ein Fanatiker und Fanatiker
sind doch irre. Hitler war auch ein Fanatiker und Robbes-
pierre - und überhaupt Politiker und Fanatismus - das ist
doch meistens ein und dasselbe - aber auf dem ganzen Hintergrund meiner Vergangenheit, über die wir ja gesprochen
haben, meinen haltlosen Eltern, die auf keine Frage im
Grunde genommen eine gescheite Antwort wußten - können Sie
sich denken, was das für ein Erlebnis war, mit einmal in
dieser Gruppe zu leben und von den wenigen Auserwählten anerkannt zu werden..."

Therapeut: "Sie haben über Ihre Nachbarn gegenüber im Treppenhaus gesprochen, über die, die über Ihnen wohnen und
die, die unter Ihnen wohnen - was ist Ihnen denn als Gemeinsames Ihrer Beziehung zu den Nachbarn eingefallen?"

"Daß ich sie alle miteinander nicht mag, am liebsten zum
Fenster herauswerfen würde..."

Therapeut: "Daß Sie alle miteinander nicht mögen - und warum nicht?"

"Nun ja, das habe ich Ihnen doch erklärt, alle kritisieren
mich, haben an mir und vor allem an den Kindern ständig etwas auszusetzen, an meinem Mann, an unserem Auto - und wenn

ich die Frau M. oder X. beim Lebensmittelhändler treffe, macht sie süffisante Bemerkungen oder spöttische Blicke: "Guten Tag Frau G., nun wie geht es denn? Ihren Mann hat man ja schon lange nicht mehr gesehen?" Oder: "Wie lange wollen Sie denn noch Ihre Beule am Auto spazierenfahren?""

Therapeut: "Aber vielleicht ist da noch etwas anderes Gemeinsames, was Sie den Nachbarn gegenüber empfinden, außer dem, daß Sie alle zum Teufel wünschen...?"

"Na ja, die sind mir eben unangenehm. Wo ich kann, gehe ich Ihnen aus dem Weg - wenn ich einkaufen gehe oder mit den Kindern etwas unternehme, horche ich immer erst, ob das Treppenhaus auch ruhig ist, weil ich keinen treffen möchte."

Therapeut: "Unangenehm - können Sie das noch etwas mehr herausarbeiten, was das für Sie bedeutet?"

"Ich will sie eben nicht sehen, die Nachbarn, ich mag sie nicht. Ich fühle mich beobachtet, kritisiert von allen... mein Mann unterstützt mich nicht ausreichend. Er geht sogar so weit und sagt, ich sollte doch die M.N. oder die X. einmal einladen, es seien doch ganz nette Leute - ist das nicht ein Mangel an Einfühlung? Ja, es ist mir unangenehm, oder sagen wir einfach, ich habe halt Angst vor ihnen - vor ihrer Kritik vor allem."

Therapeut: "Sie mögen sie nicht und Sie haben Angst vor Ihnen, vor allem vor ihrer Kritik - kommt da nicht noch ein neues Moment zum Vorschein?"

"Ja - ich bin eben abhängig von der Meinung der Leute, das ist es, was mir wahrscheinlich im Moment und schon früher immer zu schaffen gemacht hat. Mein Mann sagt: "Scher' Dich doch nicht um die anderen." "Tua res agitur" sagt er als guter Lateinlehrer - aber das ist leicht gesagt... weil ich eben keine Meinung habe, weder von mir noch von der Welt, habe ich wahrscheinlich von beiden nur eine schlechte Meinung und Angst, vor der Welt nicht weniger als vor mir und

dem, was ich mit den Leuten anstellen könnte. Angst eben
vor allem vor der Meinung der anderen. Aber wir werden doch
alle so erzogen? Bei wem heißt es nicht: Tu das nicht, was
denken denn die Nachbarn...? Weil ich keine eigene Meinung
habe, bin ich eben von den anderen viel zu abhängig, das
sehe ich jetzt deutlich - und es hat bestimmt mit meiner
Angst und mit meiner Unsicherheit zu tun..." (Entdeckt ihre Orientierungslosigkeit)

Entdeckung von Leistungsbezügen, Vergangenheit:
"Mein Großvater saß immer neben dem Holzstapel, rauchte
seine Pfeife und war lieb. Jedenfalls im Sommer. Im Winter
rauchte er in der Küche. Er war kriegsversehrt - wir lebten, glaube ich, alle von seiner Rente. Mein Vater machte
Gelegenheitsarbeiten, meine Mutter ging putzen. Sie war die
einzige, die arbeitete. So sah ich einerseits den Großvater
nichts tun und gut sein, die Mutter schuften - und schlecht
gelaunt. Das waren meine Vorbilder - der Vater tauchte nur
hie und da auf." (Entdecken von Gegensätzen im Leistungsbereich)

"Ich war der Schulschwänzer. Deshalb flog ich auch raus.
Aber das war so eine Blamage, daß ich dann ab Mittelstufe
anfing zu arbeiten - es ging mir glatt von der Hand."

Entdecken von Leistungsbezügen, Gegenwart:
"Ich bin nicht für den Computer und die Rechenmaschine ge-
schaffen und werde es aufgeben. Warum soll ich mir nicht
eine andere Tätigkeit suchen, bei der ich mit Menschen zu
tun habe... Wir haben ja gesehen, daß ein großer Teil meiner Nöte daher kommt, daß ich eben in meinem Beruf keinerlei Beziehung zu Menschen habe, sondern nur mit Maschinen
zu tun habe... Das ist auf die Dauer unhaltbar und ich kann
es nicht verstehen, wie so viele andere Menschen das aushalten. Ich muß mit Menschen zu tun haben und ich werde sehen, daß ich das Steuer meines Berufes noch einmal umwer-
fen kann... Und sei es nur, daß ich in der Firma in unsere
Personalabteilung komme..."

"Meine Arbeitsstörung kommt einfach daher, daß man mich zu
diesem Beruf gezwungen hat. Ich will nicht Volkswirt werden.
Was ist das schon für ein Wort! Volkswirt! Da brauche ich
keine 150 Stunden Psychotherapie, um das einzusehen. Aber
die Einsicht nützt mir nichts - ich weiß eben überhaupt
noch nicht, was ich eigentlich machen soll, vieles - ja,
vieles möchte ich wohl - aber es ist alles noch diffus, nur
eines weiß ich mit Sicherheit, nicht Volkswirt..."

Entdecken von Zeitigung und Verantwortung in der Vergangenheit:
"Mit 16 Jahren las ich die Lebensgeschichte Friedrichs des
Großen, da ging mir die ganze Bedeutung der Hohenzollern
für Deutschlands Entwicklung bis zu Hitler schlagartig auf.
Ich sah mich plötzlich nicht mehr in unserer kleinen Familie eingepreßt,ich sah nicht mehr Schulkameraden, Lehrer
und das Gymnasium - nicht mehr B. (die Kleinstadt, in der
der Patient lebte) -, sondern ich sah mich selbst in diesem
Konflikt stehen, den unser Volk in Jahrhunderten durchgemacht und durchgestanden hat, unter dem es zusammengebrochen ist: der Konflikt zwischen Anerkennung durch die anderen Völker als Weltmacht, wie das Friedrich der Große
durch den Siebenjährigen Krieg erzwingen wollte und gleichzeitig das kriecherische Sich-den Feinden-Anpassen, Respekts-
personen gegenüber kriecherisch - diese Vermischung von Grö-
ßenwahn und Verblendung und Machtgier, dann mit Unterwürfigkeit und Überanpassung - das ist meine Neurose, das ist eine deutsche Krankheit, meinen Sie nicht auch...?"

"Wenn ich an meine Vergangenheit denke, dann frage ich mich,
ob ich überhaupt so etwas habe. Ich habe nie zurückgedacht,
immer nur an den nächsten Tag, an die nächste Aufgabe...
Vorwärtskommen, arbeiten... noch 10 % mehr als das vergangene Jahr - was sollte mir da die Vergangenheit? Wenn ich
jetzt zurückdenke, wenn ich mich frage, warum bin ich krank
geworden, da sehe ich die Vergangenheit wie einen einzigen
Nebel, wie einen Schleier, aus dem plötzlich ein Bild auftaucht - wie ich auf dem Fahrrad zur Schule fahre, den lan-

gen Weg, das Stück durch den Wald, wo ich immer Angst hatte,
besonders im Winter, oder die Küche, meine Mutter am Herd,
der Vater liest die Zeitung, Beine auf das Schränkchen gelegt, dicker Küchendunst, kein richtiger Platz zum Schularbeiten machen - und doch hieß es immer, Du mußt mehr werden als wir, dafür bist Du verantwortlich, Du bist für uns
verantwortlich, mach' schnell, lerne noch schneller! Und
ich setzte mich in der Küche hin, stopfte mir die Ohren zu
und bereitete mich für die nächste Klassenarbeit vor... so
taucht mir jetzt die Vergangenheit auf, wenn Sie mich danach fragen..." (Verbindung von Verantwortung,Leistung und
Zeit ("schnell").)

Verantwortung für andere:
"Sie wissen doch als Psychologe, was für ein Los die älteren Geschwister haben! Alle Verantwortung für die jüngeren
wurde mir aufgehalst und ich brauche Ihnen nicht zu erklären, warum ich den kleinsten Bruder einmal mitsamt dem Kin-
derwagen den Bahndamm runterschmiß. Verantwortung für andere ist mir seitdem verhaßt - obwohl ich vom Verstand her
weiß, daß es ohne diese Verantwortung nicht geht."

Entdecken der Beziehung zum Leib, Gegenwart:
"Als ich damals die Treppe so schnell wie ich konnte herauf-
lief und mein Herz wie irrsinnig schlug, entdeckte ich zum
ersten Mal, daß ich überhaupt ein Herz habe - genau, wie
mich das dann der Internist fragte -, und diese Entdeckung
ist mir zum Verhängnis geworden. Denn Sie wissen ja, daß
ich es jetzt ständig schlagen und klopfen spüre, bei Nacht
und bei Tag - und daß mich das an den Rand des Wahnsinns
bringt..."

"Daß ich eine Frau bin, das hat mir mein Bruder ziemlich
drastisch beigebracht..."

"Wenn ich mich mit meinem Körper in der Badewanne beschäftige, dann entdecke ich immer wieder etwas Neues - hier ein
Grübchen, dort einen Pickel, eine Stelle, wo die Haare aus-
gefallen sind, eine Rötung an den Beinen oder eine Blase,

mal ist der Bauch geschwollen und gebläht, dann wieder ganz eingefallen, damit kann ich mich stundenlang beschäftigen... Das ist mein Fernsehen... Herr Doktor, ich bin ein autoerotischer Konsument, das ist wenigstens billig, nicht?"

Entdecken der Beziehung zum Leib, Vergangenheit:
"Ich war neun oder zehn Jahre und ritt hinter einem Karren her, auf dem einige eingeborene Frauen saßen. Plötzlich drehte sich eine zu mir und hob ihren Rock und lachte. Ich sah das schwarze Genitale und es erregte mich sehr."

"Meine Mutter hielt mir meine beiden älteren Schwestern als Vorbild vor, die waren so sportlich - ich nicht. Ich konnte einfach keine Flanke über das Reck machen - überhaupt kam ich mir schwach und klein vor - immer. Bei Hand- oder Fußball wurde ich immer als einer der letzten gewählt - war dann Läufer. Ich kam mir im Vergleich zu anderen körperlich minderwertig vor - einfach schwach. Dafür wurde ich verspottet."

Entdecken der Beziehung zu sich selbst als erster Orientierung:
"Der Traum zeigt mir ja eine ganz furchtbare Seite - das kann ich doch nicht auf mich beziehen -, die eigene Mutter vergewaltigen und dann noch erschlagen... Das ist ja gar nicht auszudenken... Träume sind blanke Schäume, Herr Doktor... Machen Sie mir nichts anderes weiß."

"Daß ich so bösartige Gedanken haben kann, ist mir eigentlich neu. Ich habe mich immer für besser gehalten als der Rest der Menschheit."

3. Das Erschließen
(Das Erschließen des Therapeuten und der Therapie)

"Es ist mir doch schon klar geworden, was die Therapie bezweckt. Nicht nur, daß ich mit meiner Angst schon besser klarkomme und überhaupt mit dem Leben. Es ist so eine Art,

wie soll ich sagen, so eine Art Weg, den ich mit Ihnen nochmal in meine Vergangenheit, in mein Leben zurück und vorwärts gehe, gegangen bin. Da ist mir manches sinnvoll oder
verständlich erschienen, was ich vorher nicht begriff, anderes wird mir immer ein Rätsel bleiben. Aber es ist irgendwie ein Ganzes, was ich gar nicht in Worte fassen kann,
aber was ich so erlebe... Insbesondere, daß ich meinem Vater so gleiche, daß ich vieles, was ich im Studium und im
Beruf getan habe, im Grunde genommen so getan habe, wie er
es tat, ohne mir darüber Rechenschaft abzulegen. Das ist
so ein Fall, an dem mir klar wird, wie sehr ich von der
ganzen Entwicklung meiner Vergangenheit bestimmt wurde..."

Erschließen des Lebensraumes, Vergangenheit, Orientierungs-
und Ordnungsbezüge:
"Mein Vater hatte bei aller Liebe, die er uns gab, einen
gewaltsamen Zug - wenn es nicht nach seinem Sinn ging,
schmiß er alles hin - dann gab er seine Stellung auf, suchte eine neue, Koffer und Kisten wurden gepackt, der Umzugs-
wagen kam und auf ging es in eine andere Stadt oder in einen anderen Stadtteil. Wenn er mit meinem Bruder und uns
spielte und er verlor, warf er das Spiel hin und sagte ungefähr: 'Soweit ist es schon mit mir, daß meine Kinder mich
im Spiel schlagen'... wenn er Meinungsdifferenzen mit meiner Mutter hatte - immer wegen Geldangelegenheiten -, dann
erinnere ich mich, daß er direkt auf sie losgegangen ist,
um sie zu schlagen, aber er hat sich im letzten Augenblick
immer wieder beherrscht..."

Therapeut: "Und wie hat das alles auf Sie gewirkt, was haben Sie dabei erlebt, empfunden?"

"Ja - das habe ich mir auch schon die ganze Zeit überlegt,
ich schäme mich, das zu sagen, aber eigentlich war es Schadenfreude, ja Schadenfreude, ganz simple Schadenfreude,
wenn er auf meine Mutter losging..."

Therapeut: "Nur wenn es Ihre Mutter betraf?"

"Sowohl als auch - wenn mein Vater beim Spielen verlor,

freute ich mich natürlich, wir alle freuten uns, wenn er
auf meine Mutter losging, freute ich mich, daß es meiner
Mutter an den Kragen gehen sollte und freute mich, daß mein
Vater die Fassung verlor - und wenn wir wieder einmal umzo-
gen, als wir schon älter waren, sagten wir uns 'Der Alte
hat wieder was pexiert...' und freuten uns auch darüber..."

Therapeut: "Und Ihnen ist es nie an den Kragen gegangen?"

"Nein - er hat sich an uns nie vergriffen, weder an mir
noch an meinem Bruder. Er tobte sich dann kurz und heftig
an den Dingen aus, an Gegenständen, nahm das ganze Spiel
und pfefferte es durch das Zimmer, stürmte heraus, und so
hatte ich jedenfalls keine direkte Angst vor ihm, weil er
mich nie geschlagen hat. Andererseits sind mir so explosi-
ve Leute nicht besonders sympathisch, auch wenn es sich
nicht gegen mich richtet..."

Therapeut: "Wenn Sie keine Angst vor Ihrem Vater seiner Gewaltsamkeit wegen hatten, war er Ihnen dann unsympathisch -
eben wegen seiner explosiven Ader?"

"Ja - was heißt unsympathisch? Es war mir natürlich nicht
ganz wohl dabei - trotz der Schadenfreude, der Schadenfreude auch über ihn, daß er sich so gehen ließ. Es freute mich,
daß er die Fassung verlor, das war zweifellos der Fall -
das konnte doch zu der logischen Folgerung führen, daß ich
ihn nicht mochte, aber das kann ich nur logisch schließen,
mein Gefühl wehrt sich dagegen."

(Der Patient beginnt sein Verhältnis zu seinem Vater jetzt
erneut zu erkunden und zu entdecken. Er hatte einen Zug des
Vaters als "gewaltsam" erschlossen und sein Antwortverhal-
ten auf diese Gewaltsamkeit, die Schadenfreude, ebenfalls
bei sich festgestellt, damit Zusammenhänge wahrgenommen.
Die Frage des Therapeuten regte den Patienten an, die Beziehung zu seinem Vater noch deutlicher zu fassen, zu Zusammenhängen eines übergeordneten Ganzen durchzustoßen und dabei die stets sich relativierenden Eigenschaften der Angehörigen, in diesem Falle des Vaters, zu erschließen. Der

Patient begann sich in diesem Zusammenhang mit dem Vater
zu vergleichen, er sieht bestimmte Eigenschaften seiner
Person (Sicherheitsbedürfnis) im Unterschied zum Vater, er
konfrontiert sich mit sich selbst über den Vater, um damit
über das Erschließen auch in die Auseinandersetzung mit seinem Vater einzutreten. Dann kehrt er wiederum zum Erkunden
von Erlebtem zurück.)

"Aber heute würde ich sagen, ich beneidete ihn, weil er
sich eben so gehen lassen konnte, was ich ja eben nicht
kann - mir käme es nicht in den Sinn, meinem Chef einfach
die Sachen vor die Füße zu werfen und meinen Abschied zu
nehmen. Bei mir ist das Bedürfnis nach Sicherheit viel größer als bei meinem Vater. Aber das ist heute so - wie ich
es früher erlebt habe... ich weiß es nicht mehr genau, gewiß, da muß auch eine Antipathie da gewesen sein, sonst
hätten mich seine Wutanfälle nicht gefreut... Aber ich kann
es noch nicht nacherleben, ich erlebe nur die Schadenfreude..."

Weitere Beispiele für Erschließen des Lebensraumes und seiner Orientierungen und Ordnungsbezüge, Erschließen der eigenen Beziehung zu diesen, Vergangenheit:
"Je nachdem wie ich mich fühle, erscheint mir meine Vergangenheit anders: Ich kann überhaupt nicht sagen, ob ich
eine glückliche oder eine unglückliche Kindheit hatte, ob
mein Vater, meine Mutter diese oder jene Eigenschaften hatten, das hängt ganz von meiner Stimmung ab, von den Bildern, die ich in dem Augenblick von meiner Vergangenheit
bekomme, von meinen Gefühlen meinen Eltern gegenüber, die
ständig andere sind - jedes Festlegen ist falsch, jedes
Feststellen von Eigenschaften ist im nächsten Augenblick
schon wieder zweifelhaft -, sollte ich Ihnen meinen Vater
schildern,müßte ich so viele widersprüchliche Eigenschaften aufzählen, daß Sie und ich am Schluß ganz verwirrt
sind - also muß man sich mit diesem oder jenem Bild, mit
der Beschreibung einer Situation begnügen, wenn es mir gelingt, eine solche aus der Vergangenheit aufzufischen...

ein objektives Bild von meiner Vergangenheit und meiner Entwicklung Ihnen zu geben, ist unmöglich, das geht gar nicht..."

Erschließen von Orientierungs- und Ordnungsbezügen, Gegenwart:
"Was mich an der Kirche fesselt ist, daß alles einen Sinn hat, einen Zusammenhang, eine Bedeutung, das kleinste Geklingel in der Messe, die Gewänder, ob er rechts eine Schwenkung macht oder links - ja wissen Sie, wenn man das versteht, da weiß man, wohin man gehört, man ist im Jenseits ebenso zu Hause wie auf der Erde."

"Ich habe eingesehen, daß ich keinerlei Sinn im Leben sehe, kein Ziel, keine Richtung, an nichts glaube - ich hoffe, die Behandlung führt mich dazu. Meine Krankheit ist die Sinnlosigkeit des Lebens - so erlebe ich es jedenfalls."

Erschließen von Leistungsbezügen, Gegenwart:
"Als ich zu Ihnen kam, kam ich, weil ich nicht mehr am Schreibtisch arbeiten konnte - ich erlebte, daß ich ungeheuere Aggressionen gegen diese Art von Arbeit hatte -, Sie zeigten mir, wie ich mit diesen Aggressionen fertig werden könnte - inzwischen sehe ich, daß ich mit meiner Arbeitsstörung gegen meine anderen Möglichkeiten, mich irgendwie in der Leistung zu verwirklichen, angehe, gewissermaßen protestiere, daß ich mich beschränken muß - anstatt die Dinge zu tun, die ich noch tun könnte, und jetzt stehen wir vor der Frage, was ich denn wirklich tun soll? Wie kann ich mein Studium aufgeben, in das meine Eltern ihr Geld und ich jedenfalls viel Zeit investiert haben - wie kann ich auf der anderen Seite mehr für mich selbst tun, um mich nicht in dieser Weise für mein ganzes späteres Leben einzuschränken, auch wenn wir eben in einer hochspezialisierten, technischen Gesellschaft leben..."

"Das ganze Gerede von der Selbstverwirklichung ist doch nichts anderes als linke Propaganda. Ich möchte bloß wissen, wie man sich in Rußland oder im Ostblock selbstverwirklichen kann... In einer technischen Gesellschaft ist

Selbstverwirklichung überhaupt unmöglich. Das ist der Zusammenhang, in den ich mich jetzt stellen muß und den ich abgelehnt habe, gegen den ich angegangen bin... aber ich möchte sagen, daß mir das weniger durch Ihre Hilfe, als vielmehr soziologisch klar geworden ist... Ich muß mich einschränken, muß meine Begabungen, insbesondere die künstlerischen zurückstellen, um eine Grundlage für mein späteres
Leben, für eine Familie, die ich vielleicht einmal haben
möchte, zu legen... Ich muß verzichten lernen, es bleibt
mir nichts anderes übrig, ich bin kein Universalgenie und
ich werde mich auf wenige Tätigkeiten beschränken müssen..."

Erschließen von Leistung, Vergangenheit:
"Ich war vielleicht fünfzehn oder sechzehn Jahre, da wurde
mir klar, daß ich arbeiten muß, um mein Ziel zu erreichen -
über meine Familie hinauszuwachsen, Ingenieur zu werden. Da
wurde mir klar: ohne Fleiß kein Preis."

Erschließen seiner selbst in der Phantasie, Entwerfen von
Orientierung:
"Jetzt sehe ich, wie mein Glied immer größer und stärker
wird, es richtet sich riesig, steil auf, durchbricht die
Decke, dick wie ein Elefantenbein - oben ist eine Fontäne,
aus der Blut spritzt, bis an den Himmel... Es fällt in Millionen Blutstropfen auf die Erde - überall, wo ein Tropfen
hinfällt, blüht eine Blume auf, aus der mich das Gesicht
meiner Mutter anblickt... Ich sehe in diese Blume hinein,
beuge mich zu ihrem Kelch hinab, um meine Mutter genau zu
sehen... Da streckt sie mir ihre Zunge heraus... Auf der
Zunge aber kriecht ein Tausendfüßler, der immer länger und
länger wird, der auf mich zukommt und immer größer wird -
größer, wie eine Riesenschlange sich dehnt und spreizt und
die Blumen niederwälzt, die alle mit einem kleinen Puff,
mit einem stechenden Laut verbrennen, bis er mich aus seinen Stielaugen, nein aus zwei Autoscheinwerfern anblickt
und auf mich zukommt... Was soll ich anders machen, als an
meinem eigenen Glied emporzuklettern, immer höher, immer
höher, schon bin ich ganz in den Wolken drin, der Tausend-

füßler, dieser Riesenwurm, kann mich nicht mehr sehen, jetzt
fliegen zwei Kraniche vorbei... Hallo, nehmt mich mit, ich
springe ab, halte mich an ihren Beinen fest und sause mit
ihnen durch die Luft..."

Erschließen von Zeit und Verantwortung, Vergangenheit und
Gegenwart:
"Meine Zukunft habe ich mir schon als Kind wie ein Schlaraf-
fenland vorgestellt - keine Arbeit, keine Schule, keine Eltern - auf der Wiese liegen - ja, aus gebratenen Hühnern
machte ich mir eigentlich nichts. Dolce far niente - ein
Wunder bei dem Druck?"

"Meine notorische Unpünktlichkeit hat zu meiner Entlassung
geführt. Seitdem habe ich überhaupt das Gefühl für Zeit verloren. Sie waren ja bis jetzt damit immer sehr großzügig
mir gegenüber - aber ich fürchte, daß meine Therapie auch
noch daran scheitert. Was bedeutet das wohl? Auflehnung gegen Zwang, Zeit, Muß - Sehnsucht nach dem zeitlosen Para-
dies? Werden wir das herausbekommen?"

Erschließen der Beziehung zum Leib, zur Sinnlichkeit, Gegenwart und Vergangenheit:
"Wie soll ich meinen Körper lieben, wenn ich immer das Gefühl hatte, meine Mutter ist so viel schöner als ich...
sie hatte die herrlichsten, dunkelbraunen Locken, sie war
schlank und doch wohlproportioniert, sie hatte die schön-
sten Beine, sie wurde von allen Männern umgurrt... und ich
stand daneben, mich sah keiner an - wie soll ich mir da
nicht häßlich vorkommen und meinen Körper verwünschen? Keiner kann mir das ausreden - obwohl ich weiß und wenn ich
mich selbst ansehe, daß ich objektiv nicht häßlich gebaut
bin - nicht häßlicher als meine Mutter -, aber ich habe
eben das Gefühl, daß ich häßlich bin und das muß ich loswerden..."
(Auch hier beginnt die Auseinandersetzung mit der Beziehung
zum eigenen Leib über den diese Beziehung erschließenden
Vergleich mit der Mutter.)

"Ich habe eigentlich keine sexuellen Probleme, wie ich geglaubt habe... (Entdecken) - sondern ich kann mich eben sexuell nur erwärmen, wenn ich mich für die ganze Person erwärmt habe, oder wenn ich eben jemanden liebe - deshalb war ich bei dem Callgirl impotent... und mein Unglück ist eben, daß ich nur einmal richtig verliebt war - und da hat es sexuell ja auch keine Schwierigkeiten gegeben -, aber die Beziehung hat nicht gehalten - und mein Problem ist eben, die Beziehung zu finden, in der ich verliebt bin oder liebe - oder wie man dieses Gefühl auch nennen mag -, dann klappt es auch sexuell."

Therapeut: "Aber glauben Sie nicht, daß der sogenannte normale Mann beim Anblick einer halbwegs attraktiven, nackten Frau oder bei Annäherung an diese zumindest physiologische Veränderungen aufzeigt, mindestens eine Erektion - wenn er körperlich ganz gesund ist?"

"Aber der normale Mann, von dem Sie sprechen, ist vielleicht wiederum nicht in der Lage, seine Frau als Person, als Menschen wahrzunehmen, in ihr eine Partnerin zu sehen."

Therapeut: "Ich habe diesen Einwand nur gemacht, um nicht die Bedeutung der persönlichen Beziehung oder Zuneigung zu einer Ausflucht gegenüber einer nicht bewältigten Sinnlichkeit werden zu lassen - die Ebene der unproblematischen, sinnlichen Kommunikation scheint mir bei Ihnen gestört zu sein und es besteht die Gefahr, daß man aus der Not eine Tugend macht."

"Es muß beides zusammenfallen, das Persönliche und das Sinnliche... das wäre für mich die ideale Lösung und bei mir liegt es wieder daran, daß ich die Frau nicht finde, in die ich mich verlieben möchte und auf der anderen Seite eben eine unproblematische, genitale Beziehung nicht aufnehmen kann."

Therapeut: "Aber vergessen Sie nicht, daß es sich doch schon einmal in Ihrem Leben ereignet hat. Wir müßten eben noch etwas Genaueres über diese Beziehung wissen und uns

dann die Frage vorlegen, ob sich so etwas noch einmal wiederholen kann oder ob es reiner Zufall war."

4. Die Auseinandersetzung
   (mit der Therapie, dem Therapeuten)

"Ich kann bei Ihnen zwar nicht sagen, daß Sie die Oster-
eier verstecken, die Sie dann mit mir gemeinsam suchen -
aber ich fühle mich doch von Ihnen stark manipuliert. Schon
die Regelmäßigkeit des Herkommens ist mir lästig, es ist
mir lästig, daß ich mich überhaupt mit Ihrer Person befassen muß, die mich im Grunde genommen nicht interessiert.
Sie sind doch nichts anderes als selbst ein unangepaßter
Bürger, der auf diese Weise versucht, sich der Gesellschaft
noch nützlich zu machen. Wer ergreift denn schon so einen
Beruf - nur einer, der selbst psychopathisch genug ist, der
mit dem Leben nicht fertig geworden ist. Haben Sie sich jemals mit der Wirklichkeit des Lebens auseinandergesetzt?
Sie sitzen hier in Ihrem elfenbeinernen Turm und lassen
sich von Ihren Patienten interessante Geschichten erzählen - Sie sind in der Rolle des Voyeurs, der die Geschehnisse des Lebens durch das Schlüsselloch der Behandlung er-
späht. Im Grunde genommen tun Sie mir leid, aber dafür werden Sie ja auch bezahlt. So schlecht ist diese sitzende Lebensweise auch gar nicht. Sie sitzen einfach da, hören zu
und kassieren das Geld. Aber das wäre nichts für mich! Geholfen haben Sie mir zwar - aber wenn ich das letzte Mal die
Türklinke da draußen in die Hand nehme, dann werde ich Sie
in Sekundenschnelle für den Rest meines Lebens vergessen."

Therapeut: "Haben Sie in dieser Weise schon jemals jemandem
so die Meinung gesagt?"

"...eigentlich nicht. Ich wundere mich selber, daß ich das
alles gesagt habe. Aber es mußte einmal heraus. Ich schäme
mich zwar etwas - bin aber doch auch erleichtert... puh...
Gott sei Dank..."

Therapeut: "Konnten Sie sich in dieser Weise mit Ihrem Vater aussprechen, mit einem Freund, mit irgend jemandem, der Ihnen im Leben etwas bedeutet hat?"

"Denen die Meinung sagen, warum? Mein Vater oder mein bester Freund - wir waren immer einer Meinung -, mal tat ich was er wollte, mal er, was ich wollte. Nein, mit meinem Vater ist da gar keine Ähnlichkeit."

Therapeut: "Aber da waren Sie doch schon älter, wenn er z. B. tat, was Sie wollten..."

"Wieso? Wenn ich als kleines Mädchen einen halbwegs vernünftigen Vorschlag machte, akzeptierte er es. Z.B. wenn ich ihm erklärt, daß ich ein kleines Zelt haben müßte, um auf diese Weise meine Wanderungen mit den Freundinnen besser zu finanzieren, dann leuchtete ihm das ein und ich bekam das Zelt. Mein Vater und ich waren Kameraden. Nur meine Mutter störte... Aber darüber haben wir ja schon gesprochen."

Therapeut: "Und haben Sie Ihrer Mutter schon einmal so die Meinung gesagt wie heute mir?"

"Das wäre unmöglich. Meine Mutter war doch herzkrank, sie mußte ständig geschont werden. Das war es eben, was störte - bzw. sie störte meinen Vater und mich mit ihrer Herzkrankheit, weil wir sie ja fürsorglich bemuttern mußten..."

"Warum sind Sie immer so ruhig und ausgeglichen? Was kann Sie denn aus der Ruhe bringen? Nichts? Wenn ich mich jetzt hier vor Ihnen plötzlich ausziehen würde? Was würden Sie dann wohl für ein Gesicht machen? Wahrscheinlich gar keines, nicht? Immer ruhig so dasitzen, wie mich das reizt... und dann Ihre ganz zurückgezogene Lebensweise, wie kann man nur so leben! Wenn ich mit Ihnen verheiratet wäre - da würde ich schon Leben in die Bude bringen! Ihre arme Frau! Die kommt bestimmt mit ihren Hoffnungen und Erwartungen ständig zu kurz - Sie ziehen sich den ganzen Tag in dieses Zimmer zurück, mit fremden Menschen, fremden Frauen, da würde ich vor Eifersucht überkochen, platzen..."

Therapeut: "Wie sehen Sie mich denn jetzt im Vergleich zum Beginn der Therapie?"

"Na ja, es sind Ihnen ein paar Zacken aus der Krone gebrochen. Am Anfang habe ich Sie ja ganz schön vergoldet - aber dann sehe ich ja auch, daß Sie kein Heiliger sind... Sie irren sich gelegentlich in Ihren Ansichten, nicht alles was Sie sagen stimmt oder jedenfalls bin ich nicht immer Ihrer Meinung - na ja, und dann ist man ja auch als Patient nicht ganz auf den Kopf gefallen und sieht manches, was Sie nicht merken..."

Auseinandersetzung mit Orientierung und Ordnungsbezügen, Vergangenheit und Gegenwart:

"Sie wissen, daß mir Mutter und Großmutter von klein auf gepredigt haben: Männer sind alle schlecht, die wollen Frauen nur zum Verkehr mißbrauchen, das einzige, was noch im Leben Sinn hat, ist, daß Du Deine Jungfräulichkeit bewahrst. Und jetzt? Ich muß Tag und Nacht an Sie denken, werde von meinen emotionalen Phantasien an Sie gequält - habe nur noch einen Wunsch, mit Ihnen zu schlafen... das sage ich völlig offen, ich kann es offen sagen, weil ich vorhin eine halbe Flasche Sekt getrunken habe... Alles, was mir von Mutter und Großmutter beigebracht wurde, ist wie weggeblasen, das mußte mir passieren - kein Wunder, daß es mir in jeder Beziehung wieder schlecht geht -, die Zwänge haben zugenommen, die Schlafstörungen sind kaum zu ertragen, Kreislaufbeschwerden, Schwindel am Morgen, Schwindel am Abend, von der Arbeitsstätte komme ich kaum noch weg, so lange bin ich mit Aufräumen beschäftigt - ich bin total verunsichert... Der Boden gleitet mir unter den Füßen weg - ich weiß nicht, an was ich mich überhaupt noch halten soll. Und was ist das für ein armseliges Prinzip, was mir da vermittelt wurde - wenn Mutter und Großmutter eben schlechte Erfahrungen mit Männern gemacht hatten, dann hätten sie das doch nicht in dieser Weise komprimieren und mir als letzte Lebensweisheit und einzige Richtschnur aufbinden sollen. Jetzt könnte ich einfach auf sie dreinschlagen und

schreien: Ihr habt mir mit Eurer Moral das ganze Leben ver-
dorben... keine Beziehung zu einem Mann konnte ich durch-
halten... Keinen Mann konnte ich wirklich lieben - weil das
immer im Hintergrund stand, das, daß die Männer nur etwas
von einem wollen, immer dasselbe und jetzt will ich das von
Ihnen, daß Sie mir das wegnehmen sollen, von dem mir einge-
bleut wurde, daß es das Einzige ist, was den Wert der Frau
ausmacht... Soweit bin ich gekommen."

"Ich sage nur - hier sind die einen, die beklagen sich, daß
sie zu streng erzogen wurden, die anderen, daß ihnen zu wenig Ordnung oder Richtung im Leben vermittelt worden ist.
Wie es die Eltern und die Umgebung auch machen, sie machen
es garantiert falsch und wenn die Kinder dann auf der Couch
landen, frage ich mich, was für einen Sinn vermittelt die
Psychoanalyse? Da gilt doch nur der Trieb und seine Frustrierung, wer aber seine Triebe auslebt, der ist letztlich genauso egoistisch und unglücklich, wie der, der sie frustriert. Das ist doch ganz klar und einfach, da muß man
nicht Wissenschaftler sein, um solche Zusammenhänge zu verstehen bzw. die Wissenschaftler verstehen sie eben nicht.
Jetzt haben wir schon eine ganze Weile über mich, meine
Vergangenheit, meine Gegenwart, auch über die Zukunft, über
meine Beziehung zu all dem gesprochen, und ich frage mich,
was für Normen und Antinormen haben mich letztlich geprägt?
Die eine habe ich akzeptiert, andere habe ich verworfen,
nach was für Gesichtspunkten... wo ist in dieser Entwicklung ein Sinn... außer daß vielleicht alles Willkür ist?
Ich sehe da noch nicht durch, ich zweifle an allem und doch
muß ich mich an etwas halten... und wenn es nur Sie sind,
an den ich mich noch halten muß..."

Auseinandersetzung mit Leistung und Leistungsbezügen, Vergangenheit und Gegenwart:
"Es ist mir klar geworden, daß mir mein Beruf von meinem
Onkel aufoktroyiert worden ist, den ich haßte, daß ich in
meinem jetzigen Beruf keine Möglichkeit habe, etwas über
mich selbst zu erfahren - und daß ich vor der Entscheidung

stehe, ihn zu wechseln - oder vielleicht nie gesund zu werden. Ich kann den Beruf nicht wie ein Hemd wechseln... es
heißt für mich, mit Anfang Dreißig noch einmal von vorne
beginnen... aber ich muß die Kraft finden, mich zu diesem
Entschluß durchzuringen."

"Sie wissen doch von Ihrer Frau, wie das Hausfrauen-Dasein
sich abspielt - immer dasselbe, immer dasselbe und dann diese entsetzliche Bindung an die Arbeit, die ihnen keiner abnehmen kann - kein Dienstmädchen, die Zeiten sind ja leider,
jedenfalls für uns, vorbei. Abends bin ich genauso müde wie
mein Mann, versucht man, den Kindern gerecht zu werden -
geht es noch mehr auf die Kosten der eigenen Person - noch
mehr Verzicht. Wie lange habe ich schon nicht mehr am Klavier gesessen und gespielt, wie lange kein Buch aufgeschla-
gen und von Anfang bis zum Ende durchgelesen - und doch muß
ich wieder zu etwas kommen, was mich über den alltäglichen
Kram hebt. Ich will aber nicht ungerecht sein - durch die
Kinder habe ich vieles über mich und meine Grenzen erfahren - auch meine Möglichkeiten, und es ist immer eine Be-
lohnung drin, wenn die Kinder auf einen zukommen, wenn sie
einem die kleinen Ärmchen um den Hals legen und einen Mama
rufen oder nennen..."

Auseinandersetzung mit Zeit und Verantwortung, Vergangenheit und Gegenwart - Auseinandersetzung mit Geschichtlichkeit, Vergangenheit, Verantwortung, Gegenwart:
"Ich erinnere mich sehr wohl, wie ich im Deutschunterricht
den Lehrer zur Rede stellt, daß er immer 10 Minuten zu spät
kam - das war gewiß etwas ungewöhnlich für eine Schülerin."

"Ich riskierte es einfach, dem Gebot der Großmutter, spätestens um 9 Uhr abends zu Hause zu sein, zu trotzen, es gab
Krach, Tränen, Drohungen - dann war Ruhe, ich hatte mich
durchgesetzt. Heute lachen wir darüber - meine Oma und ich."

"Meine Schlamperei geht mir selber auf die Nerven, nicht
nur, weil es mein Mann mir ständig vorhält. Ich muß sie be-
kämpfen - aber erst muß ich wissen, woher das kommt - das

will ich bei Ihnen lernen... ich bin nun einmal ein Träumer, der im Kleinen wieselt, der stundenlang dem Regen an
der Fensterscheibe zusehen kann - darüber alles vergißt..."

Auseinandersetzung mit Geschichtlichkeit und Verantwortung,
Vergangenheit:
"Kann ich als Schriftsteller den Maßstab erreichen, den ich
mir gesetzt habe? Sie versuchen immer diesen Maßstab als
überspitzt, als zu hoch, als unerreichbar herunterzusetzen -
aber ich habe ein zu empfindliches Gespür für die mediokren
Schreiber, die heute den Bücherwald beherrschen - um mich
selbst als mediokren Schriftsteller in diese einzureihen.
Dann lieber gar nicht mehr schreiben - oder arbeitend, immer wieder an jedem Satz, an jedem Wort arbeiten, feilen,
um im Rahmen meiner Möglichkeiten das Bestmögliche zu erreichen. Aber da plage ich mich schon nach dem ersten Satz -
da kommen die Zweifel, könnte es nicht noch besser, noch
anders, noch origineller gesagt werden - und dann im Hintergrund der Zweifel: Hast du überhaupt etwas zu sagen?
Ist nicht schon alles hundertmal und besser gesagt und geschrieben worden? Ist es nur Originalitätssucht, was dich
zum Schreiben treibt - oder ist es echtes Können - und dann
denke ich: Gib' auf, werde Angestellter in einer Schreib-
maschinenfabrik oder geh' zur Olympia oder zur Presse - zum
Schreiberling langt es allemal noch -, dann kommt wieder
die andere Stimme: Nein, halte durch, was du sagen willst,
hat noch keiner in dieser Weise gesagt..."

Auseinandersetzung mit Leib und Sinnlichkeit, Gegenwart und
Vergangenheit:
"Wie soll ich denn jemals mit diesen Empfindlichkeiten fertig werden - gegen die Wetterumschläge, gegen eine Unzahl
von Speisen, gegen Geräusche, gegen Kindergeschrei, gegen
zu hastiges Reden - was allein schon die Außenwelt anbetrifft. Aber meine Stimmungslabilität, diese Schwankungen,
von einem Moment zum anderen - meine Gefühle, die mich hier
für jemanden einnehmen, dort den gleichen, wenige Minuten
später, unsympathisch finden, ich plötzlich Antipathien oder

Sympathien entwickle, für die ich gar keine rationalen Gründe aufbringen kann... und zu wissen, daß das doch alles er-
erbt ist. Meine Tante war so, meine Großmutter, auch ein Onkel von mir, ein Großonkel... was nützt mir da die Beherr-
schung von Stimmungen, die vielleicht jetzt etwas besser
funktionierten als früher - aber ich bin doch diesen Dingen nach wie vor ausgeliefert..."

"Ich darf mich mit niemandem vergleichen - überall gereicht
es mir zum Nachteil. Das ist besonders in Schwimmbädern der
Fall oder an Seen, an der Nordsee, das "Abessinien", das
war eine meiner schrecklichsten Erfahrungen... Sparen Sie
mir die Einzelheiten... Aber was eben bei der einen Frau
schön ist, gut proportioniert, angenehm anzusehen, das ist
bei mir häßlich, unförmig, dick, ob es die Beine sind, die
Hüfte, oder sonst etwas, das eine ist zu dünn, sehen Sie
sich doch meine Arme an, wie dürr die sind, meine Beine
wiederum, wie die viel zu dick sind, und meine Schultern,
da kommt einem die ganze eigene Häßlichkeit zum Bewußtsein,
die pickt einem ja förmlich durch die Haut... und das kann
mir kein Therapeut abnehmen."

"Ich muß mich selbst in meiner Sexualität in den Griff bekommen. Es ist doch absurd - daß ich allen möglichen Männern nachlaufe, und wenn es so weit ist, empfinde ich nichts.
Gibt es dafür eine Erklärung? Das kann doch nur ein ganz
tiefer Zwiespalt in mir sein, ein Suchen hier, ein Davonlau-
fen dort, ein Nicht-allein-sein-Können, weil alle einen
Mann haben, außer mir... muß ich also auch einen Mann haben... Prestige, oder was da noch mitspielt... da mache ich
mir etwas vor - und in der Sexualität kommen meine Abneigung
mein Haß, mein Ekel vor den Männern eben zum Vorschein. Aber
was ist das erste? Gibt es das überhaupt? Finden Sie denn
objektiv die männlichen Genitalien schön? Das sieht doch in
Wirklichkeit einfach abstoßend aus - da sehe ich keinen Unterschied zu den Genitalien eines Esels oder eines Affen...
bei den griechischen Standbildern ist das so klein und de-
zent gehalten - das ist etwas anderes -, aber die Wirklich-

keit - ist doch einfach tierisch. Ich suche den geschlechts-
losen Mann, den suche ich - deshalb bin ich so hinter Männern her - und wenn ich den finde, wie meinen Freund N.N.,
der ja impotent ist und mir doch wie gerufen kommt - dann
verachte ich ihn, behandele ihn wie einen Lakaien, behandle
ihn schlecht, oder nutze ihn einfach für Botengänge aus...
und vor einem wirklichen Mann laufe ich davon. Da haben Sie
mich in meinen ganzen Widersprüchen."

"Was habe ich meinen ganzen illustren Vorfahren zu verdan-
ken? Daß ich heute in einer Sackgasse stecke, beruflich es
zu nichts gebracht habe und mit Maßstäben aufgewachsen bin,
die völlig unrealistisch und weltfremd waren... jetzt ist
von unseren Schlössern und unseren Besitzungen nichts mehr
übrig, ich bin in einer kleinen Firma Angestellter... habe
ein Magenleiden seit Jahren, wir haben über die Zusammenhänge gesprochen... und ich bin eben ein Opfer der Geschichte wie es ja viele andere Millionen auch geworden sind. Ich
kann mich nicht in die Gegebenheiten einfinden, ich kann
mich nicht mit dem Geschehenen abfinden, ich will mich auch
gar nicht abfinden und so bleibt mir wahrscheinlich nichts
anderes übrig, als lebenslänglich zu kränkeln, unzufrieden
zu sein... und meiner Familie das Leben schwer zu machen..."

Auseinandersetzung mit sich selbst, Orientierungsfindung:
"Der Traum hat es mir ja wieder bestätigt, das zerstückelte
Monstrum - das bin ich selbst - in meinen ganzen Widersprüchen. Hier bin ich ängstlich und überangepaßt, dort aufbrausend und stolz, dann wieder scheu und zurückgezogen, plötzlich gehemmt, bringe ich kein Wort über die Lippen - dann
überaktiv, voller Pläne, die ich auch in die Tat umsetze -
gewissenhaft, beinah skrupulös in der Arbeit, lax und gleichgültig, wenn ich in meinem Beruf etwas für andere tun soll -
resigniert auf das ganze Leben bezogen, morgens aber munter
und unternehmungslustig, abends habe ich von allem die Nase
voll und stehe praktisch vor dem Selbstmord. Hier glaube
ich noch an einen Gott und an eine höhere Gerechtigkeit,
einen Ausgleich für alles Schlechte und Böse, dort wiederum

glaube ich gar nichts, meine, daß man überhaupt sicher
nichts weiß und wissen kann - für meine Kinder fühle ich
mich verantwortlich, dann sind sie mir wieder gleichgültig - lasse sie gehen, sage mir, sie müssen ihre Erfahrungen selber machen, du kannst sie nicht einmal vor dem Gefängnis bewahren... und diese Widersprüche, wie sollen die
sich jemals ausgleichen? Wieviele Jahre werde ich noch
brauchen, um zu einem Ausgleich, zu einer Versöhnung zu
kommen?"

"Ich weiß gar nicht, was und wer ich selber bin... ich habe
jeden Mittelpunkt verloren. Ich treibe nur noch dahin, wie
ein Kork, wie ein Blatt, wenn es der Herbstwind herumwir-
belt... hier sehe ich die Ansichten meines Vaters und teile
sie mit ihm, da die Stimmungen meiner Mutter, denen ich ausgeliefert bin, ihre Gefühle, ihre Antipathien... dort sehe
ich meinen älteren Bruder und die Art, wie er Faustrecht an
uns allen übte und sich heute durchgesetzt hat... selbst
meine Großeltern fehlen nicht... nur die Familie... und wo
bin ich? Ich bin doch immer der Säugling im Steckkissen...
den noch keiner ausgewickelt hat, so kommt es mir vor."

Auseinandersetzung in zwischenmenschlichen Beziehungen des
aktuellen und vergangenen Lebensraumes:
"Ich bin immer der Auseinandersetzung mit meinem Vater aus
dem Wege gegangen, ich meidete überhaupt Auseinandersetzungen... wozu soll ich mich mit den Leuten herumstreiten? Können Sie mir einen plausiblen Grund dafür geben? Besser, man
zieht sich zurück und hält den Mund, ich weiß, daß das Angst
ist. Aber mein Vater, obwohl er doch Schwerbeschädigter war,
sich kaum bewegen konnte, war zum Fürchten. Wie er so hilflos im Rollstuhl saß, aber dann vor Wut kochte - die Adern
schwollen ihm an den Schläfen, am Hals, er ballte die Faust
zusammen und einmal, in der Zeit, als ich öfter später nach
Hause kam, hatte er sich hinter der Haustüre plaziert, als
ich öffnete, die Kette innen wegschieben wollte, da packte
mich mit einmal seine Hand, packte er meine Hände und er
schrie mich an, was ich für ein Taugenichts, für ein Huren-

lump sei, und ich sollte besser überhaupt nicht mehr nach
Hause kommen - und dann biß er mich in die Hand - hier...
da sehen Sie noch die Narbe, das war meine Auseinandersetz-
zung mit ihm. Heute sehe ich ihn eben als bemitleidenswer-
ten Gescheiterten an, der Krieg hat ihn auf dem Gewissen...
Er kann nichts dafür, daß er über eine Mine gefahren ist -
verstehen Sie, ich kann mich nicht leidenschaftlich über
ihn ereifern. Da steht immer der Rollstuhl dazwischen - dieses rote Gesicht, das Wut und Ohnmacht zugleich ausdrückte -
und so sehe ich ihn eben distanziert, wie andere Menschen
auch, die sitzen jeder in ihrem Rollstuhl und möchten aber
frei sein... Oder meinen Sie, ich mache mir das nur zum
Vorwand? Meine Distanz, aus der ich die bemitleidenswerte
Menschheit sehe, ist mir... ist mir... ja vielleicht eine
Entschuldigung, ein Vorwand, mich nicht mit den Menschen
einzulassen? Weshalb mir auch meine Braut sagte: Du bist
nie ganz da, weshalb ich eigentlich auch wenig Freude in
der Schulzeit und im Studium hatte, im Beruf immer Einzelgänger war... Einzelgänger, der bestenfalls an die Roll-
stühle Hand legt, sie etwas weiterzubefördern - daß das meine Lebenskonstruktion ist?"

"Ich habe sein Manuskript gelesen und ihm offen gesagt, was
ich daran schlecht finde, weshalb er dafür keinen Verleger
finden wird. Er hat meine Kritik akzeptiert, dann hat er
mein Manuskript gelesen, es kritisiert, ich habe seine Kritik akzeptiert. Aber bei der anderen Geschichte von ihm,
die ich sehr gut finde, hätte ich ihm meinen Verleger empfehlen können - das habe ich nicht getan. Gemein, nicht? Ich
kann keinen Gleichberechtigten ertragen... nur solche, die
abhängig sind von mir - oder dann jene, die superstark
sind - Supermänner, z.B. mein Verleger ist so einer - ist
aber doch kein edler Charakterzug, nicht? Sagen Sie mir
Doktor, was ist das, daß ich eigentlich so ein Ekel bin?
Warum habe ich dem armen Teufel nicht meinen Verleger vermittelt - jetzt wird er selber hinschreiben - na ja, und
was dabei herauskommt, das wissen wir ja..."

5. Binden und Lösen
(der Therapie und dem Therapeuten gegenüber)

"Wenn ich im letzten halben Jahr, bei dem sich mir alles
drehte und ich so schwere Rückfälle durchmachte, nicht die
Therapie als konstanten Rückhalt gehabt hätte, wenn Sie
nicht dagewesen wären, der Sie immer regelmäßig, fast wie
eine Maschine dort Ihren Platz neben dem Bücherschrank eingenommen haben... dann weiß ich nicht, ob ich nicht schon
längst die Hoffnung auf Besserung aufgegeben hätte und unter der Erde liegen würde..."

"Zeitweise, das wissen Sie ja, habe ich Sie gehaßt, weil
ich mich so an Sie gebunden fühlte, Ihnen alles über mich
erzählte, mich völlig in Ihre Hand gab... und was bekam ich
dafür? Dürre Antworten, einige Fragen, Sie blieben immer in
der Wolke, wie ich sagen möchte - und ich war Ihnen preis-
gegeben. Als ich Sie damals auf der Straße sah, wie Sie in
Ihr Auto stiegen, das war ein furchtbarer Augenblick für
mich - da wurde mir klar, wie wahnsinnig und verantwortungs-
los ich mich an Sie, als meinen einzigen Bezugspunkt, gebunden hatte... aber jetzt ist das zurückgetreten - ich sehe
nicht mehr Sie in allem, sondern mich, mein Verhalten zu Ihnen, das ist etwas anderes, da fühle ich mich freier, fühle
mich gelöster."

"Die ganze Therapie und mein Verhalten zu Ihnen erscheint
mir jetzt rückblickend wie ein Sich-Verfangen, ein Sich-Ver-
stricken, wie ein Knäuel, das man aus sich selbst herausge-
sponnen hat - überall sehe ich mich verstrickt, gebunden,
und jetzt - und jetzt liegt dieses Knäuel vor uns, ich bin
gelöster, weil ich mich in meinen Gebundenheiten erlebt und
durchschaut habe - ich bin gelöst von Ihnen, weil ich Sie
nicht mehr als Führer, als Lehrer oder sonst als einen Heiligen ansehe, sondern nüchtern, ernüchtert, wie Sie da den
ganzen Tag in Ihrem Sessel sitzen und sich das ewige Gekla-
ge Ihrer Mitmenschen gegen Bezahlung anhören müssen... Sie
tun mir in gewisser Beziehung leid - aber jeder wählt eben

seinen ihm entsprechenden Beruf, das haben war ja auch bei
mir gesehen..."

Binden/Lösen im Verhältnis zu zwischenmenschlichen Beziehungen, in der Vergangenheit und in der Gegenwart, Lebensraum:
"Ich kann nur mit jemandem schlafen, wenn ich bereit zur
Bindung bin - ob das noch der Einfluß meiner Erziehung ist
oder eine Art Krücke, das weiß ich nicht. Aber das Schlafen
setzt eben bei mir die Zuneigung voraus und das ist bereits
eine Bindung - ohne das geht eben das andere nur physiolo-
gisch, ohne innere Beteiligung... das mag ich nicht, und es
macht mich auch geradezu impotent."

"Ich konnte eben so viele Männer vernaschen, weil ich mich
an keinen band. Liebe und Sich-Binden sind für mich unver-
söhnliche Gegensätze. Seitdem ich verheiratet bin, habe ich
keine erotischen Bedürfnisse mehr meinem Mann gegenüber.
Der Beischlaf ist für mich eine Pflichtübung. Aber andere
Männer reizen mich auch nicht mehr. Es ist so, als ob ich
seit meiner Ehe irgendwo irgendwie abgestorben bin - was
war ich doch früher für ein tolles Mädchen!"

"Sie haben recht - nach all dem, was ich von meiner Großmutter erzählt habe und ihr Verhältnis zum Geld, ihre Knausrig-
keit bei ihrem Reichtum, ihrem Geiz, sehe ich mich in ihr
widergespiegelt. Nichts freut mich mehr, wenn ich etwa um
50 Pfennig oder eine Mark billiger einkaufen kann, als es
z.B. meine Frau gekauft hat. Neulich konnte ich im Discount
den gleichen Sekt sogar 2,50 DM billiger erwerben als bei
unserem Lebensmittelhändler - gewiß, wie meine Großmutter,
die den ganzen Tag davon redete, was sie so billig gekauft
hat und wie sparsam man sein müsse, was dann der Vater nicht
wurde, der ja ein großer Verschwender ist - so wie mein Vater bin ich nicht geworden, obwohl ich meine Großmutter wegen ihrer gehässigen Kleinlichkeitskrämerei, ihrer begrenzten Begriffswelt, ihrer Geheimniskrämerei eigentlich immer
verabscheut habe."

"Mein Mann ist eben für mich eine Art Schäferhund, ein Si-

cherheitsfaktor, er schützt mich vor Beziehungen zu anderen
Männern, dann vor mir selbst - das ist schon eine ganz wichtige Bindung - dann unsere gemeinsamen Gewohnheiten, wir
haben sehr viele gemeinsame Gewohnheiten, vom Frühstücks-
tisch bis zum Whisky nach der Arbeit - dann unsere Freunde,
unsere beiden Familien, die Kinder - alles das bindet, daß
ich ihm geistig unterlegen bin, vieles von seiner Arbeit
nicht verstehe, es mich auch nicht interessiert, das trennt
uns - es trennt uns auch das zunehmende erotische Disenga-
gement, die Wiederholung - es wird einfach langweilig - ich
bin sofort müde, wenn ich merke, daß mein Mann mit mir
schlafen möchte... aber er hat doch diese Schäferhund-Funk-
tion vor allen anderen Funktionen, insbesondere anderen Beziehungen gegenüber, ich möchte mich nicht mit anderen Männern einlassen, das ist wichtig, es sind also lauter Kompromisse, in denen wir uns bewegen - aber wo gibt es das
nicht? Wer mit dem Kopf durch die Wand will, hat bekanntlich eher ein Loch im Kopf..."

"Ich liebe meine Frau - und je mehr wir von ihr gesprochen
haben, was mir auch die Träume gezeigt haben - alle Gründe,
die ich mir zurecht mache, sind eigentlich nur Vorwände.
Man liebt letztlich nicht einen Menschen wegen bestimmter
Eigenschaften - sonst würden ja Verbrecher oder Prostituier-
te nicht auch irgendwelche Liebhaber oder Geliebten finden -
sondern es gibt letztlich keinen Grund, warum ich meine
Frau liebe - was ich gelernt habe, ist, daß, wenn ich in
der Angst lebe, sie zu verlieren, sie die Stärkere ist und
meine Liebe irgendwie mißbraucht - wenn ich sie aber liebe -
und doch versuche, sie frei zu lassen, daß ich mir gewissermaßen sage, wenn sie eines Tages stirbt oder mit einem anderen Mann davongeht, dann beeinträchtigt es meine Liebe letzten Endes jetzt nicht mehr. Das habe ich, so glaube ich oder
so hoffe ich, gelernt, das habe ich, glaube ich, geschafft
und da bin ich ein großes Stück weitergekommen... Und diese
Einstellung kann meine Frau nicht mehr mißbrauchen, sie
trifft mich nicht mehr damit."

Binden und Lösen in bezug auf Orientierung und Ordnungsbezüge, Vergangenheit und Gegenwart:
"Das starre: schaffen, schaffen, Geld verdienen, saubere
Weste behalten, das "was denken die Nachbarn" - der ver-
femte, teuflische Sexus, das ganze schwäbische Kleinstadt-
milieu in das ich gebunden und gesperrt war - das ist mehr
und mehr abgefallen von mir. Ich kann mich jetzt selber fragen: Ist das richtig, ist das Unrecht, soll ich das lassen,
jenes tun, wie wir es neulich in meinem Verhältnis zu M.N.
besprachen... Ich bin zunehmend in der Lage, selber Entscheidungen zu fällen, ohne daß ich mich hierbei mit Ihnen
darüber aussprechen muß oder daß ich von den Vorstellungen
beherrscht bin, die mir in Weinsberg oder Maulbronn einge-
trichtert worden sind..."

"Sie haben mir zwar keine neue Ethik oder Moral vermittelt,
aber Sie haben doch durch Ihre Fragen und daß Sie mir immer
den Gegensatz, das andere Extrem meines Verhaltens oder
auch meiner Wünsche zeigten, etwas vermittelt, was wie ein
Mittelmaß ist... Mittelmaß ist schnell mittelmäßig... aber
vorher war ich eben ein überzeugter Protestant - heute stehe ich nach wie vor zu diesem Glauben - aber doch habe ich
mich irgendwie um ihn gedreht, er sich nicht um mich. Ich
bin ihm nicht mehr als einziger Richtschnur meines Tuns ausgeliefert - ich bin nicht mehr von ihm abhängig, ich meine
abhängig in dem Sinne, daß ich mir schlecht vorkomme, wenn
ich nicht den christlichen Geboten folgte, die mir mein Gewissen eingab - und damit habe ich mich und meine Umgebung
jahrelang tyrannisiert... ich habe erlebt, daß ich ein extremer Mensch in dieser Beziehung war, unduldsam, auch in
meiner Beziehung zu anderen, jetzt habe ich mich in meinen
mehr oder weniger erfreulichen Seiten kennengelernt, bin
mir auf die Spuren gekommen, habe gemerkt, was ich auch für
ein Komödiant war, was ich den Leuten vorgemacht habe, mit
meiner Gläubigkeit - um sie doch damit irgendwie zu beherrschen... Zu allem, zu dem ich fähig war, das habe ich vor
allem durch meine Träume erfahren - da habe ich mich in mei-

nen anderen Extremen erblickt. Sie waren aber eine Art ausgleichende Mitte, indem Sie mich einmal mit diesem, ein anderes Mal mit jenem Gegensatz konfrontierten."

Binden/Lösen gegenüber Zeitigung, Verantwortung, Gegenwart
und Vergangenheit:
"Meine Vergangenheit interessiert mich heute kaum noch. Sie
haben so viel über sie gesprochen, ich habe das alles im
Zeitraffertempo noch einmal durchgemacht - daß ich manchmal das Gefühl habe, ich bin jetzt der Reisende ohne Ge-
päck. Endlich ohne Vergangenheit! Etwas Besseres gibt es
doch gar nicht. Eine große Last ist mir abgefallen. Ich
kann schwimmen, mit den anderen im Leben schwimmen... nicht
niedergedrückt von den Dingen, die ich vor fünf, zehn oder
zwanzig Jahren erlebt habe..."

"Ich bin, glaube ich, im Begriff, mich von dem Wahn zu lösen, daß es ohne mich im Betrieb nicht geht. Sie wissen,
daß ich mich für den kleinsten Vorfall im Betrieb verantwortlich fühlte, daß das der eigentliche Grund meiner
Schlafstörung war. Jetzt bin ich gleichgültiger geworden...
Ich sehe ein, daß ich nicht der liebe Gott im Betrieb bin,
daß einem sowieso ständig Dinge unterlaufen, auf die man
keinen Einfluß hat, und je mehr mir das, was ich eben gesagt habe, auch zum Erlebnis wird, umso entspannter fühlte
ich mich..."

Binden/Lösen in bezug auf Leistung und Leistungsbezüge,
Gegenwart und Vergangenheit:
"Sie wissen doch, daß ich nur für meinen Beruf lebte - alles andere war sekundär. Ich war als Hausfrau ebenso depla-
ziert wie als Ehefrau und Mutter - aber Prokuristin bei dieser Firma geworden zu sein, das war für mich das unglaub-
lichste Ereignis meines Lebens. Ich hatte es durch eigene
Kraft, durch Pünktlichkeit und Zuverlässigkeit geschafft.
Heute, ja heute hat sich das grundlegend geändert. Eine Wende um 180 Grad hat sich vollzogen, eine solche Wende, daß
ich mich mit dem Gedanken trage zu kündigen... Aber wissen

Sie, was ich fürchte, daß meine Familie das gar nicht mehr
wünscht! Die kommen ja mit der E. (Haushälterin) bestens
zurecht..."

Binden/Lösen in Beziehung zum Leib und zur Sinnlichkeit,
Gegenwart und Vergangenheit:

"Wenn ich heute Herzklopfen bekomme oder Seitenstechen oder
Kopfschmerzen, dann beschäftige ich mich nicht mehr stundenlang damit, was das wohl für eine Krankheit ist, die mich
jetzt heimsucht, wie lange ich mit einem Hirntumor oder einem Infarkt noch zu leben vermag... Ich kann meine Bezogen-
heit oder wie Sie sagen, meine Fixierung an diese Vorgänge
ablenken - ich kann etwas anderes ansehen, beobachten, mir
z.B. ein Buch aus dem Regal holen und mir Reproduktionen
anschauen - Lesen weniger, aber doch Bilder anschauen, jedenfalls mich von diesen qualvollen Beobachtungen meines
Körpers befreien."

"Früher, wissen Sie, habe ich doch meinen Körper gehaßt,
verachtet - eben, weil ich eine Frau bin -, ich das Weibliche an mir, diese primären und sekundären Geschlechtsmerk-
male ekelhaft fand - heute kann ich meinen Körper im Spiegel betrachten, ich pflege ihn, wasche mich oft, jeden Tag,
früher ja höchstens alle paar Wochen einmal - ich benutze
Creme, denken Sie nur, für den Körper und auch für das Gesicht, etwas, was ich früher mit Abscheu von mir wies...
ich beschäftige mich mit meinem Körper und denke, das bin
ich auch, das muß ich auch lieb gewinnen, das ist etwas
Schönes..." (Lösung von der krankhaften Beschäftigung, der
Ablehnung des Körpers, Bindung an den Körper in unproblema-
tischer Weise.)

"Nur weil ich mich eben an keine Frau binden will, bin ich
so potent. Sobald der Gedanke an Heirat auftaucht oder Bindung, ziehe ich mich in jeder Beziehung zurück, werde ich
sofort impotent. Eine Freundin braucht nur von Heirat zu
sprechen... schon ist es aus."

6. Das Bewältigen
(der Therapie, des Therapeuten)

"Rückblickend erscheint mir die Behandlung wie ein Gang
durch eine Kombination von Labyrinth und Spiegelkabinett...
Ich habe mich in verzerrten Gestalten gesehen, ich habe
mich in Sackgassen und endlosen Gängen verloren, ich habe
Auswege gefunden, das waren die Augenblicke der Befreiung,
der Lösung, wenn ich aus diesen Labyrinthen plötzlich draußen war und meine Umwelt eigentlich zum ersten Mal richtig
sah. Was ich vorher sah, das war ich selbst, im verzerrten
Spiegelkabinett, dann habe ich gelernt, den anderen draußen
wahrzunehmen, den anderen, das war zuerst meine Frau, also,
es war eigentlich ein Gang durch dieses Labyrinth in das
Freie, aber mir kommt es so vor, als ob das Freie nur eine
Art Innenhof ist, um den ringsherum noch die Labyrinthe
sind und ich ständig aufpassen muß, daß ich beim Gang im
Freien nicht plötzlich wieder in einer der Falltüren ver-
schwinde, die in den Labyrinthen enden..."

Beziehung von Bewältigung zu Orientierung und Ordnungsbezügen, Gegenwart und Vergangenheit:
"Mein Verhältnis zur Religion war mir aufoktroyiert - jetzt
habe ich es selber in die Hand genommen..."

"Alle Weltanschauungen sind Krücke und Eselsbrücken, ich
brauche letztlich keine mehr, weil ich meiner inneren Stimme folgen kann, dem Gewissen, das ich vorher nicht richtig
gehört habe - weil ich zwischen ihm und mir stand."

"Ich habe gelernt, mit meinen Mitmenschen zu sprechen und
ihnen nicht nur aus dem Wege zu gehen... und für mein Handeln ist eigentlich mein jeweiliges Verhältnis zu den anderen maßgeblich geworden. Früher war es eine starre Richtschnur, heute lasse ich mich von der Situation stimmen, be-
stimme ich die Situation - ich kann zuhören, den anderen
sehen, mit ihm sprechen, alles, was ich früher nur bruch-
stückweise fertigbrachte - ich will nicht sagen, daß ich
jetzt wie ein Kork von Situation zu Situation hin und her-

getrieben werde, aber was ich sage und tun will, entspricht
eben der jeweiligen Situation, die ich vorher, an meine
Richtschnur und Weltanschauung gefesselt, gar nicht richtig
wahrgenommen habe... das ist für mich ein großer Unterschied
zu früher..."

Beziehung der Bewältigung zur Vergangenheit, Zeitigung, Verantwortung:

"Alles was ich Ihnen von meiner Vergangenheit erzählt habe,
was ich wiedererlebt habe, das ist nicht verschwunden, aber
es ist doch blaß geworden. Ich kann meine Vergangenheit annehmen als die, die sie war, bei allem Unglück, was sie mir
gebracht hat - aber sie ist ja unveränderlich. Damit fühle
ich, bin ich zwar eine große Last losgeworden und ein großes
Stück vorwärts gekommen, was wir einmal sagten, daß man
letztlich nicht um das Akzeptieren herumkommt... das hat
sich für mich bewahrheitet - aber ich habe lange gebraucht,
bis ich es wirklich innerlich bejaht, verstanden habe..."

"Sie fragen mich, wie ich als Kind mit Angst fertig geworden bin. Meine Stofftiere im Bett beschützten mich. Ich be-
tete oft stundenlang. Auch Weinen - aber das gab ich dann
auf."

"Ich konnte nicht damit fertig werden, daß ich nie mit der
Zeit hinkam. Entweder ich machte alles zu schnell, dann war
es gepfuscht - oder zu langsam, dann war es auch nicht
recht."

"Für meine Wutanfälle, wenn mich jemand ärgerte, gab es kein
Mittel. Das lief ungesteuert ab - wie eine Art epileptischer
Anfall. Damit konnte ich nicht fertig werden."

"Einsamkeit kann man zwar versuchen anzunehmen, zu akzeptieren - aber es gibt Dinge, die sind letztlich nicht zu
verkraften. Deshalb darf ich mich auch nicht mehr an Sie
klammern."

"Das Verhältnis zwischen Gott und mir ist nicht zu schaffen - die Kluft bleibt."

"Ich habe gelernt, daß man nicht alles schaffen kann - wie
ich das als Kind versuchte, auch schaffte, und daran zer-
brach."

"Sie wissen doch, was ich da mit dem Russen gemacht habe -
damit kann ich nie fertig werden - dieser Blick."

"Wenn ich so ein verantwortungsloser Schuft wäre, wäre ich
nie zu Ihnen gekommen - aber die Jahre, die Jahre, die haben mich gezwungen, mich Ihnen zu stellen."

Bewältigung von Leistung, Vergangenheit und Gegenwart:
"Als Kind nahm ich mir vor, mit dem Rad bis N.X. zu fahren,
60, 70 Kilometer - ich schaffte es. Ich wollte keine Angst
beim Geräteturnen haben, ich turnte so lange, bis ich vollkommen erschöpft war, aber keine Angst mehr hatte. Ich war
ein Willensmensch - oder ein Willenskind - und was ist aus
mir geworden? Das Gegenteil. Nur unter größtem Zwang konnte
ich noch irgendeine Arbeit fertigstellen."

"Das war nie ein Problem - Schularbeiten - mit der linken
Hand - spielen durfte ich, soviel ich wollte. Nur mit dem
Klavier haperte es - das ging einfach nicht. Unmusikalisch,
nicht? Daran bin ich damals gescheitert."

"Was wollen Sie mehr? Ich bin wieder voll einsatzfähig,
stehe meinen Mann im Betrieb, bin von früh bis abends im
Trommelfeuer von Fragen, Antworten und Entscheidungen, Te-
lefonaten, Gesprächen - und es geht wie am Schnürchen, warum es wieder so ist... das ist mir letzten Endes nicht klar,
das habe ich eigentlich nicht ganz verstanden. War das bei
mir ein Leistungsknick um die Fünfzig? Das männliche Kli-
makterium? War es meine Tochter, die mit diesem Kerl ab-
gehauen ist...? Was mich umgeworfen hat... Ich weiß es nicht.'

"Die große Leistung, die wir vollbracht haben, ist, daß ich
mich mit meinem Beruf ausgesöhnt habe."

"Die Illusionen, die ich noch anfangs hatte, daß ich vielleicht noch einmal einen anderen Beruf wähle, einen künstlerischen, daß ich Schriftsteller werde, die sind mir verlo-

ren gegangen. Weil ich von mir selbst und meinen Möglichkeiten ein schiefes Bild hatte, was ich mir zurecht gemacht habe... das hat sich aufgelöst... ich habe meine Grenzen kennengelernt... Ich muß damit leben... und nicht mehr meine
Umgebung mit meinen schlechten Launen, mit meiner Gereiztheit tyrannisieren."

Bewältigung der Beziehung zum Leib:
"Ich kann jetzt zu einem gewissen Grad meine Stimmungen
steuern, habe mich besser im Griff."

"Aus einem über 30 Jahre alten Mann läßt sich zwar kein Don
Juan mehr entwickeln, aber meine verklemmte Sexualität macht
mir nicht mehr so zu schaffen. Jetzt müssen wir noch eingehend die Partnerproblematik überhaupt in Angriff nehmen..."

"Ich bin um den Genuß der Höhepunkte (im Verkehr) unglaub-
lich reicher geworden, aber in der Wahl der Partner keinen
Schritt weitergekommen. Ich bin auch noch zu sehr an Sie gebunden - ich vergleiche die Männer, die mir begegnen, noch
zu sehr mit Ihnen... auch wenn ich Sie ja gar nicht so genau kenne... aber ich glaube, daß ich mich noch mehr von Ihnen lösen muß, um mit meiner Hilflosigkeit Partnern gegenüber fertig zu werden."

"Wenn ich heute vor dem Spiegel stehe am Toilettentisch und
mich zurecht mache, dann denke ich nicht mehr so wie früher:
Wie gut siehst Du aus... Du bist doch eine fast vollkommene
Frau... sondern ich tue es für meinen Mann und denke, was
wird er von diesem Kleid oder von dieser Frisur heute halten...? Aber leider wirke ich nicht mehr auf ihn... was
nützt mir eine Veränderung, wenn er sich nicht ändert und
mich nicht auch einmal anders sieht, als er mich früher gesehen hat?"

"Sie haben mich einmal als wandelndes cartesianisches Ego
bezeichnet - körperlos, wie ein Phantom, jetzt habe ich einen Freund gewonnen, meinen Körper. Ich entdecke ihn, ich
spüre, wie er da ist, wie er antwortet, wie er sich meldet,
wie ich auf ihn eingehen kann... dann dieses Gefühl der

körperlichen Arbeit... was ich nie gekannt habe, wenn sich die Muskeln spannen und entspannen, wenn man etwas mit den Händen schafft, das ist ein unglaubliches Erlebnis, zupacken zu können... oder zu laufen, richtig geübt, schnell zu laufen, zu springen... Jedenfalls hat sich mir eine ganz neue Welt aufgetan..."

Bewältigung der Beziehung zu sich selbst, Orientierungsfindung:

"Als ich zu Ihnen kam, hielt ich mich für gerecht, ausgeglichen, tolerant, großzügig... entsprach das Bild, das ich von meiner Mutter hatte, meinen humanitären Tätigkeiten - inzwischen habe ich erlebt, daß ich jedenfalls der Tendenz nach zum Gegenteil neige - meine schauerlichen Träume haben mir bewiesen, daß ich mich zum Scharfrichter, zum Henker, zum Diktator eigne... nach wie vor möchte ich ausgeglichen und gerecht sein, nicht nur, weil es mein Beruf von mir verlangt, sondern von der Sache selbst her... aber ich bin gewarnt worden; seitdem ich meine andere Seite kennengelernt habe, weiß ich, auf wie dünnem Boden meine Existenz oder das, was und wie ich sein möchte, steht."

"Ich konnte zum ersten Mal ohne Angst über die Straße gehen, mindestens 150 oder 200 Meter... und da war ich mir selbst ein ganz anderer Mensch - ich kann Ihnen das nicht beschreiben - oder weil ich eben schon ein anderes Verhalten zu mir gewonnen hatte, weil ich mich nicht mehr verachtete, nicht nur minderwertig fühlte, weil ich begann, mich zu akzeptieren, hatte sich etwas in mir gelöst, konnte ich plötzlich frei über die Straße gehen, wenigstens ein Stück - ein Anfang war getan, aber ich merke, daß ich auf dem Weg bin, es zu packen... weil ich auf dem Wege zu mir selbst war."

Bewältigung der Beziehung zu anderen, der zwischenmenschlichen Beziehungen, Lebensraum, Gegenwart und Vergangenheit:

"Früher sah ich meinen Mann als einen letztlich bedauernswerten, viel zu bescheidenen, gehemmten Menschen... ja, Sie wissen, daß ich ihn zeitweise verachtete... jetzt sehe ich

sein Zartgefühl, seine Sensibilität, seine Rücksichtnahme...
früher sah ich es nur als Schwäche, als Unmännlichkeit, als
Anpassung an mich, an die stärkere Umgebung... Aber nach
meiner Affäre mit M.N. weiß ich, was ich an meinem Mann habe, weiß ich, was es bedeutet, wenn der eigene Mann einen
versteht, auf einen eingeht, sich vor allem die Zeit nimmt,
einem zuzuhören..."

"Die Unordnung meiner Tochter hat mich fast krank gemacht...
Immer hinter ihr aufräumen... und dann noch den halben Tag
im Bett liegen, Zeitschriften lesen, Fernsehen, sobald die
Schule zu Ende war... Sie wissen, wie ich erzogen worden
bin... oh Gott, was hätten meine Eltern mit mir angestellt,
wenn ich so den halben Tag im Bett liegen geblieben wäre.
Aber seitdem ich mein Innenleben etwas durchforscht habe
und mir klargeworden ist, daß meine Tochter eigentlich nur
das tut, was ich mir selbst verbiete, aber doch auch möchte, seitdem stört es mich nicht mehr... und das größte Wunder ist, daß, seitdem es mich nicht mehr stört, wir uns
nicht mehr ständig in den Haaren liegen, sie anfängt, von
alleine aufzuräumen und nicht mehr halbe Tage lang im Bett
liegt..."

"Kann ich alles, was ich seit meiner Kindheit erlebt habe,
als "bewältigt" bezeichnen? Ich glaube kaum, vieles ist
blasser geworden, fern gerückt, vieles wohl ganz vergessen -
aber bewältigt?"

"Ja, gegen meine Eltern habe ich trotz allem keine Wut mehr.
Das Einsperren im dunklen Zimmer, das immer wieder Alleine-
gelassen-Werden - alle diese Ängste - es ist wie weg. Meine
Eltern interessieren mich nun nicht mehr sonderlich."

VIII. Grundzüge der Psychodynamik der psychotherapeutischen
Behandlung. Das Verhalten des Therapeuten. Probleme
des sogenannten Widerstandes und der sogenannten Übertragung. Psychotherapeutisches "Vademecum".

1. Definition der "Psychodynamik"

Wurde im vorausgegangenen Abschnitt ein Überblick vermittelt, welche Aussagen der Patienten welchen Modi und Strukturen ("relativ") zuzuordnen sind, so seien nun abschließend Richtlinien vermittelt, die das Verhalten des Therapeuten in gewissen Grenzen bestimmen sollten.

Der Begriff der Dynamik bzw. "Psychodynamik" 1. im Sinne
der permanenten Fluktuation; 2. synergistischer und antagonistischer; 3. innerpsychischer, aber stets auch auf "Außenwelt" bezogener "Kräfte" wurde oben erläutert. "Psychodynamik" im Sinne der Konzeption Freuds bedeutet die Dynamik -
das Kräftespiel - zwischen Verdrängtem und Verdrängendem;
im Sinne C.G. Jungs das Auftreten archetypischer Konstel-
lationen auf dem Hintergrund der "Dynamik" der Symbole der
Libido; im Sinne Schultz-Henckes der Dynamik von Gehemmtem
und Hemmendem, von Riesenerwartung und Realität, bei K. Horney von Bedürfen nach Wärme und Geborgenheit gegen die "Frustrierung" dieser Grundbedürfnisse. Die primäre, jeder Therapie nicht weniger wie jedem Gespräch zugrundeliegende Dynamik liegt in den Antinomien der Kommunikation selbst begründet; jede Psychotherapie ist im Vorhinein aus diesem
Grunde - wie bereits dargelegt - auch ein Machtkampf. Das
Phänomen z.B. des sog. "Widerstandes" ist nicht nur eine
Antwortmöglichkeit des Patienten, sondern eo ipso im Umgang
mit diesem schon enthalten. Der Machtkampf kann exazerbie-
ren: es meldet sich Widerstand im Sinne zunehmender Selbstbehauptung an, die "Weigerung" des Patienten z.B. zu gesunden, sich zu verändern, ist häufig Ausdruck dieses Macht-
kampfes; der Patient will z.B. dem Therapeuten beweisen,

daß dieser "nichts kann", ihm nicht zur Genesung zu verhelfen vermag.

Die Therapie ist darüber hinaus auch stets ein Prozeß des "In-Frage-Stellens" der Person des Kranken - mit ihren hypo- oder hypertrophen Strukturen, mit ihren Kommunikationseinseitigkeiten -, der Art und Weise, wie der Patient sich im Leben "eingerichtet" hat. Nur zu natürlich ist es, wenn der Patient darauf von Anfang an mit verstärkter Selbstbehauptung ("Widerstand") antwortet, seine Positionen verteidigt, sich als "Antwortender" gegen das In-Frage-Stellen durch den Therapeuten gibt, damit dem Prozeß der Veränderung widersteht. Dynamik der Therapie heißt deshalb die Gleichzeitigkeit des Vollzugs einer Dyade, die sowohl Einheit als auch Antinomie impliziert. Zerfällt diese Dyade, werden nur die Antinomien sichtbar, Selbstbehauptung, "Widerstand", Auseinandersetzung hier, dort (beim Therapeuten) starres, inflexibles Hängenbleiben an Deutungen oder antipathischen, nicht artikulierten Gefühlsregungen, droht die Behandlung ebenso sich aufzulösen, wie wenn nur eine harmonische, "unendlich sich dahinziehende" Einheit sich - häufig als therapeutische Idylle, außerhalb der Lebensrealitäten - heranbildet.

Aus der Konzeption der anthropologisch-integrativen Psychotherapie stellt sich "Psychodynamik" zusammengefaßt wie folgt dar:

1. In der Beziehung zum Therapeuten werden die die Kommunikation bedingenden Grundkonflikte wie in jeder anderen Beziehung sichtbar. Selbstbehauptung - Widerstand - ist ein konstitutives Moment jeder Behandlung, nur über die Auseinandersetzung mit sich, dem Therapeuten und der jeweiligen Methode, d.h. über die Entwicklung von Widerstand als Selbstbehauptung, vermag der Patient seine Kommunikation zu erweitern und zu bewältigen.

2. Psychodynamik, "monadisch" in der Person des Patienten verankert, impliziert permanente Fluktuation synergistischer

und antagonistischer "Kräfte", "Regungen", "Tendenzen", "Impulse" − die, verbalisiert, in die Therapeut-Patienten-Beziehung eingehen und damit die "Dynamik" der Behandlung, ihr "Material" ausmachen.

3. Die Konzepte der verschiedenen psychotherapeutischen Systeme dem Begriff der "Psychodynamik" gegenüber sind hier als antagonistische Strukturierungen der Psyche überhaupt wie auch in ihrem kommunikativ-intersubjektiven Aspekt integriert.

4. Sinn, Ziel und Aufgabe einer psychotherapeutischen Behandlung liegt in der Erhaltung der Dynamik, dem Anstoßen derselben überhaupt, die "Werdensbewegung" des Lebendigen, seinen "élan" (Bergson, Minkowski, v.Gebsattel) vor Stillstand zu bewahren. Dies ereignet sich im praktischen Vollzug z.B. im Bemühen, dem Patienten vom Erkunden zum Erschließen, Auseinandersetzen und Bewältigen den Weg zu vermitteln. Dem, der z.B. im Erschließen reflektiert erstarrt ist, überhaupt dem Erkunden zu nähern, jenem, der durch seine Orientierung scheinbar alles bewältigt, den Blick auf die anderen Modi der Kommunikation zu öffnen. Das Bemühen des Therapeuten wird durch Defizienzen oder Einseitigkeiten, Hyper- oder Hypotrophien der Kommunikation geleitet, sein Instrumentarium ist das Wissen um diese − gemeinsam mit dem Patienten ist sein Instrument die Beziehung.

2. Das Verhalten des Therapeuten in Lang- und Kurzzeitbehandlungen

Das Verhalten des Therapeuten in Langzeitbehandlungen, nicht weniger als in Kurzzeitbehandlungen, ist primär eben durch die defizienten oder hypertrophen Stukturen seines Patienten bestimmt. Er erkundet gemeinsam mit dem Patienten diese Defizienzen oder Hypertrophien, wobei sein Erleben von Erkunden, Auseinandersetzen oder Bewältigen analog zu dem

des Patienten verläuft. Inhaltlich läßt sich dieser Umgang
dahingehend konkretisieren, daß die Modi in folgender Weise
im Verhalten des Therapeuten zur Darstellung gelangen und
damit "Anstoß", "Bewegung" auslösen.

a) Neutral-zurückhaltendes Verhalten, unbestimmt-offenes
Fragen allgemeiner Natur, konjunktivisch formuliert.Erkun-
den: "Wie hat sich das abgespielt?" "Wie erschien Ihnen N.
N.?" "Können Sie mir diese Episode noch einmal berichten?"
"Wäre es möglich, dies auch von einem anderen Standpunkt zu
sehen?"

b) Synergistisches Verhalten. Anregen des Patienten, ein
aufgenommenes Thema, das er fallengelassen hat, wieder fortzusetzen. Bestätigung, Ermunterung, Unterstützung. (Erzeugt
stets eine verstärkte Bindung des Patienten an den Therapeuten, die aber unumgänglich ist.) So kann z.B. bei einer Patientin, deren Leistung als hochqualifiziert sich darstellt,
von ihr aber stets abgewertet wird, die faktisch erbrachte
Leistung immer wieder erinnert werden: "Glauben Sie... man
hätte Sie zu dieser Arbeit ausgesucht, wenn Sie nicht dazu
bestens qualifiziert wären...?" Kann die Patientin diese
Frage bejahen, hebt sich ihr Selbstbewußtsein, wird die Behandlung weiterhin positiv begründet und ermöglicht. Jedoch
wird mit einer solchen Feststellung nicht die generelle Tendenz zur Selbstabwertung behoben, bzw. muß der Therapeut
sich darauf gefaßt machen, daß selbst bei Wiederholung solcher Feststellungen die Patientin diese ablehnt, da in ihr
ein "Widerstandsphänomen" aufbricht: die Patientin von sich
ein negatives Bild hat, das sie noch nicht erkundet bzw. mit
dem sie sich noch nicht auseinandergesetzt hat. Das synergistische Verhalten erschließt den Therapeuten als "unterstüt-
zend-hilfreichen" und vermittelt stets Orientierung. Es impliziert Entdecken, Erschließen, aber meidet Auseinandersetzung, führt zu Bindung.

c) Antagonistisches Verhalten. Aussagen des Patienten können im Frageton wiederholt werden: "Sie sagen, daß Ihre
Mutter...?" "Wirklich?" "Aber Sie meinten doch in Ihrer

letzten Stunde, daß...?" Ferner kann provokatives Verhalten
ebenfalls antagonistisch im Gespräch sich ergeben, wenn das
Gegenteil zu einer Aussage des Patienten als Möglichkeit in
den Raum gestellt wird, um damit Auseinandersetzung anzuregen, insbesondere bei der Entstehung von Widerstandserschei-
nungen: "Mir scheint das unwahrscheinlich." "Könnte es sich
nicht anders verhalten?" "Haben Sie sich nicht getäuscht?"
usf. bis zum Widersprechen: "Nein, Sie sehen das, glaube
ich, etwas verzerrt, versuchen Sie es doch einmal von der
Seite zu betrachten, die ich Ihnen eben klar machte." Das
konfrontative Verhalten zählt ebenfalls zu den antagonistischen Verhaltensmöglichkeiten, die alle Auseinandersetzung
implizieren. Der Patient kann an Aussagen ganz gegenteili-
ger Natur, die er vor einigen Behandlungsstunden bezüglich
des gleichen Themas gemacht hat, erinnert werden: "Sie
schilderten aber die Beziehung zu... anfangs ganz anders...
und jetzt..?". Das konfrontative Verhalten darf jedoch dem
Patienten nie das Erleben vermitteln, in die Enge getrieben
worden zu sein, nie den Charakter der Inquisition, des Ver-
hörs annehmen, dem Patienten u.U. sogar das Gefühl der Un-
glaubwürdigkeit zu geben. Jedoch darf es sich in der Skala
des "Sehen Sie doch einmal diesen Traum an und denken Sie
an Ihr Verhalten in der Situation X.Y...., was fällt Ihnen
dann auf?" bewegen.
Im antagonistischen Verhalten tritt der Therapeut in die
Auseinandersetzung mit dem Patienten, regt damit selbstbe-
hauptenden Widerstand, Auseinandersetzung, an - beides setzt
eine feste Vertrauensbeziehung, eine Bindung des Patienten
an den Therapeuten - mit allem Vorbehalt - voraus.
d) Die Übergänge von dem antagonistischen Verhalten zu der
"Spiegelfunktion" des Therapeuten sind fließend. Letztere
impliziert, daß dem Therapeuten vergangene wie gegenwärtige
Aussagen des Patienten und Situationen, in denen er sich in
bestimmter Weise verhielt, stets weitgehend präsent sind, um
ihn an diese - wie auch an einen Traum - "spiegelbildlich"
zu erinnern. Z.B.: "Vor einiger Zeit begegneten Sie N.N.

noch unterwürfig, jetzt behandeln Sie X.Y. herablassend -
wie können Sie sich darauf einen Reim machen?" "Sie erklär-
ten mir doch, daß Ihre Frau ganz unerotisch sei - heute höre ich, daß Sie regelmäßig mit ihr Verkehr haben." Fragen
dieser Art bezwecken in erster Linie, daß der Patient in Auseinandersetzung tritt und die Beweggründe aufhellt, die ihn
zu Äußerungen gegensätzlicher Art angeregt haben. Die Spiegelfunktion ist überwiegend erkundend und führt zu Entdecken
und Auseinandersetzen. Zu der spiegelbildlichen Ansprache
gehören jedoch insbesondere die "Verbalisierungen" der Gesprächstherapie. Mit meist von der Artikulation des Patienten unterschiedenem Tonfall werden entweder Sätze des Patienten ganz wiederholt, sein Anliegen pointiert, oder, hat
der Patient Schwierigkeiten, sich verbal überhaupt zu vermitteln, werden seine möglichen Entwürfe "intuitiv" antizipiert und "gespiegelt". Dieses Verfahren setzt jedoch größere Erfahrung voraus. Es kann jetzt und gelegentlich zu gravierenden Mißverständnissen führen. Verbalisierung: "Ihre
Mutter, sagten Sie, haben Sie dann in ein Heim bringen müssen?", wobei, je nach der zu hinterfragenden Situation, Erstaunen, Skepsis, Überraschung in der Verbalisierung mitschwingen kann. Pat.: "Ich weiß nicht, was ich heute sagen
soll, ich fühle mich einfach mies." Th.: (pointiert)"Sie
wollen sagen, daß Sie Ihr übliches, vorgefaßtes Programm
aufgegeben haben und sich deshalb schlecht fühlen?" "Als
er sich dann trennte, kollabierten Sie - waren Sie wirklich
bewußtlos?" "Ihre Gefühle, sagen Sie, seien immer positiv
gewesen? Aber haben Sie ihn nicht vielleicht abhängig gemacht?" Oder - nicht fragend - nur feststellend, wobei nach
der Verbalisierung eine "signifikante" Pause eingelegt werden kann: "Am 12. Dezember erlag Ihr Vater einem Herzinfarkt."
"Ihr Freund verreiste dann - wirklich vier Wochen?" "Es geht
Ihnen, wie Sie sagen, immer schlechter. Warum wohl?" Das
Verbalisieren von dem Patienten "auf der Zunge liegenden
Mitteilungen" könnte wie folgt aussehen: "Sie meinen, Ihre
Eltern hätten Ihnen auch etwas zum Hausbau geben können -
nicht nur die Schwiegereltern." "Sie warteten, daß die Türe

aufgeht, Ihr Großvater hereinstürmt... aber..." "Wollten
Sie sagen, daß Sie einfach Angst vor der Dunkelheit hatten?" "Es ekelt Sie an, aber trotzdem wiederholten Sie es."
Ein elegant gekleidetes aber monoton über seine Angst spre-
chendes junges Mädchen, das hier über Vereinsamung klagt,
dort aber als Gardemädchen gesellschaftsmunter sich betätigt,
veranlaßt den Therapeuten zu der Bemerkung: "Sie klagen über
Einsamkeit und Angst, sehen aber so adrett aus, als ob Sie
vor einem aufregenden Frauenleben stehen." Bei der Patientin stellte sich dann eine schwere Frigidität und Partnerschaftsstörung heraus, so daß diese spiegelnde Bemerkung
ganz fehl am Platze, wenn auch spontan war. "Sie machen aber
gar nicht den Eindruck, als ob Sie um den Tod Ihrer Mutter
trauern" kann ein zurückgehaltenes Gefühl gefährlich mißver-
stehend nichten. "Sie wirken wie ein kleines Kind auf mich,
kein Wunder, daß Sie niemand ernst nimmt" ist ebenfalls eine
den Patienten konfrontativ nichtende, ihn nur in seinem Un-
werterleben bestärkende Äußerung. Das Auseinandersetzung -
damit eo ipso auch Widerstand - erweckende "antagonistische"
Verhalten des Therapeuten verleitete diesen zu provokatorisch,
aber grob "danebenzielenden" Äußerungen, wie die letzten bewiesen.

e) Das insistierende Verhalten. Der Patient, der in den Einfällen zu einem für die Problematik seiner Person wichtigen
Thema abschweift, ausweicht ("Widerstand!"), sei wiederholt
an das Thema erinnert oder, wie F. Schottlaender es ebenfalls
einmal in einem Seminar sagte: "Lassen Sie dem Patienten Lei-
ne, aber holen Sie ihn immer wieder zurück." Im insistieren-
den Verhalten, das ebenfalls bereits die Entwicklung einer
Vertrauensbasis impliziert, entsteht Bindung: Der Patient
wird immer wieder auf die zu entdeckende oder zu erschließende Thematik zurückverwiesen, so daß er sich an diese nicht
nur bindet, sondern über sie hinausgehend Orientierung zu
entwickeln beginnt. Insistieren ist ebenfalls Wiederholen,
In-Frage-Stellen, Durcharbeiten, erfolgt dieses über das
"Zurückrufen" zum Thema: "Lassen Sie uns doch wieder über

diese Situation zwischen Ihnen und N.N. sprechen, ich glaube, sie ist noch nicht ausgeschöpft." Der Patient wird - indirekt - mit der Situation erneut konfrontiert, er tritt
möglicherweise in verstärkte Auseinandersetzung ein, zu der
er auch ermutigt werden kann. Mit dem Abklingen, Distanzieren von dieser nach emotionalem Durchgang kündigt sich Bewältigung, Abschluß an: Durcharbeiten. "Jetzt interessiert
mich eigentlich der Vorfall kaum noch, ich glaube, wir haben ihn und mich verstanden." "Glauben Sie nicht, daß wir
allmählich genug von meinem Vater gesprochen haben? Er ist
so weit weg, ich kann alles vergessen."

f) Das Deuten. Das Deuten von Träumen (s.o.) oder Handlungs-
weisen des Patienten sollte stets den Gesamtzusammenhang der
Situation und der Entwicklung des Patienten in der Beziehung
zum Therapeuten im Auge behalten, aus dem sich weniger "Deutungen" als Andeutungen ergeben. Im Zusammenhang der Auseinandersetzung mit Träumen seien vorzugsweise frühere Träume
ähnlicher Thematik dem Patienten in die Erinnerung gerufen,
es sei ihm die Möglichkeit vermittelt, seine Träume weiter
"auszuphantasieren", zu imaginieren, wie auch die Möglichkeit besteht,gelegentlich, nach der Methode des "gelenkten
Wachtraums" (Désoille), den Patienten nicht mit einer intellektuellen Deutung zu konfrontieren, zu belasten oder in
Frage zu stellen, sondern aus dem Traumgeschehen mögliche
Deutungen, die der Patient dann selber entwirft, anzuregen.

Darüber hinaus darf die Deutung nie den konkreten Bezug des
Patienten zu seiner Umwelt, seinem Lebensraum, zu seinen hy-
po- oder hypertrophen Strukturen aus dem Auge verlieren, die
mit in die mögliche Deutung einfließen sollten. Sinnvolle
Zusammenhänge seien stets als Möglichkeiten entworfen, überwiegend dann, wenn der Patient zu diesem Entwurf nicht in
der Lage ist. Bzw. wenn Widerstände diesem Entwerfen gegenüber sich zeigen, diese Widerstände erörtert, nacherlebt,
ausgelebt werden, dennoch die Reflexion über das Erlebte
oder Getane ausbleibt. Beispiele einer primär entwerfenden
Deutung seien: Einem Patienten, der nach asketischem Fasten

und hohem, damit verbundenem Leistungsanspruch plötzlich
nachts an den Eisschrank geht und maßlos ißt ("frißt"), kann
die Deutung vermittelt werden - fragend - "könnte es nicht
sein, daß Sie, der Sie so hemmungslos schuften, plötzlich
sich dafür einmal etwas Gutes gönnen wollten?" Oder: "Ihr
Leib meldet seine Ansprüche an - können Sie sich nicht einen
Mittelweg vorstellen, ohne daß Sie nachts an den Eisschrank
gehen und sich hemmungslos vollstopfen müssen?"
Das Deuten erschließt größere Zusammenhänge, vermittelt damit ebenfalls Orientierung, bindet durch diese und eröffnet
die Möglichkeiten der Bewältigung. Als eigentliche "Hermeneutik" der Psychotherapie kann das Deuten in den "klassischen" Arten derselben exzessive Formen annehmen. Nicht nur
die "reduktiven" Interpretationen von Äußerungen und Hand-
lungsweisen oder Träumen der Patienten auf frühkindliche
Sexualerlebnisse erscheinen verhängnisvoll, die kausale
Zurückführung - s.o. - überhaupt wird aus der hier vertretenen Konzeption abgelehnt, mit eben den oben - Abschnitt
II - dargelegten Einschränkungen. Die Deutung Freuds des
Spiels mit dem Ehering - Hin- und Herschieben desselben -
bei einer Patientin als Onaniephantasie erscheint absurd,
nicht weniger absurd die uferlose Flut unterschiedlichster
Handlungen und Aussagen der Patienten auf frühkindliche
Sexualphantasien zurückzuführen, wie dies nach wie vor in
der psychoanalytischen Literatur - z.B. Greenson - praktiziert wird. Anders stellt sich eine Deutung dar, wenn z.B.
in einer Gruppentherapie ein Patient mit seiner Eheproblematik sich auseinandersetzt, dabei seinen Ehering hin- und
herschiebt, der Therapeut ihn darauf hinweist.

Das Deuten, als intellektuell-rationaler Vorgang, dient
prinzipiell und generell dazu, Modi und Strukturen des Patienten aufeinander abzustimmen, die Dynamik der Therapie
aufrechtzuerhalten - was aber nicht ausschließt, daß der
Therapeut sehr wohl abzuwarten lernen muß, bevor er deutend
eingreift. Jedes deutende Erschließen des Patienten selbst
ist dem des Therapeuten vorzuziehen - auch wenn es Korrek-

turen gelegentlich bedarf. Folgende Beispiele seien für den
verbalen, aber auch präverbal deutenden Umgang gegeben:

Eine 22-jährige Studentin, die an diffusen Magen-Darm-Störun-
gen litt, dann eine labile Hypertonie entwickelte, jetzt -
nach Abklingen der somatischen Beschwerden - "diffus" depressiv wurde, artikuliert immer wieder in einer Langzeitbehandlung über viele Wochen - in denen sie ebenfalls nicht träumt
- daß ihr "nichts einfalle", sie nicht wisse, was sie sagen
solle. Auf provokatorisch-konfrontative Fragen wie "Worin
sehen Sie denn eine Möglichkeit, zu genesen, wenn Sie sich
gar nicht an der Behandlung beteiligen?",das Befragen der
möglichen Gründe ihres Schweigens,beantwortet sie mit dem
Erleben der Kränkung und Abweisung. Da das Mädchen ohne Partner isoliert bei der Mutter lebt, wurde ihr Verhalten wie
folgt gedeutet: 1. Es sei für sie wichtig, auch als "Nicht-
Sprechende - Schweigende" angenommen und bestätigt zu werden; 2. sie beschäftige sich wahrscheinlich mit ihren Gefühlen dem Therapeuten gegenüber; 3. wurde ihr - den Aspekten
synergistisch positive Bestätigung entsprechend - die Deutung gegeben: Habe sie doch bereits über viele Wochen die
Erfahrung gemacht, daß sie auch ohne "Leistung" (Sprechen!)
zu erbringen, angenommen würde, sei es selbstverständlich,
daß Gefühle dem Therapeuten gegenüber auftreten können, deren Artikulierung und Ausphantasierung für den Fortgang der
Behandlung wesentlich seien. Beide Deutungen leiteten die
Patientin vom diffusen Erkunden zum Entdecken und Erschließen der Zusammenhänge ihrer Passivität, zur Auseinandersetzung mit ihren Empfindungen für den Therapeuten, ihren diesbezüglichen "Riesenerwartungen".

Ein Psychologie-Student, Ende Zwanzig, "nervte" die Therapeutin dadurch, daß er nicht nur alles über sich schon wußte,
sondern dies auch mit dem Anspruch vertrat, es besser als
die Therapeutin zu wissen. Sein intellektuelles Erschließen
vermied alle anderen Modi, in der Struktur der leistungsbezogenen Orientierung war er ganz "festgefahren". Erst als
die Therapeutin ihm die Zirkelschlüsse seines Denkens "spiegelt" und er "endlich zum Schweigen gebracht" - schweigt,
wird er auf die Bedeutung des diffus-emotionalen Erkundens
verwiesen, dem "Eingang" zu seiner unentdeckten, unerschlos-
senen und zu keiner Auseinandersetzung fähigen Emotionalität. (Der Patient litt an einer Potenzstörung, d.h. war in
seinem Verhältnis zum Leib dekompensiert.) Hier war es notwendig, vom "Erschließen" zurück zum Erkunden zu gehen.

Insistierendes Deuten bei einem extrem leistungsbezogenen
Band-Musiker, der unter zunehmenden Ängsten vor beruflichem
Versagen und einer - vorübergehenden - außerehelichen Beziehung an einer Colitis ulcerosa erkrankte, erwies sich immer
wieder als notwendig, um die extreme Hypertrophie seines
Leistungswollens aufzuschließen. Der unmittelbare "Einstieg"
zu dieser Deutung ergab sich nicht nur aus seiner Lebensge-

schichte und seiner Situation - sondern z.B. aus einem kaum zu bremsenden Redefluß, mit dem der Patient u.a. ebenfalls leisten wollte. Er hatte diese Zusammenhänge zwar schon entdeckt, aber nicht in ihrem größeren Kontext erschlossen.

Eine 48-jährige, wiederholt an Depressionen (mit Klinikaufenthalten) leidende Patientin hatte ihre gesamte, sehr kritische Lebenssituation und Geschichte - einschließlich einer Deportation nach Rußland als Kind - kraft einer festen religiösen Orientierung stets "bewältigt". Jedoch waren ihr die anderen Modi - mit Ausnahme der Bindung an diese Überzeugung - weitgehend unerschlossen. Hier stellte sich dem Therapeuten ebenfalls die Aufgabe - ohne die ihm ernst zu nehmende religiöse Überzeugung zu erschüttern -, die Patientin durch spiegelndes Fragen, synergistisches und antagonistisches Verhalten "zurück" zum Erkunden, Entdecken, Erschließen und Auseinandersetzen zu "führen", ihr diese Modi zu vermitteln.
z.B.: "Sie haben kraft Ihres Glaubens schwerste Prüfungen überstanden - aber warum meinen Sie, sind Sie krank geworden?"
Pat.: "Weil mich Gott eben straft."

Th.: "Wofür denn?"

Pat.: "Ja, vielleicht für die Vergehen meiner Eltern."

Th.: "Und können Sie sich nicht einen liebenden, verzeihenden Gott vorstellen?"

Pat.: "Wenn ich mir das vorstelle, müßte ich mich ja selber lieben, aber ich verabscheue mich."

Th.: "Warum verabscheuen Sie sich?"

Pat.: "Weil mich Gott straft."

Th.: "Aber merken Sie nicht, daß Sie sich stets dasselbe sagen? Sie verabscheuen sich, weil Gott Sie straft, Gott straft Sie, weil Sie sich verabscheuen."

Die Patientin antwortete auf diese konfrontative Deutung mit stärkerer Verunsicherung und weinte erstmalig. Es gelang, sie von dieser Thematik auf die ihrer Familienprobleme zu verweisen, wobei sie bemerkte, wie wenig sie eigentlch die Einzelheiten der Sorgen ihrer Kinder (Schule), ihres Mannes wahrnahm, sie vielmehr in ihrem Glauben sich kommunikativ ganz abgekapselt hatte. Als ihr vermittelt wurde, daß sie eben aus Angst vor der Auseinandersetzung mit den Konflikten und Problemen ihres Lebensraumes sich zurückgezogen hatte, gelang es, ein erstes emotionales Erkunden und Entdecken zu erwecken, ohne jedoch ihre Glaubensüberzeugung erschüttern oder in Frage stellen zu müssen.

Eine 34-jährige Bäckersfrau, "einfach strukturiert", litt an einem Globusgefühl mit erheblichen Schwierigkeiten zu schlucken. Mit der Patientin war kaum ein rational-deutendes Gespräch, sei es synergistisch, sei es antagonistisch, möglich. Jedoch war ihr Traumleben ungewöhnlich differen-

ziert und reichhaltig - wie sie z.B. anfänglich von großen,
sie bedrohenden Schlagen berichtete, die - gegen Abschluß
der Behandlung - zu kleinen harmlosen "Schlängelchen" wurden. Sie berichtete die Träume mit erheblicher emotionaler
Anteilnahme, die Sitzungen erschöpften sich - ohne Deutung -
in den Einzelheiten des Traumlebens. Die Patientin war noch
in einer Welt "vor" dem Erkunden behaust, lebte ihre Existenz und deren Probleme in der Aperspektive. Sie genas
völlig, nicht nur ohne daß irgendein "phallisches Trauma"
("Fellatio-Phantasien") u.a. je sichtbar wurde, sondern lediglich im Zusammenhang ihrer Vertrauensbeziehung zu der
Therapeutin und der "Bewältigung" einer nicht zu beziffern-
den Phobie über ihr Traumleben, d.h. präverbal.
Eine nach drei Jahren erhobene Katamnese bestätigte, daß es
sich nicht nur um eine "Übertragungsheilung" handelte.

Ein 42-jähriger Vertreter, an einer Herzphobie leidend,
trennte sich im Verlaufe der Eehandlung von seiner Verlob-
ten, als er in zunehmender Auseinandersetzung mit dieser
sie als äußerst "herrschsüchtig" zu erleben begann. Nach
der Trennung verschlechterte sich sein Befinden zusehends,
er kam seltener und unregelmäßiger in die Therapie. Die
Therapeutin deutete sein Verhalten wie folgt:

Th.: "Wir waren doch übereingekommen, daß Sie mindestens
zweimal in der Woche zur Behandlung kommen würden - aber es
fällt mir doch auf, daß Sie immer wieder unter anderen Gründen absagen, zu spät kommen, letzte Woche nur 20 Minuten
hier waren."

Pat.: "Ja, Sie haben recht, aber ich bin eben beruflich so
eingespannt im Augenblick."

Th.: "Mir scheint es manchmal, als ob Sie die Behandlung
nicht mehr recht ernst nehmen, vielleicht beenden wollen."

Patient schweigt.

Th.: "Was meinen Sie denn?"

Pat.: "Ich weiß gar nicht mehr, was ich meine."

Th.: "Aber diese Veränderungen in Ihrem Verhalten gegenüber
der Behandlung sind erst seit der Trennung von Ihrer Ver-
lobten eingetreten."

Pat.: "Ja, das stimmt."

Th.: "Meinen Sie, es besteht da ein Zusammenhang?"

Pat.: "Ich sehe keinen."

Die Therapeutin regt den Patienten an, noch einmal zu erinnern - durchzuarbeiten -, was seine Verlobte ihm eigentlich
"positiv" und "negativ" bedeutet hat. Er sieht - erschließt -,
daß er den Machtkampf mit ihr vermißt, dessen "Lust-Qual":
das Sich-Unterwerfen unter z.B. ihre exorbitanten Vorsichts-
maßnahmen beim Geschlechtsverkehr, seine Neigung, sie mit
Eifersucht zu peinigen. Er entdeckt, daß er diese Beziehung
- bei aller Belastung - vermißt. Die jetzt einsetzende, er-

schließende Deutung der Therapeutin, er würde ihr - der Therapeutin - seine Trennung verübeln und aus diesem Grunde die
Behandlung zusehends vernachlässigen, akzeptiert er. In den
bruchstückhaften vorausgegangenen Behandlungen war er mehr
und mehr vom Entdecken und Erschließen in ein diffuses Erkunden "regrediert" (zurückgewichen).

Diese wenigen Beispiele mögen die Reichweite des Deutens,
aber auch seine Grenzen aufgezeigt haben.

Ferner sollte sich der Therapeut darüber im klaren sein, daß
ihm die Art und Weise jedes Wortes, das er an den Patienten
richtet, in seiner Auswirkung auf den Patienten im Vorhinein
nicht immer erkennbar oder nacherlebbar ist. Er weiß nie genau, wie ein Patient sein Verhalten erlebt, sei es z.B. eine scherzhafte Bemerkung, sei es ein gemeinsames Lachen, das,
gut gemeint, vom Patienten plötzlich als Verspottung aufgefaßt wird. Dieser sehr entscheidende und erhebliche Vorbehalt, der in der monadischen Strukturierung des Individuums
begründet ist, kann nicht oft genug betont und jedem deutenden Verhalten warnend gegenüber gestellt werden.

Die Kunst der Therapie liegt in dem Vermögen, das "dritte
Ohr" (Th. Reik) zu entwickeln, d.h. situationsgerecht mit
dem Patienten zu kommunizieren. Dieses läßt sich nicht von
heute auf morgen, sondern nur im Verlaufe jahrelanger Erfahrung, jahrelangen Umgangs mit dem Patienten lernen.
"Kunstfehler", Fehldeutungen, unrichtiges Verhalten wird
der Therapeut immer wieder an den Antworten seiner Patienten bemerken - jeder auftauchende Widerstand ist auch eine Reaktion auf den Umgang mit dem Therapeuten.

Nichtsdestoweniger kann eine Regel aufgestellt werden: Ad-
äquat der jeweiligen Situation, ob diese sich im Erkunden,
Auseinandersetzen oder Bewältigen ereignet - die Modi sollten alle im Verlaufe einer Behandlung angesprochen werden -,
kann der Therapeut sich synergistisch, neutral, antagonistisch, spiegelnd, insistierend "durcharbeitend" oder
deutend verhalten. D.h. seine Beziehung zu dem Patienten
ist stets Antwort auf die Modi, in denen sich der Patient
äußert - wie aber auch umgekehrt der Patient sich in be-

stimmten Kommunikationsmodi mitteilt, die von dem Therapeuten angeregt wurden - mit dem Ziel, die Bewegung innerhalb
Strukturen und Modi, die Veränderung, im Auge zu behalten.

Bewegt der Patient sich überwiegend im Erkunden, dann rege
der Therapeut das Entdecken vorsichtig an, von diesem - fragend - das Erschließen, später Auseinandersetzen, Binden
oder Lösen und umgekehrt, je nach den Einschränkungen der
Modi. Das neutral-synergistische gehe im allgemeinen dem
antagonistischen Verhalten voraus, wie auch das Spiegeln
das antagonistische Verhalten im Erkunden wiedergibt. Er
insistiere - durcharbeiten -, wenn ein erreichtes "Ziel",
eine Einsicht, ein Wandel wieder abzuklingen drohen. Bei
aller Bewältigung, die stets das Erkunden mitumschließen
soll, bedenke der Therapeut, wie wichtig die Auseinandersetzung ist. Das provokative Verhalten oder entsprechende
Fragen seien möglichst stets konjunktivisch. Es verstärkt
die Auseinandersetzung, wobei der Therapeut jedoch wissen
müßte, wie "weit" er gehen darf, um extreme Angstreaktionen
des Patienten zu vermeiden oder ihm gar das Gefühl der Abweisung zu vermitteln. Dem sich bindend-bewältigenden Patienten gegenüber darf er diesen Modus vorsichtig in Frage stellen - ihn damit "erproben", "austesten", wie weit
"Stabilität" in den verschiedenen Modi erreicht worden ist.
Bewährt sich der Patient in dem Hinterfragen seiner Aussagen, d.h. artikuliert er Bedürfnisse oder Einsichten "wahr-
heitsgemäß", wie er sie erlebt, sollte der Therapeut ihn
unterstützen. Das Deuten setzt das Erschließen von Sinnzusammenhängen der Lebensentwicklung im allgemeinen voraus,
d.h. auch stattgefundenes Erkunden und Entdecken bis zum
Erschließen. Erst wenn der Patient sich über Sinnzusammenhänge erfaßt, dabei erkundend ringt, sich bemüht, sollte "andeutend" gedeutet werden. Oder wenn er den Schritt
z.B. vom Erkunden zum Entdecken, zum Auseinandersetzen
nicht vollziehen kann, bzw. "Widerstand" zeigt, wie auch
umgekehrt den Weg vom Pseudobewältigen zum Erkunden noch zu
durchlaufen hat.

Wann also - so sei wiederholt - darf gedeutet werden? Als
"Faustregel" gelte: Wenn der Patient wie auch immer begründete Schwierigkeiten zeigt, von einem Modus zum anderen
sich zu bewegen, wenn die dynamische Oszillation und Fluktuation der Behandlung stagniert, die "Abwehrmechanismen"
(s.u.) als Abwehr von "Wahrheit" im Vordergrund stehen, der
Patient einseitiges, auf hypertrophe Strukturen bezogenes
Verhalten - Leisten, Orientierung - nicht aufzugeben in der
Lage ist. Die "Hammerschlag"-Deutungen etwa Greensons werden aus der hier vorgetragenen Konzeption - von ihrem Inhalt ganz abgesehen - als massiv Orientierung vermittelnde,
den Patienten beeinflussende, ihm rein spekulativ-theoreti-
sche Verhaltensweisen unterstellende Anmaßungen aufgefaßt.
Die "ideale" Behandlung bedarf keinerlei Deutung.

Für Kurzzeitbehandlungen verschiedenster Kombinatorik bietet sich im Prinzip ein der Langzeitbehandlung analoges Verhalten des Therapeuten dem Patienten gegenüber an. Nur ist
der Duktus eben der Kurzzeittherapie gedrängter, die Vergangenheit und die Aperspektive, Fragen des Widerstandes und
der Beziehung zum Therapeuten - außer der primär auch hier
zu erwartenden Vertrauensbeziehung - treten in den Hintergrund, gegenüber der Abgrenzung der akuten Konfliktsituation und ihrer möglichen Bewältigung. Dieser intensivere
Behandlungsduktus darf jedoch den Therapeuten nicht dazu
verleiten, vom Erkunden in die Auseinandersetzung zu springen und "Patentlösungen" anzubieten - vielmehr sollte er
die insistierende Gesprächsführung, im Unterschied zur Langzeittherapie, mehr im Auge behalten, bei der Thematik aus-
giebiger verharren und den Patienten weniger diffus-erkun-
dend abschweifen lassen. Die Kurzzeittherapie ist "straf-
fer" zu führen, wobei insbesondere dann auch, von dem the-
matischen Insistieren abgesehen, die unterstützend-synergi-
stische Zuwendung des Therapeuten von Bedeutung ist.

3. Umgang mit dem sog. "Widerstand"

Aus der Konzeption der anthropologisch-integrativen Psychotherapie beinhaltet "Widerstand" in erster Linie Widerstand gegen die Veränderung der Lebenssituation, die Auflösung, Abänderung, Verwandlung der sie bedingenden hypertrophen Strukturen. Widerstand richtet sich gegen "Bewegung", ist Angst vor Entdecken, Erschließen, Auseinandersetzen, Angst vor Bindung oder Lösung, Scheu vor Bewältigung. Widerstand ist aber auch Selbstbehauptung (s.o.), damit Anstoß zu Auseinandersetzung und deshalb von zentraler Bedeutung für eine kommunikationsfördernde Therapie, denn diese kann jetzt ihre Impulse unmittelbar aus der Therapeut-Patient-Beziehung gewinnen. Durch Spiegeln, antagonistisches Hinterfragen, Deuten, kann die erstarrte Bewegung des Patienten sich gegen den Therapeuten wenden - damit zur Bewegung werden.

Die Beziehung wird manifest:

Th.: "Sie fassen, so glaube ich, die Behandlung als Leistung auf, wie Ihren Beruf - damit kommen wir nicht weiter."

Pat.: "Ich zahle doch für die Leistung,nicht nur Ihre, sondern auch für meine."

Th.: "Aber geht es Ihnen irgendwo besser - hat sich etwas verändert?"

Pat.: "Nun - schon, ein wenig. Zum Beispiel das Verhältnis zu meiner Frau ist entspannter."

Th.: "Vielleicht, weil Sie weniger Leistung von ihr erwarten. Aber Ihre Beschwerden, ihr Schlafstörungen, Ihre Unruhe, Ihre Angst - das ist noch dasselbe, nach wieviel Sitzungen? Nach über 50! Da muß doch etwas nicht stimmen. Und ich glaube, daß Sie auch hier alles durch Leisten schaffen wollen. Aber hier kann man nur nachgeben, versinken, träumen, sich gehen lassen und davor haben Sie noch immer Angst, wie wir schon oft festgestellt haben."

Pat.: "Ohne Fleiß kein Preis. Sie kommen mir mit Ihrer Predigt wie ein Hippie vor - die Psychotherapeuten sind die Apostel des Nichts-Tuns."

Th.: "Stört Sie vielleicht noch mehr an mir?"

Pat.: "Oh ja, eine ganze Menge. Ich hätte Ihnen schon manchmal alles aufzählen können."

Diese Sätze aus einer "Widerstandsanalyse" konkretisieren die Therapeut-Patient-Beziehung und werden zur eigentlichen

Bewegung, dem Patienten zur Lösung seiner Leistungsfixierung zu verhelfen. Die "Widerstandsbehandlung" vermag persönliche Auseinandersetzung zwischen Therapeut und Patient werden, sie wird Anlaß, "Aufgestautes" endlich zu artikulieren, wobei der Therapeut - je nach der Breite der Vertrauensbasis - dem Patienten durchaus auch seine emotionalen Eindrücke vermitteln kann.

Wie z.B.:

Th.: "Ich frage mich nur, was in unserer Beziehung nicht stimmt, daß Sie diese Angst vor der Begegnung mit ihren Gefühlen haben."

Pat.: "Sie haben selber Angst vor Ihren Emotionen. Wann können Sie welche zeigen? Abends im Familienkreis?"

Th.: "Es kommt nicht so sehr auf das Zeigen und Demonstrieren an, als auf das Nachempfinden, überhaupt das Fühlen."

Pat.: "Sie halten mich für gefühllos?"

Th.: "Weitgehend."

Pat.: "Das verbitte ich mir! Ich liebe meine Frau, meine Kinder..."

Th.: "Vielleicht tun Sie nur so?"

Pat.: "Sie tun nur so, Sie sind ein eiskalter, gefühlloser Manipulator."

Th.: "Erleben Sie mich im Augenblick so?"

Pat.: "Allerdings."

Th.: "Warum?"

Pat.: "Weil ich mich über Sie ärgere..."

(Therapeut und Patient brechen in ein herzhaftes Gelächter aus, die Spannung schwindet, die Thematik der Emotionalität wird "bewegt", d.h. dynamisch, situationsentsprechend, wieder aufgenommen.)

Das Buch etwa Greensons bietet in seiner detaillierten Aufzeigung dessen, was der Autor als Widerstand bezeichnet, ein "klassisches" Beispiel dafür, wie ein hermeneutisches, aber Objektivität beanspruchendes System Schritt für Schritt dem Patienten unterstellt wird und ihn weitgehendst mit sexualpathologischen Deutungen zum Produkt eben dieser Auslegung macht. Hier - bei Greenson - sind alle Stufen einer doktrinären "Gehirnwäsche" zu verfolgen; den Gegnern des Freudianismus könnte keine anschaulichere Dokumentation vermittelt

werden: Hermeneutik als Suggestionstherapie bei erheblicher
Entmündigung des Patienten - dies ist Greensons, seiner Vor-
läufer und Nachfolger Werk.

Die Gefahr, insbesondere der Konzeption Freuds, liegt ferner in der Möglichkeit, einen wie auch immer ungünstigen
Verlauf der Therapie auf unauflösbare Widerstände des Patienten zurückzuführen, d.h. das Scheitern einer Behandlung
oder langandauernde Schwierigkeiten im Umgang mit dem Patienten, sog. "Wüstenstrecken", dem Kranken in erster Linie
anzulasten. Daß es zweifellos zahlreichen Patienten nicht
leicht fällt - insbesondere wenn sich noch kein Vertrauensverhältnis bis zum Therapeuten entwickelt hat, der Patient
sich noch ganz im Erkunden und Entdecken bewegt -, Fragen
des erotischen Bereiches oder intimst-persönlicher Belange,
die oft noch nicht einmal an den Rand des aufmerkenden Bewußtseins getreten sind, zu erörtern, ist nicht zu bestrei-
ten und ein beobachtbares, durchaus "reguläres" Vorkommnis,
dem aber nicht die im Vorhinein negativ akzentuierte Feststellung "Widerstand" zuzubilligen ist. Der Widerstand gegen das jeweilige System, das der Behandlung als Konzept
zugrunde liegt, und die Art seiner implizierten Auslegung
jeweils auf den Patienten höchst unspezifisch bezogen - gegen diese Gefahr Widerstand zu leisten -, scheint nicht unberechtigt, sondern vielmehr ein Zeichen gesunder Vernunft
zu sein.

Widerstand aus der vorliegenden Konzeption ist nicht zuletzt auch ein Widerstand gegen die "Übertragungs-Verliebt-
heit", ist Widerstand gegen das Bedürfnis andererseits, Vertrauen zu geben, zu schenken, entspringt häufig einem Mißtrauen mit langer Vorgeschichte. Dabei sollte jedoch der
Therapeut grundsätzlich im Auge behalten, wann ein innerseelischer Vorgang als "Widerstand" vom Patienten wirklich
erlebt wird, und wann er Deutung des Therapeuten ist.

Was Freud anfänglich global als Abwehr, spezifisch dann als
Verdrängung sexueller, später aggressiver Vorstellungen und
Impulse beschrieb, wurde dann von Anna Freud in ihrer Dar-

stellung "Das Ich und die Abwehrmechanismen", dem klassischen Buch der freudianischen Psychoanalyse, entwickelt und
mit zur Grundlage der "Ich-Psychologie". Diese Abwehrmechanismen sind Formen des Widerstandes gegen das Bewußtwerden
eben frühkindlicher oder aktuell-(sich wiederholender) sexueller oder aggressiver Triebregungen und Vorstellungen.
Ein Instrumentarium vielfältigster Verhaltensweisen soll
der Mensch ausgebildet haben, um sich eben gegen Sexualität
und Aggression zu wehren. Ob es hier um die bloße Verdrängung geht, um die Projektion, die Negation, die Introjektion, um das Ungeschehen-Machen oder Rationalisieren, der
wesentliche Unterschied zu der hier vorgetragenen Konzeption besteht in:
a) Anna Freud leitet ihre Abwehrmechanismen theoretisch aus
der unlösbar dualistischen Problematik der Descartes'schen
Leib/Seele-Konzeption ab (z.B. "Introjektion", "Projektion")
und
b) werden diese "Mechanismen" als vorhandene anerkannt, so
sind sie nichtsdestoweniger ganz und gar unspezifisch und
Anteil jeder zwischenmenschlichen Beziehung.

Zu a) sei gesagt, daß hier schon die Daseinsanalyse zu- und
ausreichende Kritik (M. Boss u.a.) geübt hat, daß es - aufgrund der dem Freudianismus zugrundeliegenden sowohl carte-
sianischen Leib/Seele-Spaltung als auch seines späteren Epiphänomenalismus - nicht möglich ist, zu verstehen, wie "ein
Objekt" vom Kind "introjiziert" wird, z.B. das kleine Mädchen die strafende Mutter "introjiziert", die dann zur Grundlage des Über-Ichs wird und vermittels derer sie wiederum
vom Über-Ich her ihre eigenen erotischen Regungen abwehrt.
Noch ist zu verstehen, wie ein Objekt "projiziert", d.h.
nach außen gewandt wird, sind doch nach Descartes Seele und
Leib nicht weniger als Außen und Innen getrennte Substanzen,
so wenig es aus dieser Konzeption zu verstehen ist, wie ein
Innen außen und umgekehrt wahrgenommen wird.

Wird von dieser, in den verschiedenen psychoanalytischen
Schulen - bis auf die Daseinsanalyse - nicht ausreichend

geklärten Grundproblematik abgesehen, so bleibt b) unange-
tastet, daß "Mechanismen" oder Verhaltensweisen wie Verdrängen, Nicht-wahrhaben-Wollen, Introjizieren, Projizieren,
Negieren usf. kommunikative Modi sind, die primär in jeder
zwischenmenschlichen Beziehung auftreten, sekundär dann zu
ausschließlichen - und hier liegt der entscheidende Irrtum -
"Abwehrmechanismen" gegen frühkindliche "peinliche Vorstellungen" oder Triebe konstruiert werden. Der phänomenale Bestand, der vom Lügen und Abstreiten möglicher Zusammenhänge,
Abwehr von Erschließen und Auseinandersetzen bis zur Ablehnung oder "Gegenübertragung", "Übertragungs-Abwehr" reicht,
wird jedoch mit diesen Begriffen nicht annähernd erfaßt. Er
wurde eingehend in "Mitteilung und Antwort" dargestellt, so
daß hier nur die Synonymität der Begriffe der Abwehr von
Wahrheit und Widerstand gegen Bewältigung erinnert sei, die,
wie das Widerstandsphänomen, nicht kausalistisch-reduktiv
"aufzulösen", sondern mit dem Partner durchzuarbeiten, zu
erhellen, zu erschließen oder eidetisch darzustellen sind.
Die vorliegende Konzeption sieht in den sog. Abwehrmechanismen nicht - nur ganz bedingt und in wenigen Einzelfällen -
jene Abwehr von Triebimpulsen, sondern in erster Linie Abwehr von "Wahrheit" und "existenzieller Bewältigung". Der
in "Abwehrmechanismen" beharrende Mensch ist dem "Man" im
Sinne Heideggers, d.h. der gesellschaftlichen Unwahrheit,
Verflachung, "Lüge", verfallen, er lebt in einem abkünftigen
Modus, der Offenheit - bei aller "Auch-Problematik"derselben, ihrer "Auch-Nichtung"- vermeidet, wie Wahrhaftigkeit
und Ehrlichkeit sich selbst und dem anderen gegenüber. Er
ist, existiert in der "Unwahrheit", vermittels dieser er zu
bewältigen versucht, das aber mißlingen muß. Die eminente
ethische Bedeutung der Psychotherapie kann hier erfaßt werden: die Bedingung zur "absoluten" Offenheit sich selbst
und dem Therapeuten gegenüber als Voraussetzung und Auflage
der Behandlung ist ein wahrhaft revolutionäres Moment, das
den Patienten aus seiner "Verfallenheit" an den abkünftigen
Modus einer stets auch "heillosen Welt""herausreißen" kann.

Daß der Appell zur Offenheit, zur Bewältigung, in der "Wahrheit" auf erheblichen Widerstand stoßen kann, liegt auf der Hand. Hier aber gilt das entscheidende, dem Patienten Schritt für Schritt zu vermittelnde Wort, "ohne Wahrheit - keine Gesundung".

Die Problematik der "Abwehrmechanismen" sei abschließend an dem psychoanalytischen und auch komplexpsychologischen"Standardbegriff" der Projektion erhellt: jemand "projiziert" in seine Umwelt Feinde und fühlt sich verfolgt, er "projiziert" auf den Therapeuten seinen Vater oder die Mutter, er "projiziert" das eigene Versagen auf den Chef usf.. Abgesehen von der schon eingehend erfolgten Kritik des Projektionsbegriffes in "Beziehung und Gestalt" (die Absurdität der "Introjektion" wurde von M. Boss dargelegt) sei erinnert, daß dieser der Hirnpathologie Meynerts entlehnt ist. Dem phänomenalen Bestand des Erlebens entsprechend, erlebt der sensitiv oder paranoid Erkrankte die Umwelt als feindlich, ein Patient den Therapeuten als Mutter - nicht auf Grund von "Projektion" unbewußter Inhalte auf einen "Wandschirm" (seine Umwelt), sondern auf Grund des für ihn evident wirklichen Erlebens von Feindseligkeit hier, Mütterlichkeit dort. Diese Evidenz des Erlebten kann nicht von einer begrifflichen Konstruktion "es ist eine Projektion" in Frage gestellt oder erschüttert werden - denn die Feindseligkeit oder die Mütterlichkeit beruhen auf realen Erlebnissen, die in dem, was dann als "Projektion" bezeichnet wird, von dem Außenstehenden als eine extreme oder verzerrte Steigerung des Erlebten, als Verwechslung von "real" und "eingebildet", insbesondere in der Psychose angesehen werden. Das "es ist nur eine Projektion" oder "Sie projizieren" des Therapeuten, stellt jedoch damit bestenfalls eine Korrektur auf der Grundlage begrifflichen aber nicht nacherlebten Vergleichens dar: daß der Patient in "Wirklichkeit" nicht verfolgt wird, d.h. nur in der Wirklichkeit einer allgemein gesellschaftlichen Norm, die der Therapeut vermittelt, die aber nicht der von dem Patienten erlebten Wirklichkeit der Verfolgung entspricht. Woher weiß der Therapeut darüber hinaus, daß der Patient nicht eben in jener gesellschaftlichen Realität real verfolgt wird oder ständig auf Feindseligkeit stößt - wie kommt er zu dieser Anmaßung, dies zu wissen? Gerade die "Grenzfälle" des sog. sensitiven Beziehungswahns, wie sie schon Kretschmer aufwies, lassen die Grenzen zwischen Erleben und "gesellschaftlicher Realität" verschwinden, Grenzen, die es für das Erleben letztlich nicht gibt, da intersubjektiv der Andere potentiell als "Feind" hier, als "Mutter" dort im Möglichen des "Zwischen" jeder Kommunikation dem Erleben vorgegeben ist. Der Begriff der "Projektion" erscheint aus dieser Sicht nicht anders wie der der Übertragung, eine problematische Konstruktion, das Erleben des Patienten abzuwerten und an seine Stelle ein "objektives", die "gesellschaftliche Realität" einzusetzen, um dem Erleben in seiner ganzen

Intensität, seiner Verzweigung und Mannigfaltigkeit <u>nicht</u>
nachzugehen. Für die hier vorgetragene Konzeption gibt es
keine "Projektion", sondern nur graduierte Erlebnisweisen,
die der monadischen Struktur der Person entsprechend die
Subjektsphäre zu einer "Entgrenzung" führen, die den Anderen in seiner Begrenzung und "Einschränkung" zunehmend in
der Wahrnehmung verliert, dafür seine Möglichkeiten "Feind"
oder "Mutter" zu sein, analog den eigenen Möglichkeiten aber
durchaus real, nicht als "Einbildung projiziert", erlebt.
Daß sich dieses Erleben in der Psychose mit deren Aperspektivität vereint, wird verständlich, aber ebenso, daß es keinen Maßstab gibt, zu entscheiden, wo außerhalb der Psychose
eine sog. "Projektion" sich von dem fluktuierend-pulsieren-
den, stets auf den Anderen und sich selbst, intersubjektiv
vermittelnden Erlebnisstrom unterscheidet.

Wie stellt sich dieser Sachverhalt in der "Realität der Psychotherapie" dar? Daß der Therapeut möglichst nicht "Projektionen" "auflöst", sondern der ganzen Intensität ihres Erlebnisgehaltes nachgeht, bis sich die in der "Projektion" auftauchenden Bilder wandeln, verändern, einem anderen Bild
weichen und eine permanente, letztlich auch lebensgeschichtlich - von der frühen Kindheit und dem extremen "Projektionsvermögen" des Kindes an bis in das "Projektionsvermögen" des
Seniums - bedingte Fluktuation darstellen, der gegenüber es
kein "Realitätsprinzip" gibt. Vielmehr ist die Realität stets
Erleben, das der Begriff der "Projektion" nur nichtet.

Spezifisches "Widerstandsverhalten" kann sich wie folgt darstellen:

a) Wiederholte Verspätung zu den vereinbarten Sitzungen bzw.
unabgemeldetes Nicht-Erscheinen und wiederholtes, nicht ge-
rechtfertigtes Fernbleiben.

b) Anhaltendes Schweigen, das weder Unvermögen zur Artikulation bedeutet noch Ausdruck von Hilflosigkeit und Isolation ist.

c) Zunehmender Negativismus gegenüber der Therapie und dem
Therapeuten, zunehmende Abwertung der eigenen und der Möglichkeiten der Therapie überhaupt.

d) Stärkste emotionale Bindung an den Therapeuten ("Übertragung"), die den Patienten "an nichts anderes mehr denken
läßt als an den Therapeuten".

e) Anhaltender Rededrang des Patienten, der den Therapeuten
"an die Wand redet".

f) Ablenken und Abschweifen von bedeutungsvollen, wichtigen
Themen, Verharren in Alltäglichkeiten.

g) Symptomverschlechterung oder Auftreten neuer Symptome,
z.B. zunehmende Depressivität, "Flucht in die Krankheit",
Ängstlichkeit, Angst vor der Bewältigung.

h) Rational-vernünftiges Begründen von zu Dekompensation
führenden Verhaltensweisen: selbst nach schon eingetretener
Dekompensation ("Es blieb mir ja gar nichts anderes übrig...
Es ist meine biologische Kompensation...")

i) Mit dem Therapeuten "diskutieren" zu wollen. Abweichen
auf ideologisch-weltanschauliche Probleme, wenn diese nicht
unmittelbar aus den Zusammenhängen der Behandlung sich ergeben.

k) Lügen, "Schwindeln", Verdecken, Vertuschen, Verbergen,
Heucheln, alle Formen von Unaufrichtigkeit.

l) Ableugnen, nicht nur unterstellter Deutungen, sondern erlebter, evidenter Zusammenhänge.

m) Aggressives Verhalten - obwohl wichtig als Kommunika-
tionsentfaltung -, wenn es wiederholt und stereotyp sich
gegen den Therapeuten richtet.

n) Ferner wiederholtes "trotzig-freches" Reagieren, wie z.
B.: "Das ist Ihr Problem, nicht meines", Abschwächen, Baga-
tellisieren von Einsichten, wiederholt "schnoddrig-unver-
schämte" Verhaltensweisen.

o) Widerstände gegen Deutungen des Therapeuten dürfen dagegen nicht primär als "Widerstand" beurteilt werden, sondern
der Therapeut frage sich, inwieweit der Widerstand berechtigt ist.

Wie verhält sich der Therapeut ferner - von der Intensivierung der Beziehung abgesehen - spezifisch dem Auftreten der
erwähnten "Widerstandsphänomene" gegenüber? Durch das Aufweisen und Aufzeigen anderer Kommunikationsmöglichkeiten innerhalb der Modi und Strukturen, Verweisen auf den derzeitigen Mangel und Leidenszustand.

Pat.: "Ich bin entschlußlos. Ich fühle mich eingeengt, mutlos - es bedrückt mich alles. Ich trete auf der Stelle, komme nicht weiter. Wohin soll ich auch kommen? Wozu - können
Sie mir das sagen?"

Th.: "Sie fühlen sich mutlos. Sie sind verzweifelt, nicht?"
(Spiegelfunktion)

Pat.: "Ja, ganz recht, verzweifelt. Alles ist für mich ein Muß, eine Quälerei. Auch das Hierherkommen."

Th.: "Aber vielleicht ist es so qualvoll für Sie, weil etwas in Ihnen nicht mitmacht? Denken Sie doch an Ihren Bruder - wie der sein Leben meistert, was er alles unternimmt, kann - wieviel Sprachen er allein spricht!"

Pat.: "Der hat mir gerade gefehlt! Dieser Leistungsbüffel!"

Th.: "Leistungsbüffel?"

Pat.: "Ja - ja, das ist er ja, so wie der möchte ich nicht werden - den Kerl kann ich nicht riechen - immer schon ist er mir als Vorbild hingestellt worden - jetzt von Ihnen auch! das reicht mir!"

Th.: "Das haben Sie noch nie über ihn gesagt... Was spüren Sie im Augenblick?"

Pat.: "Haß - wie noch nie."

Th.: "Aber da spüren Sie doch etwas - das ist doch neu..."

(Durch das Anregen von Kommunikationsmodi, das provokative Erinnern des Bindens, gelang es, den Patienten aus seinem diffus-depressiven Unwohlsein, seiner "Stagnation", in die Bewegung des Entdeckens polarer Gefühle zu versetzen. Der "Bann" des Stillstandes, des Widerstandes war gebrochen.)

Einem nur im Erkunden verharrenden Patienten, der sich der Entwicklung weiterer Kommunikationsmodi verschließt, zeige sich der Therapeut synergistisch - bis konfrontativ-antagonistisch. Er reagiere spontan, mache aus seinen Gefühlen anläßlich kleiner Episoden und Begebenheiten aus dem Alltag des Patienten keinen Hehl, verweise u.U. auf die weitere Kommunikationsmöglichkeit anderer (wie im eben dargelegten Beispiel), vom Patienten bewundernd beschriebener Menschen, unterstütze - vorübergehend, u.U. spiegelnd, vorsichtig provokativ - deren Vorbildfunktion mit Äußerungen wie: "Denken Sie doch einmal, wie N.N. in dieser Situation - im Unterschied zu Ihnen - reagiert hätte." Die stets im Widerstand enthaltene Angst vor Veränderung und Erweiterung der Kommunikation wird möglicherweise von dem Patienten bemerkt, er berichtet sie dem Therapeuten, der, diese ernstnehmend, auf die Zusammenhänge ihres möglichen Entstehens in der Behandlung verweise, d.h. den Modus des Entdeckens und Erschließens anregt.

Th.: "Es fällt mir auf, daß Sie in Ihren Schilderungen der Großmutter, wie diese Sie - wie Sie sagten - "in einen goldenen Käfig sperrte" - immer unbestimmter, diffuser werden, warum wohl?"

Pat.: "Ja, das weiß ich nicht. Ist das so?"

Th.: "Wir haben doch erfahren, daß Ihre Großmutter eine sehr wichtige Bezugsperson Ihrer Kindheit gewesen ist..., gelingt es Ihnen nicht, noch einige Erlebnisse zu erinnern? Was Sie bis jetzt berichtet haben, war doch sehr eindrucksvoll. Ich sehe Ihre Oma ganz deutlich vor mir. Versuchen Sie doch, sich noch ein wenig mit ihr zu befassen."

Pat.: "Ich habe keine rechte Lust dazu."

Th.: "Möchten Sie lieber von etwas anderem sprechen?"

Pat.: "Nein, eigentlich auch nicht. Ich glaube schon, daß ich mich noch mehr mit meiner Oma beschäftigen muß. Aber etwas bremst mich."

Th.: "Ist es wohl eine gewisse Furcht?"

Pat.: "Ja - vielleicht."

Th.: "Was sollte Ihnen passieren? Die Großmutter ist lange tot. Es sind nur Ihre Erinnerungen, die noch leben. Ich helfe Ihnen, diesen Erinnerungen zu begegnen."

Pat.: "Wie wollen Sie mir helfen?"

Th.: "Dadurch, daß wir uns gemeinsam mit ihnen befassen. Es sind doch nur Schatten. Was sollen Ihnen Schatten anhaben?"

Pat.: "Ja, die Schatten haben mein Leben bestimmt. Der goldene Käfig - ich ahne so viel, ohne es sagen zu können."

Th.: "Haben Sie Sorge, vielleicht alles Gute, was Sie von Ihrer Oma erfahren haben,gewissermaßen zu "verraten", wenn wir über sie sprechen, dabei noch andere Seiten entdecken, die Ihnen zu berichten unangenehm sind?"

Pat.: "Ach, ich denke jetzt an morgen - lassen Sie uns ein anderes Mal davon sprechen ."

Th.: "Gut, ich werde Sie aber das nächste Mal wieder daran erinnern."

(Therapeut verhält sich synergistisch-tolerant, insistiert nicht, ermutigt, wartet den Schritt vom Erkunden zum Entdecken ab.)

Ferner versuche der Therapeut, den Patienten zum Phantasieren, zu "Bildern", zu eidetischen Vorstellungen anzuregen, um ihm die Möglichkeit zu geben, sich als emotional-erlebender, entdeckender und erschließender zu erfahren, damit allmählich sein "dürftiges" Innenleben zu bereichern, zu intensivieren, vielfältiger werden zu lassen, was insbesondere

bei überwiegend orientierungs- und leistungsbezogenem Pseudobewältigen angezeigt ist. Hierzu zählt auch das therapeutische Zeichnen, das Bildern, Plastizieren usf.. Es "löst"
Widerstand - insbesondere gegen Veränderungen eines ebenfalls einseitigen Leistungs-, Orientierungs- oder Verantwor-
tungsbezugs - dadurch, daß der Patient "kreativ" entspannt,
nur schweifend-erkundend mit sich und der Umwelt umgeht. Es
wird ihm damit "Raum" eröffnet, in dem er weniger eingeschränkt kommunizieren kann. So kann bei besonders hartnäk-
kig-eingeschränkten Patienten auch das katathyme Bilderleben eingesetzt werden.

Die Angst vor der Auseinandersetzung - die als solche stets
Konfrontation impliziert - mit dem Leib, seiner Emotionalität, "Triebhaftigkeit" und den "Leidenschaften" ist bei
zahlreichen Patienten erheblich, dementsprechend der Widerstand. Diese Angst kann letztlich nur auf dem Boden einer
starken Vertrauensbeziehung und auch (vorübergehenden!) Bindung an den Therapeuten bewältigt werden, nicht weniger die
Angst vor der Auseinandersetzung mit religiös-weltanschauli-
cher Orientierung, mit Zweifeln und Gewissensnöten. Das In-
Frage-Stellen des gesellschaftlich hoch bewerteten Leistungs-
vollzugs ist stets mit erheblichen Ängsten und Widerstand
von seiten der Patienten verbunden, und auch hier, wie beim
Auftreten von Ängsten überhaupt, sollte der Therapeut sich
anfänglich synergistisch, Zutrauen und Mut gebend, verhalten, bis der Patient im wiederholten Durchstehen der Ängste
("Durcharbeiten"!) diese graduell bewältigt und "in den
Griff bekommt".

Wird der Widerstand, vom Patienten selbst "erkundend" wahrgenommen, zunehmend erlebt, so ist dieses Erleben meistens
mit Angst verbunden. Diese Phase der Therapie bedarf weniger antagonistisch-insistierender oder neutraler Haltungen
des Therapeuten, sondern eher synergistisch-unterstützender.
Das antagonistisch-konfrontative, insistierende Verhalten
ist angezeigt, wenn die Unwahrhaftigkeit der "Abwehrmechanismen" (s.o.) zunehmend entdeckt, aber wieder verleugnet
wird.

Th.: "Es fällt mir doch auf, daß Sie erst das letzte und vorletzte Mal erzählten, Sie hätten Ihre jüngste Schwester im Bett in der Genitalgegend berührt - heute berichten Sie, daß Sie überhaupt keine Erinnerungen an sie haben. Was stimmt denn nun eigentlich?"

Pat.: "Sie verwechseln mich mit einem anderen Patienten."

Th.: "Das kann gewiß vorkommen, auch ich bin kein perfekter Therapieroboter. Aber Ihre Schilderung des Schlafzimmers, die brennende Stehlampe, die bunten Bettbezüge, wie Sie immer auf die Uhr schauten - das habe ich nicht verwechselt."

Pat.: "Ja, das stimmt. Was ist das mit mir?"

Th.: "Wenn man solche Erlebnisse, die wir gar nicht überbewerten wollen, plötzlich wieder nicht mehr weiß, dann waren sie vielleicht wichtiger, als man glaubt..."

Th.: "Hat Ihre Tochter Ihnen denn wirklich etwas angetan? Oder haben Sie nur so etwas ähnliches erlebt?"

Pat.: "Sie hat meine Brieftasche aus dem Anzug genommen, fünfzig Mark herausgeholt - und sich die Fahrkarte zu ihrem Freund damit besorgt."

Th.: "Fehlte das Geld wirklich? Überlegen Sie doch einmal ganz genau - bevor wir sie beschuldigen."

Pat.: (nach längerer Pause) "Es fehlte nicht. Aber ich habe es meiner Frau erzählt, meinen Freunden - am Stammtisch."

Th.: "Sie haben es aber so erlebt, als ob sie Sie bestohlen hätte?"

Pat.: "Ja, weil die Brieftasche durchwühlt war. Mein Führerschein steckte woanders, mein Personalausweis lag obenauf, die Geldscheine waren durcheinander - alles, und sie ist doch so unordentlich."

Th.: "Warum mußten Sie denn glauben, daß sie Sie bestohlen hat? Was hatten Sie davon?"

Pat.: "Es wäre eben endlich der Punkt auf dem i gewesen. Ich hätte sie rausschmeißen können - ich hatte sie ja auch schon zur Rede gestellt..."

Th.: "Auf der einen Seite schildern Sie die Hilfsbereitschaft Ihrer Mutter, damals auf der Flucht, wie sie das bißchen Essen noch mit Fremden teilte, wie sie sich dann später für Sie und Ihren Bruder aufopferte - ja, wie eine Heilige kommt sie mir vor. Andererseits sagen Sie immer wieder, Sie hätten unter ihr gelitten. Wie kann man das eine mit dem anderen verbinden? Mir fehlt da etwas!"

Pat.: "Ich kann mir nicht eingestehen, einen Menschen, der mir nur Gutes erwiesen hat, abzulehnen... Ich kann es nicht, ich will es nicht, lassen Sie meine Mutter aus dem Spiel..."

Th.: "Aber Sie haben sie doch "ins Spiel" gebracht?"

Pat.: (lacht verlegen)

Th.: "Warum lachen Sie?"

Pat.: "Ich denke jetzt immer "Heinrich, mir graut vor Dir.""

Th.: "Weil Ihnen vor Ihnen selbst graut?"

Pat.: "Ja. Wie kann man einen guten Menschen hassen?"

Th.: "Vielleicht gerade weil er gut ist."

Pat.: "Aber das ist doch furchtbar."

Th.: (schweigt - die restliche Sitzung wird schweigend verbracht.)

Spezifisch sei zu den aufgeführten Punkten wie folgt Stellung genommen:

Zu a)

Bei Verspätung oder Nichteinhalten vereinbarter Sitzungen frage man, wenn sich dieses Verhalten wiederholt, nach den Gründen. Bei der Rückfrage kann in Richtung eines allgemein-unspezifischen Erkundens die Widerstandsbereitschaft des Patienten gemeinsam dann wahrgenommen und erörtert werden.

Zu b)

Schweigen. Man lasse den Patienten ruhig 10-20 Minuten schweigen und frage dann nach dem möglichen Grund desselben. Erwidert der Patient nichts, lasse man ihn weiterhin schweigen und insistiere auch in weiteren Sitzungen nicht, dieses Schweigen zu unterbrechen. Nach 3-5 Sitzungen, in denen der Patient durchgehend schweigt, versuche man wiederum den Inhalt des Schweigens vorsichtig-synergistisch zu erkunden, biete Möglichkeiten der Interpretation an (bedrückendes Erlebnis, Abneigung gegen oder Zuneigung zu dem Therapeuten, Isolierung, Hilflosigkeit, "Lähmung" durch Ängste verschiedenster Art, ein Traum, der den Patienten beschäftigt, den er aber nicht zu erörtern wagt usf.). Häufig beginnt dann der Patient das Schweigen zugunsten des Sich-Aussprechens zu lösen. Grundsätzlich ist das Schweigen zu respektieren, es stellt häufig eine wesentliche Selbsterfahrung und Selbstentfaltung des Patienten dar.

Zu c)

Der Umgang mit negativem, abwertendem Widerstand erfordert
ein besonders hohes Maß an Geduld und Ausdauer von seiten
des Therapeuten. Einerseits sollte er - meistens vergeb-
lich - antagonistisch argumentieren und auf positive Erfahrungen des Patienten verweisen ("Spiegeln"). Andererseits
sollte er den Patienten anregen, über die Beweggründe seines Negativismus erkundend, erschließend, auseinanderset-
zend nachzudenken, indem er z.B. den Negativismus positiv
als ein Stück "Selbstverwirklichung" und notwendiger Abgrenzung gegenüber dem Therapeuten und der Therapie deutet, d.h.
voll akzeptiert. Nicht zuletzt könnte der Therapeut, wenn
er zunehmend unter dem Negativismus des Patienten leiden
würde, sein Erleben ungeschminkt dem Patienten vermitteln,
ihn aber trotzdem der - prinzipiell aufrecht zu erhalten-
den - Zuwendung versichern. Er könnte z.B. sagen: "Sie gehen mir mit Ihrem ewigen alles schlecht Machen und Herum-
reiten auf dem Negativen auf die Nerven, kein Wunder, daß
Sie deswegen bis jetzt immer wieder von Ihrer Umwelt abgewiesen wurden, vielleicht wollen Sie das bei mir auch erreichen. Aber ich schmeiße Sie nicht raus, da können Sie
bei mir solange wie Sie wollen sich negativ äußern"; oder:
"Sie armer Mensch, Sie armer Teufel, wie muß es um Sie bestellt sein, daß Sie partout alles schlecht machen" (provokatorisch); oder: "Endlich sehen Sie die Welt nicht mehr
sonnig, Sie haben im Grunde mit Ihrer Auffassung recht -
aber führt es uns weiter?" (antagonistisch, provokativ).

Zu d)

Übertragung. (Siehe auch das unten Folgende.) Hier lasse
der Therapeut die emotionale Bindung "ausphantasieren", verhalte sich Liebesbeteuerungen gegenüber geduldig abwartend,
lasse eine gewisse Distanz den Patienten durchaus spüren,
frage nach ähnlichen Erlebnissen, nach möglichen Träumen
und Beziehungen in der Vergangenheit, wodurch der Patient
von seiner "Fixierung" auf den Therapeuten vorübergehend
abgelenkt wird. Diese Thematik muß aber wieder aufgegriffen

und mit dem Patienten bearbeitet werden. Dazu prüfe der Therapeut gemeinsam mit dem Patienten die "Stichhaltigkeit" ihrer Beziehung; zeige dem Patienten u.U. auf, daß dieser doch
die Person des Therapeuten eigentlich gar nicht kenne und
seine Gefühle deshalb diesen vielleicht eher verstellten
als ihn wahrzunehmen. Dann schlage er vor, gemeinsam herauszufinden, was es mit diesen Gefühlen auf sich haben kann.

Zu e)

Rededrang. Er lege dem Patienten stets einige Minuten Schweigen zur "Übung der Introversion" auf, bemühe sich, mit dem
Patienten den Redefluß zu "deuten", sofern dieser dem Patienten überhaupt als "Redefluß" wahrnehmbar ist. Ist letzteres
nicht der Fall, weise der Therapeut den Patienten auf das
etwas "auffallende" Verhalten der Beziehung zur Sprache hin,
um mögliche Zusammenhänge des "Redeflusses" zu erschließen.
Gelingt es dann, den Patienten zu einigen Minuten Schweigen
zu bewegen, wird sich Widerstand und Angst bemerkbar machen,
die dann Gegenstand der therapeutischen Sitzung zu werden
vermögen.

Zu f)

Abschweifen. Hier erforsche der Therapeut die Hintergründe
des Widerstandes, des Ablenkens und Abschweifens, befrage
ebenfalls den Patienten nach möglichen Auslegungen desselben, sofern es dem Patienten auch auffällt (vgl. e)), warte
ab, versuche aus dem Inhalt der abschweifend-ablenkenden Gedanken den Zusammenhang mit einem möglichen Erleben, einem
Traum oder einem Begebnis zu erschließen und dem Patienten
als Deutung anzubieten. Lehnt der Patient die Interpretation ab, so lege der Therapeut den Patienten auf ein be-
deutsam erscheinendes Thema fest, an dem er dann konzentriert mit dem Patienten arbeitet. Gelingt dies, kann er
konfrontativ den Unterschied dieses Verhaltens gegenüber
dem abschweifend-ablenkenden den Patienten bemerken lassen.

Zu g)

Symptomverschlechterung. Im Appell an die Partnerschaftlich-

keit der Behandlung, Erinnerung an mangelnden Leistungs-
druck in derselben, synergistisch-gewährend, versuche der
Therapeut gemeinsam mit dem Patienten die möglichen Bedingungen der Symptomverschlechterung aufzuhellen und zu erschließen.

Zu h)
Rationalisierungen. Bei Rationalisierungen - d.h. intellek-
tuellen-psychologisierenden Erklärungen für kommunikatives
Versagen vor allem im Leibhaft-Emotionalen -, wenn die Vertrauensbasis besteht und es die Situation und Behandlungs-
phase zuläßt, verhalte sich der Therapeut erst "gewährend".
Er lasse den Patienten einige Sitzungen in seinen Erklärungen sich "leerlaufen", um ihn jedoch - in dem Maße, in dem
der Patient das Ausbleiben einer Antwort oder Stellungnahme
von seiten des Therapeuten bemerkt und sich bemüht, dieses
zu erkunden - dann auf die Problematik seiner Rationalisierungen erst antagonistisch-konfrontativ hinzuweisen, dann
aber wiederum synergistisch zu stützen. Die synergistische
Stützung sollte in erster Linie dem Anliegen des Leibes und
der Emotionalität dienen, jedoch in Betracht stellen, daß
eben vor diesen der Patient erhebliche Angst hat. So kann
der Therapeut dem Patienten diese mögliche Angst erklären,
ihm Mut zusprechen, daß er gemeinsam mit dem Therapeuten
die Angst durchstehen müßte. Dadurch soll der Patient erneut wagen, von Rationalisierungen Abstand zu nehmen und
sich der "Sprache der Emotionalität und des Leibes" zu überlassen. Auch hier sei auf die Bedeutung des entspannenden
Erkundens der sog. "Regression" verwiesen, auf das Bildern,
Tagträumen, Phantasieren. Durchaus ist es möglich, daß der
Patient angeregt wird, vor sich hinzubrummen, zu murmeln,
leise Melodien zu pfeifen oder zu singen.

Zu i)
Abweichen. Diskutieren. Der Therapeut mache stets "gute Mie-
ne zum bösen Spiel", um dem Patienten seiner (des Therapeuten) immer wieder auf die Probe gestellten Zuwendung zu ver-

sichern. So diskutiere er freimütig mit dem Patienten und
gebe seine Meinungen kund, allerdings ist das problematisch,
wenn der Therapeut agnostisch oder atheistisch ist, der Patient dagegen gläubig, der Patient einer bestimmten politischen Ideologie zugehört, die wiederum der Therapeut nicht
teilt. Dies kann zu heftigen Meinungs-Auseinandersetzungen
führen, in denen sich auf der bloß intellektuell-noetischen
Ebene Patient und Therapeut konfrontieren. Das vermag zwar
einerseits für den Patienten eine wesentliche Erfahrung beinhalten, wenn sie eben nicht mit Abweisung oder Liebes-
rückzug von seiten des Therapeuten verbunden ist, aber auf
der anderen Seite besteht doch die Gefahr, daß erhebliche
Diskrepanzen aufgerissen werden, die der Behandlung hinder-
lich im Wege stehen. So frage der Therapeut - bei aller Bereitschaft, eine Diskussion anzunehmen - immer wieder dann
den Patienten, was er mit seinem Bedürfnis zur "Diskussion"
eigentlich meine, ob er sich nicht damit von wichtigeren
Problemen abwende, insbesondere auch wieder Emotionales und
die Beziehung zum Leib vernachlässige usf.. Ferner erinnere
er den Patienten an das Ziel der Therapie, das nicht nur
Symptom-Befreiung - zu der die Diskussion wenig beitragen
könne - impliziere, sondern insbesondere "Kommunikationserweiterung".

Zu k)
Lügen usf.. Der Therapeut "überführe" niemals den Patienten,
sondern lasse nur durch einen allgemein gehaltenen "konfrontativen" Vergleich zwischen Aussage, Erlebnis, Situation und
vergangenen, ähnlichen Gegebenheiten, Zweifel an der Aufrich-
tigkeit des Patienten anklingen. Die Unaufrichtigkeit hat ihren Beweggrund - Angst - und ist Ausdruck tiefer Unsicherheit. Das Wissen um die Möglichkeit von Unaufrichtigkeit ver-
mittle der Therapeut dem Patienten mit der Versicherung, daß
die grundsätzliche Vertrauensbasis der Therapie nicht erschüttert werden könne, oft genügt ein Wink, ein Hinweis,
eine Parabel, um den Patienten zu einer Wandlung zu veranlassen, und die Hintergründe der Unaufrichtigkeit durchzuarbeiten.

Zu l)

Ableugnen eigener, vom Patienten entwickelter Deutungen.
Hier empfiehlt es sich ebenfalls, "als Spiegel" und im Vertrauen auf die Partnerschaft der Beziehung, den Patienten
nach den Gründen - vorsichtig erkundend - zu befragen, weshalb er wohl eindeutig erlebte und geschilderte Zusammenhänge - etwa der Lebensgeschichte - plötzlich bestreite, in Ab-
rede stelle, sein Erschließen verleugne. Dieses Widerstands-
moment darf als Versuch aufgefaßt werden, die zu Anfang der
Behandlung dargestellte Person unbefleckt von schmerzlich-
peinlichen Fakten der Biographie wiederherzustellen.

Zu m)

Aggressives Verhalten. Wiederholtes, extrem-abweisend aggressives Verhalten sollte der Therapeut grundsätzlich tolerieren, freimütig mit dem Patienten Möglichkeiten und
auch Grenzen aggressiver Entfaltung in der Therapie erörtern. Vorsichtiges Hinterfragen der Aggression bietet sich
an. Dabei achte der Therapeut darauf, daß die Aggression
sich "weitgehend ungehemmt" entfalten kann, insbesondere
wenn sie sich gegen die Person des Therapeuten richtet. Er
lege das Schwergewicht auf die Phantasie und das Bildern
von aggressiven Akten. Die Grenze der Toleranz wird durch
mögliche Tätlichkeiten des Patienten in und außerhalb der
Therapie bestimmt - sobald diese körperliche Formen annehmen.
men.

Zu n)

"Unverschämt-frech". Dieses Verhalten sei ebenfalls tolerant hinzunehmen, bei Wiederholung und Stereotypie desselben aber dringend empfohlen, es intensiver zu hinterfragen,
antagonistisch zu erörtern, um dann wiederum synergistisch,
nach Abklärung, den Patienten auf das Therapieziel zu verweisen.

Zu o)

Widerstand gegenüber Deutungen des Therapeuten: Siehe Text
oben. Es ist grundsätzlich ein Anliegen der Widerstandsauf-

lösung, diesen a) auf die in ihm verborgene Angst hin wahrnehmen zu lassen, b) seine positive Bedeutung (s.o.) im Gesamt der Therapie zu erschließen, diese Erkenntnis dem Patienten andeutend-deutend zu vermitteln. Der Zusammenhang
des Ganzen der Entwicklung des Patienten in der Therapie mit
der Angst und ihrer Bewältigung ergibt sich stets aus dem
Bezug zu den in der Behandlung auftretenden Einschränkungen
der Modi und Strukturen einerseits, andererseits der Notwendigkeit, diese Einschränkungen schrittweise aufzulösen.

Die differenzierten Auseinandersetzungen mit der Widerstands-
thematik treten in der Kurztherapie im allgemeinen nur fragmentiert auf, sie können dort nicht oder nur selten eingehend durchgearbeitet werden. Dagegen treten sie - ebenfalls
fragmentiert und sehr situationsgebunden - in der Gruppentherapie unter den einzelnen Mitgliedern sowohl bezüglich
der jeweils aufgeworfenen Thematik als auch gegenüber dem
Therapeuten auf. Die Widerstandsauflösung in der Gruppentherapie, wenn diese nicht von den Gruppenmitgliedern wahrgenommen und entsprechend "angegangen" wird, ist dem Therapeuten anheimgestellt; er kann auf den "Widerstand" innerhalb
bestimmter kommunikativer Prozesse der Gruppe verweisen, und
die Notwendigkeit seiner Auflösung erörtern. Dabei beachte
der Therapeut, daß dieser Widerstand stets engstens mit mangelndem kommunikativen Austausch unter den Gruppenmitgliedern verbunden ist - auf Grund von zu erörternden Ängsten
und Abneigungen. Er manifestiert sich in ratlos-aggressiven
Schweigepausen oder im Stillstand des gesamten Prozesses
überhaupt.

4. "Durcharbeiten", "Wiederholen" und der Umgang mit der
   sog. "Übertragung" im therapeutischen Prozeß

Wie bereits erwähnt, werden die Kurzzeit- und andere Formen
kombinatorischer, nur relativ wenige Behandlungsstunden in

Anspruch nehmender Therapien an der Peripherie von den oben
aufgeführten Problemen, der Auseinandersetzung mit Widerständen, der Angst, der Notwendigkeit von "Durcharbeiten"
und "Wiederholen", von den Problemen der sog. "Übertragung",
berührt, die die Langzeittherapie in spezifischer Weise
mitbestimmen.

Unter "Durcharbeiten" versteht die anthropologisch-integrative Psychotherapie das graduelle Oszillieren zwischen Erkunden und Bewältigen innerhalb bestimmter Strukturen, wie
auch das Entwickeln und Bewältigen derselben bei ihrer Defizienz oder Hypertrophie. Die Bedeutung des phantasieren-
den Entwerfens als einer Möglichkeit von Bewältigen, z.B.
leibhafter Bedürfnisse und Emotionalität, wie auch die erste Orientierungsfindung als Möglichkeit eines selbständi-
gen Entwurfs in die Welt, wird häufig durch die Dynamik der
Behandlung, das erneute Auftreten von Ängsten und Widerständen, in Frage gestellt. Dies darf den Therapeuten nicht entmutigen - je nach Stadium der Behandlung, je nachdem, was
er dem Patienten bereits zumuten darf, kann auf eine "ange-
schnittene" aber dann wieder in den Hintergrund getretene
Thematik zurückgegriffen werden. Er sollte gegebenenfalls
den Patienten an diese erinnern und den zerrissenen Faden
eines begonnenen Erkundens-Auseinandersetzens-Binden/Lösens
aufnehmen. Der Therapeut sollte in dieser Beziehung eine gewisse Hartnäckigkeit, ja Strenge beweisen, aus der der Patient erfährt, wie ernst auch dem Therapeuten seine Gesundung ist - was wiederum zu problematischen Machtkämpfen führen kann (s.o.). Eine für den Patienten bedeutsame Thematik
wird immer wieder in der Therapie auftauchen, so z.B. die
Beziehung zum Vater, zum Lebensraum, zum Beruf, zu der Ehefrau usf., und stets neue Aspekte vermitteln. Wie bereits
erwähnt, kann z.B. der anfangs als "autoritär" geschilderte
Vater häufig im Verlaufe der Therapie sich völlig verändert
dem Patienten und dem Therapeuten darstellen, ebenso andere
Bezugspersonen, deren Bild im Verlaufe der Therapie permanent fluktuieren kann. D.h. die Thematik bildet den abstrakt

objektivierbaren Teil der Therapie, der aber in der Intersubjektivität der Arzt-Patient-Beziehung und in der fluktuie-
renden Auseinandersetzung mit der Vergangenheit, der Gegenwart, dem Entwerfen von Bildern in die Zukunft im Patienten
selbst immer wieder anders sich darstellen wird. Dieser Prozeß ist als "Durcharbeiten" zu bezeichnen. Es ist wichtig
für den Therapeuten, daß er die zentralen Thematiken nicht
aus dem Auge verliert, sondern mit einer gewissen Hartnäckigkeit auf sie zurückkommt.

Aus der Sicht der hier vertretenen Konzeption sind zentrale
Thematiken "Orientierungslosigkeit" ebenso wie extreme "Ori-
entierungsbindung", "leibfeindlich-unemotionales Verhalten"
nicht weniger als "extrem leibverwöhnendes Verhalten", "Ver-
antwortungslosigkeit" oder "skrupulöse Verantwortung", "man-
gelndes Binden/Lösen" (z.B. in stark betonter Promiskuität),
oder "Scheu vor Auseinandersetzungen" - wie sie häufig bei
depressiven oder psychosomatisch erkrankten Patienten zu
beobachten ist.

Je angstfreier der Therapeut sich selbst erlebt, umso "leichter" wird sich der Prozeß des Durcharbeitens ergeben, je fester die Vertrauensbasis, umso weniger werden Machtkämpfe
und die Antinomien der Kommunikation die Therapie stören.
Zentrale Bedeutung kommt auch hier der Angsterfahrung zu,
die der Patient in der Auseinandersetzung mit bestimmten
Themen erfährt. Angst vor der Emotionalität, vor der Erotik,
vor der Leistung, vor dem Sich-gehen- oder Sich-fallen-Las-
sen, vor der Verantwortung, vor dem Leben überhaupt, Angst
ferner vor einer Veränderung der Strukturen in der einen
oder anderen Richtung, Angst vor der zunehmenden Entfaltung
von Kommunikationsmodi. Die Bewältigung dieser Ängste darf
als der entscheidende Heilungsfaktor im therapeutischen Verlauf angesehen werden.

Abgesehen davon wird auch in der vorliegenden Konzeption -
analog zu der Bedeutung, die Kierkegaard und Heidegger der
Angst zumaßen - der Angst und der Möglichkeit, sie zu bewäl-

tigen, wie auch mit ihr leben zu können, eine existenziale Rolle zugesprochen.

Als Beispiel für die Oszillation des Durcharbeitens in Modi und Strukturen sei folgendes Tonbandprotokoll aus der Behandlung eines zwanghaft-depressiven, extrem leistungsbezogenen Patienten, eines jungen Mannes in der Auseinandersetzung mit seinem Lebensraum wiedergegeben:

Patient: Erkunden Entdecken Entdecken (Erschließen)	"Es war mir eigentlich so plausibel nach dem Traum, was das zu bedeuten hatte - das war eigentlich ganz identisch mit den Empfindungen, mit dem - mit der Haltung zu mir selbst auch, mit dem Erleben meines Selbst, daß da eigentlich gar keine Frage blieb, muß ich sagen, nach dem Traum. Auch dieser Zustand - der - der - ja - Zufriedenheit ist vielleicht zu - das hat schon etwas zu Fertiges, Statisches an sich. Es war eigentlich durchaus mehr auch mit das Empfinden der Bewegung darin - daß das umgewälzt war - umgewälzt wurde, und eigentlich weniger Zufriedenheit - vielleicht auch Frohheit über diesen Zustand... die haben eigentlich nur eine Verdeutlichung dessen, was ich so - wie ja in den letzten Tagen auch - auch zu Hause gestern wieder ganz deutlich erlebt habe - ja, das ist so schwer ... zu beschreiben ... ich bin irgendetwas ... ich bin etwas Schweres los - irgendwo eine schwere - eine Last los - schon so etwas das Gefühl, als ob auch etwas von meinen Schultern sei."
Therapeut:	"Was für eine Last war das wohl? Kann man das umschreiben - beschreiben?"
Patient: Erschließen u. Auseinan- dersetzen ("Binden- Rolle") Erschließen	"Ja ... mit einem Wort zu beschreiben geht es vielleicht schlecht. Das mündet in zuviele Einzelheiten, im Alltag: daß ich z.B. - nun ja - auch das Gefühl habe, daß ich nicht mehr so ... ja irgendwie vollendet und vollkommen funktionieren muß, daß ich Fehler machen kann, das ist eine Seite. Das ist auch diese Befreiung vor allem von der Rolle des älteren Bruders, der immer aufpassen muß, daß die anderen sich vertragen, der immer eine ausgewogene Haltung haben muß, der den Überblick behalten muß. Also das habe ich so oft nun schon ... ich habe deutlich das Empfinden gehabt, daß ich das nicht - daß ich das eigentlich gar nicht nötig habe, daß ich mich nicht selbst gefragt habe, warum ich über-

Auseinander- setzen Bewältigen Erschließen Erschließen	haupt jemals diesen Drang hatte und - und auch selbst über mich lachen mußte - schon nachträglich über mich lachen konnte, daß ich mich auch jemals mit solchen Forderungen an mich gequält habe. - Ja, eben den Über- blick zu behalten - irgendwie einen kühlen Kopf - und durchaus dabei auch die anderen in der Hand zu behalten, die Angst davor, daß sie mir entgleiten könnten, daß das Gan- ze vielleicht ... na ja, die Situation - das Zusammensein mit den anderen - aus der Ord- nung geraten könnte, chaotisch werden könnte. - Wenn - ja, so nach und nach - ich wüßte gar nicht die Gelegenheit - zu schildern ei- ne einzelne Gelegenheit - es ist mir nach und nach auch klargeworden, wie mißtrauisch ich eigentlich - ja, nicht nur anderen Men- schen gegenüber war, sondern eben dem Zusam- mensein mit anderen gegenüber."
Therapeut:	"Mißtrauen auf die Absichten Ihnen selbst ge- genüber?"
Patient: Erschließen und Ausein- andersetzen	"Nein, eigentlich eher mißtrauisch, was die Zukunft des Zusammenseins mit den anderen angeht, also wieweit das Zusammensein mit anderen 'ne gute Zukunft hat - daß man sich nicht streitet - vielleicht so in dem Sinn, daß es nicht - daß das Zusammensein mit an- deren nicht chaotisch wird, daß man nicht be- drohlich ... ohne daß ich irgendwie schlechte Absichten anderer mir gegenüber vermutet hät- te oder - sondern so - hier eigentlich mehr das Zusammensein sich einfach so komplizie- ren könnte... Hier haben Sie das Mißtrauen in die Situation - Mißtrauen in die Gemein- schaft könnte man vielleicht sagen ... Ganz sonderbar, ja, jetzt fällt es mir auch gerade auf: Mißtrauen in die Gemeinschaft - wenn ich das gegen meine beruflichen Absichten halte, neben sie stelle und - das ist also fast wie ein Widerspruch, da ich eigentlich immer mich innerlich gedrängt fühle, dabei ist das gar kein Widerspruch ... gedrängt fühlte - ja, eben - nicht nur nach Gemeinschaft, sondern eben immer Gemeinschaft und Zusammensein mit anderen zu ordnen, in die Hand zu nehmen ... Daher wohl eben auch so etwas wie - na ja, sozialpolitisches Engagement - Psychiatrie - ja, auch das Väterliche so mit hereinnehmen - der große Bube ... Für - sich eben auch das - so Fürsorge mit dabei, für die anderen dazu- sein ... Auch etwas von mir zu geben, aber doch so viel von diesem Bedürfnis ... das Zu- sammenleben in Ordnung zu halten... Auch jetzt

	diese Woche meine Schwiegereltern ... waren meine Schwiegereltern da."
Therapeut:	"Sind noch da?"
Patient: Bewältigen	"Nein, die sind abgefahren letzte Woche. Es war auch - es war irgendwie anders als früher - es war entspannter, könnte man sagen. Es entspannte mich, daß ich mich nicht dazu aufgerufen fühlte, also irgendwie - mich um meiner Schwiegereltern willen - was ich sonst durchaus auch kenne ... ja, mir 'ne andere Hose anzuziehen, eben 'ne ordentlichere Hose, als ich zu Haus am Wochenende trage, wenn ich mich eben oft mit den Kindern auf dem Boden herumtreibe...
Binden/ Lösen	Ja - sonst immer den - das Gefühl, ich müßte ihren bürgerlichen Vorstellungen entsprechen, daß man anständig angezogen sein muß, so heiß, obwohl es nie - sie nie etwas darüber gesagt haben. Die Empfindung habe ich doch und vor allem auch das Bedürfnis, auch dem evtl. vorhandenen Bedürfnis ihrerseits auch nachzukommen. Was war das früher doch sehr
Auseinander- setzen	oft - ja, es hat mir eigentlich doch mehr Gedanken gemacht: soll ich nun was anderes anziehen, und gegeneinander abgewogen, wie praktisch ist die bessere Hose, wie notwendig ist sie um der Schwiegereltern willen. Das war also spürbar diesmal anders ... Ich
Bewältigen	habe irgendwo erstaunlich die klare und - wenn sie's gesagt hätten, hätte ich's vielleicht getan, wenn sie darum gebeten hätten, aber für mich war ... da nichts mehr, was mich Gedanken gekostet hätte."

Die Übertragung ist in der Psychoanalyse Freuds zu einem "Kernstück" der Behandlung geworden. Ausgehend von der Erfahrung, daß insbesondere weibliche Patienten sich in den Therapeuten häufig verlieben, männliche entsprechenderweise in die Therapeutin, postulierte Freud, daß diese Gefühle nicht der Person des Therapeuten oder der Therapeutin galten, sondern eine aus der Kindheit stammende Art von "Verliebtheit" ist, die primär den Eltern oder anderen Pflegepersonen galt, in der Behandlung sich dann wiederholt, d.h. auf den Therapeuten "übertragen" wird. Mit diesem Vorgang, der die Wiederholung infantiler Regungen darstellt, wird die sog. "frühkindliche Neurose", ihre Störungen und ihre Verhaltensweisen erneut exazerbiert und auf den Therapeuten

"projiziert". Dieser figuriert in seiner neutralen Haltung
den idealen "Projektionsschirm", um die Arten der Beziehungen zu der Pflegeperson auf diesem "Schirm" erscheinen zu
lassen und damit dem Patienten die Möglichkeit zu geben,
sich über der Neutralität und "Apersonalität" des Therapeuten von dem fiktiven Charakter der Übertragung zu lösen.
Sie sei "fiktiv" insofern das "Liebesobjekt" gar nicht gemeint ist - sondern eine frühkindliche Bezugsperson. Das
frühkindliche, "verdrängte Material", wird als Inhalt der
Verliebtheit erinnert und auf den Therapeuten übertragen.
Damit gibt die aktuell in einer Therapie sich erschließende
Situation Anlaß, die frühkindliche, auf die Eltern bezogene "Neurose" und ihre jetzige Form unmittelbar im Verhalten
des Patienten zu fassen und mit diesem zu "lösen". Die Lösung der "Übertragungsneurose" als Wiederholung "neuroti-
scher" Verhaltensstörungen wird damit zu einem fundamentalen Anliegen der Psychoanalyse freudianischer Provenienz.
Aber auch C.G. Jung scheute sich nicht, von Projektionen
der Vater- oder Mutter-Imago auf den Therapeuten zu sprechen, allerdings handelt es sich dabei meistens nicht um
die konkreten Eltern, sondern um archetypische Bilder.

Gibt es in der anthropologisch-integrativen Psychotherapie
die "Übertragung"? Die keineswegs regelmäßig auftreten-müs-
sende Verliebtheit des Patienten in seinen Therapeuten
bringt eine unausweichlich auf ihn zukommende Verzichtsi-
tuation ("Realitätsprinzip") mit sich, wie der Patient diese in Grenzen und relativ schon in der Kindheit und Pubertät erlebt haben kann. Sie stellt ein gravierendes, letztlich unlösbares Problem der Therapie dar. Die sog. Verliebtheit oder Zuneigung, die auf Grund erst überhaupt einer tiefer verankerten Vertrauensbasis sich manifestiert -
oder auch plötzlich, eine "Liebe auf den ersten Blick",
sein kann -, jedoch ausschließlich als Wiederholung frühkindlicher Verhaltensstörungen darzustellen, wird in der
hier vorliegenden Konzeption abgelehnt. Die "Verliebtheit",
Liebe, Zuwendung, Zuneigung des Patienten, deren eminente

therapeutische Bedeutung analog mit Freud gesehen wird,
stellt sie doch in vielen Fällen ein erstes Erkunden, Entdecken, Erschließen verschütteter Emotionalität (Leib) dar,
ist häufig mit einer erheblichen Kommunikationserweiterung,
Besserung oder Aufhebung der verschiedenen Gestörtheiten
und Dekompensationen begleitet. Die sog. Verliebtheit wird
nicht zuletzt auf Grund dieses letztlich rätselvollen "Ver-
mögens" zu spontaner Besserung als eine erste personale Zuwendung aufgefaßt, zumindest als eine Beziehung, die die
Möglichkeit personaler Zuwendung und damit der Bewältigung
von Krankheitsleiden impliziert und deshalb keineswegs nur
eine Rekapitulation infantiler Regungen darstellt. Die Rät-
selhaftigkeit einer Besserung, ja einer radikalen Wandlung
des Patienten in seiner Zuwendung zum Therapeuten - s.u. -
kann kaum metaphorisch als "Geschenk" (der "analen Phase"
entsprechend!) des Patienten an den Therapeuten interpretiert werden. Vielmehr geht meistens die eher graduiert,
stufenweise sich darstellende Verliebtheit und Leidenschaft
bis zur personalen Beziehung und Bindung - die jedoch in
der Behandlung sich nicht ereignet, da der Therapeut nie
"ganz" als Person sich darstellt, sondern nur Facetten seines Charakters in Rede und Gegenrede auftauchen - mit einer
faktischen, aber noch generell-diffusen Kommunikationserweiterung hier, dem rapiden Abbau hypertropher, der Stärkung hypotropher Strukturen dort Hand in Hand, die aber in
dieser diffusen Weise noch keine ausreichende Kompensation
und "Heilung" vermittelt. Erst in der Verzichtleistung des
Patienten erfolgt die Bewältigung dieser Problematik, da in
der Verzichtleistung die Person des Therapeuten wesentlich
präziser wahrgenommen wird als in den Anmutungen der Leidenschaft und des Rausches. Die Verzichtleistung vermag zu
einem personalen Akt werden, der wiederholt "durchzuarbeiten" ist (s.u.). Die Verzichtleistung ereignet sich als erste Bewältigung der Antinomien von Kommunikation. Es eröffnet sich die Sphäre möglicher "konfliktfreier" Kommunikation,
die in Freiheit den Anderen zu akzeptieren vermag wie der

Kommunizierende "sich selbst". Der Sinn der "Übertragung"
liegt für den Patienten im Durchstehen eines echt tragi-
schen (da unerfüllten) Liebeskonfliktes, mit der Chance,
in der Bewältigung die personale Ebene der je-einmaligen
Wahrnehmung des Anderen, des Therapeuten, zu vollziehen.
In dieser Zuwendung ereignen sich alle Modi vom Erkunden
bis zum Auseinandersetzen mit der Person des Therapeuten,
von der Bindung an diesen bis zur Bewältigung einer Lösung,
Bewältigung eines Verzichtes, der darin liegt, z.B. diese
Zuneigung nur in imaginären Bezirken (Phantasien) sich ausleben zu lassen. Die Intensität der "Übertragungsverliebt-
heit" hängt zweifellos von der "Anfälligkeit" des Therapeuten
ab und wird von seiner Sympathie für den Patienten mitbedingt. Der Verzicht im Bewältigen der Situation umschließt
einen Reifungsvorgang, in dem sich die stattgefundene Kommunikationserweiterung existenziell-leidvoll profiliert. Er
verinnerlicht den Menschen und konfrontiert ihn mit seiner
monadischen, unaufhebbaren Einsamkeit. Erhalten, "aufgehoben" (im Sinne der conservatio) bleibt jedoch – wie in einer realen Liebesbeziehung – die Erfahrung differenzierten
Kommunizierens als Grundlage erweiterter Kommunikationsmöglichkeit überhaupt – differenzierten Kommunizierens mit dem
Therapeuten. In diesem Sinne wird auch hier die "Übertra-
gungsverliebtheit" als wichtiger Durchbruch zur Bewältigung
anderer Konflikte, Probleme und Krankheitsleiden gesehen.

Die entscheidende Bedeutung der sog. Übertragung liegt ferner im Akt der spontan oder langsam sich entwickelnden Zuwendung überhaupt, in der zweifellos "infantile" Regungen
des Wunsches nach Geborgenheit, erotischer Erfüllung (warum "infantil"?, weil – nach Freud – aus der ödipalen Situation stammend), nach autoritärer Lenkung und Planung,
nach Fürsorge usf., wie in jeder Liebesbeziehung mitschwingen. Das Ereignis jedoch der "Übertragung", eben als situativ nur zu begreiflich sich entwickelnde Zuneigung eines
Menschen zu einem anderen, dem er ungewöhnliches Vertrauen
darzubringen lernt, ist letztlich jedoch als personal in-

tendierter Akt zu werten und absolut ernst zu nehmen; er
läßt keine Abwertung als "infantile Wiederholung inzestuöser
Wünsche" zu. Das Wesentliche des Geschehens ist die Zuwendung, diese kann als Zuwendung im späteren Leben wieder auftreten, ist aber nie gleichzusetzen mit den Gefühlen des
Kindes für seine Eltern, bestenfalls diesen ähnlich.

Im weiteren Unterschied zu der Konzeption der Schule Freuds
wird hier für die Praxis nicht der Standpunkt vertreten, daß
die Übertragung in ihrem gefühls-irrealen Anspruch "aufzulösen" und als infantiles Trug- und Scheinbild zu disquali-
fizieren ist - angeblich, um die "Übertragungsneurose" zu
überwinden, jedoch eigentlich, um den Therapeuten vor der
Emotionalität des Patienten zu schützen. Mit dieser Einstellung wird ein entscheidender kommunikativer Durchbruch
des Patienten zurückgedrängt, eingeschränkt, "abgewürgt".
Vielmehr liegt es in der hier vorgetragenen Konzeption in
der Hand des Therapeuten und seinen "Schwingungsmöglichkei-
ten", den Patienten die situativ bedingten Grenzen und damit Verzicht und "Realität" spüren zu lassen, andererseits
die Zuwendung voll aufzunehmen, sie den Patienten ausphantasieren zu lassen, bis sie nach und nach abebbt und im Zuge der Bewältigung gemeinsames, differenziertes Kommunika-
tionsniveau erreicht wird: die Personalität.

5. "Psychotherapeutisches Vademecum"
   Diskussion möglicher Verhaltensweisen des Therapeuten
   in der Behandlung

Im folgenden sollen spezifische Verhaltensweisen des Patienten als Mitteilungen an den Therapeuten und dessen mögliche
Antworten diskutiert werden. Die paradigmatische Erörterung
des "Widerstandes" (s.o.) und des Weinens des Patienten
durch Frau Eva Grätz legt die Richtlinien dieser Erörterung
fest: Maßgeblich für die Antwort oder Deutung des Therapeu-

ten ist der Modus, in dem der Patient sich zur Zeit der Behandlungsstunde oder Sitzung bewegt bzw. "stagniert". Die Beispiele werden in den dann folgenden Darstellungen vereinfacht und lediglich Möglichkeiten des Verhaltens aufzeigen.

Wie gehen Sie mit "Widerstand" um?
Chronologische Darstellung von Behandlungssituationen vom Erkunden zum Bewältigen.
(Eva Grätz):

1. Erkunden

Symptomatik:
Patient 21 Jahre, Student der Theologie, einziger Sohn, lebt mit alleinstehender Mutter im gemeinsamen Haushalt. Vater vor 9 Jahren im Beisein des Patienten bei Wohnungsbrand tödlich verunglückt. Leidet an Schlaflosigkeit - Arbeitsstörung - Berufszweifel. Vorgesehen: Kurztherapie 20 Stunden.

Therapeutische Situation: 1. Stunde
Patient kommt zur ersten Sitzung 15 Minuten zu spät. Äußert sich nicht dazu. Scheint die Verspätung nicht zu bemerken.
Th.:"Waren die Straßen wohl sehr verstopft?"
Pat.:"Nein - es ging. Warum?"
Th.: zögert mit der Antwort...
Pat.: Sieht auf die Uhr. "Ach, es ist gleich eine Viertelstunde später. Ich dachte, es wären nur 2-3 Minuten." Nimmt die Armbanduhr vom Arm, zieht sie auf und stellt sie noch einmal ganz genau ein - legt sie vor sich auf den Tisch als würde er sagen: mach Du es in Zukunft besser. Wendet sich dann zum Fenster, sieht an dem Therapeuten vorbei mit zurückgelehntem Kopf ins Freie.
Th.: wartet schweigend
Pat.: "Ab nächster Woche muß ich meine Stunde auf einen anderen Tag verlegen." (Wichtige Vorlesung fällt sonst aus.)
Th.: "Ich will sehen, ob es zu machen ist. Es müßte ein anderer mit Ihnen tauschen können."
Pat.: spricht ausführlich weiter über Mängel und Schwierigkeiten im Studienplan.

Therapeutischer Ansatz:
Therapeut nimmt den Patienten in allen seinen Aussagen, Haltungen und Bewegungen offen auf. Geht auf alle Angebote ein, ohne sie zu bewerten oder einzuordnen. Der von dem Patienten dargebotene Widerstand wird nicht angesprochen.

2. Entdecken
Therapeutische Situation: 3. Stunde
Patient kommt zur nächsten Sitzung wieder 10 Minuten zu spät. Gibt keine Erklärung ab.
Th.: "Es ist wieder etwas über die Zeit heute, stimmt das?"
Pat.: "Ich merke schon - heute ist es wirklich später. Aber nicht soviel wie das letzte Mal."
Th.: "Es scheint mir, Sie haben Schwierigkeiten mit der Zeit?"
Pat.: "Ich - eigentlich nicht so sehr. Aber meine Mutter ist darin ganz furchtbar." Langer Bericht von überängstlicher Mutter, die mit der Zeit nie zurecht kommt. Patient steigert sich bei dem Bericht langsam in Erregung.
Th.: "Es ist schwer für Sie, das alles auszuhalten?"
Pat.: "Ach, eigentlich nicht. Es war ja schon immer so."

Therapeutischer Ansatz:
Die Konflikte werden vom Therapeuten bewußt noch nicht aufgedeckt. "Sie haben es schwierig mit der Zeit?" und nicht "Sind Sie auch sonst unpünktlich?" Die Erweiterung des Lebensraumes, in dem Konflikte stattfinden, durch Spiegelung eigener Wahrnehmung.

3. Erschließen
Therapeutische Situation: 6. Stunde
Patient kommt nach einem fast pünktlichen Stundenbeginn wieder über 10 Minuten später.
Pat.: "Ich weiß schon - heute ist es wieder zu spät. Ich dachte, ich schaffe es noch, aber meine Mutter wollte gleich mitkommen in die Stadt. Sie wissen ja."
Th.: "Ja, ich weiß. Ihre Mutter kommt mit der Zeit nicht zurecht und das war immer so."

Pat.: "Natürlich, früher als Kind war es manchmal für mich viel schlimmer."

Th.: "Warum manchmal?"

Pat.: "Es war eben verschieden."

Th.: "Ich meine wie verschieden?"

Pat.: "Also z.B. ob der Lehrer streng war oder nicht, oder ob es sehr viel zu spät war oder nicht."

Th.: "Vor der Klasse - wie war es da?"

Pat.: "Das war mir ziemlich egal."

Th.: "Und wie ist es Ihnen heute gewesen, als Sie merkten, daß es zu spät war?"

Pat.: "Heute kam es ja ausgesprochen durch meine Mutter. Da konnte ich nichts dafür." Fortführung des Gespräches über die Mutter früher und heute.

Therapeutischer Ansatz:
Therapeut stellt sich als wahrnehmendes Gegenüber dar.
Durch Differenzierung der Wahrnehmung, Erweiterung der Orientierung. Noch nicht in die Auseinandersetzung eintreten.
("Da konnte ich nichts dafür.")

4. Auseinandersetzen
Therapeutische Situation: 11. Stunde
Patient kommt weiterhin zu spät in die Stunden.

Pat.: "Ich habe richtig Angst vor dem Zuspätkommen. Es fängt jetzt schon am Abend vorher an."

Th.: "Ich mache mir auch Gedanken darüber... Ich habe mir schon überlegt, ob Sie überhaupt noch herkommen wollen - oder ob es Ihnen gar nicht so wichtig ist."

Pat.: sichtlich betroffen - nach längerem Zögern: "Mir ist es sehr wichtig, aber meine Mutter leidet furchtbar, daß ich hierher gehe. Sie hat Angst, ich werde von meinem Beruf abgebracht."

Th.: "Ich habe zwar keine Angst, aber dafür das Gefühl, daß Sie mit Ihrer Berufswahl nicht sehr übereinstimmen."

Pat.: kämpft mit den Tränen. "Das stimmt, aber ich kann daran nichts mehr ändern." Es folgen mehrere Sitzungen mit der Auseinandersetzung darüber, daß sich der Patient an ein Ver-

sprechen gebunden glaubt, das er beim Tode des Vaters gegeben hat: Pfarrer zu werden und die Mutter nie zu verlassen.

Therapeutischer Ansatz:
Therapeut gibt eigene Empfindungen und Eindrücke wieder, um
den Raum für Konfrontation und Neuorientierung zu erweitern.
"Ich habe mir auch überlegt"... "Ich habe nicht die Angst,
die die Mutter hat." "Ich habe folgenden Eindruck gehabt."

5. Binden/Lösen
Therapeutische Situation: 16. Stunde
Patient kommt ca. 5 Minuten zu spät.
Pat.: "Ich wußte, heute komme ich pünktlich, obwohl ich die
ganze Nacht fast nicht schlafen konnte. Gestern habe ich
meiner Mutter alles gesagt!"
Th.: "Alles?"
Pat.: "Nein, das mit dem Mädchen noch nicht. Aber daß ich
kein Pfarrer werde und das mit dem Zusammenwohnen im Pfarr-
haus... daß das alles nichts wird."
Th.: "Und die Mutter?"
Pat.: "Sie sagt, ihr ist eine Welt zusammengebrochen, wie
damals, als das mit dem Vater war. Nur jetzt ist sie schon
zu alt, jetzt kann sie nichts mehr anfangen. Sie hat die
ganze Nacht geweint, sagt sie."
Th.: "Wie alt ist Ihre Mutter jetzt?"
Pat.: "So um 50."
Th.: "Genau 50 Jahre?"
Pat.: "Nein, stimmt nicht. Vater wäre im vorigen Jahr 60 Jah-
re geworden und Mutter ist 15 Jahre jünger."
Th.: "Also erst 46 Jahre. Ist das so alt?"
Pat.: "Eigentlich nicht. Wenn ich die Schwester von meiner
Mutter ansehe, die ist 55 Jahre, die steht ganz anders da."

Therapeutischer Ansatz:
Hilfe der Orientierung (zu alt sein für ein eigenes Leben).
Im Verhalten des Therapeuten zum Patienten werden neue part-
nerhafte Begegnungsformen aufgezeigt. Angst und Schuldge-
fühle werden bearbeitet und eingeordnet als Teil des Erwach-
senwerdens.

6. Bewältigen

Therapeutische Situation: 18. Stunde

Der Patient kommt in den dazwischenliegenden Stunden pünktlich. Patient und Therapeut haben es aufgegeben, zur Uhr zu
sehen. Widerstand ist nicht mehr fühlbar und wird auch nicht
erwartet.

Pat.: "Meine Mutter hat sich wieder einigermaßen beruhigt.
Die Hauptsache ist ihr, ich studiere weiter. Schon wegen der
Verwandtschaft, und weil mein Vater es wollte."

Th.: "Und wie geht es bei Ihnen weiter?"

Pat.: "Gar nicht. Ich fühle mich ganz schlecht. Kann mich
für nichts entscheiden."

Th.: "Was kommt denn alles in Frage?"

Pat.: "Eigentlich nur zwei Sachen: Lehrer werden mit Religion und noch einem Fach oder Sozialarbeiter."

Th.: "Wie kommen Sie auf Sozialarbeiter?"

Pat.: "Das Mädchen, das ich kenne, erzählt mir immer von ihrer Ausbildung. Das ist alles viel menschlicher als an der
Uni. Das gibt noch was mit meiner Mutter."

Es wird vereinbart, daß der Patient beide Berufswege und
Berufsaussichten gründlich sondiert und die endgültige Entscheidung trifft.

Therapeutischer Ansatz:

Therapeut ist mitdenkender und mitfühlender Partner. Er
hilft dem Patienten, seine von Erkunden bis Binden/Lösen
erworbenen Erfahrungen handelnd in seine neue Lebenssituation einzuordnen. Die Priorität des eigenen Berufswunsches
durchsetzen zu lernen.

Wie verhalten Sie sich, wenn der Patient weint?

1. Erkunden

Symptomatik:

Patientin 39 Jahre, seit 12 Jahren geschieden. Keine Kinder.
Berufstätig als Sekretärin in einem Steuerbüro. Magen-Darm-
störungen, extreme Wetterfühligkeit, zunehmend zwanghafte
Selbstkontrolle.

Therapeutische Situation:
Patientin zeigt sich sehr aufgeregt. "Weiß selbst nicht warum." Entschuldigt sich pausenlos, daß sie die Tränen nicht zurückhalten kann. Kennt sich selbst nicht mehr.

Therapeutische Haltung:
Aufnehmend - ermutigend. "Sie sind hier, um mitzuteilen, was Sie fühlen und was Sie bedrückt. Ich meine, daß Sie mir mit Ihrem Weinen auch etwas mitteilen von sich. Vielleicht ist es sogar sehr wichtig." (Lebensraum ermöglichen oder erweitern "Ich")

2. Entdecken
Symptomatik:
Patientin 24 Jahre alt, Studentin. Arbeitsstörung - Examensangst, Partnerkonflikt im sexuellen Bereich.

Therapeutische Situation:
"Ich schäme mich furchtbar, daß ich hier so schnell weine. Was sollen Sie denn so von mir denken?"

Therapeutische Haltung:
Eingehend offen. Stellt sich als wahrnehmendes Gegenüber ("Du") dar, ohne die Auseinandersetzung anzufordern. (Keine zu frühe Deutung.) "Ich sehe, daß es Ihnen nicht gut geht und daß Sie es schwer haben. Aber ich fühle nicht, daß es zum "Schämen" ist, wenn Sie dann weinen."

3. Erschließen
Symptomatik:
Patient 35 Jahre, Zahnarzt. Lebt getrennt von der Ehefrau und zwei Kindern. Ehefrau drängt auf Scheidung. Herzbeschwerden - Herzangst.

Therapeutische Situation:
Patient weint verzweifelt, schlägt sich mit beiden Händen immer wieder gegen die Stirn: "Ich weiß nicht, was die Menschen alle mit Liebe meinen. Ich weiß nicht, was meine Frau eigentlich von mir will. Ich begreife es nicht!"

Therapeutische Haltung:

Wendet sich eng dem Inhaltlichen zu und versucht die Aussage ermutigend zu erweitern und zu vertiefen. "Ich sehe, Sie schlagen Ihren Kopf, weil er Ihnen nicht sagt, was Liebe ist. Können Sie jetzt einmal - ohne Ihren Kopf zu fragen - nachfühlen, ob Sie der Liebe ähnliche Gefühle bei sich wahrnehmen?" (Vertrauen, Geborgenheit, Bewunderung u.a.m.)

4. Auseinandersetzen

Symptomatik:

Patientin 29 Jahre, Sportlehrerin, verheiratet, Sohn 5 Jahre, Frigidität.

Therapeutische Situation:

Patientin weint, hat trotziges, kindliches Gebahren. Zerreißt Tempotuch in kleine Stücke. Zieht die Nase hoch, anstatt sie zu putzen. Weint und schweigt.

Therapeutische Haltung:

Läßt längere Zeit als sonst schweigend vergehen. Geht nicht auf das Weinen ein, sondern spiegelt das Verhalten der Patientin und gibt seine eigenen Empfindungen wieder. "Dem Taschentuch geht es nicht gut in Ihren Händen. Ich erlebe Sie mehr wütend als traurig. Oder?"

5. Binden/Lösen

Symptomatik:

Patient 31 Jahre, laisierter Priester. Nach Zweitstudium als Lehrer tätig. Allgemeine Kontaktschwierigkeiten, die bei Frauen bis zu Angstzuständen mit Schweißausbruch und Zittern führen. Schlafstörungen.

Therapeutische Situation:

Patient erzählt einen Traum: Er war bei der Mutter zu Besuch, ist unzufrieden mit dem Gespräch. Geht weg, die Mutter läuft ihm nach. Er sieht eine gelb-rote Zelttür, geht hindurch. Dahinter ist es sonnig und warm. Im Umdrehen sieht er seine Mutter auf einen Spaten gestützt stehen - ihre Hände zittern. Die letzten Worte werden unter heftigem Schluchzen vorgebracht, der Patient krümmt sich unter seinem Weinen.

Therapeutische Haltung:
Zeigt sich verstehend für den Schmerz des Patienten. Verstehend wie gegenüber dem Schmerz der Geburt, der zum Leben und Werden gehört. (Geht später auf die gelb-rote Zelttür ein.)

6. Bewältigen

Symptomatik:
Patientin 48-jährige Hausfrau - Geschäftsfrau, hat bei einem Autounfall ihren jüngsten Sohn verloren: Depressiver Zustand mit zunehmender Isolierung - Gefühlsleere - Erstarrung. Gewichtsverlust von 180 auf 90 Pfund.

Therapeutische Situation:
Nach 6-8 Monaten intensiver Behandlung beginnt die Patientin sich aus der Erstarrung zu lösen und Empfindungen des Schmerzes und der Trauer zuzulassen. Das Weinen wird von der Patientin als Erlösung empfunden. "Ich kann mich jetzt ausweinen."

Therapeutische Haltung:
Ordnet das Weinen als einen Teil der Trauerarbeit ein, der frei macht (Ausweinen), um neue Möglichkeiten im Leben der Patientin zu suchen. Er ist mitfühlender - mitdenkender Partner und trägt mit eigenen Bildern und Phantasien zur Veränderung und Erweiterung der Lebensmöglichkeiten bei (Wir).

- - - - - - - - -

Wie verhalten Sie sich, wenn der Patient fragt, ob er gesund wird?

Wird diese Frage zu Beginn einer Behandlung - im Erkunden - gestellt, sei dem Patienten bedeutet, daß a) eine Therapie nicht aufgenommen worden wäre, wenn nicht Hoffnung auf Genesung bestünde, b) der Prozeß der Gesundung wesentlich von seiner Mitarbeit abhänge, d.h. von seinem Bemühen immer wieder um Offenheit, die auch und insbesondere seine Beziehung zum Therapeuten beinhaltet.

Wie verhalten Sie sich, wenn der Patient nach eventueller Dauer der Behandlung fragt?

Ist bei Kurzzeit-Gesprächstherapien der Zeitraum begrenzt,
so ist bei Langzeittherapien die Begrenzung derselben durch
die ökonomischen Möglichkeiten der Krankenversicherung und
privater Kostenbeteiligung relativ gegeben, als Bestandteil
der "sozialen Realität". Nichtsdestoweniger ist die Frage
prinzipiell berechtigt - wichtig jedoch, wann und in welcher
Situation sie gestellt wird. Taucht sie in der Behandlungs-
absprache auf - im Erkunden -, kann der Therapeut auf die
Prognose verwandter (ähnlicher) Störungen hinweisen, die
Dauer deren Behandlung vergleichsweise anführen, bei alles
zu empfehlender Relativierung seiner Angaben, die den Patienten aber nicht entmutigen sollten. Jedoch vermag diese
Frage Anlaß sein, den Patienten nach seinen Vorstellungen
über ein "Behandlungsende" zu fragen - ihn dieses entdecken,
unter Umständen erschließen und sich schon damit auseinandersetzen zu lassen -, ob der Abschluß z.B. nur "Symptom-
freiheit" oder noch andere Veränderungsmöglichkeiten impliziert. Mit der Ausweitung, Entdeckung des Horizontes, "was
alles" Behandlungsziel sein kann, ergibt sich schon gelegentlich die Kluft zwischen "Riesenerwartungen" und "Realität". Aber darüber hinaus vermag der Patient einen ersten
Einblick in die Vielfalt seiner Probleme gewinnen, daraus
sich selbst ein Bild der möglichen Behandlung und ihres Ab-
schlusses entwerfen. Die Frage kann jedoch auch wiederholt
im Verlauf der Behandlung aufgeworfen werden, als Zeichen
der Ungeduld: "Wie lange muß ich noch zu Ihnen kommen?",
"Ich habe bald genug", als "Widerstand" - um dann Anlaß zu
geben,in der Rückfrage: "Warum fragen Sie mich das jetzt?"
eine neue Ortung, Standortbestimmung des Therapieverlaufes
zu vollziehen, das "Pro und Contra" derselben zu erörtern,
d.h. die Auseinandersetzung und Veränderung anzuregen.

Wie verhalten Sie sich, wenn der Patient Sie nach persönlichen Belangen fragt: a) wie Sie z.B. zu Ihrem Beruf stehen bzw. dazu gekommen sind; b) Sie nach Ehe, Kindern usf.
fragt; c) gemeinsame Bekannte diskutieren möchte?

Während - gemäß der Partnerschaftlichkeit der Behandlung -

kein Grund besteht, zu a) und b) dem Patienten etwas zu ver-
schweigen - er jedoch das "Fragen" auch erkundend-entdeckend
befragen sollte -, empfiehlt sich bei c) größte Zurückhaltung: zu schnell gerät die Therapie in "Klatsch", von dem
sich selbst Freud nicht freihalten konnte, zu Patienten über
andere Patienten sprach - wie Cremerius aufwies. Auch hier
empfiehlt sich das "Rückfragen".

Wie verhalten Sie sich, wenn der Patient Zuspruch und Rat
erwartet?

Das Verhalten des Therapeuten hängt auch hier von der Situation in der Behandlung ab, welcher Modus im Vordergrund
steht. Im Prozeß des Bewältigens - z.B. einer beruflichen
oder partnerschaftlichen Problematik - empfiehlt sich die
Rückfrage , warum - nachdem der Patient schon selbständig
wiederholt Entscheidungen getroffen hat - er jetzt Rat sucht?
Ob zur "Rückversicherung"? Dies trifft auch für das Binden/
Lösen zu - hingegen im Prozeß der Auseinandersetzung das
Ratsuchen Anteil der Auseinandersetzung selbst werden kann,
indem es z.B. problematisiert, hinterfragt oder gespiegelt
wird, der Patient die Auseinandersetzung intensiviert. Ferner wird mit der Befragung nach dem "Warum" seines Ratsu-
chens dem Patienten, wird ihm Antwort gegeben, Angst vor
weiterer Auseinandersetzung genommen. Dies muß dann allerdings gemeinsam erörtert werden. Vom z.B. andeutenden Fragen, warum er Rat oder Zuspruch vom Therapeuten erwarte und
nicht sich selber erteilen kann, Entdecken anzuregen, zu
letzterem der Patient noch nicht in der Lage zu sein vermag, ergibt sich die Möglichkeit, dieses Bedürfen selbst
zu erkunden, zu erschließen, es in seinen situativen oder
lebensgeschichtlich ähnlichen Zusammenhängen zu erhellen
und mit dem Patienten zu diskutierten (z.B. nie die Erfahrung gemacht zu haben, Rat zu bekommen). Auseinanderzusetzen, was sich z.B. ereignen würde, wenn der Rat nicht erteilt würde? Das "Rat-Erteilen", der "Zuspruch", die "Er-
mutigung" sollten darüber hinaus immer den Charakter der
"Solidarität", des "Wir" haben, wie sie z.B. H.E. Rich-

ter in seinem Buch "Engagierte Analysen. Über den Umgang
des Menschen mit dem Menschen" (Rowohlt, Reinbek 1978) darstellt.

Z.B. wie folgt:

Th.: "Wir haben doch gesehen, wie es Ihnen bei Ihrer letzten
Bewerbung erging. Sie fragen mich, ob Sie es wieder versuchen sollen - wie Sie selber entdeckten, aus Unsicherheit.
Kein Wunder - bei dem Pech, das Sie hatten! Aber Sie haben
doch auch bemerkt, daß es selbstverschuldetes Pech war? -
Daß Sie sich wieder eine halbe Stunde zu spät vorgestellt
haben? Aus Unsicherheit - gewiß. Aber wollen Sie das wiederholen? Wollen wir nicht warten, bis Sie etwas stabiler
sind?"

Wie verhalten Sie sich, wenn der Patient viel klagt?

Auch hier empfiehlt es sich abzuwarten, bis das "Eigentliche" des Klagens - das auch meistens ein Anklagen ist -
sich erschließt und in welchem Modus es sich ereignet, bzw.
kann der Therapeut, wenn es ihn auch zunehmend "nervt", das
Erkunden bis Auseinandersetzen mit dem Klagen durch Befragen desselben, Verweisen auf seine Stereotypität usf., anregen. Er warte dann ab, ob der Patient das Klagen situativ-
lebensgeschichtlich erschließt, ob das "Anklagen" zum Vorschein kommt, wieweit beide eine "Grundhaltung" der ent-
täuschten Erwartungen z.B. - auf Zuwendung - darstellen.
Der Klage/Anklagecharakter der Aussagen möchte zweifellos
auch verstärkte Zuwendung des Therapeuten provozieren. Auf
diese lasse er sich anfänglich durchaus ein, erfolgt jedoch
keine Veränderung, beginne er behutsam das "Eigentliche" zu
befragen. Dabei gibt es zweifellos Kranke, die sich zu
Recht beklagen - z.B. über die Behandlung in Krankenanstal-
ten -, wie auch Patienten, die - trotz Grund zu klagen -
nie klagen. Empfiehlt es sich hier, dem Patienten sachlich
Recht zu geben - so umgekehrt auch sein Erstaunen zu äußern, daß der Patient, bei "allem was er durchgemacht hat",
sich nie beklagt habe. Eine Frage dieser Art vermag eine
"Lawine" emotionaler Äußerungen mit sich ziehen.

Wie verhalten Sie sich, wenn der Patient lächelt?

Auch das Lächeln hat seine vielfältige Bedeutung - lächelt

der Therapeut mit? Macht er sich Gedanken, warum der Patient lächelt? Lächelt der Therapeut selbst häufig - ohne es vielleicht zu merken - nach dem Motto "keep smiling" - "trotz allem"? Das Lächeln erscheint als Ausdruck sowohl verschwiegenen Erkundens wie auch befriedigter Bewältigung. Es kann jedoch Ratlosigkeit und Hilflosigkeit bedeuten, Unsicherheit, es kann erstarrt wirken oder verzerrt, anmutig oder grimassierend. Ansprechen sollte der Therapeut das Lächeln eigentlich nur, wenn es ungewöhnlich lange anhält und mit Schweigen verbunden ist. Dann könnte der Therapeut z.B. fragen: "Fühlen Sie sich im Augenblick entspannt oder sehr unsicher und hilflos?" Darüber hinaus kommt jedoch dem gemeinsamen, gleichzeitigen Lächeln wie auch Lachen in der Therapie eine besondere Bedeutung zu: Einvernehmen, Mit-Einander-Schwingen in gelöster Atmosphäre, oft nach schwierigem "Durcharbeiten".

Wie verhalten Sie sich, wenn der Patient offenkundig rat- und orientierungslos erscheint?

Ist eine psychotische oder andere - organische - Erkrankung ausgeschlossen, äußert sich eine solche Ratlosigkeit häufig durch persistierendes Schweigen, das dann vorsichtig erkundend befragt werden kann. Der Patient sollte synergistisch ermutigt werden, auch könnten ihm - wenn er irgendwelche Hinweise bot oder bietet - Zukunftsmöglichkeiten erkundet werden, die er selber aufnimmt, weiter "ausphantasiert". Die Zahl der wöchentlichen Behandlungsstunden kann bei dramatisch artikulierter Ratlosigkeit und Verzweiflung erhöht werden - aber wesentlich erscheint es, auf den Appellcharakter der Ratlosigkeit - nicht diesen deutend oder in Frage stellend - einzugehen, dem Patienten das "Wir" der Therapie zu vermitteln, bis sich allmählich eigenständige Orientierung und Fähigkeit, sich selbst Rat zu erteilen, herausbildet.

Wie verhalten Sie sich religiösen-weltanschaulichen Problemen des Patienten gegenüber?

Es entspricht nicht der hier vertretenen Konzeption, reli-
giös-weltanschauliche Vorstellungen des Patienten von vornherein als Rationalisierung verdrängter Triebe, d.h. als
Abwehrhaltungen zu interpretieren. Es ist jedoch hier nicht
der Ort, die "subjektive" und "objektive" Bedeutung des religiösen Erlebens zu diskutieren (s. des Verfassers "Strukturen der Moral" und "Zwischen Logos und Antilogos"), das
religiöse Erleben vielmehr in seiner Bedeutung primär positiv gesehen wird, was allerdings seinen Mißbrauch- und Abwehrcharakter wie "auch Rationalisierung" nicht erst seit
Freud nicht ausschließt. Ist der Therapeut Atheist und Agnostiker, erscheint es nicht empfehlenswert, seine Überzeugung dem Patienten wie auch immer - der Patient erfährt es
eines Tages zweifellos indirekt - zu vermitteln, noch umgekehrt den Patienten zu der eigenen Weltanschauung zu "be-
kehren". Die Psychotherapie sollte kein Anlaß zur Prosely-
tenwerbung sein - leider wird sie immer wieder dazu mißbraucht: der "Freudianer" läuft Gefahr, "Freudianer" erfolgreich aus der Behandlung zu entlassen, der "Jungianer" -
"Jungianer" usf.. Die Bedeutung des religiösen Erlebens
sollte in der Behandlung - spricht der Patient über dieses - nicht weniger als anderes Erleben seine situative
und lebensgeschichtliche Ortung erfahren, seine Bedeutung
für den Patienten. Die immer in Behandlungen von religiös
orientierten Menschen auftauchende Frage, wie Gott das Böse zulassen konnte - sei erst auf die persönliche Frage
zurückgeführt, die das Unrecht-Erleiden des Patienten miteinbezieht. Eine Antwort kann nur als Hinweis - nach Ausch-
witz, Gulags und Hiroshima - auf die Möglichkeiten menschlicher Freiheit erfolgen. Die häufig begegnende quälende
Vorstellung eines nur strafenden Gottes sei ebenfalls in
ihrer subjektiven Bedeutung erkundet - ist für den Therapeuten "Transzendenz" noch relevant, besteht die Möglichkeit, den "liebenden" Gott aufzuzeigen, jedoch ist damit
tendenziell die Aufgabe des Therapeuten überschritten.
Grundsätzlich nehme er - ohne Rücksicht auf seine eigene
Überzeugung - religiöse Anliegen ernst, erkunde und er-

schließe ihre Bedeutung für den Patienten: was "echt" an Erleben sich darstellt, wird diese Qualität nicht einbüßen,
was "Abwehrcharakter" hat, wird zusammenfallen, d.h. aus
Auseinandersetzung wird Binden oder Lösen erfolgen.

Wie verhalten Sie sich, wenn der Patient Ihre Familie ken-
nenlernen, Kontakt mit Ihren Freunden suchen möchte?

Auch dieses Anliegen wird häufig in der Therapie zum Ausdruck gebracht. In ihm legitimiert sich das Bedürfnis des
Patienten nach Kommunikation in einem Kreis von über den
Therapeuten ihm vertrauenswürdig erscheinenden Menschen -
ohne Furcht. Das Bedürfen nach diesem Umgang ist für viele
isoliert lebende Menschen verständlich, als solches sollte
es auch problemlos akzeptiert und erörtert werden. Seine
Realisierung ist jedoch weitgehendst utopisch: die Diskrepanz Patient/Freund bricht hier - trotz der Partnerschaftlichkeit des "Wir" - in aller Schärfe auf, was jedoch wiederum nicht ausschließt, daß gelegentlich nach Abschluß der
Therapie freundschaftliche Beziehungen sich entwickeln können - bei adäquaten Interessen und Lebensbezügen. Jedenfalls ist bei geäußertem Anliegen dieser Art dem Patienten -
unter Appell an sein rationales Verstehen - "schonend" bei-
zubringen, daß dies der Behandlung nicht zuträglich sei,
für die der relativ neutrale Raum der Begegnung zwischen
dem Patienten und dem Arzt ausreicht.

Wie verhalten Sie sich dem "problem-" und "konfliktlosen"
Patienten gegenüber?

Zu diesen keineswegs seltenen Patienten zählen in erster
Linie an psychosomatischen Störungen leidende Patienten, die
"gut angepaßt" meistens über die Leistung ihre Problematik
bewältigen. Abgesehen von dem unter Teil IV und Teil VI
(Kurzzeitbehandlung) zu diesen Kranken schon Gesagten, stehen dem Therapeuten eine gewisse Anzahl von Möglichkeiten
zur Verfügung, den Patienten zu einem ersten Erkunden und
Entdecken anzuregen. Diese wären: 1. Den Patienten - nach
Eröffnung überhaupt des Gespräches und Abklärung der Ge-

schichte der Symptomatik und der aktuellen Lebenssituation -
wiederholt nach a) den Umständen des ersten Auftretens der
Symptome zu befragen, b) nach den Umständen der Wiederholung des Auftretens. Wobei Umstände ebenso die äußeren
wie auch die inneren, d.h. Phantasien, Gedanken, Emotionen
betreffen. Erschließt sich hier ein Zusammenhang, möglicherweise eine erste "Aha"-Evidenz für den Patienten, kann die
Behandlung, meistens eine Langzeittherapie, schrittweise
eingeleitet werden. Führt dieses Vorgehen zu keinem Ergebnis, bieten sich weitere Möglichkeiten an. 2. Den Patienten
"plaudern" zu lassen, ihm Zeit zu gewähren, sich im Erkunden des Alltäglichen zu ergehen, um auf diese Weise eine
Vertrauensbasis sich entwickeln zu lassen, die die Einleitung der Behandlung über den Umgang mit den Träumen und deren lebensgeschichtliche und aktuell-situative Zusammenhänge erlaubt. 3. Ihn wiederholt anzuregen, mögliche Zusammenhänge seiner Erkrankung selbständig - "zu Hause" - zu erkunden, das psychische Bedingungsmoment der Krankheit betonen
und ihn auf den Sinn und die Bedeutung der Behandlung im
Unterschied zu organisch orientierten Methoden zu verweisen. 4. Die den Patienten "kompensierende" Struktur (Leistung oder Orientierung) behutsam in Frage zu stellen. Dieses Vorgehen ist nicht unproblematisch, da es zu akuter
Entsicherung und genereller Dekompensation führen kann.
5. Nach wiederholten Gesprächen mit dem Patienten "konfrontativ" bestimmte Aussagen, die sein problemlos-harmonisches
Dasein illustrieren, zu hinterfragen. 6. Mit Einvernehmen
des Patienten Rücksprache mit Familienangehörigen anregen -
s. Teil VI -, die sich dann oft abrupt ergebenden Probleme
zu dritt oder zu viert zu erörtern. Auch dieses Vorgehen
erfordert Vorsicht und Taktgefühl, um den Patienten nicht
mißtrauisch zu stimmen. 7. Anwendung des von Eva Grätz entwickelten Kontaktzeichnens, das häufig anregend-entdeckend
wirkt (s. spez. Literatur).

Literatur

Teil I

Alexander, F.G. u. S.T. Selesnick: The history of psychiatry. London 1967.

Bach, H.: Die Entwicklung unseres Verständnisses und unserer Einsichten über den psychisch Kranken in den letzten Jahrzehnten, vornehmlich aus klinischer Sicht. Zschr. Psychoth. u. Med. Psychologie 28, 4, 113 (1978).

Bach, H.: Psychoanalyse und Psychiatrie. Zschr. Psychoth. u. Med. Psychologie 30, 1, 6-9 (1980).

Bach, H. u. M. Heine (Hrsg.): Krankheitsbegriff in der Psychoanalyse. (im Druck)

Bach, G.R. u. M. Molter: Psychoboom, Wege und Abwege moderner Psychotherapie. Düsseldorf 1976.

Balint, M.: Der Arzt, sein Patient und die Krankheit. Stuttgart 1957.

Beese, F.: Was ist Psychotherapie. Göttingen 1980.

Blankenburg, W.: Zur Indikation hermeneutischer Methoden in der Psychoanalyse am Paradigma der Daseinsanalyse, in: Helmchen, H. et al: Psychotherapie in der Psychiatrie. Berlin-Heidelberg 1982.

Caruso, J.A. et al: Der Psychoanalytiker in der Ausbildung. Zschr. f. klin. Psychologie und Psychotherapie 25, 338-355 (1977).

Frank, J.G.: Die Heiler. Stuttgart o.Jz.

Fürstenau, P.: Zur Theorie psychoanalytischer Praxis. Stuttgart 1979.

Harper, R.A.: The New Psychotherapies. N.J., USA 1975

Herink, R.: The Psychotherapy Handbook. The A to Z Guide to more than 250 different therapies in use today. New York 1980

Keupp, H. u. M. Zaumseil (Hrsg.): Die gesellschaftliche Organisierung psychischen Leidens. Frankfurt 1978.

Kiernan, Th.: Psychotherapie. Kritischer Führer durch Theorien und Praktiken. Frankfurt/Main 1976.

Kisker, K.P.: Mit dem Umgang umzugehen. Zschr. f. klin. Psych. Psychother. 26, 1978.

Kovel, J.: Kritischer Leitfaden der Psychotherapie. Frankfurt/Main 1975.

Kretschmer, W.: Selbsterkenntnis und Willensbildung im ärztlichen Raum. Stuttgart 1958.

Laplanche, J. u. J.B. Pontalis: Das Vokabular der Psychoanalyse. Frankfurt/Main 1973.

Leibbrand, W. u. A. Wettley: Der Wahnsinn. München 1961.

Lewis, J.M.: To be an Therapist. The Teaching and Learning. New York 1978.

Nagel, H. u. M. Seifert (Hrsg.): Inflation der Therapieformen. Reinbek 1979.

Strotzka, H. (Hrsg.): Psychotherapie. Grundlagen - Verfahren - Indikationen. München 1975

Strotzka, H. (Hrsg.): Der Psychotherapeut im Spannungsfeld der Institutionen. Erfahrungen - Forderungen - Fallbeispiele. München 1980.

Tellenbach, H.: Bildung und Zeitgeist. Dt. Ärzteblatt 78, 40, 1877, 1981.

Trüb, H.: Heilung aus der Begegnung. Stuttgart 1971

Wyss, D.: Die Erzeugung von "falschem Bewußtsein" durch popularisierte Psychotherapie, in: Tellenbach, H.: Psychiatrische Therapie heute. Stuttgart 1982.

Teil II

A) Psychoanalytisch-tiefenpsychologische Literatur

Bräutigam, W.: Psychotherapie in anthropologischer Sicht. Stuttgart 1961.

Bräutigam, W.: Reaktionen, Neurosen, Psychopathien. Ein Grundriß der kleinen Psychiatrie. Stuttgart 1968.

Degkwitz, R. u. H. Siedow: Standorte der Psychiatrie. Band 2: Zum umstrittenen psychiatrischen Krankheitsbegriff. München-Wien-Baltimore 1981.

Dührssen, A.: Analytische Psychotherapie in Theorie, Praxis und Ergebnissen. Göttingen 1972.

Fenichel, O.: Problems of psychoanalytic technique. New York 1941.

Fenichel, O.: The collected papers. New York 1954.

Fenichel, O.: The psychoanalytic theory of neurosis. London 1966.

Fenichel, O.: Psychoanalyse und Gesellschaft. Frankfurt/Main 1972

Freud S.: Gesammelte Werke. London 1940-1952.

Hahn, P. (Hrsg.): Psychosomatische Medizin. Band IX. Die Psychologie des 20. Jahrunderts. Zürich 1979.

Hahn, P.: Allgemeine klinische und psychosomatische Medizin, in: Heidelberger Jahrbücher XXIV. Berlin, Heidelberg 1980.

Heigl-Evers, A. u. H. Schepank: Ursprünge seelisch bedingter Krankheiten. Band I: Wege - Probleme - Methoden. Göttingen 1980.

Hofmann, S.O. u. G. Hochapfel: Einführung in die Neurosenlehre und psychosomatische Medizin. Berlin-Stuttgart-New York 1979.

Horney, K.: Der neurotische Mensch unserer Zeit. Stuttgart 1951.

Horney, K.: Neue Wege der Psychoanalyse. Stuttgart 1954.

Horney, K.: Unsere inneren Konflikte. Stuttgart 1954.

Horney, K.: Neurosis and human growth. London 1965.

Jung, C.G.: Mensch und Seele. Olten u. Freiburg i.Br. 1971.

Jung, C.G.: Gesammelte Werke. Freiburg i.Br. 1971.

Kernberg, O.F.: Borderline-Störungen und pathologischer Narzißmus. Frankfurt/Main 1978.

Kernberg, O.F.: Objektbeziehungen und Praxis der Psychoanalyse. Stuttgart 1980.

Kohut, H.: Narzißmus. Frankfurt/Main 1973.

Kohut, H.: Die Heilung des Selbst. Frankfurt/Main 1979.

Loch, W.: Voraussetzungen, Mechanismen und Grenzen psychoanalytischen Prozesses. Bern-Stuttgart-Wien 1965.

Loch, W.: Die Krankheitslehre der Psychoanalyse. Stuttgart 1967.

Loch, W.: Zur Theorie, Technik und Therapie der Psychoanalyse. Frankfurt/Main 1972.

Loch, W.: Über Begriffe und Methoden der Psychoanalyse. Bern-Stuttgart-Wien 1975.

Meyer, A.-E.: Probleme der Es-Ich-Über-Ich-Gliederung. Psyche 23, 561 (1969).

Nunberg, H.: Principles of Psychoanalysis. New York 1955.

Nunberg, H.: Allgemeine Neurosenlehre auf psychoanalytischer Grundlage. Bern-Stuttgart-Wien 1959.

Nunberg, H.: Practice and theory of Psychoanalysis. New York 1961.

Ploeger, A.: Die therapeutische Gemeinschaft in der Psychotherapie und Sozialpsychiatrie. Stuttgart 1972.

Schultz-Hencke, H.: Schicksal und Neurose. Jena 1931.

Schultz-Hencke, H.: Der gehemmte Mensch. Stuttgart 1947.

Schultz-Hencke, H.: Lehrbuch der analytischen Psychotherapie. Stuttgart 1951.

Schultz-Hencke, H.: Lehrbuch der Traumanalyse. Stuttgart 1972

Schultz-Hencke, H.: Die psychoanalytische Begriffswelt. Göttingen 1972.

Schultz-Hencke, H.: Einführung in die Psychoanalyse. Göttingen 1972.

B) Anthropologisch-daseinsanalytisch orientierte Literatur

Binswanger, L.: Ausgewählte Vorträge und Aufsätze. Band I. Bern 1947.

Binswanger, L.: Grundformen und Erkenntnis menschlichen Daseins. Zürich 1953.

Binswanger, L.: Der Mensch in der Psychiatrie. Pfullingen 1957.

Blankenburg, W.: Psychosomatische und psychotherapeutische Strömungen in der Medizin unserer Zeit. Hippokrates 10 (1968).

Blankenburg, W.: Was heißt Erfahrung? in: Métraux, A. und C.F. Graumann (Hrsg.): Versuche und Erfahrung. Bern-Stuttgart-Wien, 9-20, 1975.

Blankenburg, W.: Was heißt anthropologische Psychiatrie? in: Kraus, A. (Hrsg.): Leib, Geist, Geschichte. Heidelberg, 15-28, 1978 b.

Blankenburg, W.: Die Grundprobleme der Psychopathologie. Nervenarzt 49, 140-146 (1978).

Blankenburg, W.: Wie weit reicht die dialektische Betrachtungsweise in der Psychiatrie. Zschr. f. klin. Psychol. u. Psychother. 29, 45-66 (1981).

Boss, M.: Vom Weg und Ziel der tiefenpsychologischen Therapie. Psyche 2 (1948).

Boss, M.: Einführung in die psychosomatische Medizin. Bern 1954.

Boss, M.: Psychoanalyse und Daseinsanalytik. Bern 1957.

Boss, M.: Grundriß der Medizin. Bern-Stuttgart-Wien 1971.

Bräutigam, W. u. P. Christian: Psychosomatische Medizin. Kurzgefaßtes Lehrbuch für Studenten und Ärzte. Stuttgart 1973.

Condrau, G.: Daseinsanalytische Psychotherapie. Bern 1963.

Condrau, G.: Einführung in die Psychotherapie. München 1974.

Désoille, R.: Entretiens sur le reve éveillé dirigéen psychothérapie. Paris 1973.

Ey, H.: Das Bewußtsein. Berlin 1967.

Frankl, V.E.: Anthropologische Grundlagen der Psychotherapie. Bern-Stuttgart-Wien 1975.

Frankl, V.E.: Theorie und Therapie der Neurosen. München-Basel 1975.

Frankl, V.E., Gebsattel, V.E.v. u. J.H. Schultz: Handbuch der Neurosenlehre und Psychotherapie. München 1959/1961.

Gebsattel, V.E.v.: Prolegomena einer medizinischen Anthropologie. Berlin-Göttingen-Heidelberg 1954.

Gebsattel, V.E.v.: Die Bedeutung der Psychotherapie für das Selbstverständnis der modernen Medizin. Hippokrates 33 (1962).

Glatzel, J.: Allgemeine Psychopathologie. Band I u. II. Stuttgart 1980-1982.

Görres, A.: Methode und Erfahrungen der Psychoanalyse. München 1958.

Gossop, M.: Theories of Neurosis. Berlin-Heidelberg-New York 1981.

Jacob, W.: Kranksein und Krankheit. Anthropologische Grundlagen einer Theorie der Medizin. Heidelberg 1978.

Jores, A.: Der Kranke mit psychovegetativen Störungen. Göttingen 1973.

Jores, A.: Praktische Psychosomatik. Ein Lehrbuch für Ärzte und Studierende der Medizin. Bern-Stuttgart-Wien 1976.

Kisker, K.P.: Phänomenologie der Intersubjektivität. in: Graumann, C.F. (Hrsg.): Handbuch der Psychologie. Band VIII. Göttingen 1969.

Kisker, K.P.: Dialogik der Verrücktheit. Ein Versuch an den Grenzen der Anthropologie. den Haag 1970 a.

Kisker, K.P.: Positives in der Verrücktheit, in: Kreativität in der Psychose. 43-51. Hannover 1970 b.

Kisker, K.P.: Medizin in der Kritik. Allmacht und Ohnmacht einer Heilswissenschaft. Stuttgart 1975.

Kisker, K.P. u. G. Hofer (Hrsg.): Die Sprache des Anderen. Basel 1976.

Kretschmer, W.: Reifung als Grund von Neurose und Psychose. Stuttgart 1972.

Kuhn, R.: Zum Problem der ganzheitlichen Betrachtung in der Medizin. Schweiz. Med. Jahrbuch, 53-63 (1957).

Kunz, H.: Die eine Welt und die Weisen des In-der-Welt-Seins. Psyche 16 (1962/63).

Kunz, H.: Die anthropologischen Grundlagen der Psychoanalyse. Gesammelte Aufsätze. Göttingen 1975.

Lehmann, G.: Menschsein ist Mitsein. Das Selbst und die Phänomenologie des Zwischenmenschlichen in Psychologie und Psychotherapie. Göttingen 1982.

Luban-Plozza, B. (Hrsg.): Praxis der Balint-Gruppe. Beziehungsdiagnostik und Therapie. Berlin-Heidelberg-New York 1974.

Luban-Plozza, B. u. L. Knaak: Der Arzt als Arznei. Köln 1979.

Luban-Plozza, B. u. W. Pöldinger: Der psychosomatisch Kranke in der Praxis. Erkenntnisse und Erfahrungen. 4. Aufl. Berlin-Heidelberg-New York 1980.

Pauleikhoff, B.: Person und Zeit. Heidelberg 1979

Petersen, P.: Integrative Tiefentherapie. Therapiewoche 28, 8167-8182 (1978).

Revers, W.: Die anthropologische Krise der Naturwissenschaften in der Psychologie. Salzburger Universitätsreden, Heft 65, Salzburg 1968.

Straus, E.: Geschehnis und Erlebnis. Berlin 1930.

Straus, E.: Psychologie der menschlichen Welt. Gesammelte Schriften. Berlin-Göttingen-Heidelberg 1960.

Strotzka, H. (Hrsg.): Psychotherapie. Grundlagen-Verfahren-Indikationen. München-Berlin-Wien 1975.

Tellenbach, H.: Melancholie. 3. Aufl. Berlin-Heidelberg-New York 1976.

Theunissen, M.: Der Andere. 2. Aufl. Berlin 1977.

Uexküll, Th.v.: Grundfragen der psychosomatischen Medizin. Reinbek 1963.

Uexküll, Th.v.: Lehrbuch der psychosomatischen Medizin. München 1979.

Uslar, D.v.: Psychische Ursprünge des Religiösen, in: Scheidewege, 6, 4 (1976).

Uslar, D.v.: Kunst als Zugang zum Wesen des Menschen, in: Psychologie des 20. Jahrhunderts, Band XV, Zürich 1979.

Weizsäcker, V.v.: Studien zur Pathogenese. Wiesbaden 1946.

Weizsäcker, V.v.: Körpergeschehen und Neurose. Stuttgart 1947.

Weizsäcker, V.v.: Der kranke Mensch. Eine Einführung in die Medizinische Anthropologie. Stuttgart 1951.

Weizsäcker, V.v.: Soziale Krankheit und soziale Gesundung. Göttingen 1955.

Weizsäcker, V.v. u. D. Wyss: Zwischen Medizin und Philosophie. Göttingen 1957.

Wesiack, W.: Grundzüge der psychosomatischen Medizin. München 1974.

Wesiack, W.: Psychoanalyse und praktische Medizin. Stuttgart 1980.

Wyss, D.: Die tiefenpsychologischen Schulen von den Anfängen bis zur Gegenwart. 5. Aufl. Göttingen 1977.

Wyss, D.: Marx und Freud, Ihr Verhältnis zur modernen Anthropologie. Göttingen 1969.

Wyss, D.: Strukturen der Moral, Untersuchungen zur Anthropologie und Genealogie moralischer Verhaltensweisen. 2. Aufl. Göttingen 1970.

Wyss D.: Beziehung und Gestalt. Entwurf einer anthropologischen Psychologie und Psychopathologie. Göttingen 1973.

Wyss, D.: Lieben als Lernprozeß. Göttingen 1975.

Wyss, D.: Mitteilung und Antwort. Untersuchungen zur Biologie, Psychologie und Psychopathologie der Kommunikation. Göttingen 1976.

Wyss, D.: Die anthropologisch-existenzialontologische Psychologie und ihre Auswirkungen insbesondere auf die Psychiatrie und Psychotherapie, in: Psychologie des 20. Jahrhunderts. Band I. Zürich 1976.

Wyss, D.: Zwischen Logos und Antilogos. Untersuchungen zur Vermittlung von Hermeneutik und Naturwissenschaften. Göttingen 1980.

Zutt, J.: Auf dem Weg zu einer anthropologischen Psychiatrie. Berlin-Göttingen-Heidelberg 1963.

Teil III

Baum, H.: Zum Dialektischen im "Erfolg" und "Mißerfolg" in der Psychotherapie. Bern-Stuttgart-Wien 1978.

Blankenburg, W.: Der "Leidensdruck" des Patienten in seiner Bedeutung für Psychotherapie und Psychopathologie. Nervenarzt 52, 635-642 (1981).

Blaser, H.: Der Urteilsprozeß bei der Indikationsstellung zur Psychotherapie. Bern-Stuttgart-Wien 1977.

Cremerius, J.: Die Beurteilung des Behandlungserfolges in der Psychotherapie. Berlin-Heidelberg-New York 1962.

Ernst, K.: Die Prognose der Neurosen. Berlin-Göttingen-Heidelberg 1956.

Ernst, K. et al: Ergebnisse der Verlaufsforschung bei Neurosen. Berlin-Göttingen-Heidelberg 1968.

Heigl, F.: Indikation und Prognose in Psychoanalyse und Psychotherapie. Göttingen 1972.

Lai, G.: Die Worte des ersten Gespräches. Bern-Stuttgart-Wien 1978.

Minkowski, E.: A la recherche de la norme en psychopathologie Evolut. Psychiatr. 1, 67-95 (1938).

Strotzka, H.: Psychotherapie: Grundlagen, Verfahren, Indikationen. München 1975.

Tellenbach, H.: Normalität,in: Die Psychologie des 20. Jahrhunderts. Band X. Zürich 1980.

Tellenbach, H.: Zur Phänomenologie des Gesundseins und deren Konsequenzen für den Arzt. Zschr.f. klin.Med. u. Psychother. 28, 57 (1980).

Teil IV

Adatto, C.P.: Transference Phenomena in Initial Interviews. Int. J. Psychoanal. Psychother. 6, 3-13 (1978).

Ammelburg, G.: Handbuch der Gesprächsführung. Frankfurt 1974.

Argelander, H.: Das Erstinterview in der Psychotherapie. Darmstadt 1970.

Bastiaans, J.: Microanalysis of the first interview with psychosomatic patients. Psychother.Psychosom. 31, 243-250 (1980).

Braehler, E.: Untersuchungsmethoden der klinischen Interview-forschung. Psychother.Psychosom.Med.Psychol. 30 (5), 206-211 (1981).

Bräutigam, W.: Reaktionen, Neurosen, Psychopathien. Stuttgart 1968.

Dahme, B.: Psychologische Dimensionen der Gesprächsführung, in: Medizinische Psychologie 1, 34-49 (1974).

Donnelly, G.: The Psychiatric Interview. Nurs Mirror, 146 (2), 21 (1978).

Eckert, J. et al: Zur Praediktion der Effekte einer Gesprächs-psychotherapie anhand eines Indikations-Interviews. Z.klin. Psychol.Psychother. 27 (1) (1980).

Emanuel, E.: The Interview. Can.Med.Assoc.J. 118 (6) 612-613 (1978).

Fr elich-Bishop: Die Gesprächsführung des Arztes. Heidelberger Taschenbücher. Berlin-Heidelberg-New York 1973.

Grätz, E.: Zeichnen aus dem Unbewußten. Stuttgart 1978.

Haesler, L.: Zur Technik des Interviews bei "unergiebigen" Patienten. Psyche 33 (2), 157-182 (1979).

Jong, D.J.de, E. Braun u. K. Wolter: Das ärztliche Gespräch als psychotherapeutische Methode. Stuttgart 1966.

Kerkhoff, T.R., J.P. McCullough, M. Etkin u. D. Kiesler: Emotional Loading in Dyadic Interviews. Psychol.Rep. 44 (2) 627-635 (1979).

Lai, G.: Die Worte des ersten Gesprächs. Bern-Stuttgart 1976.

Kind, H.: Das psychiatrische Erstinterview. Nervenarzt 49 (5) 255-260 (1978).

Langen, P.: Psychodiagnostik-Psychotherapie. Stuttgart 1969.

Matarazzo, J.D.: The Interview, in Wolman, B.B. (Ed.): Handbook of clinical psychology. New York 1965.

Meerwein, F.: Das ärztliche Gespräch. Bern-Stuttgart 1974.

Meyendorf, R.: Psychiatrische Explorationstechnik im Dienste der Diagnose und Therapie seelischer Störungen. Münch.Med. Wochenschr. 120 (24), 827-830 (1978).

Morgan, W.L. u.G. Engel: Der klinische Zugang zum Patienten. Bern-Stuttgart 1977.

Musaph, H.: Technik der psychologischen Gesprächsführung. Salzburg 1972.

Scharfetter, C.: Vom rechten Hinhören. Z. klin.Psychol.Psychother. 25 (2), 180-186 (1978).

Schraml, W.J.: Abriß der klinischen Psychologie. Stuttgart 1969.

Schraml, W.J.: Klinische Psychologie I. Bern-Stuttgart 1969.

Schraml, W.J.: Klinische Psychologie II. Bern-Stuttgart 1974.

Shapiro, M.B.: Assessment interviewing in clinical psychology. Br.J.Soc.Clin.Psychol. 18 (2), 211-218 (1979).

Siegman, A.W.: The meaning of silent pauses in the initial interview. J.Nerv.Ment.Dis. 166 (9), 642-654 (1979).

Sullivan, H.S.: Das psychotherapeutische Gespräch. Frankfurt/Main 1976.

Wolff, H.H.: The contribution of the interview situation to the restriction of fantasy life and emotional experience in psychosomatic patients. Psychother.Psychosom. 28 (1-4), 58-67 (1978).

Wyss, D.: Grundhaltungen im therapeutischen Gespräch, in: Vogel, T. u. T. Vliegen (Hrsg.): Diagnostische und therapeutische Methoden in der Psychiatrie. Stuttgart 1977.

Teil V und VI

A) Tiefenpsychologische, nicht-richtungsweisende Psychotherapie

Balint, M.: Die Urformen der Liebe und die Technik der Psychoanalyse. Bern-Stuttgart-Wien (1966).

Balint, M. u. E.: Psychotherapeutische Techniken in der Medizin. Bern-Stuttgart-Wien (1980).

Chrzanowski, C., A. Heigl-Evers, H.V. Brazil u. W. Schwidder (Hrsg.): Zur Theorie der psychoanalytischen Technik - Die Grundregel der Weiterentwicklung der Psychoanalyse und ihrer Anwendung. 1977.

Dührssen, A.: Möglichkeiten und Probleme der Kurztherapie. Zschr.f. Psychosom.Med. u. Psychoanalyse 15, 229-238 (1969).

Dührssen, A.: Analytische Psychotherapie in Theorie, Praxis und Ergebnissen. Göttingen 1972.

Fenichel, O.: Problems of psychoanalytic technique. New York 1941.

Frankl, V.E., V.E.v. Gesattel u. J.H. Schultz (Hrsg.): Handbuch der Neurosenlehre und Psychotherapie. München-Berlin 1959.

Fromm-Reichmann, F.: Psychoanalyse und Psychotherapie. Stuttgart 1978.

Kisker, K.P., J.E. Meyer, C. Müller u. E. Strömgren (Hrsg.): Psychiatrie der Gegenwart. Bd. I-III. Berlin-Heidelberg-New York 1975.

Leuner, H.: Katathymes Bilderleben. Stuttgart 1970.

Loch, W.: Voraussetzungen, Mechanismen und Grenzen des psychoanalytischen Prozesses. Bern-Stuttgart-Wien 1965.

Loch, W.: Zur Theorie, Technik und Therapie der Psychoanalyse. Frankfurt/Main 1972.

Nunberg, H.: Practice and theory of psychoanalysis. New York 1961.

Schultz-Hencke, H.: Lehrbuch der analytischen Psychotherapie. Stuttgart 1951.

B) Gesprächspsychotherapie

Bommert, H.: Grundlagen der Gesprächspsychotherapie. Stuttgart 1977.

Bommert, H. u. Dahlhoff: Das Selbsterleben (Experiencing) in der Psychotherapie. München 1978.

Essen, J.v.: Leitfaden der curientiven Psychologie. Einführung in die Grundgedanken einer neuen holländischen Psychologieschule sowie in deren Bedeutung für die Gesellschaftslehre und das Erziehungswesen. 2. Aufl. Haarlem/Niederlande 1970.

Franke, A.: Überprüfung der Effekte klientenzentrierter Gruppenpsychotherapie. Dissertation, Universität Bochum 1975.

Gesellschaft für wissenschaftliche Gesprächspsychotherapie e.V. (Ed.): Die klientzentrierte Gesprächspsychotherapie. München 1977.

Grawe, K.: Differentielle Psychotherapie I. Reihe: Arbeiten zur Theorie und Praxis der Rehabilitation in Medizin, Psychologie und Sonderpädagogik. Bern-Stuttgart-Wien 1976.

Jankowski, P., D. Tscheulin, H.J. Rietkau, F. Mann (Hrsg.): Klientzentrierte Psychotherapie heute. Bericht über den 1. Europäischen Kongreß für GPT in Würzburg 1974. Göttingen 1976.

Lüth, P.: Sprechende und stumme Medizin. Über das Patienten-Arzt-Verhältnis. Reihe: Soziale Probleme. Frankfurt/Main 1974.

Martin, D.G.: Gesprächspsychotherapie als Lernprozeß. Salzburg 1975.

Minsel, W.R.: Praxis der Gesprächspsychotherapie. Grundlagen-Forschung-Auswertung. Wien 1974.

Rogers, C.R.: Die nicht-direktive Beratung. München 1972.

Rogers, C.R.: Die klientbezogene Gesprächstherapie. München 1973.

Tausch, R.: Gesprächspsychotherapie. Göttingen 1968.

Zielke, M.: Indikation zur Gesprächspsychotherapie. Stuttgart 1978.

C) Verhaltenstherapie

Blöschl, L.: Grundlagen und Methoden der Verhaltenstherapie. Bern-Stuttgart-Wien 1974.

Ellis, A.: Die rational-emotive Therapie. Das innere Selbstgespräch bei seelischen Problemen und seine Veränderung. München 1977.

Eysenck, H.J. u. S. Rachmann: Neurosen-Ursachen und Heilmethoden. Berlin 1970.

Grawe, K.: Verhaltenstherapie in Gruppen. München 1980.

Kaufer, F.A. u. A.P. Goldstein: Möglichkeiten der Verhaltensänderung. München 1977.

Lazarus, A.A.: Verhaltenstherapie im Übergang. Breitbandmethoden für die Praxis. München, Basel 1978.

Singer, J.L.: Imagery and daydream methods in psychotherapy and behavior modification. New York, San Francisco, London 1974.

Thinès, G.: Phenomenology and the science of behavior. London 1977.

Wolpe, J.: Praxis der Verhaltenstherapie. Bern-Stuttgart-Wien 1981.

D) Gruppentherapie

Battegay, R.: Der Mensch in der Gruppe. Band I: Sozialpsychologische und dynamische Aspekte. 5. Aufl. Bern-Stuttgart-Wien 1979.

Battegay, R.: Der Mensch in der Gruppe. Band II: Allgemeine und spezielle gruppentherapeutische Aspekte. 4. Aufl. Bern-Stuttgart-Wien 1973.

Battegay, R.: Der Mensch in der Gruppe. Gruppendynamik und Gruppenpsychotherapie. 3. Aufl. Bern-Stuttgart-Wien 1979.

Betz, O. (Hrsg.): Die Gruppen als Weg. München 1973.

Bion, W.R.: Erfahrungen in Gruppen. Stuttgart 1971.

Bödiker, M.L. u. W. Lange: Gruppendynamische Therapieformen. Hamburg 1975.

Deneke, F.W.: Analytische Gruppentherapie. Göttingen 1982.

Fengler, J.: Verhaltensänderung in Gruppenprozessen. Darmstadt 1975.

Foulkes, S.H.: Gruppenanalytische Psychotherapie. München 197

Franke, A.: Klientzentrierte Gruppenpsychotherapie. Stutt-gart-Berlin-Köln 1978.

Fritz, J.: Emanzipatorische Gruppendynamik. München 1974.

Grotjahn, M.: Analytische Gruppentherapie. Kunst und Tech-nik. München 1977.

Heigl-Evers, A. u.a. (Hrsg.): Psychoanalyse und Gruppe. Göttingen 1971.

Heigl-Evers, A.: Konzepte der analytischen Gruppenpsycho-therapie. Beiheft zur Zschr.Gruppenpsychother. u. Gruppen-dyn. 2. Aufl. Göttingen 1980.

Heigl-Evers, A. u.a. (Hrsg.): Gruppendynamik. Göttingen 1973.

Horn, K.: Gruppendynamik und der "subjektive Faktor". Repres-sive Entsublimierung oder politisierende Praxis. Frankfurt/Main 1972.

Kemper, W.: Psychoanalytische Gruppentherapie. Stuttgart 1960.

Kutter, P.: Elemente der Gruppentherapie. Eine Einführung aus der psychoanalytischen Praxis. Göttingen 1976.

Pohlen, M.: Gruppenanalyse. Eine empirische und methodenkri-tische Untersuchung im klinischen Feld. Göttingen 1972.

Preuss, H.G.: Analytische Gruppenpsychotherapie. Grundlagen und Praxis. München-Berlin-Wien 1966.

Rattner, J.: Gruppentherapie. Die Psychotherapie der Zukunft. Bergisch-Gladbach 1972.

Ruitenbeek, H.M.: Die neuen Gruppentherapien. Stuttgart 1974.

Sandner, D.: Psychodynamik in Kleingruppen. München, Basel 1978.

Uchtenhagen, A., R. Battegay u. A. Friedemann (Hrsg.): Grup-pentherapie und soziale Umwelt. Bern-Stuttgart-Wien 1975.

E) Gestalttherapie und Psychodrama

Burkart, V.: Befreiung durch Aktionen. Die Analyse der ge-meinsamen Elemente im Psychodrama und Theater. Wien, Köln, Graz 1972.

Burkart, V. u. H.G. Zapotoczyky: Konfliktlösung im Spiel. Sozialdrama/Psychodrama/Kommunikationsdrama. Wien und Mün-chen 1974.

Fagan, J. u. I.L. Shepherd: Gestalt therapy now. Palo Alto, Calif. 1970.

Lentz, G.A.: Das klassische Psychodrama nach J.W. Moreno. Berlin-Heidelberg-New York 1974.

Moreno, J.L.: Gruppenpsychotherapie und Psychodrama. Einlei-tung in die Theorie und Praxis. Stuttgart 1973.

Perls, F.S.: Gestalt-Therapie in Aktion. Stuttgart 1974.

Perls, F.S. Grundlagen der Gestalt-Therapie. Einführung und Sitzungsprotokolle. München 1976.

Petzold, H.: Gestalttherapie und Psychodrama. Kassel 1973.

Petzold, H.: Das Psychodrama als Methode der klinischen Psychotherapie, in: Pongratz, L.J. (Hrsg.): Handbuch der Psychologie. Band 8: Klinische Psychologie, 2. Halbband. Göttingen, Toronto, Zürich 1978.

Polster, E. u. M.: Gestalttherapie. Theorie und Praxis der integrativen Gestalttherapie. München 1975.

Schmidt, B.: Selbsterfahrung im Psychodrama als Methode der Sozialtherapie für Studenten. Dissertation, Würzburg 1978.

Zinker, J.C.: Das phänomenologische Hier und Jetzt als Grundlage der Gestalttherapie, in: Integrative Therapie 1, 1975.

F) Familientherapie

Ackermann, N.W. u.a.: Familientherapie. Theorie und Praxis. Reinbek 1975.

Beavers, R.W.: Psychotherapy and growth. A family systems perspective. New York 1977.

Ferber, A., M. Mendelsohn u. A. Napier: The book of family therapy. New York 1972.

Gordon, Th.: Familienkonferenz. Die Lösung von Konflikten zwischen Eltern und Kind. Hamburg 1972.

Grotjahn, M.: Psychoanalysis and the family neurosis. New York 1960.

Guerin, P.J.: Family therapy. Theory and practice. New York 1976.

Howells, J.G.: Theory and practice of family psychiatry. Edinburgh u. London 1968.

Howells, J.G. Familienpsychotherapie. Grundlagen und Methoden. München, Basel 1978.

Minuchin, S.: Familie und Familientherapie. Theorie und Praxis struktureller Familientherapie. Freiburg i.Br. 1979.

Pursglove, P.D.: Recognitions in gestalt-therapy. Harper Colophen Books. San Francisco, London 1968.

Richter, H.E.: Familie, Kind und Neurose, Stuttgart 1963.

Richter, H.E.: Patient Familie. Entstehung, Struktur und Therapie von Konflikten in Ehe und Familie. Reinbek 1970.

Richter, H.E.: Familie und seelische Krankheit. Eine neue Perspektive der psychologischen Medizin und der Sozialtherapie. Reinbek 1976.

Stierlin, H.: Von der Psychoanalyse zur Familientherapie. Konzepte der Humanwissenschaften. Stuttgart 1975.

G) Psychotherapie, Beratung und Seelsorge

Argelander, H.: Der psychoanalytische Beratungsdialog. Göttingen 1982.

Besier, G.: Seelsorge und klinische Psychologie. Göttingen 1980.

Biser, E.: Das Heil als Heilung. Zur Grundlegung einer therapeutischen Theologie, in Strolz, W. (Hrsg.): Die Heilkraft des Heiligen. Freiburg i.Br. 1974.

Guhr, E.: Personale Beratung. Göttingen 1981.

Kautzky, R. (Hrsg.): Vom Behandeln zum Heilen. Göttingen 1980.

Teil VIII

Balint, M.: Therapeutische Aspekte der Regression. Die Theorie der Grundstörung. Stuttgart 1970.

Battegay, R. u. A. Trenken (Hrsg.): Die therapeutische Beziehung unter dem Aspekt verschiedener psychotherapeutischer Schulen. Bern-Stuttgart-Wien 1978.

Beck, D.: Zur Behandlungstechnik der psychoanalytischen Kurztherapie. Zschr. Psychosomat.Med. 14 (1968).

Beckmann, D.: Der Analytiker und sein Patient. Untersuchungen zur Übertragung und Gegenübertragung. Bern-Stuttgart-Wien 1974.

Cremerius, J.: Psychotherapie als Kurzbehandlung in der Sprechstunde. München 1951.

Cremerius, J.: Freud bei der Arbeit über die Schulter geschaut, in: Jahrb.d.Psychoanalyse, Band 6, Bern 1981.

Freud, A.: Das Ich und die Abwehrmechanismen. München 1968.

Freud, S.: Zur Dynamik der Übertragung, in: Gesammelte Werke, Band VII. London 1949.

Jung, C.G.: Die Psychologie der Übertragung, in: Gesammelte Werke, Band 16. Zürich 1958.

Maeder, A.: Studien über Kurzpsychotherapie. Stuttgart 1963.

Malan, D.H.: Psychoanalytische Kurzpsychotherapie. Eine kritische Untersuchung. Stuttgart 1965.

Petersen, P.: Übertragung und Begegnen im therapeutischen Dialog, in: Petzold, H.: Die Rolle des Therapeuten in der modernen Psychotherapie. Paderborn 1980.

Pohlen, M. u. H. Trenkel (Hrsg.): Psychotherapie als Dialog. Stuttgart-Bern-Wien (1973).

Reik, Th.: Hören mit dem dritten Ohr. Hamburg 1976.

Seidmann, P.: Der Mensch im Widerstand. Studien zur anthropologischen Psychologie. Bern 1974.

Zerssen, D.v.: Objektivierende Untersuchungen zur prämorbiden Persönlichkeit endogen Depressiver. In: Das depressive Syndrom. München-Berlin-Wien 1969.

Die Literatur zur Thematik von Widerstand, Übertragung, Psychodynamik etc. ist in 6 Jahrzehnten auf über 2000 Titel angestiegen, so daß hier nur einige grundlegende Werke erwähnt seien.

Namenverzeichnis

Dieter Wyss

Die tiefenpsychologischen Schulen von den Anfängen bis zur Gegenwart

Entwicklung – Probleme – Krisen
5., erw. Aufl. 1977. XXXII, 562 Seiten, kartoniert

Lieben als Lernprozeß

(Kleine Vandenhoeck-Reihe 1400)
2. Aufl. 1981. 157 Seiten, kartoniert

Strukturen der Moral

Zur Anthropologie und Genealogie moralischer Verhaltensweisen. (Sammlung Vandenhoeck)
2. Aufl. 1970. 238 Seiten, Paperback

Beziehung und Gestalt

Entwurf einer anthropologischen Psychologie und Psychopathologie
1973. 550 Seiten, kartoniert und Leinen

Mitteilung und Antwort

Untersuchungen zur Biologie, Psychologie und Psychopathologie von Kommunikation
1976. 483 Seiten, kartoniert

Zwischen Logos und Antilogos

Untersuchungen zur Vermittlung von Hermeneutik und Naturwissenschaft.
Mit einem Vorwort von E. Biser
1980. 711 Seiten, kartoniert

Vandenhoeck & Ruprecht · Göttingen u. Zürich